끝장회계 시리즈 ③

전산세무 2급 & 전산회계 1급

한 권으로 끝장내기

노길관

끝장회계

무료강의

유튜브 채널
끝장회계

해답, 해설

NAVER

블로그 http://withyourlife.com
카 페 http://cafe.naver.com/thisistime

도서출판 청람

끝장회계

책을 내며

> "회계는 기업의 언어이다."
> "복식부기를 알게 된다면 같이 화낼 수 있을까?"

안녕하세요? 끝장회계의 노 선생입니다.
위의 글은 인기 웹툰 〈미생〉에서 나왔던 내용입니다.
최근 들어 다양한 학생들이 회계 관련 자격증을 공부하고 있습니다.
회계전공 학생뿐만 아니라 관련 없어 보이는 타 전공학생들까지 말이죠.

이러한 상황을 보면서 들었던 생각이 있었습니다.
"이제는 무슨 일이든지 회계지식이 필요한 시대가 되었다."라는 것입니다. 여러분들이 어디든지 취업을 하게 되면 기본적으로 '회계마인드'라는 것이 필요합니다. 회계마인드가 있고 없고에 따라 앞으로 많은 차이가 발생할 것이며, 여러분들에게 큰 경쟁력을 안겨줄 것입니다.

본 교재는 저의 모든 노하우를 집약시킨 교재라 할 수 있습니다. 저는 항상 "어떻게 하면 우리 학생들을 원하는 기간 동안 합격시킬 수 있을까?, 어떻게 하면 효율적으로 원하는 공부를 할 수 있을까?"를 고민하고 있습니다.
이번에 출간된 교재는 최신 트렌드를 완벽하게 반영하였고, 내용이 많이 겹치는(약 70~80%) 전산회계 1급과 전산세무 2급 내용을 한 권으로 엮어서 가격에 대한 부담 없이 시험에 대비할 수 있게 만들었습니다.

항상 학생들에게 드리는 말씀이 있습니다.
"절대 포기하지 마세요."

미약한 공부의 시작일 수 있지만 하나하나 성과를 쌓다 보면 자신감이 많이 생길 것입니다. 항상 기억하시기 바랍니다. "자격시험에서 합격하는 방법은 시험에 나오는 것만 공부하고, 나오지 않는 것은 과감하게 스킵한다"라는 것을 말입니다.

본 교재의 출간을 흔쾌히 허락해 주신 도서출판 청람 이수영 대표님과 본서가 새롭게 태어날 수 있도록 도와주신 편집부 여러분께 감사의 말씀을 드립니다. 항상 응원해 주시는 은사님들, 지인분들 그리고 가족들에게 다시 한번 감사의 말씀을 전합니다.

마지막으로 하나님께 영광을 돌리며 독자 여러분의 합격을 기도하며 축복합니다.

2019년 여름 연지동에서

노길관

자기계발서에 있는 그 어떤 글들보다 더욱 값진 구절

"청년이여, 네 젊음을 즐거워하여라.
네 젊은 시절을 마음으로 기뻐하여라.
네 마음이 가는 대로, 네 눈에 보이는 대로 따라가거라.
다만, 이 모든 것들에 하나님의 심판이 있다는 것을 알아라.
그러므로 네 마음에서 근심을 떨어내고 네 몸에서 악을 떨쳐 버려라.
어린 시절과 젊은 시절은 허무한 것이다."

– 전도서 11:9, 10(우리말 성경) –

이 책의 특징

1 '전산세무 2급'과 '전산회계 1급'을 한 권으로 끝장내기

지금까지 이런 책은 없었다. 이것은 전산회계 책인가? 전산세무 책인가?

본 교재는 전산세무회계 자격시험 최초로 두 가지의 자격증을 책 한 권에 담았습니다.

강의를 하면서 전산회계 1급의 내용이 전산세무 2급 내용의 70~80%의 비중이라는 사실을 확인할 수 있었습니다. 그리고 생각했습니다.

"굳이 우리 학생들이 책 두 권을 살 필요가 있을까?"

이 책은 그러한 생각을 바탕으로 기획되었습니다.

2 원가회계의 달인

원가회계는 많은 학생들이 버리고 들어가는 부분입니다.

하지만 시험에 나오는 문제가 세법보다 오히려 많고, 공부할 양은 적은 부분이라고 할 수 있습니다. 그러므로 절대 버리시면 안 됩니다.

본 교재에서는 그림으로 원가회계의 틀을 알려드립니다. 함께 연습하시면 원가회계는 효자과목이 될 것입니다.

3 기출문제의 재구성

2019년 최신 기출문제를 반영했습니다.

자격시험은 기본적으로 기출문제 위주의 학습이 주효합니다. 특히 시험 중 실제 사용되었던 '백 데이터'를 이용하기 때문에 더욱 실제 시험과 비슷한 환경에서 연습이 가능합니다.

단, 중복되는 문제는 제외합니다.

4 시험에 나오는 것만 공부하기

자격시험에서 필승전략은 시험에 나오는 내용만 공부하면 된다는 것입니다. 그리고 컴팩트한 교재가 좋다고 생각하기 때문에 최대한 거품을 빼서 편집(예, 해답 및 해설은 블로그, 카페에 따로 업로드)하였습니다. 본 교재만 보시면 무조건 합격입니다.

5 유튜브 채널 '끝장회계'

유튜브 채널 '끝장회계'에서 저자의 모든 강의를 업로드하고 있습니다.

추가적으로 최근 기출문제들을 풀어본다면 완벽하게 대비하실 수 있다고 자부합니다.

이 책의 활용법

1 답안은 네이버카페·블로그 '끝장회계'에서

교재의 볼륨을 줄이기 위하여 답안은 네이버카페·블로그 '끝장회계'에서 공개합니다. 다운받으신 후 스마트폰에 저장하시면 언제든지 답안 확인이 가능합니다.

추가적인 특강자료(분개연습, 계정과목연습, 점수표 등)도 업로드할 예정이니 많은 관심 부탁드립니다.

– 해답, 해설 : 네이버블로그(http://withyourlife.com/)
네이버카페(http://cafe.naver.com/thisistime)

2 유튜브 강의 꼭 듣기

유튜브 채널 '끝장회계'에서 전산회계 2급, 전산회계 1급, 전산세무 2급 강의를 업로드하고 있습니다. 노쌤만의 그림으로 배우는 회계를 기대해 주세요. 다른 강의와 차별화된 실험적인 강의를 계획 중에 있습니다. 자세한 내용은 네이버카페·블로그 '끝장회계'를 참고해주세요.

– 무료강의 : 유튜브 채널 '끝장회계'

3 중요문제 표시

본 교재에서는 시간이 촉박하신 분들을 위해서 챕터별로 중요문제에 ★표시를 해두었습니다. 급하신 분들은 중요문제만이라도 꼭 풀어보시기 바랍니다.

4 본 교재를 세 번 이상 정독하기

최근의 출제경향을 보면 점점 어려워지고 있는 것을 확인할 수 있습니다. 이는 새로운 출제진이 가장 큰 원인이라 할 수 있습니다. 앞으로 이러한 출제경향이 유지될 것으로 보입니다. 하지만 걱정하실 필요 없습니다. 나만 어려운 것이 아니라 다 같이 어렵고, 이럴 때일수록 기출문제를 철저히 분석할 필요가 있습니다. 본 교재는 최근 시험경향을 완벽하게 분석하여 집필하였습니다.

시험에 나오지 않는 부분은 철저히 배제하시고 본 교재와 함께 시험에 나오는 부분에 집중하여 최소 세 번 이상 정독하시길 바랍니다.

목 차

제 1 부 이론편

제 2 부 실무편(전산회계 1급)

제 3 부 실무편(전산세무 2급)

제4부 기출문제

전산세무회계 시험의 구성

전산회계 1급 & 전산세무 2급 구성		
구분	전산회계 1급	전산세무 2급
이론 (총30점)	15문제×2점 (재무 8, 원가 4, 부가가치세 3)	15문제×2점 (재무 5, 원가 5, 부가가치세 3, 소득세 2)
실무 (총70점)	문 1) 기초정보관리 10점 문 2) 일반전표입력 18점(6문제×3점) 문 3) 매입매출전표입력 18점(6문제×3점) 문 4) 내용정정 6점(2문제×3점) 문 5) 결산 9점(3문제×3점) 문 6) 조회 9점(3문제×3점)	문 1) 일반전표입력 15점(5문제×3점) 문 2) 매입매출전표입력 15점(5문제×3점) **★문 3) 부가가치세신고 10점(2문제)** 문 4) 결산 15점(5문제×3점) **★문 5) 원천징수 15점(2문제)**

※ 1. 전산회계는 70점이 커트라인
2. 30점만큼은 틀릴 수 있음.
3. 무엇을 틀릴지 전략적으로 접근할 필요 있음.
4. 회계기초가 있는 학생의 경우, 철저한 기출문제 위주의 학습만으로 합격가능

● 시험 전 주의사항!!!

1. 신분증, 수험표 꼭 들고 가기
2. 본인의 문제가 A형인지 B형인지 꼭 확인하기
3. 시험시간 동안 어떻게 해야 할지 모르겠으면 손들고 감독관에게 요청하기
   ("USB 설치 못하겠어요", "컴퓨터가 안 되요" 등등)
4. 하다가 모르겠으면 일단 패스 → 아는 건 다 입력하고 나오기
   (전표입력 분개 시 거래처 입력 못하고 분개만 입력해도 부분점수 획득가능)
5. 분개 시 계정과목 모르겠으면 프로그램에서 계정과목 조회해 볼 것. 다 나옴

전산세무 2급 & 전산회계 1급 한 권으로 끝장내기

1 PART

이론편

제1장 재무회계 | 제2장 원가회계
제3장 부가가치세 | 제4장 소득세

CHAPTER

01 재무회계

1 회계의 기본원리

1) 회계의 기본개념

● **회계의 목적**

① 이해관계자들의 의사결정에 필요한 정보를 제공
② 일정시점의 재무상태 파악
③ 일정기간의 경영성과 측정

| 전산회계 1급, 이론형 |

01 다음 중 재무보고의 목적이 아닌 것은?(70회)

① 투자 및 신용의사결정에 유용한 정보 제공
② 미래 현금흐름 예측에 유용한 정보 제공
③ 경영자의 장기적 의사결정의 성과평가에 관한 환경적 정보의 제공
④ 재무상태, 현금흐름, 자본변동 등의 재무정보의 제공

2) 재무제표의 종류, 계정과목

● **재무제표의 종류**

① 재무상태표
② 손익계산서
③ 자본변동표
④ 현금흐름표*
⑤ 주석(별지)

* 현금흐름표는 영업활동, 투자활동, 재무활동으로 인한 현금흐름으로 구분하여 표시한다.

● 재무상태표

재무상태표＝일정시점＋재무상태

자산	부채 자본

① 자산

과거	＋	현재	＋	미래
거래나 사건의 결과		기업실체에 의해 지배		경제적 효익을 창출할 것으로 기대

② 부채

과거	＋	현재	＋	미래
거래나 사건의 결과		기업실체가 부담		자원유출 또는 사용이 예상되는 의무

③ 자본 : 순자산으로서 기업실체의 자산에 대한 소유주의 잔여청구권

※ 자본등식 : 자산 – 부채 = 자본(순자산)

※ 재무상태표등식 : 자산＝부채＋자본

※ 시산표등식 : 기말자산 + 비용 = 기말부채 + 기초자본 + 수익

● 손익계산서

손익계산서＝일정기간＋경영성과(수익, 비용)

비용	수익

① 수익 : 기업실체의 경영활동의 결과로서 발생하였거나 발생할 현금유입액

② 비용 : 기업실체의 경영활동의 결과로서 발생하였거나 발생할 현금유출액

※ 수익
－ 비용
(순)이익

| 전산회계 1급, 이론형 |

01 다음 중 일반기업회계기준상 재무제표에 해당하지 않은 것은?(71회)

① 재무상태표 ② 손익계산서
③ 제조원가명세서 ④ 자본변동표

02 다음 중 재무회계에 관한 설명으로 가장 적절하지 않은 것은?(75회)

① 재무제표에는 재무상태표, 손익계산서, 자본변동표, 현금흐름표 등이 있다.
② 일정기간 동안 기업의 경영성과에 대한 정보를 제공하는 보고서는 재무상태표이다.
③ 기업의 외부정보이용자에게 유용한 정보를 제공하는 것을 주된 목적으로 한다.
④ 회계연도는 1년을 초과할 수 없다.

03 다음 중 재무제표에 대한 설명으로 잘못 설명된 것은?(64회)

① 현금흐름표는 영업활동, 투자활동, 재무활동으로 인한 현금흐름으로 구분하여 표시한다.
② 손익계산서는 일정기간 동안 기업의 경영성과에 대한 정보를 제공한다.
③ 재무상태표, 손익계산서, 현금흐름표, 이익잉여금처분계산서로 구성되며, 주석을 포함한다.
④ 주석은 우발상황과 같이 재무제표에 인식되지 않은 항목에 대한 추가정보를 포함하여야 한다.

04 다음 중 일정시점의 기업의 자산, 부채 및 자본내역을 알 수 있는 보고서는?(74회)

① 현금흐름표　　② 손익계산서
③ 재무상태표　　④ 자본변동표

05 다음 중 발생주의에 따라 작성되지 않은 재무제표는?(77회)

① 재무상태표　　② 현금흐름표
③ 자본변동표　　④ 손익계산서

06 회사의 자산과 부채가 다음과 같을 때 회사의 자본(순자산)은 얼마인가?(81회)

• 상품 : 100,000원	• 대여금 : 40,000원	• 매입채무 : 70,000원
• 현금 : 10,000원	• 비품 : 80,000원	• 미지급금 : 20,000원

① 110,000원　　② 120,000원
③ 130,000원　　④ 140,000원

● **재무상태표의 작성기준**

① 구분표시
② 총액주의(↔ 순액주의)
③ 1년기준(1년 이내 : '유동', 1년 이후 : '비유동')
④ 유동성배열법*
⑤ 잉여금구분의 원칙(※자본 참조)

* 유동성배열법 : 자산과 부채는 유동성이 높은(환금성(=현금화)이 빠른) 순서로 배열

● **손익계산서의 작성기준**

① 발생주의
② 실현주의
③ 수익비용대응의 원칙(예, 매출액과 매출원가)
④ 총액주의
⑤ 구분계산의 원칙

재무상태표

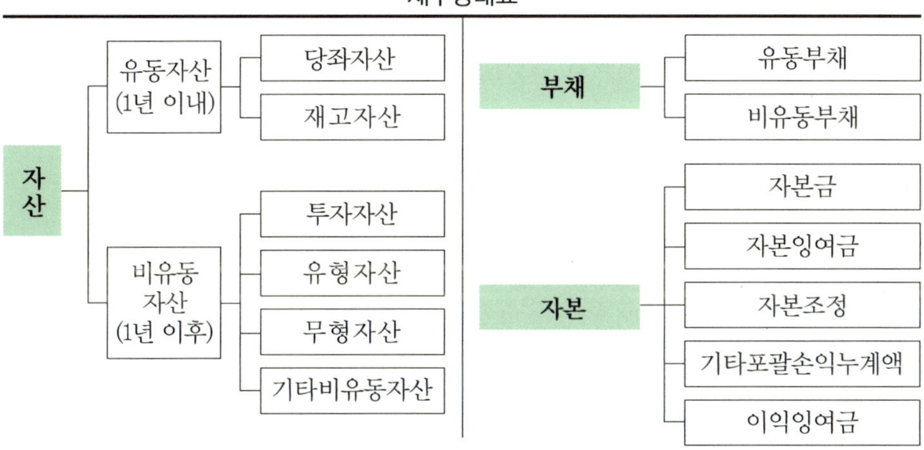

| 전산회계 1급, 이론형 |

01 유동성배열법에 따라 재무상태표를 작성할 때, 위에서 아래의 순서로 바르게 나열한 것은?(67회)

ㄱ. 유형자산	ㄴ. 투자자산	ㄷ. 당좌자산	ㄹ. 재고자산

① ㄴ → ㄷ → ㄹ → ㄱ　　② ㄴ → ㄷ → ㄱ → ㄹ
③ ㄷ → ㄹ → ㄴ → ㄱ　　④ ㄷ → ㄴ → ㄹ → ㄱ

02 다음의 자산계정들을 일반기업회계기준에 따라 유동성배열법으로 나열한 경우 맞는 것은?(55회)

• 기계장치	• 제품	• 현금 및 현금성자산	• 외상매출금

① 외상매출금, 현금 및 현금성자산, 제품, 기계장치
② 현금 및 현금성자산, 외상매출금, 기계장치, 제품
③ 현금 및 현금성자산, 제품, 외상매출금, 기계장치
④ 현금 및 현금성자산, 외상매출금, 제품, 기계장치

★ **03** 다음 중 일반기업회계기준에 따라 유동성배열법으로 나열할 경우 배열순서로 옳은 것은?(72회)

• 건설중인자산	• 상품	• 투자부동산	• 외상매출금

① 상품, 외상매출금, 건설중인자산, 투자부동산
② 상품, 외상매출금, 투자부동산, 건설중인자산
③ 외상매출금, 상품, 건설중인자산, 투자부동산
④ 외상매출금, 상품, 투자부동산, 건설중인자산

★ **04** 일반기업회계기준에 의한 재무상태표에 관한 설명이다. 틀린 것은?(65회)

① 유동자산은 당좌자산과 재고자산으로 구분하고, 비유동자산은 금융자산, 유형자산, 무형자산, 기타비유동자산으로 구분한다.
② 부채는 유동부채와 비유동부채로 구분한다.
③ 자본은 자본금, 자본잉여금, 자본조정, 기타포괄손익누계액 및 이익잉여금(또는 결손금)으로 구분한다.
④ 재무상태표는 정보이용자들이 기업의 유동성, 재무적 탄력성, 수익성과 위험 등을 평가하는 데 유용한 정보를 제공한다.

★ **05** 다음은 재무상태표의 기본구조에 대한 설명이다. 틀린 것은?(69회)(57회)

① 자산과 부채는 유동성이 작은 항목부터 배열하는 것을 원칙으로 한다.
② 자산은 유동자산과 비유동자산으로 구분한다.
③ 비유동자산은 투자자산, 유형자산, 무형자산 및 기타 비유동자산으로 구분한다.
④ 자본은 자본금, 자본잉여금, 자본조정, 기타포괄손익누계액 및 이익잉여금(또는 결손금)으로 구분한다.

06 다음 중 재무상태표의 설명으로 틀린 것은?(76회)

① 정보이용자들이 기업의 유동성, 재무적 탄력성, 수익성과 위험 등을 평가하는 데 유용한 정보를 제공한다.
② 일정기간 동안 기업의 경영성과에 대한 정보를 제공한다.
③ 자산, 부채, 자본으로 구성된다.
④ 자본은 자본금, 자본잉여금, 자본조정, 기타포괄손익누계액 및 이익잉여금(또는 결손금)으로 구분한다.

★**07** 다음 중 유동자산이 아닌 것은?(64회)

① 장기미수금 중 1년 이내에 실현되는 부분
② 기업의 정상적인 영업주기 내에 실현될 것으로 예상되는 재고자산
③ 사용의 제한이 있는 현금 및 현금성자산
④ 단기매매목적으로 보유하는 자산

08 다음 중 유동자산에 해당하지 않은 것은?(73회)

① 보고기간 종료일로부터 2년 이내에 현금화될 것으로 예상되는 자산
② 사용의 제한이 없는 현금 및 현금성자산
③ 기업의 정상적인 영업주기 내에 실현될 것으로 예상되거나 판매목적 또는 소비목적으로 보유하고 있는 자산
④ 단기매매목적으로 보유하고 있는 자산

★**09** 다음 중 회계보고기간 종료일이 12월 31일인 경우, 유동자산에 속하지 않은 항목은?(68회)

① 7월 1일부터 내년 10월말까지 보유예정인 현금 및 현금성자산
② 7월 1일 수취하여 내년 10월말에 현금으로 실현될 받을어음
③ 7월 1일 투자목적으로 취득하여 2년 후에 매각예정인 회사 주변의 땅
④ 7월 1일 단기매매목적으로 구입한 상장회사 ㈜무릉의 주식

10 다음 중 유동자산과 비유동자산의 분류가 올바르게 짝지어진 것은?(58회)

	유동자산	비유동자산		유동자산	비유동자산
①	건설중인자산	개발비	②	미수금	선급비용
③	선급비용	건설중인자산	④	영업권	단기투자자산

11 다음 중 재무상태표 및 손익계산서에 대해 잘못 설명한 것은?(73회)

① 자산은 유동자산과 비유동자산으로 구분되고, 비유동자산은 투자자산, 유형자산, 무형자산 및 기타비유동자산으로 구분된다.
② 부채는 유동부채와 비유동부채로 구분되며, 사채 · 장기차입금 · 퇴직급여충당부채계정은 비유동부채에 속한다.
③ 손익계산서는 매출총손익 · 영업손익 · 경상손익 · 법인세비용차감전순손익 및 당기순손익으로 구분표시하여야 한다.
④ 재무상태표는 유동성배열법에 따라 유동성이 큰 항목부터 먼저 나열한다.

● **계정과목**(※ 실무문제 분개부분과 관련 깊은 파트)
① 계정과목을 처음부터 외우려고 하지 말 것
② 분개연습을 통해서 자연스럽게 체득할 것(분개연습방법은 '끝장특강'을 통해서 학습)
③ 부록으로 첨부한 '계정과목표'를 참조할 것

● **결합관계**(거래의 8요소)

결합관계

차변	대변
자산↑ 부채↓ 자본↓	자산↓ 부채↑ 자본↑
비용↑	수익↑

● **차감적 평가계정**
① 자산의 차감적 평가계정 : 대손충당금, 재고자산평가충당금, 감가상각누계액
② 부채의 차감적 평가계정 : 사채할인발행차금, 퇴직연금운용자산
③ 자본의 차감적 평가계정 : 인출금
cf **오답** : 퇴직급여충당부채, 사채할증발행차금

| 전산회계 1급, 이론형 |

01 다음 중 기말결산 시 계정별 원장의 잔액을 차기에 이월하는 방법을 통하여 장부를 마감하는 계정과목은?(78회)

① 광고선전비 ② 접대비

③ 개발비 ④ 기부금

02 "주주나 제3자 등으로부터 현금이나 기타 재산을 무상으로 증여받을 경우 생기는 이익"이 설명하고 있는 계정과목은?(81회)

① 자산수증이익 ② 이익잉여금
③ 채무면제이익 ④ 임차보증금

★03 다음 거래를 분개할 때 거래의 8요소 중 잘못된 것은?(80회)

㈜한세는 기계장치 17,000,000원을 ㈜서울에서 구입하고, 먼저 지급하였던 계약금 1,700,000원을 차감한 나머지는 1개월 후에 지급하기로 하였다.

① 자산의 증가 ② 자산의 감소
③ 부채의 증가 ④ 부채의 감소

04 다음 설명 중 밑줄 친 부분과 관련 있는 계정과목으로만 나열된 것은?(65회)

기업이 경영활동을 하기 위하여 소유하고 있는 각종 재화와 채권은 자산에 해당한다.

① 제품, 단기매매증권
② 미수금, 선급금
③ 재공품, 차량운반구
④ 건물, 임차보증금

★05 다음 중 재무상태표의 자산분류상 올바른 항목으로 짝지어진 것은?(64회)

① 유동자산 : 단기투자자산, 투자자산 : 임차보증금
② 투자자산 : 장기대여금, 유형자산 : 건설중인자산
③ 투자자산 : 투자부동산, 기타비유동자산 : 지분법적용투자주식
④ 유동자산 : 선급비용, 투자자산 : 장기미수금

06 다음 중 일반적인 재무제표의 계정과목 분류가 옳지 않은 것은?(66회)

① 저장품 : 재고자산
② 건설중인자산 : 투자자산
③ 장기제품보증충당부채 : 비유동부채
④ 매도가능증권평가손익 : 기타포괄손익누계액

07 다음 (가), (나)의 거래를 분개할 때 대변에 기입되는 계정과목으로 바르게 짝지은 것은?(68회)

(가) 신세품을 생산하기 위하여 기계를 1,000,000원에 구입하고, 대금은 1개월 후에 지급하기로 하다. (나) 신제품을 공급해 주기로 하고 계약금 100,000원을 현금으로 받다.

① (가) 미지급금 (나) 선급금　② (가) 미지급금 (나) 선수금
③ (가) 외상매입금 (나) 선수금　④ (가) 외상매입금 (나) 선급금

08 다음의 거래를 회계처리할 때 사용되지 않은 계정과목은?(57회)

공장사무실에 사용하는 컴퓨터 10대(@500,000원)를 구입하고, 대금 중 50%는 타인이 발행한 당좌수표로 지급하고 나머지는 외상으로 하다.

① 외상매입금　② 미지급금　③ 비품　④ 현금

09 다음 거래를 분개할 때 사용되지 않은 계정과목은?(83회)

비업무용 토지를 7,000,000원에 구입하였다. 먼저 지급한 계약금 700,000원을 차감한 잔액 중 50%는 타사가 발행한 당좌수표로, 나머지는 약속어음을 발행하여 지급하다.

① 선급금　② 지급어음　③ 미지급금　④ 현금

10 다음은 회계거래의 결합관계를 표시한 것이다. 옳지 않은 것은?(77회)

	거래	거래의 결합관계
①	커피머신을 50,000원에 현금구입하였다.	자산의 증가 － 자산의 감소
②	주식발행으로 1억원을 현금조달하였다.	자산의 증가 － 자본의 증가
③	공장청소비 10만원을 현금지급하였다.	비용의 발생 － 자산의 감소
④	상품을 20만원에 현금으로 매출하였다.	자산의 증가 － 비용의 감소

11 다음 중 계정의 성격이 올바르게 설명되지 않은 것은?(80회)

	계정명	분개 방식	결산 시 계정잔액
①	급여계정	증가 시 차변에 기록	차변
②	소모품계정	감소 시 대변에 기록	대변
③	매입채무계정	증가 시 대변에 기록	대변
④	매출채권계정	감소 시 대변에 기록	차변

12 다음의 거래로 인한 설명 중 맞는 것은?(53회)

보유중인 기계장치를 장부금액보다 낮은 금액을 받고 처분하였다.

① 자산의 감소와 부채의 감소
② 자산의 감소와 자본의 증가
③ 자산의 감소와 부채의 증가
④ 자산의 감소와 자본의 감소

13 다음 괄호 안에 들어갈 내용으로 옳은 것은?(61회)

미지급된 보증금 1,000,000원을 현금으로 지급한 것은 (　　)의 감소이다.

① 자산, 부채
② 자산, 자본
③ 수익, 부채
④ 비용, 자산

14 다음 중 재무상태표에서 해당 자산이나 부채의 차감적인 평가항목을 모두 선택한 것은?(72회)

가. 감가상각누계액	나. 대손충당금
다. 사채할인발행차금	라. 퇴직연금운용자산

① 가, 나
② 가, 나, 다
③ 가, 나, 라
④ 가, 나, 다, 라

15 다음 중 재무상태표에서 해당 자산이나 부채의 차감적 평가항목이 아닌 것은?(55회)

① 감가상각누계액
② 퇴직급여충당부채
③ 대손충당금
④ 사채할인발행차금

16 다음 중 재무상태표의 자산 및 부채계정의 차감적인 평가항목이 아닌 것은?(58회)

① 사채할증발행차금
② 재고자산평가충당금
③ 대손충당금
④ 감가상각누계액

3) 회계의 순환과정(거래, 분개, 총계정원장, 결산)

● 회계의 순환과정

거래의 발생(인식) ⇨(분개) 분개장 ⇨(전기) 총계정원장 ⇨

결산절차
예비절차 ⇨ 본 절차 ⇨ 보고서 작성

● 회계상의 거래

① 경영활동에 의하여 자산·부채의 증감변화를 일으키는 현상
② 경영활동에 의하여 수익·비용의 발생을 일으키는 현상
③ 수익·비용의 발생으로 자본의 증감변화를 일으키는 현상
※ **거래가 아닌 예 : 채용, 주문, 계약**
※ **거래인 예 : 화재, 도난, 분실**

● 거래의 종류

① 교환거래(재무상태표계정)
② 손익거래(손익계산서계정)
③ 혼합거래(재무+손익계정)

● 주요(장)부, 보조원장

① 주요(장)부 : 분개장, 총계정원장
② 보조원장 : 상품재고장, 매출처원장, 매입처원장, 가지급원장, 전도금원장
③ 보조기입장 : 현금출납장, 당좌예금출납장, 받을어음기입장, 지급어음기입장, 매입장, 매출장 등

● 결산절차

① 예비절차 : 시산표 작성, 결산정리, 정산표 작성
② 본 절차 : 총계정원장의 마감, 분개장과 각종 보조장부의 마감, 이월시산표 작성
③ 보고서 작성 : 재무제표 작성
※ 시산표등식 : **기말자산 + 비용 = 기말부채 + 기초자본 + 수익**
※ 회계의 순환과정 : 거래식별 → 분개 → 전기 → 수정전시산표 작성
→ 기말수정분개 → 수정후시산표 작성 → 수익비용계정의 마감
→ 집합손익계정의 마감 → 자산부채자본계정의 마감
→ 재무제표 작성

| 전산회계 1급, 이론형 |

01 다음 중 회계상 거래가 아닌 것은?(81회)

① 은행에 현금 600,000원을 예입하다.
② 자동차 종합보험료 700,000원을 현금으로 지급하다.
③ 은행에서 현금 1,000,000원을 차입하기로 결정하다.
④ 회계기말 현재 보유 중인 상장주식의 가격이 150,000원만큼 하락하다.

02 다음 중 회계상 거래가 아닌 것은?(79회)

① 사용하던 기계장치를 거래처에 매각처분하였다.
② 사무실 임차계약을 체결하고 임차보증금을 지급하였다.
③ 거래처에서 외상매입금을 면제해 주었다.
④ 경영진이 미래에 특정자산을 취득하겠다는 의사결정을 하였다.

03 다음 중 회계상의 거래가 아닌 것은?(76회)

① 자산매매대금의 수령
② 화재, 도난에 의한 자산 소멸
③ 기부금 현금지급
④ 직원 회식을 위한 식당 예약

04 다음 중 회계상의 거래가 아닌 것은?(67회 특별)

① 건물을 매각하면서 계약금을 받았다.
② 재고자산의 일부가 파손되었다.
③ 지난 달 사무실 임대료가 미지급되었다.
④ 직원 회식을 위해 레스토랑에 구두로 예약을 했다.

05 다음 중 회계상의 거래가 아닌 것은?(68회)(55회)

① 건물을 매각하면서 계약금을 받았다.
② 당사제품을 관할 구청에 불우이웃돕기목적으로 기탁하였다.
③ 원재료로 구입한 부품이 부주의로 파손되어 감모처리하였다.
④ 박희동 신입사원과 근로계약서를 작성하였다.

06 다음 합계잔액시산표상 A, B, C에 들어갈 금액의 합은?(69회)

차변		계정과목	대변	
잔액(원)	합계(원)		합계(원)	잔액(원)
10,000	(A)	현금	240,000	
20,000	(B)	외상매출금	310,000	
	110,000	외상매입금	(C)	10,000
		자본금	500,000	500,000
250,000	250,000	여비교통비		
		이자수익	110,000	110,000

① 560,000원
② 620,000원
③ 680,000원
④ 700,000원

07 다음 중 시산표등식으로 맞는 것은?(53회)

① 기말자산+총비용=기말부채+기말자본+총수익
② 기말자산+총비용=기말부채+기초자본+총수익
③ 기말자산+총비용=기말부채+기초자본+총수익-순손실
④ 기말자산+총비용+순이익=기말부채+기초자본+총수익

08 다음은 시산표에서 발견할 수 없는 오류를 나열한 것이다. 이에 해당하지 않는 것은?(63회)(50회)

① 동일한 금액을 차변과 대변에 반대로 전기한 경우
② 차변과 대변의 전기를 동시에 누락한 경우
③ 차변과 대변에 틀린 금액을 똑같이 전기한 경우
④ 차변만 이중으로 전기한 경우

09 다음 중 합계잔액시산표에서 발견할 수 있는 오류는?(73회)

① 동일한 금액을 차변과 대변에 반대로 전기한 경우
② 차변과 대변의 전기를 동시에 누락한 경우
③ 차변과 대변에 틀린 금액을 똑같이 전기한 경우
④ 차변만 이중으로 전기한 경우

10 회계순환과정의 결산절차에 대한 설명 중 잘못된 것은?(77회)

① 결산절차를 통해 마감된 장부를 기초로 재무제표가 작성된다.
② 일반적으로 결산절차는 예비절차와 본절차로 구분할 수 있다.
③ 수익 · 비용에 해당되는 계정의 기말잔액은 다음 회계연도로 이월되지 않는다.
④ 자산 · 부채 · 자본에 해당되는 계정과목을 마감하기 위해서 임시적으로 집합손익계정을 사용한다.

11 다음 중 회계순환과정의 순서가 가장 올바른 것은?(69회)(52회)

① 거래식별 → 전기 → 분개 → 수정전시산표 작성 → 기말수정분개
② 수정전시산표 작성 → 수익비용계정의 마감 → 수정후시산표 작성 → 기말수정분개 → 집합손익계정의 마감 → 자산부채자본계정의 마감 → 재무제표 작성
③ 수정후시산표 작성 → 기말수정분개 → 자산부채자본계정의 마감 → 집합손익계정의 마감 → 수익비용계정의 마감 → 재무제표 작성
④ 기말수정분개 → 수정후시산표 작성 → 수익비용계정의 마감 → 집합손익계정의 마감 → 자산부채자본계정의 마감 → 재무제표 작성

12 다음 중 회계의 순환과정으로 가장 올바른 것은?(75회)

① 거래식별 → 전기 → 분개 → 수정전합계잔액시산표 작성 → 집합손익계정의 마감 → 기말 수정분개 → 자산부채자본계정의 마감 → 재무제표 작성
② 거래식별 → 분개 → 전기 → 수정전합계잔액시산표 작성 → 기말수정분개 → 수정후합계잔액시산표 작성 → 수익비용계정의 마감 → 집합손익계정의 마감 → 자산부채자본계정의 마감 → 재무제표 작성
③ 수정후합계잔액시산표 작성 → 기말수정분개 → 자산부채자본계정의 마감 → 집합손익계정의 마감 → 수익비용계정의 마감 → 재무제표 작성
④ 수정전합계잔액시산표 작성 → 수익비용계정의 마감 → 수정후합계잔액시산표 작성 → 기말수정분개 → 집합손익계정의 마감 → 자산부채자본계정의 마감 → 재무제표 작성

13 다음 중 결산정리분개에 대한 설명으로 가장 옳은 것은?(66회)

① 시장성 있는 유가증권계정은 기말결산 시 공정가치법에 의하여 평가하고, 공정가치는 기말결산일 현재 종가이다.
② 비유동자산은 사용에 의해 가치가 감소하게 되고, 가치감소액은 정액법만 사용하여 산출한다.

③ 부가가치세는 매입세액과 매출세액을 서로 상계처리하고 차액은 선수금계정으로 처리한다.
④ 가지급금, 가수금계정은 기말결산 시까지 내용이 파악되지 않은 경우에도 그대로 사용한다.

● **결산관련이론**

1) 이연과 예상(발생)

① 이연(선~) : 선급비용(자산), 선수수익(부채)
② 예상(미~) : 미수수익(자산), 미지급비용(부채)

차변(자산)	대변(부채)
선급~ 미수~	선수~ 미지급~

2) 소모품(소모품비)

※ 문제를 통하여 학습

| 전산회계 1급 |

01 발생기준에 따른 재무제표 작성 시 발생과 이연의 개념을 사용하여 기말결산을 하게 되는데, 이와 관련된 계정과목이 아닌 것은?(58회)(51회)

① 선수수익　　② 선급금
③ 선급비용　　④ 미지급비용

02 다음 설명의 괄호 안에 들어갈 것으로 옳은 것은?(56회)

> 이연이란 (　　　)과 같이 미래에 수익을 인식하기 위해 현재의 현금유입액을 부채로 인식하거나, (　　　)과 같이 미래에 비용을 인식하기 위해 현재의 현금유출액을 자산으로 인식하는 회계과정을 의미한다.

① 미수수익, 선급비용
② 선수수익, 선급비용
③ 미수수익, 미지급비용
④ 선수수익, 미지급비용

03 다음 중 재무제표에 계상되는 적절한 계정과목이 아닌 것은?

① 미수수익 ② 선수수익
③ 미지급수익 ④ 선급비용

04 다음 중 기말결산 시 비용의 이연과 가장 관련 있는 거래는?(63회)

① 공장건물에 선급보험료 100,000원을 계상하다.
② 공장건물에 대한 선수임대료 1,000,000원을 계상하다.
③ 정기예금에 대한 미수이자 100,000원을 계상하다.
④ 단기차입금에 대한 미지급이자 100,000원을 계상하다.

05 발생기준에 따른 재무제표 작성 시 발생과 이연의 개념을 사용하여 기말에 결산을 하게 되는데, 이와 관련된 계정과목으로 맞는 것은?(70회)

① 선수수익 ② 선급금
③ 선수금 ④ 가지급금

06 다음 내용을 보고 결산시점 수정분개로 적절한 것은?(80회)

- 9월 1일 본사 건물에 대한 화재보험료 1,500,000원을 보통예금계좌에서 이체하였다.
- 경리부에서는 이를 전액 비용처리하였다.
- 12월 31일 결산시점에 화재보험료 미경과분은 1,000,000원이다.

① (차) 보험료 500,000원 (대) 미지급비용 500,000원
② (차) 보험료 1,000,000원 (대) 선급비용 1,000,000원
③ (차) 미지급비용 500,000원 (대) 보험료 500,000원
④ (차) 선급비용 1,000,000원 (대) 보험료 1,000,000원

07 다음 거래내용을 보고 12월 31일 결산 수정분개 시 차변계정과목과 차변금액으로 적절한 것은?(82회)

- 2018년 8월 1일 소모품 600,000원을 현금으로 구입하고 자산으로 처리하였다.
- 2018년 12월 31일 결산 시 소모품미사용액은 250,000원이다.

① 소모품 250,000원 ② 소모품 350,000원
③ 소모품비 250,000원 ④ 소모품비 350,000원

4) 필수 계산문제

● 2급에서 매회 꼭 한 문제 출제되는 필수 계산문제(1급은 간간히 나옴)

기초재무상태표			기말재무상태표	
자산	부채 **자본**		자산	부채 **자본**

+추가출자액−인출금
+(총)수익−(총)비용
= 당기순이익(순손실)

| 전산회계 2급 |

01 다음 개인기업의 기초재무상태와 기말손익계정을 보고 기말자본금을 계산한 금액으로 옳은 것은?(60회)

구분	내용
기초 재무상태	• 현금 : 500,000원 • 외상매출금 : 100,000원 • 상품 : 50,000원 • 비품 : 100,000원 • 외상매입금 : 300,000원 • 단기차입금 : 150,000원
기말 손익계정	아래 손익계정 참조

손익

차변	금액	대변	금액
비용총액	500,000원	수익총액	700,000원
자본금	200,000원		
	700,000원		700,000원

① 400,000원 ② 450,000원
③ 500,000원 ④ 550,000원

| 전산회계 1급 |

01 다음의 회계등식 중 옳지 않은 것은?(59회)

① 기말자산＝기말부채＋기초자산＋이익
② 총비용＋이익＝총수익
③ 기말자본－기초자본＝이익
④ 자산＝부채＋순자산

02 다음 자료에서 시언상회의 총비용은 얼마인가?

• 기초자본 : 8,000,000원	• 기말자본 : 16,000,000원
• 추가출자금 : 5,000,000원	• 총수익 : 6,000,000원

① 2,000,000원　　② 2,500,000원
③ 3,000,000원　　④ 4,000,000원

5) 추가이론

● 재무제표 작성책임과 공정한 표시에 관한 내용

① 재무제표의 작성과 표시에 대한 책임은 **경영진**에게 있다.(↔ 회계담당자)
② 전기재무제표의 모든 계량정보를 당기와 비교하는 형식으로 표시한다.(**비교가능성**)
③ 재무제표는 이해하기 쉽도록 간단하고 명료하게 표시하여야 한다.(이해가능성)
④ 재무제표는 경제적 사실과 거래의 실질을 반영하여 기업의 재무상태, 경영성과, 현금흐름 및 자본변동을 공정하게 표시하여야 한다.
⑤ 일반기업회계기준에 따라 적정하게 작성된 재무제표는 공정하게 표시된 재무제표로 본다.
⑥ 재무제표가 일반기업회계기준에 따라 작성된 경우에는 그러한 사실을 주석으로 기재하여야 한다.

● 회계의 질적 특성

※ '**목.예.피.적**'/'**신.표.검.중**'으로 암기할 것
※ 주요 질적 특성 : 목적적합성, 신뢰성

1) 목적적합성

① **예측가치** : 회계정보가 기업의 미래에 대한 예측가치를 높일 수 있는가?
② **피드백가치** : 회계정보가 당초 기대치(예측치)를 확인 또는 수정되게 하는가?
③ **적시성** : 회계정보가 적시에 제공되었는가?

2) 신뢰성

① **표현의 충실성** : 회계정보가 충분히 표시되어 있는가?

② **검증가능성** : 회계정보가 객관적으로 검증가능한가?(동일한 거래에 대하여 동일한 결과가 예측)

③ **중립성** : 회계정보가 편의 없이 중립적인가?

● **회계의 기본가정**(공준)

'기.계.기'로 암기할 것

① 기업실체의 가정 : 기업을 하나의 (법적)실체로 인식한다.

② 계속기업의 가정 : 기업실체는 그 목적과 의무를 이행하기에 충분할 정도로 장기간 존속한다.

③ 기간별 보고의 가정 : 회계순환과정에 있어 기말결산정리를 하게 되는 근거가 된다.

● **비교가능성**(기간별, 기업 간 비교)

● **역사적 원가주의**

취득원가주의라고도 하며, 취득원가금액을 재무상태표에 표시하는 것을 의미한다.

① 역사적 원가주의는 일반적으로 신뢰성은 제고되나 목적적합성은 저하될 수 있다.

② 기업이 계속하여 존재할 것이라는 가정하에 정당화되고 있다.

③ 취득 후에 그 가치가 변동하더라도 역사적 원가는 그대로 유지된다.

④ 객관적이고 검증가능한 회계정보를 생산하는 데 도움이 된다.

cf **오답** : 회계정보의 목적적합성과 신뢰성을 모두 높일 수 있다.

| 전산회계 1급, 이론형 |

01 다음 중 재무제표의 작성책임과 공정한 표시에 관한 내용으로 틀린 것은?(78회)

① 재무제표의 작성과 표시에 대한 책임은 담당자에게 있다.

② 재무제표는 경제적 사실과 거래의 실질을 반영하여 기업의 재무상태, 경영성과, 현금흐름 및 자본변동을 공정하게 표시하여야 한다.

③ 일반기업회계기준에 따라 적정하게 작성된 재무제표는 공정하게 표시된 재무제표로 본다.

④ 재무제표가 일반기업회계기준에 따라 작성된 경우에는 그러한 사실을 주석으로 기재하여야 한다.

02 재무제표 작성과 표시의 일반원칙으로 가장 틀린 것은?(59회)

① 전기재무제표의 모든 계량정보를 당기와 비교하는 형식으로 표시한다.
② 재무제표의 작성과 표시에 대한 책임은 회계담당자에게 있다.
③ 재무제표는 이해하기 쉽도록 간단하고 명료하게 표시하여야 한다.
④ 재무제표는 기업의 재무상태, 경영성과, 현금흐름 및 자본변동을 공정하게 표시하여야 한다.

03 일반기업회계기준을 통하여 작성된 재무제표는 다음과 같은 특성과 한계가 있다. 이에 대한 설명으로 틀린 것은?(65회 특별)

① 재무제표는 화폐단위로 측정된 정보를 주로 제공한다.
② 재무제표는 미래에 발생할 거래나 사건에 대한 정보도 포함한다.
③ 재무제표는 추정에 의한 측정치를 포함하고 있다.
④ 재무제표는 특정 기업실체에 관한 정보를 제공한다.

04 주식시장에 상장되어 있는 두 회사 중 한 회사에 투자하기 위해 두 회사의 회계정보를 비교하고자 하는 경우 회계정보가 갖추어야 할 속성으로 가장 적합한 것은?(54회)

① 비교가능성　　② 신뢰성
③ 목적적합성　　④ 중립성

05 다음 중 회계정보가 갖춰야 할 가장 중요한 질적 특성 요소는?(78회)

① 비교가능성과 중립성　　② 목적적합성과 신뢰성
③ 효율성과 다양성　　④ 검증가능성과 정확성

06 회계정보가 유용하기 위해 갖추어야 할 다음의 속성 중 가장 중요한 질적 특성으로만 나열한 것은?(60회)

① 목적적합성, 신뢰성　　② 피드백가치, 예측가치
③ 비교가능성, 표현의 충실성　　④ 검증가능성, 중립성

07 회계정보의 질적 특성인 목적적합성의 구성요소가 아닌 것은?(63회)

① 표현의 충실성　　② 피드백가치
③ 적시성　　④ 예측가치

08 다음은 재무회계개념체계에 대한 설명이다. 회계정보의 질적 특성 중 무엇에 대한 설명인가?(68회)

회계정보가 기업실체의 재무상태, 경영성과, 순현금흐름, 자본변동 등에 대한 정보이용자의 당초 기대치(예측치)를 확인 또는 수정하게 함으로써 의사결정에 영향을 미칠 수 있는 능력을 말한다.

① 예측가치 ② 피드백가치
③ 적시성 ④ 신뢰성

09 다음 중 회계정보의 질적 특성인 '신뢰성'과 직접 관련이 적은 것은?(66회)

① 예측가치와 피드백가치 ② 표현의 충실성
③ 검증가능성 ④ 중립성

10 다음 중 재무제표의 질적 특성 중 신뢰성과 가장 관련성이 없는 것은?(57회)

① 회계정보를 생산하는 데 있어서 객관적인 증빙자료를 사용하여야 한다.
② 동일한 거래에 대해서는 동일한 결과를 예측할 수 있도록 회계정보를 제공하여야 한다.
③ 유용한 정보를 위해서는 필요한 정보는 재무제표에 충분히 표시하여야 한다.
④ 의사결정에 제공된 회계정보는 기업의 미래에 대한 예측가치를 높일 수 있어야 한다.

11 회계정보의 질적 특성 중 하나인 신뢰성은 회계정보에 대한 오류나 편견 없이 객관적이고 검증가능하며 나타내고자 하는 바를 충실하게 표현해야 하는 정보의 특성을 말한다. 다음 중 회계정보가 신뢰성을 갖기 위해서 필요한 요건이 아닌 것은?(75회)

① 표현의 충실성 ② 중립성
③ 적시성 ④ 검증가능성

12 다음은 재무회계개념체계에 대한 설명이다. 회계정보의 질적 특성인 목적적합성과 신뢰성 중 목적적합성을 갖기 위해서 필요한 요건이 아닌 것은?(80회)

① 예측가치 ② 피드백가치
③ 적시성 ④ 중립성

13 다음 지문에서 ㉠에 들어갈 용어로 옳은 것은?(67회 특별)

> 회계정보의 비교가능성은 목적적합성과 (㉠)만큼 중요한 질적 특성은 아니나, 목적적합성과 (㉠)을(를) 갖춘 정보가 기업실체 간에 비교가능하거나 또는 기간별 비교가 가능할 경우 회계정보의 유용성이 제고될 수 있다.

① 표현의 충실성　② 중립성
③ 회계공준　④ 신뢰성

14 재무제표는 일정한 기본가정하에서 작성된다. 그 기본가정이 아닌 것은?(63회 특별)

① 계속기업의 가정　② 기업실체의 가정
③ 기간별 보고의 가정　④ 발생과 이연의 가정

15 회계순환과정에 있어 기말결산정리를 하게 되는 근거가 되는 가정으로 가장 적절한 것은?(56회)

① 기업실체의 가정　② 기간별 보고의 가정
③ 화폐단위의 가정　④ 계속기업의 가정

16 다음은 재무회계개념체계에 대한 설명이다. 회계의 기본가정(공준) 중 무엇에 대한 설명인가?(62회)

> 기업실체는 그 경영활동을 청산하거나 중대하게 축소시킬 의도가 없을 뿐 아니라 청산이 요구되는 상황도 없다고 가정된다.

① 계속기업의 가정　② 기업실체의 가정
③ 연결재무제표　④ 발생주의 가정

17 각 재무제표의 명칭과 함께 기재해야 할 사항으로 틀린 것은?(53회)

① 기업명　② 보고기간종료일
③ 금액단위　④ 기능통화

18 다음 중 재무상태표의 명칭과 함께 기재해야 하는 사항이 아닌 것은?(83회)

① 기업명　② 보고기간종료일
③ 금액단위　④ 회계기간

19 다음 중 역사적 원가주의와 가장 관련성이 적은 것은?(51회)

① 회계정보의 목적적합성과 신뢰성을 모두 높일 수 있다.
② 기업이 계속하여 존재할 것이라는 가정하에 정당화되고 있다.
③ 취득 후에 그 가치가 변동하더라도 역사적 원가는 그대로 유지된다.
④ 객관적이고 검증가능한 회계정보를 생산하는 데 도움이 된다.

20 회계는 기록, 계산하는 방법에 따라서 단식회계와 복식회계로 나눌 수가 있다. 다음 중 복식회계의 특징과 거리가 먼 것은?(54회)

① 자기검증이 불가능하다
② 재무상태와 손익을 파악하기가 쉽다.
③ 자산, 부채, 자본 등 모든 변화를 기록할 수 있다.
④ 일정한 원리에 따라 기록한다.

| 전산세무 2급 |

01 다음 중 재무회계에 관한 설명으로 적절하지 않은 것은?(83회)

① 재무제표에는 재무상태표, 손익계산서, 자본변동표, 현금흐름표, 주석이 있다.
② 일반적으로 인정된 회계원칙의 지배를 받는다.
③ 기업의 외부이해관계자에게 유용한 정보를 제공하는 것을 주된 목적으로 한다.
④ 특정시점의 재무상태를 나타내는 보고서는 손익계산서이다.

02 다음 중 재무상태표에 대한 설명으로 틀린 것은?(76회)

① 재무상태표는 일정시점의 현재 기업의 자산, 부채, 자본에 대한 정보를 제공한다.
② 자산은 유동자산과 비유동자산으로 구분한다.
③ 자본은 자본금, 자본잉여금, 자본조정, 기타포괄손익누계액 및 이익잉여금(또는 결손금)으로 구분한다.
④ 자산과 부채는 유동성이 작은 항목부터 배열하는 것을 원칙으로 한다.

03 다음 중 유동자산으로 분류할 수 없는것은?(78회)

① 사용의 제한이 없는 현금 및 현금성자산
② 정상적인 영업주기 내에 판매되거나 사용되는 재고자산과 회수되는 매출채권
③ 영업활동에 사용할 목적으로 보유하는 유형자산
④ 보고기간종료일로부터 1년 이내에 현금화 또는 실현될 것으로 예상되는 자산

04 다음 중 재무제표 작성과 표시에 대한 설명으로 틀린 것은?(74회)

① 자산과 부채는 유동성이 큰 항목부터 배열하는 것을 원칙으로 한다.
② 수익과 비용은 각각 총액으로 보고하는 것을 원칙으로 한다.
③ 제조업, 판매업과 건설업에 속하는 기업은 매출총손익의 구분표시를 생략할 수 있다.
④ 자산과 부채는 원칙적으로 상계하여 표시하지 않는다.

2 당좌자산

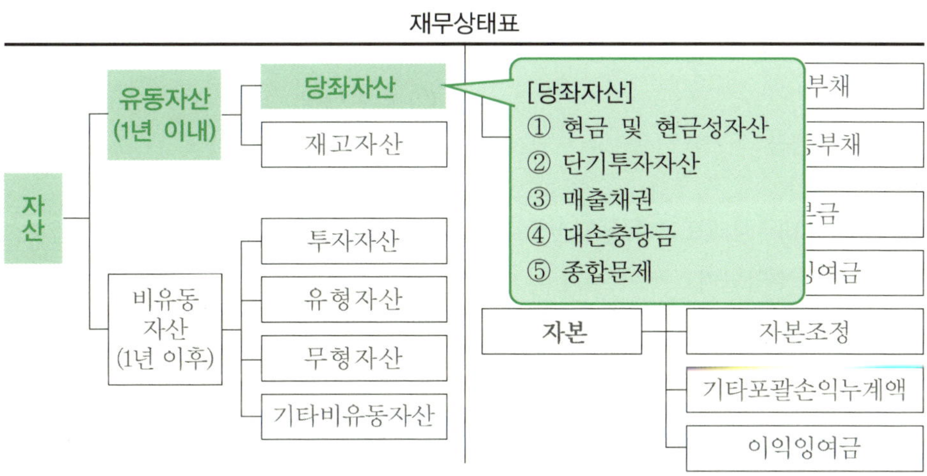

1) 현금 및 현금성자산

● **현금 및 현금성자산**(3개월)

현금 + 예금 + 현금성자산

① 현금 1 : 주화, 지폐
　현금 2 : 자기앞수표, 타인발행 당좌수표, 배당금지급통지표, 사채이자지급통지표, 우편환증서
② 예금 : 당좌예금, 보통예금
③ 현금성자산 : 취득 당시+만기 3개월 이내

cf **오답** : 우표, 수입인지, 선일자수표(매출채권), 질권설정된~, 당좌거래보증금

| 전산회계 1급, 이론형 |

01 다음 중 현금 및 현금성자산으로 구분할 수 없는 것은?(82회)

① 보통예금 ② 우편환증서
③ 자기앞수표 ④ 정기적금

02 다음 중에서 현금 및 현금성자산에 속하지 않는 것은?(79회)

① 현금 및 지폐
② 타인발행 당좌수표
③ 자기앞수표
④ 취득 당시 5개월 후 만기도래 기업어음(CP)

03 다음 중 현금 및 현금성자산이 아닌 것은?(76회)

① 우표 ② 타인발행 당좌수표
③ 보통예금 ④ 통화대용증권

04 다음 중 재무상태표에 유동자산으로 분류될 수 있는 현금 및 현금성자산은?(72회)

① 우표, 수입인지
② 만기가 6개월인 타인발행 약속어음
③ 질권설정된 보통예금
④ 은행발행 자기앞수표

05 다음 중 일반기업회계기준에서의 현금 및 현금성자산이 아닌 것은?(71회)

① 취득 당시 만기가 3개월 이내에 도래하는 채권 및 단기금융상품
② 우편환증서, 전신환증서 등 통화대용증권
③ 당좌거래개설보증금
④ 통화

06 재무상태표에 현금 및 현금성자산으로 계상되는 항목인 것은?(67회)

① 우표, 수입인지
② 타인발행 약속어음
③ 질권설정된 보통예금
④ 취득 당시 만기가 3개월 이내에 도래하는 채권

07 다음 중 현금 및 현금성자산에 해당하지 않는 것은?(62회)

① 우편환증서 ② 배당금지급통지표
③ 타인발행 약속어음 ④ 만기도래한 국채이자표

★**08** 다음 항목 중 반드시 현금성자산에 해당하는 것은?(57회)

① 지급기일 도래한 사채이자표 ② 결산시점 만기 6개월 양도성예금증서
③ 선일자수표 ④ 결산시점 만기 3개월 양도성예금증서

| 전산회계 1급, 계산형 |

★**01** 다음 중 현금 및 현금성자산 금액을 모두 합하면 얼마인가?(74회)

- 취득 당시 만기가 2개월인 채권 : 500,000원
- 타인발행 당좌수표 : 200,000원
- 당좌개설 보증금 : 100,000원
- 당좌차월 : 500,000원
- 보통예금 : 300,000원

① 1,000,000원 ② 1,100,000원
③ 500,000원 ④ 900,000원

★**02** 다음 중 일반기업회계기준에서 현금 및 현금성자산은 얼마인가?(81회)

- 통화대용증권 : 200,000원
- 우표 및 수입인지 : 100,000원
- 보통예금 : 300,000원
- 정기예금 : 400,000원
- 취득 당시에 만기가 100일 남아있는 단기금융상품 : 500,000원

① 500,000원 ② 600,000원
③ 900,000원 ④ 1,000,000원

★**03** 다음 중 현금 및 현금성자산으로 분류되는 금액은?(83회)

- 수입인지 : 50,000원
- 우표 : 50,000원
- 배당금지급통지표 : 50,000원
- 만기 120일 양도성예금증서 : 200,000원
- 선일자수표 : 100,000원
- 타인발행 자기앞수표 : 100,000원

① 100,000원 ② 150,000원
③ 200,000원 ④ 250,000원

04 다음 자료는 기말자산과 기말부채의 일부분이다. 기말재무상태표에 표시될 항목과 금액이 올바른 것은?(73회)

• 받을어음 : 100,000원	• 미지급금 : 120,000원
• 외상매출금 : 130,000원	• 지급어음 : 150,000원
• 미수금 : 160,000원	• 외상매입금 : 180,000원
• 보통예금 : 170,000원	• 정기예금 : 190,000원
• 자기앞수표 : 110,000원	

① 현금 및 현금성자산 470,000원　② 매출채권 330,000원
③ 매입채무 230,000원　④ 유동부채 450,000원

● **현금과부족**(이론, 분개, 결산 모두 출제 : 중요!)(임시계정)

① 정의 : 장부상 현금과 실제로 가지고 있는 현금의 차이가 발생+원인불명

② 회계처리

(case 1) 실제>장부

① 1/1~12/30 발견 실제 100>장부 80	③ 원인불명(결산)
현금 20 / 현금과부족 20	현금과부족 20 / 잡이익 20
② 원인확인	④ 12/31(결산) 발견 실제 100>장부 80
현금과부족 20 / 이자수익(원인) 20	현금 20 / 잡이익 20

(case 2) 실제<장부

① 1/1~12/30 발견 실제 100<장부 120	③ 원인불명(결산)
현금과부족 20 / 현금 20	잡손실 20 / 현금과부족 20
② 원인확인	④ 12/31(결산) 발견 실제 100<장부 120
이자비용(원인) 20 / 현금과부족 20	잡손실 20 / 현금 20

| 전산회계 2급 |

01 경리담당자는 현재시재액이 장부잔액보다 30,000원 많은 것을 발견하였으나, 그 원인을 알 수 없어서 현금과부족계정을 이용하여 차이를 조정하였다. 그 후 현금불일치의 원인이 임대료수입의 기장누락에 있었음을 발견하였다. 현금불일치의 원인이 발견된 시점에서 필요한 분개는?

① (차) 현금과부족 30,000 (대) 현금 30,000
② (차) 현금과부족 30,000 (대) 임대료 30,000
③ (차) 현금 30,000 (대) 현금과부족 30,000
④ (차) 임대료 30,000 (대) 현금과부족 30,000

02 다음 분개에 대한 설명으로 옳은 것은?

(차) 현금 10,000	(대) 현금과부족 10,000

① 현금과잉액의 원인이 밝혀진 경우
② 현금의 실제잔액이 장부잔액보다 많음을 발견한 경우
③ 현금부족분의 원인이 밝혀진 경우
④ 현금의 실제잔액이 장부잔액보다 부족함을 발견한 경우

03 기말결산 시 현금계정 차변잔액 200,000원, 현금과부족계정 차변잔액 2,000원이며 현금 실제액이 199,000원이다. 결산 정리 분개 시 차변계정과목과 금액으로 옳은 것은?

① 현금 1,000원 ② 현금 3,000원
③ 잡손실 1,000원 ④ 잡손실 3,000원

04 다음 현금과부족계정의 ( ) 안에 들어갈 계정과목은?(61회)

현금과부족

12/10	이자수익	15,000	12/8	현금	30,000
12/31	( )	15,000			

① 현금과부족 ② 잡이익
③ 잡손실 ④ 차기이월

2) 단기투자자산

● **단기투자자산**(1년, 유동)

① 단기금융상품 : 취득 후(보고기간말로부터)+1년 이내+만기도래(처분),
ex) 정기예금, 정기적금 등

② 단기대여금 : 1년 이내+회수
(↔ 단기차입금)

③ 유가증권 : 단기매매증권, 매도가능증권(1년 이내+처분 또는 만기), 만기보유증권(1년 이내+만기)

3) 매출채권

● **매출채권**

외상매출금+받을어음

① 외상매출금 : 재고자산(상품, 제품, 원재료 등)+**외상**으로 판매

② 받을어음 : 재고자산(상품, 제품, 원재료 등)+어음을 **받고** 판매

cf 재고자산 **이외를** 외상으로 판매(어음을 받고 판매) ⇨ 미수금

③ 받을어음 회계처리

	상품 1,000/받을어음 1,000 [배서]	
[취득]	[할인(매각거래)]	[처분(추심)]
받을어음 1,000/현금 1,000	매출채권처분손실 100/받을어음 1,000 현금 900	수수료비용 10/받을어음 1,000 현금 990

● **선급금, 미수금**

| 전산회계 1급, 이론형 |

01 다음 중 당좌자산에 속하지 않는 계정과목은?(65회 특별)

① 보통예금

② 외상매출금

③ 단기대여금

④ 퇴직연금운용자산

02 다음 중 재무상태표에 당좌자산으로 계상되는 항목이 아닌 것은?(68회)

① 현금 및 현금성자산 ② 매출채권
③ 보통예금 ④ 지분법적용투자주식

03 다음 중 매출채권에 대한 설명으로 틀린 것은?(68회)

① 매출채권이란 영업활동으로 제품이나 서비스를 제공하고 아직 대금을 받지 못한 경우의 금액을 말한다.
② 매출채권에는 외상매입금과 지급어음이 있다.
③ 매출채권에 대한 대손충당금 설정은 순실현가능가치로 평가하고, 매출채권에 대한 자산평가를 적정하게 한다.
④ 매출채권에 대한 대손충당금 설정은 대손이 예상되는 회계연도에 대손예상액만큼을 대손충당금으로 적립하였다가 실제로 대손이 확정되는 시점에 대손충당금과 상계처리한다.

04 다음 매출채권에 대한 설명 중 잘못된 것은?(74회)

① 회수가 불확실한 매출채권에 대하여 합리적이고 객관적인 기준에 따라 산출한 대손추산액을 대손충당금으로 설정한다.
② 매출채권 등의 이전거래가 차입거래에 해당하면 처분손익을 인식하여야 한다.
③ 대손추산액에서 대손충당금잔액을 차감한 금액을 대손상각비로 계상한다.
④ 회수가 불가능한 채권은 대손충당금과 상계하고 대손충당금이 부족한 경우에는 그 부족액을 대손상각비로 처리한다.

05 다음 (가), (나)의 거래를 분개할 때, 차변에 기입되는 계정과목으로 바르게 짝지은 것은?(76회)

> (가) 일반적 상거래 외 거래에서 외상으로 발생하는 채권에 대해서 (가)계정을 사용한다.
> (나) 상품 등을 인수하기 전에 상품 등의 대금을 지급한 경우 (나)계정으로 처리한다.

① (가) 외상매출금 (나) 선급금
② (가) 미수금 (나) 선급금
③ (가) 외상매출금 (나) 선수금
④ (가) 미수금 (나) 선수금

06 ㈜미래는 8월에 영업을 개시하여 다음과 같이 거래를 하였다. 8월말 현재 회수할 수 있는 매출채권잔액은 얼마인가?(80회)

〈거래내역〉
8/2 ㈜우리에게 제품 5,000,000원을 외상으로 납품하다.
8/4 납품한 제품 중 하자가 발견되어 100,000원이 반품되다.
8/20 ㈜우리의 외상대금 중 3,000,000원을 회수 시 조기 자금결제로 인하여 약정대로 50,000원을 할인한 후 잔액을 현금으로 받다.

① 2,000,000원 ② 1,900,000원
③ 1,950,000원 ④ 2,050,000원

4) 대손충당금

● **대손충당금**(기말+매출채권 등+회수불능으로 예상)

매출채권 : 외상매출금, 받을어음 ⇨ 대손상각비(판관비)
기타채권 : 미수금, 대여금, 선급금 ⇨ 기타의 대손상각비(영업외비용)

[보충법]	대손충당금잔액
〈1차년도말〉 ※기초외상매출금 100,000(가정) ① 회수불능 예상(1,000) 대손상각비 1,000 / 대손충당금 1,000	
〈2차년도 중〉 ② 회수불능 발생(500) 대손충당금 500 / 외상매출금 500	
〈2차년도말〉 ③ 회수불능 예상(1200) 대손상각비 700 / 대손충당금 700	
〈3차년도 중〉 ④ 회수불능 발생(1500) 대손충당금 1,200 / 외상매출금 1,500 대손상각비 300	
〈3차년도말〉 ⑤ 회수불능 예상(2000) 대손상각비 2,000 / 대손충당금 2,000	

〈4차년도 중〉
⑥ 회수불능 발생(500)
대손충당금 500 / 외상매출금 500

〈4차년도말〉
⑦ 회수불능 예상(1000)
대손충당금 500 / 대손충당금환입 500
(판관비)

| 전산회계 1급, 이론형 |

01 다음 중 대손충당금 설정대상 계정과목에 해당되는 것은?(75회)

① 외상매출금 ② 지급어음
③ 미지급금 ④ 가수금

02 다음 중 대손충당금 설정대상자산에 해당되지 않는 것은?(67회)(61회)

① 가수금 ② 외상매출금
③ 미수금 ④ 받을어음

03 영업활동과 관련하여 비용이 감소함에 따라 발생하는 매출채권의 대손충당금환입은 다음의 계정구분 중 어디에 속하는가?(56회)

① 판매비와 관리비 ② 영업외수익
③ 자본조정 ④ 이익잉여금

04 다음 중 대손에 대한 설명으로 옳지 않은 것은?(67회 특별)

① 기말에 대손추산액에서 대손충당금잔액을 차감한 금액을 대손상각비로 계상한다.
② 기말에 대손상각비를 설정하는 경우 모든 대손상각비는 판매비와 관리비로만 처리한다.
③ 회수가 불가능한 채권은 대손충당금과 상계하고, 대손충당금이 부족한 경우에는 그 부족액을 대손상각비로 처리한다.
④ 회수가 불확실한 금융자산은 합리적인 기준에 따라 산출한 대손추산액을 대손충당금으로 설정한다.

05 ㈜서울은 유형자산처분에 따른 미수금 기말잔액 45,000,000원에 대하여 2%의 대손충당금을 설정하려 한다. 기초대손충당금 400,000원이 있었고 당기 중 320,000원 대손이 발생되었다면 보충법에 의하여 기말대손충당금 설정 분개로 올바른 것은?(51회)

① (차) 대손상각비 820,000원 (대) 대손충당금 820,000원
② (차) 기타의 대손상각비 820,000원 (대) 대손충당금 820,000원
③ (차) 대손상각비 900,000원 (대) 대손충당금 900,000원
④ (차) 기타의 대손상각비 900,000원 (대) 대손충당금 900,000원

06 ㈜광교는 매출채권 기말잔액 28,000,000원에 대하여 1%의 대손충당금을 설정하고자 한다. 전기말 대손충당금잔액은 300,000원이었으며, 기중에 전기대손발생액 중 200,000원이 회수되어 회계처리하였다. 기말의 회계처리로 올바른 것은?(63회 특별)

① (차) 대손상각비 280,000원 (대) 대손충당금 280,000원
② (차) 대손충당금 20,000원 (대) 대손충당금환입 20,000원
③ (차) 대손충당금 220,000원 (대) 대손충당금환입 220,000원
④ (차) 대손상각비 180,000원 (대) 대손충당금 180,000원

07 다음의 거래에 대한 분개로 맞는 것은?(52회)

8월 31일 : 거래처의 파산으로 외상매출금 100,000원이 회수불능이 되다.(단, 8월 31일 이전에 설정된 대손충당금잔액은 40,000원이 있다)

① (차) 대손상각비 100,000원 (대) 외상매출금 100,000원
② (차) 대손충당금 40,000원 (대) 외상매출금 100,000원
　　　 대손상각비 60,000원
③ (차) 대손충당금 60,000원 (대) 외상매출금 100,000원
　　　 대손상각비 40,000원
④ (차) 대손충당금환입 40,000원 (대) 외상매출금 100,000원
　　　 대손상각비 60,000원

| 전산회계 1급, 계산형 |

01 다음은 기말자산과 기말부채의 일부분이다. 기말재무상태표에 표시될 계정과목과 금액이 틀린 것은?(56회)

- 지급어음 : 10,000,000원
- 받을어음 : 10,000,000원
- 외상매출금 : 40,000,000원
- 타인발행 수표 : 25,000,000원
- 외상매입금 : 50,000,000원
- 우편환증서 : 5,000,000원

① 매입채무 60,000,000원
② 현금 및 현금성자산 30,000,000원
③ 매출채권 50,000,000원
④ 당좌자산 75,000,000원

02 ㈜굿패션은 대손충당금을 보충법에 의해 설정하고 있으며 매출채권잔액의 1%로 설정하고 있다. 기말재무상태표상 매출채권의 순장부가액은 얼마인가?(69회, 62회)

매출채권 (단위 : 원)

차변	금액	대변	금액
기초	50,000	회수 등	200,000
발생	500,000		

대손충당금 (단위 : 원)

차변	금액	대변	금액
대손	8,000	기초	10,000

① 346,500원
② 347,000원
③ 347,500원
④ 348,500원

03 ㈜한세의 기말재무상태표 일부이다. 당기손익계산서에 기록될 대손상각비는 얼마인가?(81회)

- 2018년 기초대손충당금 73,000원, 기중대손발생액 30,000원이다.
- 2018년 기말재무상태표 매출채권은 5,000,000원, 대손충당금은 110,000원이다.

① 30,000원
② 43,000원
③ 67,000원
④ 80,000원

| 전산세무 2급 |

01 다음 중 당좌자산 내에 별도 표기하는 항목의 예가 아닌 것은?(80회)

① 선급비용 ② 임차보증금
③ 단기투자자산 ④ 매출채권

02 다음 중 현금 및 현금성자산으로 분류될 수 없는 항목은?(73회)

① 타인발행 수표 등 통화대용증권 ② 당좌예금
③ 장기대여금 ④ 단기매매증권

03 다음 중 현금 및 현금성자산에 해당하지 않는 것은?(74회)

① 당좌차월
② 보통예금
③ 타인발행 수표
④ 취득 당시 만기가 3개월 이내에 도래하는 금융상품

04 다음은 당좌자산 중 현금 및 현금성자산에 대한 설명이다. 틀린 것은?(82회)

① 타인발행 수표는 현금 및 현금성자산에 포함된다.
② 당좌예금은 현금 및 현금성자산에 포함된다.
③ 결산일이 2018년 12월 31일인 기업이 2018년 9월 30일에 취득한 금융상품으로서 결산일로부터 3개월 후인 2019년 3월 31일이 만기일인 금융상품은 현금 및 현금성자산에 포함된다.(단, 중도상환은 없는 것으로 가정)
④ 현금 및 현금성자산은 기업의 유동성 판단에 관한 중요한 정보에 해당한다.

05 아래 자료에 의하여 손익계산서에 계상할 대손상각비를 계산하면 얼마인가?(72회)

- 기초대손충당금잔액 : 500,000원
- 7월 15일에 매출채권 회수불능으로 대손처리액 : 700,000원
- 9월 30일에 당기 이전에 대손처리된 매출채권 현금회수액 : 1,000,000원
- 기말매출채권잔액 : 100,000,000원
- 대손충당금은 기말매출채권잔액의 2%로 한다.(보충법)

① 1,200,000원 ② 1,000,000원
③ 700,000원 ④ 500,000원

3 재고자산

재무상태표

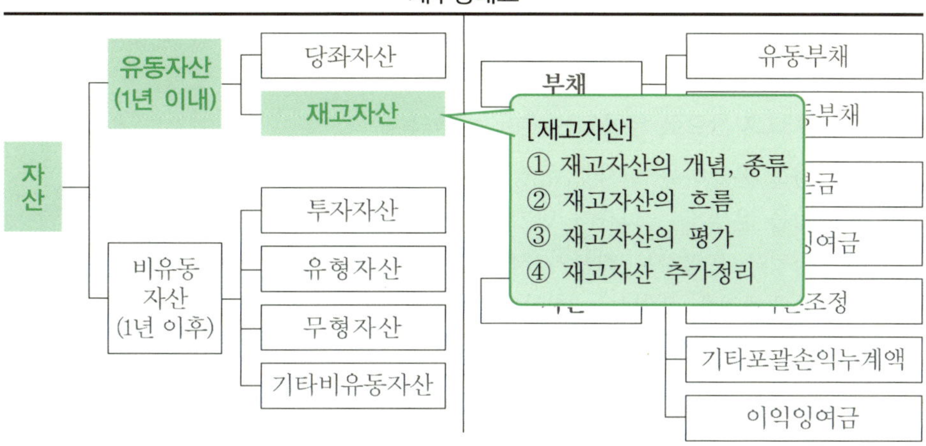

1) 재고자산의 개념, 종류

● **재고자산**

① 정의 : 영업과정에서 **판매를 위하여 보유**하거나 **생산과정**에 있는 자산 및 생산 또는 서비스 제공과정에 투입될 **원재료**나 소모품의 형태로 존재하는 자산

② 항목 : 상품, 제품, 재공품, **원재료**, 저장품, 반제품/미착품

cf 오답 : 비품, 소모품

| 전산회계 1급, 이론형 |

01 다음 중 재고자산으로 분류되지 않은 항목은?(63회 특별)

① 결산일 현재 수탁자가 판매하지 못한 위탁자의 적송품
② 할부대금이 모두 회수되지 않은 할부판매상품
③ 결산일 현재 매입의사표시가 없는 시송품
④ 선적지 인도조건으로 매입한 결산일 현재 운송 중인 상품

02 다음 중 재고자산으로 분류되는 경우는?(65회 특별)

① 조선업을 운영하는 회사에서 판매용으로 건조 중인 선박
② 임대업을 운영하는 회사에서 임대용으로 보유 중인 주택
③ 로펌(Law Firm)에서 판촉용으로 구입한 시계
④ 경영컨설팅을 전문으로 하는 회사에서 시세차익을 목적으로 보유하는 유가증권

03 다음 중 재고자산으로 분류되는 경우는?(75회)

① 제조업을 운영하는 회사가 공장이전으로 보유 중인 토지
② 도매업을 운영하는 회사가 단기 시세차익을 목적으로 보유하는 유가증권
③ 서비스업을 운영하는 회사가 사용목적으로 구입한 컴퓨터
④ 부동산매매업을 운영하는 회사가 판매를 목적으로 보유하는 건물

2) 재고자산의 흐름

● **재고자산의 흐름**

재고자산(B/S)

기초	500	매출원가	800
(순)매입액*	900		
타계정에서 대체	100	(적요8)타계정으로 대체	100
		기말	600

⇨

손익계산서

(순)매출액**	1,200
− 매출원가	(800)
매출총이익	400
− 판매비와관리비	(200)
영업이익	200

*(순)매입액 = 총매입액 + 매입운임 + 매입수수료 (매입부대비용)
−매입할인 − 매입환출 − 매입에누리 (매입차감항목)

**(순)매출액 = 총매출액 − 매출할인 − 매출환입 − 매출에누리 (매출차감항목)

※ 판매가능금액 = 기초 + (순)매입액 + 타계정에서 대체

| 전산회계 1급, 이론형 |

01 다음 중 재고자산의 취득원가에 포함시켜야 하는 항목으로 가장 맞는 것은?(52회)

① 판매수수료
② 판매 시의 운송비용
③ 재고자산 매입 시 수입관세
④ 인수 후 판매까지의 보관료

02 기말재고자산가액을 실제보다 높게 계상한 경우 재무제표에 미치는 영향으로 잘못된 것은?

① 매출원가가 실제보다 감소한다.
② 매출총이익이 실제보다 증가한다.
③ 당기순이익이 실제보다 증가한다.
④ 자본총계가 실제보다 감소한다.

03 다음 중 당기말의 장부상 재고금액이 실제재고금액보다 큰 경우 발생할 수 있는 상황으로 옳은 것은?(단, 당기와 차기에 매출총이익이 발생한 경우로 한정한다)(72회)

① 당기매출원가가 과대계상된다.
② 차기매출원가가 과소 또는 과대계상될지 알 수 없다.
③ 당기매출총이익이 과대계상된다.
④ 차기매출총이익이 과소 또는 과대계상될지 알 수 없다.

| 전산회계 1급, 계산형 |

01 당사는 상품매출원가에 30%의 이익을 가산하여 판매하고 있다. 기말상품재고액이 기초상품재고액보다 500,000원 증가되었고, 상품매출액은 5,200,000원으로 나타났다. 상품순매입액은?(63회 특별)(51회)

① 3,000,000원
② 3,500,000원
③ 4,000,000원
④ 4,500,000원

02 다음 자료를 이용하여 상품의 기말재고액을 계산하면 얼마인가?(74회)

• 매출액 : 2,000,000원	• 매출에누리 : 300,000원
• 매출할인 : 200,000원	• 매입액 : 1,500,000원
• 매입할인 : 50,000원	• 매입환출 : 100,000원
• 타계정으로 대체 : 200,000원	• 기초재고액 : 30,000원
• 매출총이익 : 370,000원	

① 50,000원
② 100,000원
③ 200,000원
④ 30,000원

03 다음 주어진 재고자산 자료를 가지고 매출원가를 계산하면 얼마인가?(55회)

• 기초재고액 : 300,000원	• 당기총매입액 : 1,200,000원
• 기말재고액 : 200,000원	• 매출환입 : 50,000원
• 매입환출 : 80,000원	• 매입에누리 : 100,000원

① 1,070,000원 ② 1,120,000원
③ 1,200,000원 ④ 1,300,000원

04 다음 자료를 이용하여 매출총이익을 계산하면 얼마인가?(57회)

• 매출액 : 250,000원	• 매출할인 : 30,000원
• 매입할인 : 10,000원	• 기말재고액 : 7,000원
• 매출에누리 : 50,000원	• 매입액 : 190,000원
• 매입환출 : 15,000원	• 타계정으로 대체 : 30,000원

① 42,000원 ② 52,000원
③ 62,000원 ④ 72,000원

05 다음 자료를 기초로 매출총이익을 계산하면 얼마인가?(80회)

• 매출액 : 2,600,000원	• 당기총매입액 : 1,200,000원
• 기초상품재고액 : 700,000원	• 기말상품재고액 : 400,000원
• 상품 매입 시 운반비 : 20,000원	• 매입환출 및 에누리 : 150,000원

① 1,230,000원 ② 1,370,000원
③ 2,450,000원 ④ 2,600,000원

3) 재고자산의 평가

● **기말재고자산의 평가**

			결정방법
(기말) 재고자산	=	P(단가)	개별법, 선입선출법, (이동, 총)평균법, 후입선출법 cf 유통업 : 소매재고법
		×	
		Q(수량)	계속기록법, 실지재고조사법, 혼합법

cf 1) 감가상각방법이 오답으로 나옴(정액법, 정률법, 연수합계법, 생산량비례법)

cf 2) 단가결정방법의 특징(전산세무 2급)

① 개별법 : 원가의 흐름과 실물의 흐름이 일치

② 선입선출법 : 원가의 흐름과 실물의 흐름이 대체로 일치
기말재고액이 현행가치(시가)를 잘 나타낸다.

③ 평균법 : 이동평균법(계속기록법하), 총평균법(실지재고조사법하)

④ 후입선출법 : 기말재고의 현행가치를 잘 나타내지 못한다.

⑤ 소매재고법 : 유통업에서 사용(추정에 의한 단가결정방법)

● **재고자산의 단가결정방법 비교**(1급)

물가↑(↓)	선입선출법		(가중)평균법				후입선출법
			이동평균법		총평균법		
기말재고		>(<)		>(<)		>(<)	
매출원가		<(>)		<(>)		<(>	
당기순이익(자본)		>(<)		>(<)		>(<)	

| 전산회계 1급, 이론형 |

01 재고자산의 수량을 파악하는 방법으로만 짝지어진 것은?(82회)

가. 개별법	나. 선입선출법
다. 계속기록법	라. 후입선출법
마. 실지재고조사법	

① 가, 다 ② 나, 라
③ 다, 마 ④ 가, 나, 라

02 다음 중 재고자산의 수량결정방법에 해당하는 것은 어느 것인가?(56회)

① 선입선출법 ② 이동평균법
③ 후입선출법 ④ 계속기록법

03 다음 중 재고자산평가방법이 아닌 것은?(53회)

① 실지재고조사법 ② 후입선출법
③ 가중평균법 ④ 선입선출법

04 재고자산평가와 관련한 다음의 방법 중 그 성격이 다른 것은?(63회)

① 선입선출법　　② 후입선출법
③ 계속기록법　　④ 가중평균법

05 다음 중 재고자산의 가격결정과 관련하여 성격이 다른 항목은?(69회)

① 선입선출법　　② 계속기록법
③ 총평균법　　④ 후입선출법

06 다음은 재고자산가액 계산방법이다. 성격이 다른 하나는?(73회)

① 이동평균법　　② 실지재고조사법
③ 계속기록법　　④ 혼합법

07 물가가 상승하는 시기에 있어 재고자산의 기초재고수량과 기말재고수량이 같을 경우에, 매출원가, 당기순이익과 법인세비용을 가장 높게 하는 재고자산 원가결정방법으로 묶어진 것은?(64회)(59회)(51회)

	매출원가	당기순이익	법인세비용
①	선입선출법	평균법	평균법
②	후입선출법	선입선출법	선입선출법
③	평균법	후입선출법	후입선출법
④	선입선출법	선입선출법	선입선출법

08 다음 중 물가가 지속적으로 상승하는 경우 매출총이익이 가장 크게 나타나는 재고자산 평가방법은?(67회 특별)

① 선입선출법　　② 후입선출법
③ 이동평균법　　④ 총평균법

09 다음 설명은 재고자산의 단가결정방법 중 어느 것에 해당하는가?(79회)

> 이 방법은 실제물량흐름과 방향이 일치하고 기말재고액이 최근의 가격, 즉 시가인 현행원가를 나타내는 장점이 있는 반면, 현행수익과 과거원가가 대응되므로 수익비용대응이 적절하게 이루어지지 않는 단점이 있다.

① 개별법　　② 이동평균법
③ 선입선출법　　④ 후입선출법

10 다음 중 물가가 상승하는 경우 재무상태표에 재고자산을 가장 최근의 원가, 즉 시가나 공정가치로 표현할 수 있는 재고자산의 원가결정방법은 무엇인가?(54회)

① 개별법 ② 선입선출법
③ 후입선출법 ④ 이동평균법

11 다음 중 매출원가에 영향을 미치지 않는 비용은?(61회)

① 원재료 구입에 따른 운반비 ② 화재로 소실된 원재료
③ 재고자산평가손실 ④ 정상적인 재고자산감모손실

| 전산회계 1급, 계산형 |

01 다음은 ㈜마포의 제7기(1월 1일~12월 31일) 재고자산 관련자료이다. 총평균법에 의한 기말재고자산 계산 시의 단가로 옳은 것은?(76회)

일자	적요	수량	단가
1월 1일	기초재고	10개	100원
1월 14일	매입	30개	120원
9월 29일	매출	20개	140원
10월 17일	매입	10개	110원

① 125원 ② 120원
③ 114원 ④ 110원

02 ㈜파랑상사의 총평균법에 의한 기말상품재고액은 얼마인가?(81회)

- 기초상품 : 100개(@2,000원)
- 당기상품매입 : 900개(@3,000원)
- 당기상품판매 : 800개(@4,000원)

① 300,000원 ② 460,000원
③ 580,000원 ④ 600,000원

| 전산회계 2급, 계산형 |

01 다음은 12월 상품재고장이다. 재고자산평가방법으로 총평균법을 사용할 경우 12월의 매출총이익은 얼마인가?

상품재고장

구분	수량(개)	단가(원)	금액(원)
기초	100	100	10,000
매입	500	120	60,000
매출	250	210	**52,500**
매입	200	150	30,000
매출	250	210	**52,500**

① 42,500원　② 60,000원　③ 80,000원　④ 130,000원

02 다음 甲(갑)상품 자료에서 선입선출법으로 10월 말의 월말재고액을 계산하면?

• 10/ 1 월초재고액 10개 @₩500	• 10/15 매입액 10개 @₩600
• 10/23 매출액 15개 @₩900	• 10/25 매입액 5개 @₩700

① 5,500원　② 6,000원　③ 6,500원　④ 7,000원

4) 재고자산 추가정리

● **재고자산의 하락**(평가손실, 감모손실)

			내용
(기말) 재고 자산	=	P(단가) ↓ (저가법)	'재고자산평가손실' ⇨ 매출원가에 가산 가격하락 시 : (차) 재고자산평가손실 ××× (대) 재고자산평가충당금 ××× 가격회복 시 : (차) 재고자산평가충당금 ××× (대) 재고자산평가충당금환입 ×××
		×	
		Q(수량) ↓	'재고자산감모손실' ① 정상 감모손실 ⇨ 매출원가에 가산 (기말원재료 : 제품제조원가에 가산) ② 비정상 감모손실 ⇨ 영업외비용에 가산 (차) 재고자산감모손실 ××× (대) 제품 ×××

ex) ① 재고자산평가손실 : 진부화, 가치하락, 장기체화
② 재고자산감모손실 : 도난, 분실, 증발, 파손

| 전산회계 1급, 이론형 |

01 다음 중 재고자산의 기말평가 시 저가법을 적용하는 경우, 그 내용으로 틀린 것은?(65회)

① 가격하락 시 : (차) 재고자산평가손실 ××× (대) 재고자산평가충당금 ×××
② 가격회복 시 : (차) 재고자산평가충당금 ××× (대) 재고자산평가충당금환입 ×××
③ 재고자산평가충당금환입은 영업외수익으로 분류한다.
④ 재고자산평가충당금은 해당 재고자산에서 차감하는 형식으로 기재한다.

02 다음 중 재고자산의 기말평가 시 저가법을 적용하는 경우, 그 내용으로 맞는 것은?(70회)

① 재고자산평가손실은 판매비와관리비로 분류한다.
② 재고자산평가충당금은 비유동부채로 분류한다.
③ 재고자산평가충당금환입은 영업외수익으로 분류한다.
④ 재고자산평가충당금은 해당 재고자산에서 차감하는 형식으로 기재한다.

03 재고자산의 저가법 적용과 관련하여 다음 중 타당하지 않은 것은?(60회)

① 재고자산을 저가법으로 평가하는 경우 상품의 시가는 순실현가능가치를 말한다.
② 재고자산평가를 위한 저가법은 원칙적으로 항목별로 적용한다.
③ 시가는 매 회계기간말에 추정한다.
④ 재고자산의 시가가 장부금액 이하로 하락하여 발생한 평가손실은 영업외비용으로 처리한다.

04 재고자산과 관련한 다음 설명 중 가장 옳지 않은 것은?(50회)

① 재고자산의 판매와 관련된 비용은 재고자산의 원가에 포함한다.
② 소매재고법은 실제원가가 아닌 추정에 의한 원가결정방법으로 주로 유통업에서 사용한다.
③ 재고자산의 감모손실은 주로 수량의 감소에 기인한다.
④ 재고자산의 평가손실은 시가의 하락에 기인한다.

05 제품 생산과정에서 정상적인 원인으로 원재료가 장부상 수량보다 실제수량이 부족함이 발견되었다. 이 차액의 회계처리방법은?(75회)

① 제품제조원가에 가산한다. ② 제품제조원가에서 차감한다.
③ 판매비와관리비로 계상한다. ④ 영업외비용으로 계상한다.

06 다음 중 기말재고자산의 변동과 관련하여 계정설정에 영향을 주는 요소로 성격이 가장 다른 하나는?(72회)

① 도난 ② 진부화 ③ 증발 ④ 파손

| 전산세무 2급 |

01 다음은 재고자산에 대한 설명이다. 옳지 않은 것은?(83회)

① 재고자산의 매입원가는 매입금액에 매입운임, 하역료 및 보험료 등 취득과정에서 정상적으로 발생한 부대원가를 가산한 금액이다.

② 후입선출법에 의해 원가배분을 할 경우 기말재고는 최근에 구입한 상품의 원가로 구성된다.

③ 선적지인도조건으로 판매한 운송 중인 상품은 판매자의 재고자산이 아니다.

④ 재고자산의 원가결정방법에는 평균법, 선입선출법, 후입선출법 등이 있다.

02 다음 중 재고자산에 대한 설명으로 옳지 않은 것은?(82회)

① 재고자산은 이를 판매하여 수익을 인식한 기간에 매출원가로 인식한다.

② 재고자산의 시가가 장부금액 이하로 하락하여 발생한 평가손실은 재고자산의 차감계정으로 표시하고 영업외비용으로 처리한다.

③ 재고자산의 장부상 수량과 실제수량과의 차이에서 발생하는 감모손실의 경우 정상적으로 발생한 감모손실은 매출원가에 가산한다.

④ 재고자산의 장부상 수량과 실제수량과의 차이에서 발생하는 감모손실의 경우 비정상적으로 발생한 감모손실은 영업외비용으로 분류한다.

03 다음은 재고자산에 대한 설명이다. 잘못된 것은?(81회)

① 성격이 상이한 재고자산을 일괄하여 구입한 경우에는 총매입원가를 각 재고자산의 공정가치비율에 따라 배분하여 개별재고자산의 매입원가를 결정한다.

② 재고자산은 취득원가를 장부금액으로 한다. 다만, 시가가 취득원가보다 낮은 경우에는 시가를 장부금액으로 한다.

③ 재고자산은 정상적인 영업과정에서 판매를 위하여 보유하거나 생산과정에 있는 자산 및 생산서비스 제공과정에 투입될 원재료나 소모품의 형태로 존재하는 자산을 말한다.

④ 적송품은 수탁자가 제3자에게 판매를 할 때까지 수탁자가 점유하고 있기 때문에 제3자에게 판매하기 전까지는 수탁자의 재고자산에 포함한다.

04 재고자산의 원가흐름에 대한 가정내용 중 옳지 않은 것은?(80회)

① 개별법은 실제물량의 흐름과 원가흐름을 정확하게 일치시킨다.
② 이동평균법은 재고자산의 수량이 바뀔 때마다 단가를 새로 평균내는 방법으로서 실지재고조사법하에서의 평균법이다.
③ 후입선출법은 물가하락 시 선입선출법보다 이익이 상대적으로 과대계상된다.
④ 선입선출법은 후입선출법보다 수익비용대응이 부적절하다.

05 다음의 자료에서 설명하는 재고자산의 평가방법은?(79회)

• 일반적인 물가상승 시 당기순이익이 과소계상되어 법인세를 절감하는 효과가 있다. • 기말재고자산이 현시가를 반영하지 못한다. • 디플레이션 시에는 경영진의 경영 실적을 높이려는 유혹을 가져올 수 있다.

① 선입선출법 ② 후입선출법
③ 개별법 ④ 이동평균법

06 다음 중 계속적으로 물가가 상승하고, 기말상품재고량은 기초상품재고량보다 증가한 상황일 때 미치는 영향으로 옳지 않은 것은?(71회)

① 매출원가는 선입선출법이 총평균법보다 작게 평가된다.
② 기말상품가액은 선입선출법이 후입선출법보다 크게 평가된다.
③ 당기순이익은 선입선출법이 후입선출법보다 크게 평가된다.
④ 기말상품가액은 선입선출법이 이동평균법보다 작게 평가된다.

07 다음 중 재고자산의 저가법에 관한 설명으로 틀린 것은?(73회)

① 재고자산의 손상으로 재고자산의 시가가 취득원가보다 하락하면 저가법을 사용하여 재고자산의 장부금액을 결정한다.
② 재고자산의 시가는 매 회계기간말에 추정하고 재고자산평가손실의 환입은 매출원가에서 차감한다.
③ 재고자산평가를 위한 저가법은 항목별로 적용한다. 그러나 경우에 따라서는 서로 유사하거나 관련 있는 항목들을 통합하여 적용하는 것이 적절할 수 있다.
④ 원재료를 투입하여 완성할 제품의 시가가 원가보다 높을 때에도 원재료에 대하여 저가법을 적용한다.

08 다음 중 재고자산평가손실로 처리해야 하는 변동사항인 것은?(77회)

① 분실　　② 가치하락
③ 도난　　④ 파손

09 재고자산의 시가가 취득원가보다 하락한 경우에는 저가법을 사용하여 장부금액을 결정한다. 이와 같이 저가법을 적용하는 사유에 해당하지 않는 것은?(75회)

① 보고기간말로부터 1년 또는 정상영업주기 내에 판매되지 않았거나 생산에 투입할 수 없어 장기체화된 경우
② 진부화하여 정상적인 판매시장이 사라진 경우
③ 완성하거나 판매하는 데 필요한 원가가 하락한 경우
④ 기술 및 시장여건 등의 변화에 의해서 판매가치가 하락한 경우

4 유형자산

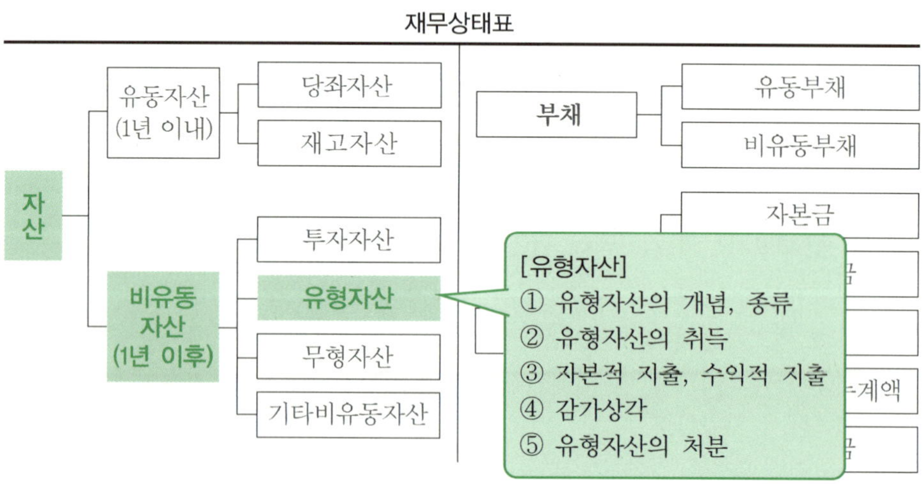

● **유형자산의 개념**

① 물리적 형체가 있는 자산
② 1년을 초과하여 사용할 것이 예상되는 자산
③ 재화의 생산, 용역의 제공, 타인에 대한 임대 또는 자체적으로 사용할 목적(영업 목적)으로 보유

cf 1) 오답 : ~~모든~~ 유형자산은 감가상각의 대상이 된다.(토지, 건설중인자산)
cf 2) 영업목적(유형자산) ↔ 판매목적(재고자산), 투자목적(투자자산)

● **유형자산의 종류**

토지, 건물, 구축물, 기계장치, 비품, 차량운반구, 건설중인자산 등

● **유형자산의 취득**

유형자산의 취득원가 : 유형자산의 취득원가+취득 시 부대비용
ex) 취득세, 취득수수료, 취득보험료

※ 1) 유형자산의 취득원가
① 유형자산은 최초 취득원가로 측정한다.
② 현물출자, 증여, 기타 무상으로 취득한 자산은 공정가치를 취득원가로 한다.
③ 취득원가는 구입원가 또는 경영진이 의도하는 방식으로 자산을 가동하는 데 필요한 장소와 상태에 이르게 하는데 지출된 직접원가를 포함한다.~~(간접원가)~~
④ 유형자산이 정상적으로 작동되는지 여부를 시험하는 과정에서 발생하는 원가도 취득원가에 포함한다.

※ 2) 유형자산의 취득원가가 아닌 예(제10장 유형자산 문단 10.10)
① 새로운 시설을 개설하는 데 소요되는 원가
② 새로운 상품과 서비스를 소개하는 데 소요되는 원가(예, 광고 및 판촉활동과 관련된 원가)
③ 새로운 지역에서 또는 새로운 고객층을 대상으로 영업을 하는 데 소요되는 원가(예, 직원 교육훈련비)
④ 관리 및 기타 일반간접원가

| 전산회계 1급, 이론형 |

★ **01** 다음은 유형자산의 취득원가와 관련된 내용이다. 틀린 것은?(55회)

① 유형자산은 최초 취득원가로 측정한다.
② 현물출자, 증여, 기타 무상으로 취득한 자산은 공정가치를 취득원가로 한다.
③ 취득원가는 구입원가 또는 경영진이 의도하는 방식으로 자산을 가동하는 데 필

요한 장소와 상태에 이르게 하는 데 지출된 직접원가와 간접원가를 포함한다.
④ 유형자산이 정상적으로 작동되는지 여부를 시험하는 과정에서 발생하는 원가도 취득원가에 포함한다.

02 다음 중 유형자산의 취득원가에 포함되지 않는 것은?(58회)

① 설치장소 준비를 위한 지출
② 외부운송 및 취급비
③ 새로운 시설을 개설하는 데 소요되는 원가
④ 설치비

★**03** 다음 중 유형자산의 취득원가가 아닌 것은?(59회)

① 설치장소 준비를 위한 지출
② 관리 및 기타 일반간접원가
③ 자본화대상인 차입원가
④ 설치비

★**04** 유형자산의 취득원가 구성으로 틀린 것은?(72회)

① 새로운 상품을 소개하는 데 발생한 광고선전비
② 자본화대상인 차입원가
③ 취득세 등 유형자산의 취득과 직접 관련된 제세공과금
④ 유형자산의 취득과 관련하여 국·공채 등을 불가피하게 매입하는 경우 당해 채권의 매입금액과 일반기업회계기준에 따라 평가한 현재가치와의 차액

05 다음 중 유형자산의 취득원가에 해당하지 않는 것은?(74회)

① 유형자산의 매입 또는 건설과 직접적으로 관련되어 발생한 종업원급여
② 유형자산의 취득과 직접 관련된 제세공과금
③ 유형자산의 설치장소 준비를 위한 지출
④ 유형자산 취득 후 발생한 이자비용

★**06** ㈜무릉은 공장신축을 위해 다음과 같이 토지를 구입하였다. 토지계정에 기록되어야 할 취득원가는 얼마인가?(77회)

• 구입가액 : 50,000,000원	• 구입관련 법률자문비용 : 3,000,000원
• 토지 위 구건물 철거비용 : 1,500,000원	• 구건물 철거 후 잡수익 : 500,000원

① 50,000,000원 ② 54,000,000원
③ 54,500,000원 ④ 55,000,000원

● **자본적 지출과 수익적 지출**

① **자본적 지출** : 유형자산의 미래 경제적 효익이 증가하는 지출
(상당한 원가절감, 품질향상, 생산능력의 증대, 내용연수의 연장)
⇨ **자산**으로 처리
ex) 엘리베이터 설치(건물), 냉・난방설비 설치(건물), 주요부품 교체(기계장치 또는 차량운반구)

② **수익적 지출** : 유형자산의 상태를 유지시키는 지출
(원상회복, 수선유지)
⇨ **비용**으로 처리
ex) 페인트칠(수선비), 복사기 토너교체(소모품비), 유리창 교체(수선비)

| 전산회계 1급, 이론형 |

01 유형자산과 관련한 다음의 지출 중 발생기간의 비용으로 처리해야 하는 것은?(63회 특별)

① 원상회복을 위한 수선유지 지출
② 상당한 원가절감 또는 품질향상을 가져오는 경우의 지출
③ 생산능력 증대를 위한 지출
④ 내용연수 연장을 위한 지출

02 다음 중 수익적 지출로 회계처리하여야 할 것으로 가장 타당한 것은?(51회)

① 냉난방장치 설치로 인한 비용
② 파손된 유리의 원상회복으로 인한 교체비용
③ 사용용도 변경으로 인한 비용
④ 증설・확장을 위한 비용

03 다음 중 유형자산 취득 후 추가적인 지출이 발생할 경우 이를 비용화할 수 있는 거래는?(79회)

① 상당한 원가절감 ② 수선유지를 위한 지출
③ 생산능력의 증대 ④ 내용연수의 연장

● 감가상각

① 정의 : 유형자산의 취득원가를 합리적 · 체계적으로 기간배분하는 것

② 대상 : '토지'와 '건설중인자산'을 제외한 유형자산

③ 감가상각의 3요소(취득 시 결정) : 취득원가, 내용연수, 잔존가치

④ 방법 : 사용가능한 시점부터 상각한다.(not 취득시점)

㉠ 정액법 : (취득원가－잔존가치)÷내용연수

㉡ 정률법 : $\frac{(\text{취득원가}-\text{감가상각누계액})}{\text{미상각잔액}} \times \text{상각률}$

㉢ 연수합계법 : $(\text{취득원가}-\text{잔존가치}) \times \frac{\text{잔여내용연수}}{\text{내용연수합계}}$

㉣ 생산량비례법 : $(\text{취득원가}-\text{잔존가치}) \times \frac{\text{당기실제생산량}}{\text{총추정예정량}}$

㉤ 이중체감법 : $\frac{(\text{취득원가}-\text{감가상각누계액})}{\text{미상각잔액}} \times \frac{2}{\text{내용연수}}$

※ 감가상각방법에 대한 직관적 이해

취득원가 10,000,000원 ; 잔존가치 1,000,000원 ; 내용연수 3년 ; 상각률 50%

[정액법]

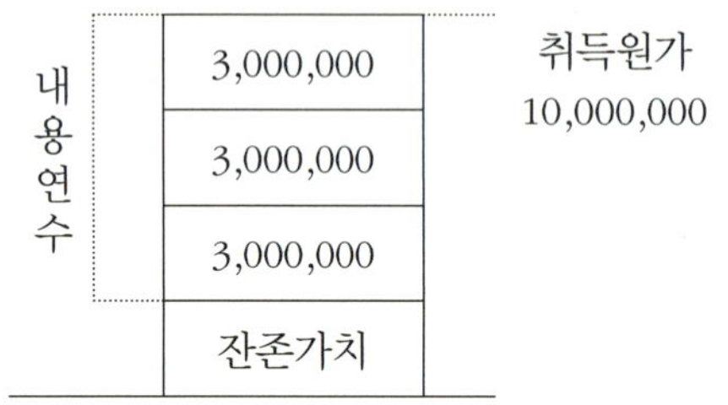

[정률법]

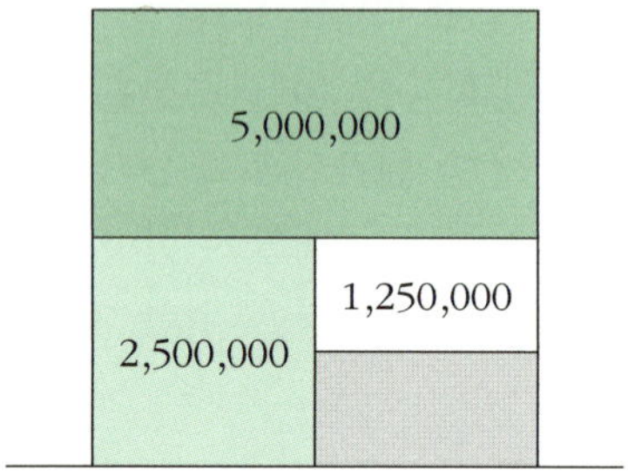

| 전산회계 1급, 이론형 |

01 유형자산에 대한 감가상각을 하는 가장 중요한 목적으로 맞는 것은?(53회)

① 유형자산의 정확한 가치평가목적

② 사용가능한 연수를 매년마다 확인하기 위해서

③ 현재 판매할 경우 예상되는 현금흐름을 측정할 목적으로

④ 자산의 취득원가를 체계적인 방법으로 기간배분하기 위해서

02 다음 유형자산 중 감가상각 회계처리대상에 해당하지 않는 것은?(82회)

① 업무에 사용하고 있는 토지
② 관리사무실에서 사용하고 있는 세단기
③ 업무관련 회사소유 주차장 건물
④ 생산직원 전용휴게실에 비치되어 있는 안마기

03 다음 중 유형자산의 감가상각에 대한 내용으로 옳지 않은 것은?(63회)

① 감가상각은 자산이 사용가능한 시점부터 시작한다.
② 자산의 내용연수 동안 감가상각액이 매 기간 감소하는 상각방법은 정률법이다.
③ 제조공정에서 사용된 유형자산의 감가상각액은 당기비용으로 처리한다.
④ 유형자산의 내용연수는 자산으로부터 기대되는 효용에 따라 결정된다.

04 다음은 감가상각에 대한 설명이다. 옳지 않은 것은?(66회)

① 유형자산의 감가상각은 자산이 사용가능한 때부터 시작한다.
② 토지와 건물을 동시에 취득하는 경우에는 토지구입액도 감가상각대상이 된다.
③ 유형자산의 감가상각방법에는 정액법, 정률법, 체감잔액법, 연수합계법, 생산량비례법 등이 있다.
④ 감가상각방법은 자산의 성격에 따라 선택가능하고, 소멸형태가 변하지 않는 한 매기 계속 적용한다.

05 유형자산의 감가상각비를 계산하는 방법으로 옳은 것은?(57회)

① 정액법 : (취득원가 − 감가상각누계액) ÷ 내용연수
② 정률법 : (취득원가 − 잔존가치) × 상각률
③ 연수합계법 : $(\text{취득원가} - \text{감가상각누계액}) \times \dfrac{\text{잔여내용연수}}{\text{내용연수의 합계}}$
④ 생산량비례법 : $(\text{취득원가} - \text{잔존가치}) \times \dfrac{\text{당기실제생산량}}{\text{총추정예정량}}$

06 유형자산의 감가상각과 관련한 다음 설명 중 가장 옳지 않은 것은?(56회)

① 연수합계법은 자산의 내용연수 동안 동일한 금액의 감가상각비를 계상하는 방법이다.
② 감가상각의 주목적은 원가의 합리적이고 체계적인 배분에 있다.
③ 감가상각비가 제조와 관련된 경우 재고자산의 원가를 구성한다.
④ 유형자산의 잔존가치가 유의적인 경우 매 보고기간말에 재검토한다.

07 다음 중 감가상각에 대한 설명으로 옳지 않은 것은?(71회)

① 정액법의 경우 금액이 정해져 있으므로 상각액은 매년 일정하다.
② 정률법의 경우 상각률이 정해져 있으므로 상각액은 매년 일정하다.
③ 연수합계법의 경우 내용연수를 역순으로 적용하므로 상각액은 매년 감소한다.
④ 이중체감법의 경우 매년 미상각잔액에 대하여 상각률을 적용하므로 상각액은 매년 감소한다.

08 유형자산에 대해 계속해서 5년간 감가상각할 경우 상각액에 대한 설명이다. 다음 중 가장 거리가 먼 것은?(68회)

① 정률법의 경우 상각률이 정해져 있으므로 상각액은 매년 일정하다.
② 정액법의 경우 금액이 정해져 있으므로 상각액은 매년 일정하다.
③ 연수합계법의 경우 내용연수를 역순으로 적용하므로 상각액은 매년 감소한다.
④ 이중체감법의 경우 매년 상각잔액에 대하여 상각률을 적용하므로 상각액은 매년 감소한다.

| 전산회계 1급, 계산형 |

01 유형자산의 감가상각방법 중 정액법, 정률법 및 연수합계법 각각에 의한 1차년도말 계상된 감가상각비가 큰 금액부터 나열한 것은?(58회)

- 기계장치 취득원가 : 1,000,000원(1월 1일 취득)
- 내용연수 : 5년
- 잔존가치 : 취득원가의 10%
- 정률법 상각률 : 0.4

① 정률법 > 정액법 > 연수합계법
② 정률법 > 연수합계법 > 정액법
③ 연수합계법 > 정률법 > 정액법
④ 연수합계법 > 정액법 > 정률법

02 다음 자료를 이용하여 유형자산에 대한 감가상각을 실시하는 경우에 정액법, 정률법 및 연수합계법 각각에 의한 2차년도말까지의 감가상각누계액 크기와 관련하여 가장 맞게 표시한 것은?(64회)

- 기계장치 취득원가 : 2,000,000원(1월 1일 취득)
- 내용연수 : 5년
- 잔존가치 : 취득원가의 10%
- 정률법 상각률 : 0.4

① 연수합계법 > 정률법 > 정액법
② 연수합계법 > 정액법 > 정률법
③ 정률법 > 정액법 > 연수합계법
④ 정률법 > 연수합계법 > 정액법

03 1기 회계연도(1월 1일~12월 31일) 1월 1일에 내용연수 5년, 잔존가치 0(영)원인 기계를 8,500,000원에 매입하였으며, 설치장소를 준비하는 데 500,000원을 지출하였다. 동 기계는 원가모형을 적용하고, 정률법으로 감가상각한다. 2기 회계연도에 계상될 감가상각비로 맞는 것은?(정률법 상각률 : 0.45)(77회)

① 3,825,000원 ② 2,103,750원
③ 4,050,000원 ④ 2,227,500원

★**04** 다음 자료를 이용하여 유형자산에 대한 감가상각을 실시하는 경우 연수합계법에 의한 3차년도말 현재의 장부금액(장부가액)으로 맞는 것은?(69회)

• 기계장치 취득원가 : 50,000,000원(1월 1일 취득)	• 내용연수 : 5년
• 잔존가치 : 취득원가의 10%	• 정률법 상각률 : 0.45

① 8,318,750원 ② 10,000,000원
③ 14,000,000원 ④ 23,000,000원

▶ 추가문제

★**01** 2019년 7월 1일에 차량운반구 5,000,000원을 현금 구입하고, 취득세 500,000원을 현금으로 납부하였다. 2019년 12월 31일 결산 시 정액법에 의해 감가상각을 할 경우 감가상각비는 얼마인가?(단, 내용연수 5년, 잔존가액 0원, 결산 연 1회)

① 400,000원 ② 450,000원
③ 500,000원 ④ 550,000원

★**02** ㈜노칠칠상사는 2019년 초에 총 1,000개의 제품생산이 기대되는 기계장치를 1,000,000원에 구입하였다. 2019년 150개의 제품을 생산한 경우 생산량비례법에 의한 감가상각비는 얼마인가?(단, 기계장치의 잔존가치는 취득원가의 10%이다)(FAT 1급 기출)

① 200,000원 ② 135,000원
③ 150,000원 ④ 175,000원

● **유형자산의 처분**

① 처분가액 − **장부가액** = 유형자산처분이익(유형자산처분손실)

※ 장부가액 = 취득가액 − 감가상각누계액

유형자산처분손실		유형자산처분이익	
감가상각누계액 현금(미수금) **유형자산처분손실**	기계장치 등	감가상각누계액 현금(미수금)	기계장치 등 **유형자산처분이익**

| 전산회계 2급, 계산형 |

01 다음 자료에서 차량처분 시 유형자산처분손익을 계산한 금액으로 옳은 것은?(단, 회계기간은 1월 1일~12월 31일이며, 감가상각은 월할계산한다)

> • 2017년 1월 1일 : 차량운반구 취득(취득가액 10,000,000원, 잔존가액 0원, 내용연수 10년, 정액법 상각)
> • 2019년 7월 1일 : 차량운반구 처분(현금 처분금액 7,300,000원)

① 처분이익 200,000원
② 처분이익 300,000원
③ 처분손실 200,000원
④ 처분손실 300,000원

| 전산회계 1급, 계산형 |

01 ㈜세원은 전기 7월 18일 구입하여 사용 중인 기계장치를 당기 6월 1일 37,000,000원에 처분하였다. 당기분에 대한 감가상각 후 처분시점의 감가상각누계액은 8,000,000원이며, 처분이익 5,000,000원이 발생하였다. 내용연수 5년, 정액법으로 월할상각하였다고 가정할 경우 기계장치의 취득원가는?(60회)

① 32,000,000원
② 40,000,000원
③ 45,000,000원
④ 50,000,000원

| 전산세무 2급 |

01 다음은 유형자산의 취득원가에 관한 설명이다. 가장 잘못된 것은?(81회)

① 유형자산의 취득과 관련된 운송비와 설치비용은 취득원가에 가산한다.
② 유형자산의 취득과 관련된 중개인 수수료는 취득원가에 가산한다.
③ 유형자산의 보유와 관련된 재산세는 취득원가에 가산한다.
④ 유형자산의 취득과 관련된 취득세는 취득원가에 가산한다.

02 다음 중 유형자산에 대한 설명으로 가장 옳지 않은 것은?(77회)

① 유형자산의 취득원가는 당해 자산의 제작원가 또는 매입가액에 취득부대비용을 가산한 가액으로 한다.
② 새로운 건물을 신축하기 위하여 사용 중이던 기존건물을 철거하는 경우에는 기존건물의 장부가액은 새로운 건물의 취득원가에 가산한다.
③ 유형자산의 감가상각은 감가상각대상금액을 그 자산의 내용연수 동안 합리적이고 체계적인 방법으로 각 회계기간에 배분하는 것이다.
④ 제조설비의 감가상각비는 제조원가를 구성하고, 연구개발활동에 사용되는 유형자산의 감가상각비는 무형자산의 인식조건을 충족하는 자산이 창출되는 경우 무형자산의 취득원가에 포함된다.

03 자본적 지출로 처리하여야 할 것을 수익적 지출로 잘못 회계처리한 경우 재무제표에 미치는 영향으로 옳지 않은 것은?(78회)

① 당기순이익이 과소계상된다.
② 현금유출액에는 영향을 미치지 않는다.
③ 자산이 과소계상된다.
④ 자본이 과대계상된다.

04 다음 중 유형자산의 감가상각에 관한 설명으로 틀린 것은?(71회)

① 유형자산의 감가상각대상금액은 내용연수에 걸쳐 합리적이고 체계적인 방법으로 배분한다.
② 유형자산의 감가상각은 자산을 구입한 때부터 즉시 시작한다.
③ 유형자산의 감가상각방법은 자산의 경제적 효익이 소멸되는 형태를 반영한 합리적인 방법이어야 한다.
④ 유형자산의 내용연수는 자산으로부터 기대되는 효용에 따라 결정된다.

05 유형자산의 감가상각방법 중 정액법, 정률법 및 연수합계법 각각에 의한 3차년도말 감가상각비가 큰 금액부터 나열한 것은?(72회)

- 기계장치 취득원가 : 1,000,000원(1월 1일 취득)
- 내용연수 : 5년
- 잔존가치 : 취득원가의 10%
- 정률법 상각률 : 0.4

① 정률법 > 정액법 = 연수합계법
② 정률법 > 연수합계법 > 정액법
③ 연수합계법 > 정률법 > 정액법
④ 연수합계법 = 정액법 > 정률법

5 무형자산

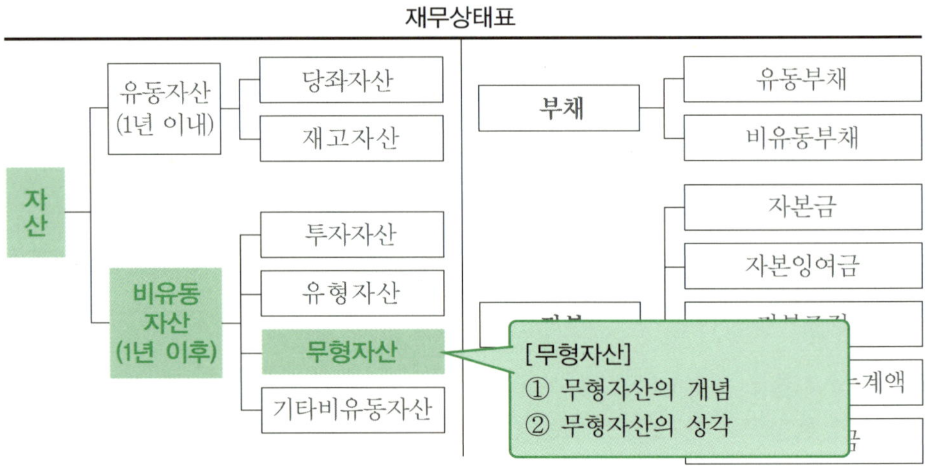

● **무형자산의 개념**

① 물리적 형체가 **없는** 자산

② 1년을 초과하여 사용할 것이 예상되는 자산

③ 재화의 생산, 용역의 제공, 타인에 대한 임대 또는 자체적으로 사용할 목적(**영업목적**)으로 보유

● **무형자산의 인식요건**

① **미래 경제적 효익**의 유입가능성이 매우 높아야 한다.

② 취득원가를 **신뢰성 있게 측정**할 수 있다.

● **무형자산의 특징**

무형자산은 물리적 형체는 없지만 **식별가능**하고 기업이 **통제하고 있으며, 미래 경제적 효익이 있는** 비화폐성자산이다.

● **무형자산의 종류**

광업권, 영업권, 특허권, 산업재산권, 저작권, 라이선스, 소프트웨어, 임차권리금 등

cf 1) 오답 : 내부창출~, 전세권(기타비유동자산), 임차보증금(기타비유동자산)

cf 2) 내부창출~ 中

연구단계 : 연구비(비용)

개발단계 : 경상개발비(비용), **개발비(무형자산)**

cf 3) 연구단계와 개발단계로 구분할 수 없을 때 : 연구비

※ 연구개발비(R&D Cost)는 제품개발 전 단계인 연구비(당기비용처리)와 제품개발과 관련된 개발비(무형자산)로 구분할 수 있으며, 개발비로 지출되었으나 무형자산의 요건을 갖추지 못한 경우에는 경상개발비로 인식하여 당기비용처리한다.
- 연구비 : 당기비용처리(판매비와관리비, 제조원가)
- 개발비 : 무형자산(개발비용이 측정가능하고 생산하는 것이 기술적으로 가능하며, 해당 기업에서 판매 또는 사용의도가 있어야 함)
- 경상개발비 : 당기비용처리(판매비와관리비, 제조원가)

● **무형자산의 상각**(전산세무 2급)

① 무형자산의 상각은 자산이 사용가능한 때부터 시작한다.(일반기업회계기준 11.26)

cf 오답 : 당해 자산을 취득한 시점부터 시작한다.

② 무형자산의 잔존가치는 없는 것을 원칙으로 한다.

③ 무형자산의 상각방법으로 합리적인 상각방법을 정할 수 없는 경우에는 정액법을 사용한다.

④ 무형자산 내용연수는 법적 내용연수와 경제적 내용연수 중 짧은 기간으로 한다.

⑤ 무형자산의 상각기간은 독점적 · 배타적인 권리를 부여하고 있는 관계 법령이나 계약에 정해진 경우를 제외하고는 20년을 초과할 수 없다.

| 전산회계 1급, 이론형 |

01 다음 계정과목 중 분류가 다른 것은?(62회)(52회)

① 임차권리금 ② 개발비 ③ 상표권 ④ 전세권

02 다음 중 자산에 해당하는 것은?(60회)

① 개발비 ② 연구비 ③ 경상개발비 ④ 기부금

03 다음 중 일반기업회계기준상 무형자산으로 계상할 수 없는 것은?(56회)

① 합병 등으로 인하여 유상으로 취득한 영업권

② 기업의 프로젝트 연구단계에서 발생하여 지출한 연구비

③ 일정한 광구에서 부존하는 광물을 독점적 · 배타적으로 채굴하여 취득할 수 있는 광업권

④ 일정기간 동안 독점적 · 배타적으로 이용할 수 있는 산업재산권

04 다음 중 무형자산에 해당하는 것의 개수는?(65회)

• 상표권	• 내부적으로 창출된 영업권	• 컴퓨터소프트웨어
• 장기미수금	• 임차권리금	• 경상개발비

① 1개　② 2개　③ 3개　④ 4개

05 다음 중 무형자산에 해당하는 것의 개수는?(74회)

• 특허권	• 내부적으로 창출된 영업권	• 컴퓨터소프트웨어
• 상표권	• 임차권리금	• 경상개발비

① 3개　② 4개　③ 5개　④ 6개

06 다음 항목들 중에서 무형자산으로 인식할 수 없는 것은?

① 향후 5억원의 가치창출이 확실한 개발단계에 2억원을 지출하여 성공한 경우
② 내부창출한 상표권으로서 기말시점에 회사 자체적으로 평가한 금액이 1억원인 경우
③ 통신기술과 관련한 특허권을 출원하는 데 1억원을 지급한 경우
④ 12억원인 저작권을 현금으로 취득한 경우

07 소프트웨어 개발회사인 ㈜학림은 새로운 소프트웨어 개발을 위하여 연구단계에서 관련정보의 탐색비용으로 현금 1억원을 지출하였다. 올바른 회계처리는?(70회)

① (차) 연구비　1억(무형자산)　(대) 현금　1억
② (차) 연구비　1억(판매비와관리비)　(대) 현금　1억
③ (차) 개발비　1억(무형자산)　(대) 현금　1억
④ (차) 개발비　1억(기타비유동자산)　(대) 현금　1억

08 다음은 ㈜희망이 무형자산을 창출하기 위해 지출한 내부 프로젝트의 경비항목이다. 이 항목들에 대하여 연구단계와 개발단계를 구분할 수 없는 경우, 무형자산으로 인식할 수 있는 금액은 얼마인가?(71회)

• 관련자료 구입비 : 3,000,000원	• 창출관련 행정수수료 : 1,200,000원
• 인건비 : 6,500,000원	• 기타 창출경비 : 800,000원

① 0원　② 3,000,000원　③ 4,200,000원　④ 11,500,000원

09 다음 중 무형자산의 회계처리에 대한 설명으로 틀린 것은?(78회)

① 무형자산을 최초로 인식할 때에는 공정가치로 측정한다.
② 다른 종류의 무형자산이나 다른 자산과의 교환으로 무형자산을 취득하는 경우에는 무형자산의 원가를 교환으로 제공한 자산의 공정가치로 측정한다.
③ 무형자산을 창출하기 위한 내부 프로젝트를 연구단계와 개발단계로 구분할 수 없는 경우에는 그 프로젝트에서 발생한 지출은 모두 연구단계에서 발생한 것으로 본다.
④ 무형자산의 잔존가치는 없는 것을 원칙으로 한다.

10 다음 중 무형자산에 대한 설명으로 틀린 것은?(63회 특별)

① 물리적 형체가 없지만 식별가능하다.
② 기업이 통제하고 있다.
③ 분류항목은 산업재산권, 저작권, 연구개발비, 영업권 등이 있다.
④ 미래의 경제적 효익이 있다.

11 무형자산과 관련된 다음의 설명 중 옳지 않은 것은?(80회)

① 개발비는 개발단계에서 발생하여 미래 경제적 효익을 창출할 것이 기대되는 자산이다.
② 무형자산의 취득원가는 매입금액에 직접부대비용을 가산한다.
③ 무형자산을 직접 차감하여 상각하는 경우 무형자산상각비계정을 사용한다.
④ 영업활동에 사용할 목적으로 보유하는 자산으로 물리적 실체가 있는 경우 무형자산으로 분류된다.

12 무형자산과 관련한 다음의 설명 중 적절치 않은 것은?(54회)

① 무형자산으로 인식되기 위해서는 식별가능하여야 한다.
② 무형자산은 기업이 그 무형자산에 대한 미래 경제적 효익을 통제할 수 있어야 한다.
③ 내부적으로 창출한 영업권은 원가를 신뢰성 있게 측정할 수 없을 뿐만 아니라 기업이 통제하고 있는 식별가능한 자원도 아니기 때문에 자산으로 인식하지 않는다.
④ 내부적으로 창출한 모든 무형자산은 무형자산으로 인식할 수 없다.

13 무형자산에 대한 설명으로 옳지 않은 것은?(67회)

① 내부적으로 창출한 무형자산의 창출과정은 연구단계와 개발단계로 구분한다.
② 무형자산을 창출하기 위한 과정을 연구단계와 개발단계로 구분할 수 없는 경우에는 모두 개발단계에서 발생한 것으로 본다.
③ 상각대상금액은 추정내용연수 동안 체계적인 방법에 의하여 비용으로 배분한다.
④ 무형자산의 상각기간은 독점적 · 배타적인 권리를 부여하고 있는 관계 법령이나 계약에 정해진 경우를 제외하고는 20년을 초과할 수 없다.

14 다음 중 무형자산에 대한 설명으로 옳지 않은 것은?(83회)

① 무형자산을 최초로 인식할 때에는 원가로 측정한다.
② 내부적으로 창출한 무형자산의 창출과정은 연구단계와 개발단계로 구분한다.
③ 무형자산의 상각기간은 독점적 · 배타적인 권리를 부여하고 있는 관계 법령이나 계약에 정해진 경우를 제외하고는 20년을 초과할 수 없다.
④ 무형자산을 창출하기 위한 과정을 연구단계와 개발단계로 구분할 수 없는 경우에는 모두 개발단계에서 발생한 것으로 본다.

15 다음 중 무형자산에 대한 설명으로 옳지 않은 것은?(67회 특별)

① 무형자산은 영업권 및 개발비를 제외하고 대부분 산업재산권, 광업권 등 독점적 · 배타적 이용권을 표방하는 권리를 말한다.
② 연구활동으로 인한 창업비, 개업비 등의 지출은 미래 경제적 효익을 나타내므로 당해연도에 무형자산으로 인식하여야 한다.
③ 무형자산의 미래 경제적 효익을 확보할 수 있고 그 효익에 대한 제3자의 접근을 제한할 수 있다면 자산을 통제하고 있는 것이다.
④ 무형자산의 미래 경제적 효익은 재화의 매출이나 용역수익, 원가절감 또는 자산의 사용에 따른 기타 효익의 형태로 발생한다.

16 유형자산과 무형자산에 대한 설명으로 틀린 것은?(65회 특별)

① 유형자산과 무형자산 모두 업무용으로 사용하기 위하여 보유하고 있는 자산이다.
② 유형자산과 무형자산 모두 비용인식방법으로 감가상각방법을 이용한다.
③ 유형자산과 무형자산 모두 자본적 지출을 인식할 수 있다.
④ 유형자산과 무형자산 모두 합리적인 상각방법을 정할 수 없는 경우에는 정액법을 사용한다.

| 전산세무 2급 |

01 다음 중 무형자산에 해당하는 것으로 볼 수 없는 것은?(82회)

① 산업재산권
② 특허권
③ 내부적으로 창출한 영업권
④ 내부 프로젝트의 개발단계에서 발생한 지출로서 자산인식요건을 모두 충족하는 개발비

02 다음은 일반기업회계기준상 무형자산에 대한 설명이다. 옳지 않은 것은?(83회)

① 연구단계에서 발생한 지출은 무형자산으로 인식할 수 없고 발생한 기간의 비용으로 인식한다.
② 무형자산의 취득 후의 지출로서 일정한 요건을 충족하는 경우에는 자본적 지출로 처리한다.
③ 특허권, 영업권, 실용신안권, 연구비는 무형자산에 포함된다.
④ 무형자산의 상각기간은 관계 법령이나 계약에 정해진 경우를 제외하고는 20년을 초과할 수 없다.

03 다음 중 무형자산에 대한 설명으로 틀린 것은?(72회)

① 무형자산을 창출하기 위한 내부 프로젝트를 연구단계와 개발단계로 구분할 수 없는 경우에는 그 프로젝트에서 발생한 지출은 모두 연구단계에서 발생한 것으로 본다.
② 무형자산의 공정가치가 증가하면 그 공정가치를 반영하여 상각한다.
③ 합리적인 상각방법을 정할 수 없는 경우에는 정액법을 사용한다.
④ 무형자산의 잔존가치는 없는 것을 원칙으로 한다.

04 무형자산에 대한 설명으로 틀린 것은?(75회)

① 무형자산의 상각기간은 독점적·배타적 권리를 부여하고 있는 관계 법령이나 계약에 정해진 경우를 제외하고는 20년을 초과할 수 없다.
② 내부적으로 창출한 영업권의 경우, 미래 경제적 효익을 창출할 수 있다면 자산으로 인식할 수 있다.
③ 무형자산의 합리적인 상각방법을 정할 수 없는 경우에는 정액법을 사용한다.
④ 무형자산의 잔존가치는 없는 것을 원칙으로 한다.

05 다음 중 무형자산에 대한 설명으로 옳은 것은?(78회)

① 무형자산의 상각대상금액을 내용연수 동안 합리적으로 배분하기 위해 다양한 방법을 사용할 수 있다.

② 무형자산이 법적 권리인 경우 법적 권리기간이 경제적 내용연수보다 긴 기간이면 법적 권리기간 동안 상각한다.

③ 내부적으로 창출된 영업권의 경우 그 금액을 합리적으로 추정할 수 있는 경우에는 무형자산으로 인식할 수 있다.

④ 연구단계에서 발생한 지출은 모두 발생 즉시 비용으로 인식하며, 개발단계에서 발생한 지출은 모두 무형자산으로 인식한다.

6 유가증권

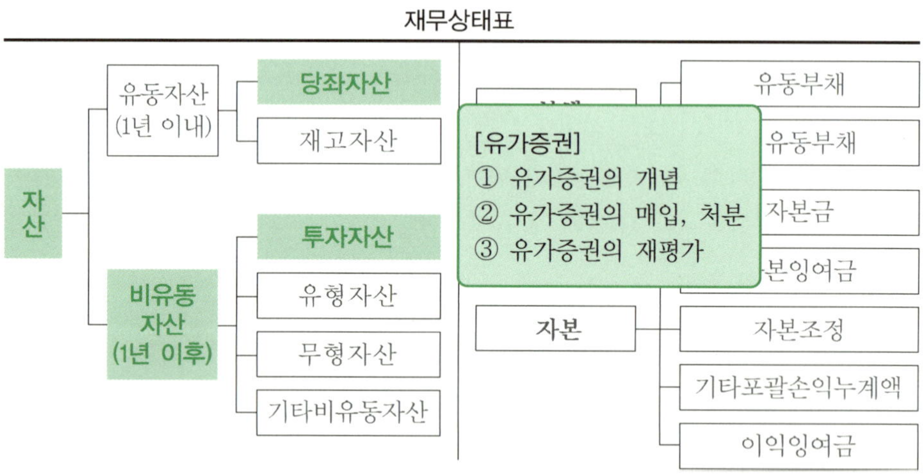

구분	단기매매증권	매도가능증권	만기보유증권
목적	단기간 매매차익	단기매매증권과 만기보유증권 이외	만기보유목적
구분	당좌자산	투자자산(당좌자산)	
지분증권	○	○	×

채무증권	○	○	○
취득	단기매매증권 10,000 / 현금 11,000 수수료비용 1,000 ⇨ 부대비용은 별도의 비용으로 처리	매도가능증권 11,000 / 현금 11,000 ⇨ 부대비용은 취득원가에 가산	
평가 (미실현 보유손익)	〈공정가치 상승 시〉 단기매매증권/ 단기매매증권평가이익 (당기손익항목) 〈공정가치 하락 시〉 /단기매매증권 단기매매증권평가손실 (당기손익항목)	〈공정가치 상승 시〉 매도가능증권/ 매도가능증권평가이익 (자본항목) 〈공정가치 하락 시〉 /매도가능증권 매도가능증권평가손실 (자본항목)	상각후 원가법
처분	당기손익(P/L계정)	당기손익(P/L계정)	당기손익

구분	평가손익	처분손익
단기매매증권	당기손익(영업외손익)	당기손익(영업외손익)
매도가능증권	자본항목(기타포괄손익누계액)	당기손익(영업외손익)

● 유가증권 기말평가

단기매매증권과 매도가능증권은 **공정가치**로 평가하며, 시장성이 없는 지분증권의 공정가치를 신뢰성 있게 측정할 수 없는 경우에는 **취득원가**로 평가한다.

● 유가증권의 재분류

1) 매도가능증권, 만기보유증권의 경우(서로 가능)

매도가능증권 ⇄ 만기보유증권

2) 단기매매증권의 경우

① 단기매매증권은 다른 범주로 재분류할 수 없으며, 다른 범주의 유가증권(매도가능증권, 만기보유증권)의 경우에도 단기매매증권으로 재분류할 수 없다.

② 다만, 드문 상황으로서 다음과 같은 상황에서는 가능하다.

㉠ 더 이상 단기간 내의 매매차익을 목적으로 하지 않는 경우 : 매도가능증권, 만기보유증권으로 분류

㉡ **시장성을 상실한 경우 : 매도가능증권, 만기보유증권으로 분류**

| 전산회계 1급 이론형 |

01 현행 일반기업회계기준서상 유가증권에 대한 설명 중 틀린 것은?(82회)

① 채무증권은 취득할 경우 만기보유증권, 단기매매증권 및 매도가능증권으로 분류한다.
② 단기매매증권 및 만기보유증권은 원칙적으로 공정가치로 평가한다.
③ 단기매매증권이 시장성을 상실한 경우에는 매도가능증권으로 분류하여야 한다.
④ 채무증권을 만기까지 보유할 적극적인 의도와 능력이 있는 경우에는 만기보유증권으로 분류한다.

02 다음 중 기업회계기준에 의한 유가증권에 관한 설명이다. 옳지 않은 것은?(71회)

① 만기보유증권으로 분류되지 아니하는 채무증권은 단기매매증권이나 매도가능증권으로 분류된다.
② 단기매매증권, 매도가능증권, 만기보유증권은 원칙적으로 공정가치로 평가한다.
③ 단기매매증권이 시장성을 상실한 경우에는 매도가능증권으로 분류하여야 한다.
④ 만기가 확정된 채무증권을 만기까지 보유할 적극적인 의도와 능력이 있는 경우에는 만기보유증권으로 분류한다.

03 유가증권과 관련한 다음의 설명 중 적절치 않은 것은?(63회)

① 유가증권에는 지분증권과 채무증권이 포함된다.
② 만기가 확정된 채무증권을 만기까지 보유할 적극적인 의도와 능력이 있는 경우에는 만기보유증권으로 분류한다.
③ 만기보유증권으로 분류되지 아니하는 채무증권은 매도가능증권으로만 분류된다.
④ 주로 단기간 내의 매매차익을 목적으로 취득한 유가증권으로서 매수와 매도가 적극적이고 빈번하게 이루어지는 것은 단기매매증권으로 분류한다.

04 다음 중 유가증권에 대한 설명으로 틀린 것은?(53회)

① 단기매매증권과 매도가능증권은 원칙적으로 공정가치로 평가한다.
② 매도가능증권은 보유목적에 따라 유동자산이나 투자자산으로 분류된다.
③ 단기매매증권과 매도가능증권의 미실현보유이익은 당기순이익항목으로 처리한다.
④ 단기매매증권이 시장성을 상실한 경우에는 매도가능증권으로 분류하여야 한다.

05 다음 중 유가증권에 대한 설명으로 옳지 않은 것은?(67회 특별)

① 단기시세차익이 목적인 유가증권은 단기매매증권으로 분류한다.
② 시장성이 있는 매도가능증권은 공정가치로 평가하며, 평가손익은 기타포괄손익누계액(자본)으로 처리한다.
③ 매도가능증권은 무조건 공정가치로 평가하여야 한다.
④ 유가증권의 매매로 발생하는 처분손익은 영업외손익으로 처리한다.

06 유가증권에 대한 설명이다. 옳은 것은?(61회)

① 유가증권 중 채권은 취득한 후에 단기매매증권이나 매도가능증권 중의 하나로만 분류한다.
② 단기매매증권이 시장성을 상실한 경우에는 매도가능증권으로 분류하여야 한다.
③ 단기매매증권과 만기보유증권은 원칙적으로 공정가치로 평가한다.
④ 매도가능증권은 주로 단기간 내의 매매차익을 목적으로 취득한 유가증권이다.

07 다음 중 취득원가에 포함되지 않는 것은?(78회)

① 수입한 기계장치의 시운전비
② 단기투자목적의 주식매입수수료
③ 상품구입 시 당사 부담 운송보험료
④ 건물구입 시 부동산 중개수수료

08 다음 중 결산평가 시 시장가격을 이용하지 않는 것은?(77회)

① 단기매매증권
② 상품
③ 제품
④ 만기보유증권

09 다음 괄호 안에 들어갈 내용을 순서대로 적은 것으로 옳은 것은?(64회)

( )에 대한 미실현보유손익은 당기손익항목으로 처리한다. ( )에 대한 미실현보유손익은 기타포괄손익누계액으로 처리한다.

① 단기매매증권, 만기보유증권
② 단기매매증권, 매도가능증권
③ 매도가능증권, 만기보유증권
④ 매도가능증권, 지분법적용투자주식

10 다음 중 재무상태표의 기타포괄손익누계액(자본계정)에 해당하는 항목은?(78회)

① 단기매매증권처분이익
② 매도가능증권평가이익
③ 단기매매증권평가이익
④ 매도가능증권처분이익

11 다음 중 나머지 셋과 계정과목의 성격이 다른 하나는?(59회)

① 단기매매증권평가손실　② 단기매매증권처분손실
③ 매도가능증권평가손실　④ 매도가능증권처분손실

12 다음 중 유동자산과 투자자산에 속하는 유가증권의 처분과 평가 시 발생(증감)할 수 있는 것으로 틀린 것은?(69회)

① 손익의 발생　② 자산의 증감
③ 부채의 증감　④ 자본의 증감

13 시장성 있는 ㈜A의 주식 10주를 1주당 56,000원에 구입하고, 거래수수료 5,600원을 포함하여 보통예금계좌에서 결제하였다. 당해 주식은 단기매매차익을 목적으로 보유하는 경우이며, 일반기업회계기준에 따라 회계처리하는 경우 발생하는 계정과목으로 적절치 않은 것은?(55회)

① 단기매매증권　② 만기보유증권
③ 지급수수료　④ 보통예금

14 다음 빈칸 안에 들어갈 내용으로 알맞은 것은?(70회)

구분	계정	재무제표
단기매매증권평가손실(이익)	(가)	손익계산서
매도가능증권평가손실(이익)	기타포괄손익누계액	(나)

① (가) 영업외비용(수익)　(나) 손익계산서
② (가) 자본조정　(나) 현금흐름표
③ (가) 영업외비용(수익)　(나) 재무상태표
④ (가) 자본조정　(나) 재무상태표

15 다음의 계정과목 중 미실현이익에 해당하는 것은?(68회)

① 배당금수익　② 외환차익
③ 매도가능증권처분이익　④ 단기매매증권평가이익

16 다음 중 유가증권을 보유함에 따라 무상으로 주식을 배정받은 경우 회계처리방법은?(72회)

① 배당금수익(영업외수익)으로 처리한다.

② 장부가액을 증가시키는 회계처리를 하지 않고, 수량과 단가를 새로 계산한다.
③ 장부가액을 증가시키는 회계처리를 하고, 수량과 단가를 새로 계산한다.
④ 장부가액을 증가시키는 회계처리를 하고, 수량과 단가를 새로 계산하지 않는다.

| 전산회계 1급 계산형 |

01 기말현재 단기매매증권 보유현황은 다음과 같다. 다음 중 일반기업회계기준에 따른 기말평가를 하는 경우 올바른 분개로 가장 타당한 것은?(52회)

- A사 주식의 취득원가는 200,000원이고 기말공정가액은 300,000원이다.
- B사 주식의 취득원가는 150,000원이고 기말공정가액은 120,000원이다.

① (차) 단기매매증권 100,000원 (대) 단기매매증권평가이익 100,000원
② (차) 단기매매증권 70,000원 (대) 단기매매증권평가이익 70,000원
③ (차) 단기매매증권 420,000원 (대) 단기매매증권평가이익 420,000원
④ (차) 단기매매증권 350,000원 (대) 단기매매증권평가이익 350,000원

02 다음은 ㈜나라가 당기에 구입하여 보유하고 있는 단기매매증권이다. 기말단기매매증권평가 시 올바른 손익은 얼마인가?(76회)

종류	액면가액	취득가액	공정가액
㈜금나와라뚝딱	50,000원	100,000원	80,000원
㈜은도깨비	30,000원	20,000원	35,000원

① 단기매매증권평가손익 없음
② 단기매매증권평가손실 5,000원
③ 단기매매증권평가이익 5,000원
④ 단기매매증권평가이익 35,000원

03 다음은 ㈜한국이 당기(1기)에 구입하여 보유하고 있는 단기매매증권이다. 당기(1기)말에 단기매매증권 평가가 당기손익에 미치는 영향은 얼마인가?(83회)

종류	액면가액	취득가액	공정가액
㈜한강	100,000원	200,000원	150,000원
㈜금강	200,000원	150,000원	200,000원

① 없음
② 이익 50,000원
③ 손실 50,000원
④ 이익 100,000원

04 다음은 당기 중에 거래된 ㈜무릉(12월 결산법인임)의 단기매매증권내역이다. 다음 자료에 따라 당기말 재무제표에 표시될 단기매매증권 및 영업외수익은 얼마인가?(79회)

- 5월 23일 : ㈜하이테크전자의 보통주 100주를 10,000,000원에 취득하다.
- 7월 1일 : ㈜하이테크전자로부터 중간배당금 50,000원을 수령하다.
- 12월 31일 : ㈜하이테크전자의 보통주 시가는 주당 110,000원으로 평가되다.

	단기매매증권	영업외수익
①	11,000,000원,	1,050,000원
②	11,000,000원,	1,000,000원
③	10,000,000원,	1,050,000원
④	10,000,000원,	1,000,000원

05 기말 현재 단기매매증권 보유현황은 다음과 같다. 단기매매증권 보유를 함에 따라 손익계산서에 반영할 영업외손익의 금액은 얼마인가?(54회)

- A사 주식의 취득원가는 200,000원이고 기말공정가액은 300,000원이다
- A사 주주총회를 통해 현금배당금 60,000원을 받다.
- B사 주식의 취득원가는 150,000원이고 기말공정가액은 120,000원이다.

① 70,000원 ② 100,000원
③ 130,000원 ④ 160,000원

06 기말현재 보유하고 있는 유가증권의 현황이 다음과 같을 경우 적절한 회계처리는?(58회)

- 취득원가 1,000,000원의 갑회사 주식(단기보유목적), 기말공정가액 1,200,000원
- 취득원가 9,000,000원의 을회사 주식(장기투자목적, 시장성 있음), 기말공정가액 8,500,000원

①	(차) 유가증권평가손실	300,000	(대) 유가증권	300,000
②	(차) 단기매매증권	200,000	(대) 단기매매증권평가이익	200,000
	(차) 매도가능증권평가손실	500,000	(대) 매도가능증권	500,000
③	(차) 단기매매증권	200,000	(대) 단기매매증권평가이익	200,000
	(차) 매도가능증권평가손실	500,000	(대) 매도가능증권평가손실충당금	200,000
④	(차) 유가증권평가손실	300,000	(대) 유가증권평가손실충당금	300,000

07 다음의 유가증권거래로 인하여 당기손익에 미치는 영향을 바르게 설명한 것은?(65회)

> ㈜달무리는 2월 5일에 시장성 있는 단기매매증권 1,000주(주당 @10,000원)를 취득하면서, 수수료비용 500,000원을 포함하여 현금으로 결제하였다. 다음 날 600주를 주당 @11,000원에 현금처분하였다.

① 당기순이익이 600,000원 증가한다. ② 당기순이익이 600,000원 감소한다.
③ 당기순이익이 100,000원 증가한다. ④ 당기순이익이 300,000원 증가한다.

08 다음 유가증권 거래로 인하여 2017년 당기손익에 미치는 영향을 바르게 설명한 것은?(73회)

> • 2017년 4월 1일 단기시세차익을 얻을 목적으로 ㈜한양의 주식 1,000주를 주당 6,000원(액면가액 5,000원)에 현금 취득하였다.
> • 2017년 6월 30일 ㈜한양의 주식 500주를 주당 7,000원에 처분하였다.

① 당기순이익 500,000원 증가 ② 당기순이익 1,000,000원 증가
③ 당기순이익 500,000원 감소 ④ 당기순이익 1,000,000원 감소

09 다음 유가증권 거래로 인하여 2016년 당기손익에 미치는 영향을 바르게 설명한 것은?(67회)

> • 2016년 3월 1일 단기시세차익을 얻을 목적으로 ㈜고려의 주식 1,000주를 주당 10,000원(액면가액 5,000원)에 현금 취득하였다.
> • 2016년 6월 30일 ㈜고려의 주식 300주를 주당 9,000원에 처분하였다.

① 당기순이익이 1,200,000원 감소한다. ② 당기순이익이 300,000원 감소한다.
③ 당기순이익이 1,350,000원 감소한다. ④ 당기순이익이 1,050,000원 감소한다.

10 다음 매도가능증권의 매각이 당기의 재무제표에 미치는 영향을 설명한 것으로 올바른 것은?(65회 특별)

> 전기 7월 1일 5,000,000원에 취득한 매도가능증권의 전기말 평가이익은 500,000원이었다. 이를 당기 8월 1일에 전부 6,000,000원에 매각하였다.

① 기말자본이 500,000원 증가한다. ② 기말자본잉여금이 500,000원 증가한다.
③ 당기순이익이 500,000원 증가한다. ④ 기말이익잉여금이 500,000원 증가한다.

11 다음 ㈜세무의 매도가능증권 거래로 인하여 당기손익에 미치는 영향으로 옳은 것은?(72회)

> ㈜세무는 2017년 1월 16일에 ㈜회계의 주식 100주를 주당 10,000원에 취득(매도가능증권으로 회계처리함)하고, 취득관련 수수료비용 20,000원을 포함하여 현금을 지급하였다. 그리고 다음 날인 1월 17일에 ㈜회계의 주식 50주를 주당 9,000원에 현금처분하였다.

① 당기순이익이 40,000원 감소한다.
② 당기순이익이 50,000원 감소한다.
③ 당기순이익이 60,000원 감소한다.
④ 당기순이익이 70,000원 감소한다.

12 다음의 자료로 2013년 5월 5일 현재 주식수와 주당금액을 계산한 것으로 맞는 것은?(57회)

> • ㈜갑의 주식을 2012년 8월 5일 100주를 주당 10,000원(액면가액 5,000원)에 취득하였다. 회계처리 시 계정과목은 단기매매증권을 사용하였다.
> • ㈜갑의 주식의 2012년 12월 31일 주당 공정가치는 7,700원이었다.
> • ㈜갑으로부터 2013년 5월 5일에 무상으로 주식 10주를 수령하였다.

① 100주, 7,000원/주
② 100주, 7,700원/주
③ 110주, 7,000원/주
④ 110주, 7,700원/주

| 전산세무 2급 |

01 다음은 유가증권에 대한 설명이다. 틀린 것은?(82회)

① 유가증권에는 지분증권과 채무증권이 포함된다.
② 단기매매증권에 대한 미실현보유손익은 당기손익항목으로 처리한다.
③ 매도가능증권에 대한 미실현보유손익은 기타포괄손익누계액으로 처리한다.
④ 만기가 확정된 채무증권으로서 상환금액이 확정되었거나 확정이 가능한 채무증권을 만기까지 보유할 적극적인 의도와 능력이 있는 경우에는 매도가능증권으로 분류한다.

02 다음은 유가증권에 대한 설명이다. 틀린 것은?(77회)

① 단기매매증권은 주로 단기간 내에 매매차익을 목적으로 한다.
② 유가증권은 취득한 후에 만기보유증권, 단기매매증권, 매도가능증권, 지분법적용투자주식 중의 하나로 분류한다.

③ 단기매매증권의 미실현보유손익은 단기매매증권평가손익으로 처리한다.
④ 매도가능증권은 만기보유증권으로 재분류할 수 있으며, 만기보유증권은 매도가능증권으로 재분류할 수 없다.

03 일반기업회계기준상 유가증권에 대한 설명 중 가장 옳지 않은 것은?(74회)

① 지분증권 중 단기매매증권이나 만기보유증권으로 분류되지 아니하는 유가증권은 매도가능증권으로 분류한다.
② 매도가능증권 중 시장성이 없는 지분증권의 공정가치를 신뢰성 있게 측정할 수 없는 경우에는 취득원가로 평가한다.
③ 유가증권 보유자가 유가증권에 대한 통제를 상실하지 않고 유가증권을 양도하는 경우, 당해 거래는 담보차입거래로 본다.
④ 단기매매증권에 대한 미실현 보유손익은 기타포괄손익누계액으로 처리한다.

04 다음 중 유가증권에 대한 설명으로 틀린 것은?(76회)

① 단기매매증권에 대한 미실현보유손익은 당기손익항목으로 처리한다.
② 단기매매증권이 시장성을 상실한 경우에는 매도가능증권으로 분류하여야 한다.
③ 채무증권은 취득한 후에 만기보유증권, 단기매매증권, 매도가능증권 중의 하나로 분류한다.
④ 지분증권과 만기보유증권으로 분류되지 않는 채무증권은 매도가능증권으로 분류한다.

05 다음의 유가증권을 단기매매증권으로 분류하는 경우와 매도가능증권으로 분류하는 경우의 당기에 계상되는 당기손익의 차이 금액은 얼마인가?(79회)

㈜대한은 A회사 주식 1,000주를 주당 5,000원(공정가치)에 매입하면서 거래비용으로 50,000원이 발생하였고 기말에 주당 공정가치가 5,500원으로 평가되었다.

① 50,000원 ② 450,000원
③ 500,000원 ④ 550,000원

06 다음은 단기매매목적으로 매매한 주식회사 학동의 주식거래내역이다. 2018년 12월 31일에 주식회사 학동의 공정가치가 주당 10,000원이면 2018년도 손익계산서에 표시될 단기매매증권평가손익은 얼마인가?(81회)

거래일	매입주식수	매도주식수	거래가액
2018년 1월 20일	1,000주		10,000원
2018년 5월 30일		500주	12,000원
2018년 11월 1일	1,000주		7,000원

① 단기매매증권평가손실 3,000,000원 ② 단기매매증권평가이익 3,000,000원
③ 단기매매증권평가손실 1,000,000원 ④ 단기매매증권평가이익 1,000,000원

07 다음 자료에 의할 경우, 2017년에 인식할 매도가능증권처분손익은 얼마인가?(73회)

- 2016년 6월 1일 매도가능증권 120주를 주당 60,000원에 취득하였다.
- 2016년 기말매도가능증권평가손실은 1,200,000원(주당 공정가치 50,000원)이다.
- 2017년 5월 1일 120주를 주당 50,000원에 처분하였다.

① 처분이익 2,400,000원 ② 처분이익 1,200,000원
③ 처분손실 2,400,000원 ④ 처분손실 1,200,000원

7 부채

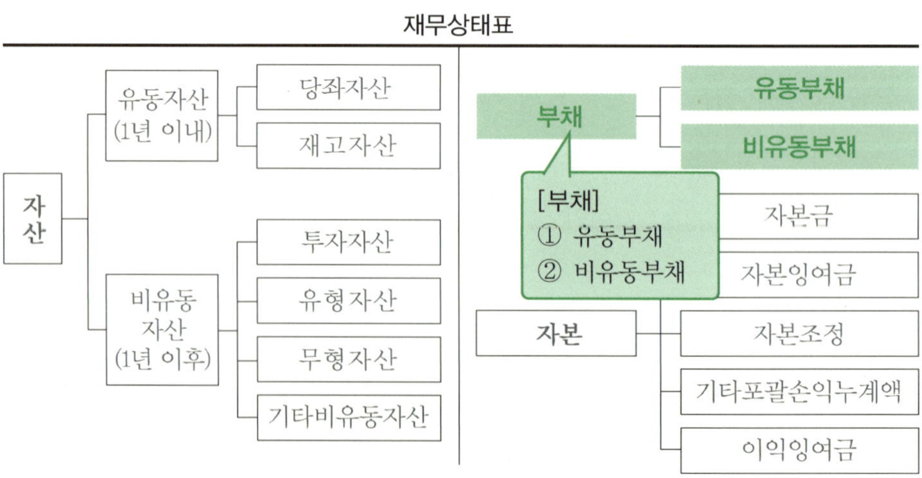

● 유동부채

① 1년 이내(단기) 또는 정상적인 영업주기 이내
  ex) 매입채무, 단기차입금
② 매입채무(재고자산과 관련)
  ㉠ 외상매입금
  ㉡ 지급어음
③ 미지급금(재고자산과 관련 없음)
④ 선수금(계약금을 받음)

● 비유동부채

① 1년 초과(장기)
② 사채, 퇴직급여충당부채(자주 출제), 임대보증금
cf ~~유동성장기부채~~(유동부채)

● 퇴직관련(퇴직금과 퇴직연금)

구분	퇴직금	퇴직연금	
		확정기여형(DC)	확정급여형(DB)
납부(100)	–	퇴직급여 100 / 현금 100	퇴직연금운용자산 100 / 현금 100
기말 (퇴직급여 충당부채 추계) (120)	퇴직급여 120 / 퇴직급여충당부채 120	–	퇴직급여 120 / 퇴직급여충당부채 120
직원퇴직 (150)	퇴직급여충당부채 120 퇴직급여 30 / 현금 150	–	퇴직급여충당부채 120 퇴직급여 30 / 퇴직연금운용자산 100 현금 50

● 사채(전산세무 2급)

① 장기 자금조달을 목적으로 발행하는 채무증권이다.
② 사채발행가액
  ㉠ 할인발행 : 시장이자율>액면이자율
  ㉡ 액면발행 : 시장이자율=액면이자율
  ㉢ 할증발행 : 시장이자율<액면이자율
※ 사채발행비용은 사채발행시점의 **발행가액(~~액면가액~~)**에서 직접 차감한다.

③ 유효이자율법관련 주요내용

구분	사채장부가액	이자비용	현금지급이자 (실제지급이자)	상각액
할인발행	증가	증가	일정	증가
할증발행	감소	감소	일정	증가

※ 사채할인발행차금은 사채의 액면금액(발행금액)에서 차감하는 형식으로 표기한다.

● **확정부채, 충당부채, 우발부채**(전산세무 2급)

① 확정부채(일반적) : ㉠ 지출시기, ㉡ 지출금액이 확정된 부채

② 충당부채, 우발부채 : ㉡ 지출시기, ㉡ 지출금액이 불확실한 부채

㉠ 충당부채(세 가지 요건 모두 충족, 부채로 표시)

-과거사건이나 거래의 결과로 인하여 '현재의무(법적 의무)' 존재

-당해 의무를 이행하기 위하여 '자원 유출가능성'이 매우 높음

-소요되는 금액을 신뢰성 있게 추정할 수 있어야 함

㉡ 우발부채(한 가지라도 미충족 시)

-주석에 표시(재무제표 본문에 부채로 표시되지 않음)

| 전산회계 1급, 이론형 |

01 다음 중 유동부채의 계정과목별 설명으로 틀린 것은?(64회)

① 매입채무는 일반적 상거래에서 발생한 외상매입금과 지급어음으로 한다.

② 선수금은 수주공사 및 기타 일반적 상거래에서 발생한 선수액으로 한다.

③ 단기차입금은 금융기관으로부터의 당좌차월과 1년 이내에 상환될 차입금으로 한다.

④ 미지급금은 일반적 상거래에서 발생한 지급기일이 도래한 확정채무를 말한다.

02 다음 중 재무상태표상의 비유동부채로 맞는 것은?(52회)

① 퇴직급여충당부채 ② 외상매입금

③ 유동성장기부채 ④ 단기차입금

03 다음 중 비유동부채에 해당하지 않는 것은?(63회)

① 사채 ② 장기차입금

③ 당좌차월 ④ 퇴직급여충당부채

04 다음 중 비유동부채로 분류되지 않는 것은?(65회)

① 사채 ② 장기차입금
③ 퇴직급여충당부채 ④ 유동성장기부채

05 다음 중 비유동부채에 포함되지 않는 것은?(78회)

① 장기차입금 ② 퇴직급여충당부채
③ 임차보증금 ④ 사채

06 다음 중 영업주기와 관계없이 유동부채로 분류하여야 하는 계정과목이 아닌 것은?(79회)

① 퇴직급여충당부채 ② 단기차입금
③ 유동성 장기차입금 ④ 당좌차월

07 다음 자료에 의한 당기말 재무제표에 표시할 유동부채금액은 얼마인가?(82회)

• 매입채무 : 1,300,000원	• 예수금 : 240,000원
• 단기차입금 : 6,000,000원	• 장기미지급금 : 1,200,000원

① 6,240,000원 ② 7,300,000원
③ 7,540,000원 ④ 8,740,000원

08 다음 자료를 이용하여 외상매입금의 기초잔액을 계산하면 얼마인가?(66회)

• 외상매입금 지급액 : 5,000,000원	• 기말외상매입금 : 400,000원
• 외상순매입액 : 4,000,000원	• 외상총매입액 : 4,200,000원

① 1,400,000원 ② 2,400,000원
③ 1,200,000원 ④ 1,500,000원

09 다음 자료를 이용하여 외상매입금의 기초잔액을 계산하면 얼마인가?(83회)

• 외상매입금 지급액 : 5,000,000원	• 기말외상매입금 : 1,400,000원
• 외상매입금 순매입액 : 4,000,000원	• 외상매입금 총매입액 : 4,200,000원

① 1,200,000원 ② 1,400,000원
③ 1,500,000원 ④ 2,400,000원

10 다음 중 유동부채에 속하는 계정들의 금액을 모두 합하면 얼마인가?(67회 특별)

• 장기차입금 : 30,000원	• 단기차입금 : 10,000원
• 미지급비용 : 3,000원	• 예수금 : 6,000원
• 퇴직급여충당부채 : 15,000원	• 선수수익 : 10,000원
• 유동성장기부채 : 17,000원	

① 29,000원 ② 36,000원
③ 46,000원 ④ 59,000원

| 전산세무 2급 |

01 다음 중 부채의 유동성에 따른 분류가 다른 것은?(83회)

① 선수금 ② 퇴직급여충당부채
③ 사채 ④ 장기차입금

02 다음 중 부채에 대한 설명으로 틀린 것은?(74회)

① 부채는 과거의 거래나 사건의 결과로 현재 기업실체가 부담하고 있고 미래에 자원의 유출 또는 사용이 예상되는 의무이다.
② 부채의 정의를 만족하기 위해서는 금액이 반드시 확정되어야 한다.
③ 일반적으로 기업실체가 자산을 이미 인수하였거나 자산을 취득하겠다는 취소불능계약을 체결한 경우 현재의 의무가 발생한다.
④ 기업실체가 현재의 의무를 이행하기 위해서는 일반적으로 미래에 경제적 효익의 희생이 수반된다.

03 다음 중 일반기업회계기준상 사채의 회계처리에 대한 내용으로 옳은 것은?(73회)

① 사채는 재무상태표상 자본조정으로 구분한다.
② 사채가 할증발행되고 유효이자율법이 적용되는 경우 사채의 장부금액은 매기 감소한다.
③ 사채가 할인발행되고 유효이자율법이 적용되는 경우 사채할인발행차금 상각액은 매기 감소한다.
④ 액면이자율보다 시장이자율이 클 경우 할증발행한다.

04 다음 중 사채에 대한 설명으로 틀린 것은?(76회)

① 사채할인발행차금은 재무상태표에 사채의 발행금액에서 차감하는 형식으로 표기한다.

② 유효이자율법 적용 시 할인발행차금 상각액은 매기 증가한다.

③ 사채발행비용은 사채발행시점의 발행가액에서 직접 차감한다.

④ 액면이자율보다 시장이자율이 더 작으면 할증발행된다.

05 다음의 사채를 2016년 1월 1일 발행하였다. 이자는 매년 말에 지급한다고 가정할 경우 사채와 관련한 다음 설명 중 잘못된 것은?(81회)

액면가액	액면이자율	시장이자율	만기	발행가액
1,000,000원	10%	4%	3년	1,166,505원

① 2016년 결산일 현재 사채장부가액은 사채액면가액보다 크다.

② 2016년 현금으로 지급된 이자는 100,000원이다.

③ 사채할증발행차금 상각액은 매년 감소한다.

④ 2018년 말 이자비용 인식 후 사채할증발행차금 잔액은 0원이다.

06 다음 중 부채에 대한 설명으로 옳지 않은 것은?(71회)

① 부채는 원칙적으로 1년을 기준으로 유동부채와 비유동부채로 분류한다.

② 일반기업회계기준에는 단기차입금, 매입채무 그리고 사채를 유동부채항목으로 분류하고 있다.

③ 충당부채는 과거사건이나 거래의 결과에 의한 현재의무로서 자원이 유출될 가능성이 매우 높아야 한다.

07 다음 중 충당부채로 인식할 수 있는 요건이 아닌 것은?(72회)

① 과거사건의 결과로 현재 법적 의무 또는 의제의무가 존재한다.

② 당해 의무를 이행하기 위하여 경제적 효익이 내재된 자원이 유출될 가능성이 높다.

③ 지출의 시기 및 금액을 확실히 추정할 수 있다.

④ 당해 의무의 이행에 소요되는 금액을 신뢰성 있게 추정할 수 있다.

8 자본

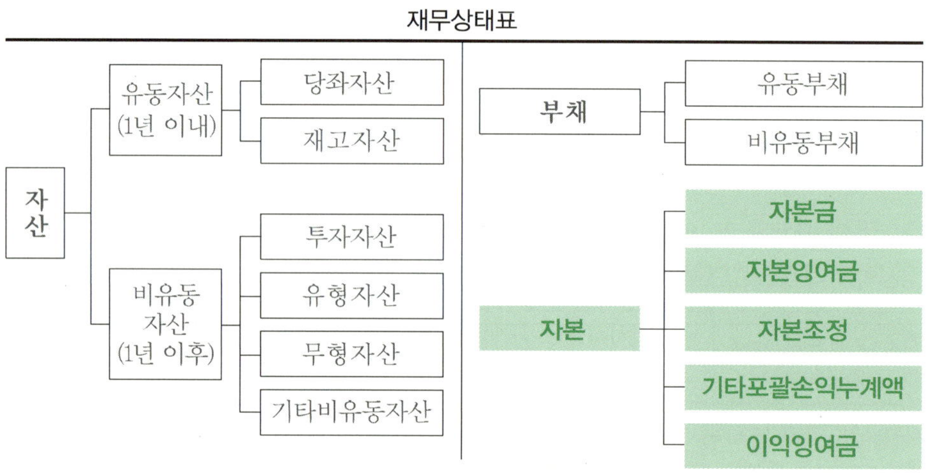

구분	항목	내용	비고
자본	자본금	우선주자본금	주식수 × 액면가액
		보통주자본금	
	자본잉여금	주식발행초과금	
		자기주식처분이익, 감자차익	
		기타자본잉여금	
	자본조정 ('–'항목) ※'+'항목도 있음	주식할인발행차금('–'항목)	
		자기주식('–'항목)	
		자기주식처분손실('–'항목)	
		감자차손('–'항목)	
		출자전환채무('+'항목)	
		주식매수선택권('+'항목)	
	기타포괄손익누계액	매도가능증권평가손실, 매도가능증권평가이익	
		해외사업환산손익	
		파생상품평가손익	
	이익잉여금	이익준비금	
		기타법정적립금	
		임의적립금	
		미처분전이익잉여금	

● **자본 추가내용**

① 결손금 보전순서 : **임-기-이-자**
(**임**의적립금, **기**타법정적립금, **이**익준비금, **자**본잉여금의 순서)

② 배당 시 회계처리

구분	현금배당	주식배당
배당결의 (배당선언)	미처분이익잉여금 / 미지급배당금 (자본↓) (부채↑)	미처분이익잉여금 / 미교부주식배당금 (자본↓) (자본조정↑)
배당지급	미지급배당금 / 현금 (부채↓) (자산↓)	미교부주식배당금 / 자본금 (자본조정↓) (자본↑)

③ 주식발행의 경우 발생하는 등록비, 법률 및 회계자문수수료는 **당기비용으로 계상하지 않고**, 주식발행초과금에서 차감 또는 주식할인발행차금에 가산

④ 주식할인발행차금은 주식발행연도 또는 증자연도로부터 3년 이내의 기간에 정액법(균등하게)으로 처리하고 이익잉여금의 처분으로 상각

⑤ 이익준비금은 매 결산기에 **현금배당액**~~(및 주식배당액)~~의 **10분의 1 이상**을 자본금의 2분의 1에 달할 때까지 적립한다.

※ 인출금관련이론은 문제를 통해서 정리할 것

| 전산회계 1급 |

01 자본에 대한 설명 중 잘못된 것은?(82회)(59회)

① 자본금은 우선주자본금과 보통주자본금으로 구분하며, 발행주식수×주당 발행가액으로 표시된다.

② 잉여금은 자본잉여금과 이익잉여금으로 구분표시한다.

③ 주식의 발행은 할증발행, 액면발행 및 할인발행이 있으며, 어떠한 발행을 하여도 자본금은 동일하다.

④ 자본은 자본금 · 자본잉여금 · 이익잉여금 · 자본조정 및 기타포괄손익누계액으로 구분표시한다.

02 자본의 분류에 대한 다음 설명 중 잘못된 것은?(73회)

① 자본금은 법정자본금으로 한다.

② 주식발행초과금, 자기주식처분이익, 주식할인발행차금은 모두 자본잉여금에 해당한다.

③ 자본조정은 당해 항목의 성격으로 보아 자본거래에 해당하나 최종납입된 자본으로 볼 수 없거나 자본의 가감 성격으로 자본금이나 자본잉여금으로 분류할 수 없는 항목이다.
④ 자본잉여금은 증자나 감자 등 주주와의 거래에서 발생하여 자본을 증가시키는 잉여금이다.

03 다음은 자본에 대한 설명이다. 옳지 않은 것은?(66회)

① 이익잉여금을 자본금에 전입하여 무상주를 발행하는 경우에 액면금액을 주식의 발행금액으로 한다.
② 기업이 취득한 자기주식은 취득원가를 자본조정으로 회계처리한다.
③ 자기주식의 처분금액이 장부금액보다 큰 경우 차액은 자기주식처분이익으로 하여 자본잉여금으로 회계처리한다.
④ 기업이 소각을 목적으로 자기주식을 취득하는 경우 주식의 취득원가가 액면금액보다 작다면 그 차액을 감자차익으로 하여 자본조정으로 회계처리한다.

04 다음 자본에 대한 분류 중 잘못된 것은?

① 자본금　　② 자본잉여금
③ 기타자본변동　　④ 자본조정

05 다음의 자본항목 중 그 성격이 다른 하나는?(58회)

① 자기주식　　② 주식할인발행차금
③ 자기주식처분손실　　④ 해외사업환산손실

06 다음 중 나머지 셋과 성격이 다른 하나는?(55회)

① 주식발행초과금　　② 감자차익
③ 이익준비금　　④ 자기주식처분이익

07 다음 재무상태표상의 자본항목 중 그 성질이 다른 것은 어느 것인가?(62회)

① 주식할인발행차금　　② 자기주식처분손실
③ 자기주식　　④ 매도가능증권평가손실

08 다음 중 손익계산서 작성에 영향을 주는 거래는?(66회)

① 자기주식처분이익　② 감자차익
③ 매도가능증권평가이익　④ 단기매매증권처분이익

09 다음 중 자본잉여금에 해당하는 것은?(65회)

① 자기주식처분손실　② 감자차익
③ 감자차손　④ 매도가능증권평가이익

10 다음 중 자본잉여금에 해당하지 않는 것은?(63회 특별)

① 주식발행초과금　② 감자차익
③ 매도가능증권처분이익　④ 자기주식처분이익

11 다음 중 자본잉여금으로 분류하는 항목을 모두 고른 것은?(76회)

> 가. 주식을 할증발행하는 경우에 발행금액이 액면금액을 초과하는 부분
> 나. 자기주식을 처분하는 경우 취득원가를 초과하여 처분할 때 발생하는 이익
> 다. 주식발행금액이 액면금액에 미달하는 경우 그 미달하는 금액
> 라. 상법규정에 따라 적립된 법정적립금

① 가, 나　② 가, 다
③ 다, 라　④ 가, 나, 다

12 다음 중 일반기업회계기준에서 자본잉여금으로 분류되는 계정과목은?(80회)

① 자기주식　② 감자차익
③ 단기매매증권평가이익　④ 매도가능증권평가이익

13 다음 중 자본조정항목이 아닌 것은?(75회)

① 자기주식　② 자기주식처분손실
③ 자기주식처분이익　④ 감자차손

14 다음 중 자본조정항목이 아닌 것은?(83회)

① 자기주식처분손실　② 감자차손
③ 주식발행초과금　④ 자기주식

15 다음 중 일반기업회계기준에서 자본조정으로 분류되는 계정과목은?(77회)

① 자기주식처분이익 ② 자기주식
③ 주식발행초과금 ④ 감자차익

16 다음 내용과 같은 기준으로 분류되는 계정과목은 무엇인가?(81회)

자본거래에서 발생하며, 자본금이나 자본잉여금으로 분류할 수 없는 항목으로 감자차손, 자기주식, 자기주식처분손실 등이 여기에 해당한다.

① 주식할인발행차금 ② 임의적립금
③ 주식발행초과금 ④ 이익준비금

17 다음 중 이익잉여금항목에 해당하지 않는 것은?(51회)

① 이익준비금 ② 임의적립금
③ 주식발행초과금 ④ 미처분이익잉여금

18 재무상태표상 계정의 분류가 옳지 않은 것은?(54회)

① 자기주식처분손실 : 영업외비용 ② 배당건설이자 : 자본조정
③ 자기주식 : 자본조정 ④ 매도가능증권처분손실 : 영업외비용

19 다음은 재무상태표항목의 구분과 통합표시에 대한 설명이다. 가장 틀린 것은?(52회)

① 중요한 항목은 재무상태표 본문에 별도항목으로 구분하여 표시한다.
② 현금 및 현금성자산은 별도항목으로 구분하여 표시한다.
③ 자본잉여금은 법정적립금, 임의적립금으로 구분하여 표시한다.
④ 자본금은 보통주자본금과 우선주자본금으로 구분하여 표시한다.

20 다음 중 주주총회에서 현금배당이 결의된 당일의 거래요소 결합관계로 옳은 것은?(66회)

① (차) 자본의 감소 (대) 자본의 증가
② (차) 부채의 감소 (대) 부채의 증가
③ (차) 자산의 증가 (대) 수익의 발생
④ (차) 자본의 감소 (대) 부채의 증가

21 다음 중 주주총회에서 현금배당이 결의된 이후 실제현금으로 현금배당이 지급된 시점의 거래요소 결합관계로 옳은 것은?(81회)

① (차) 자본의 감소 (대) 자본의 증가
② (차) 부채의 감소 (대) 자산의 감소
③ (차) 자산의 증가 (대) 수익의 발생
④ (차) 자본의 감소 (대) 자산의 감소

22 다음의 회계거래 중에서 자본총액에 변동이 없는 것은?(83회)

① 유상증자를 실시하다.
② 현금배당을 주주총회에서 결의하다.
③ 발행주식 중 일부를 유상으로 소각하다.
④ 결의했던 현금배당을 지급하다.

23 ㈜세원은 2014년 중에 보통주 10,000주(1주당 액면가액 1,000원)를 1주당 500원에 발행하였다. 2013년 기말재무상태표상 자본상황이 다음과 같을 경우, 2014년 기말재무상태표에 표시되는 자본상황으로 올바른 것은?(60회)

• 자본금 90,000,000원	• 주식발행초과금 10,000,000원

① 자본금 95,000,000원 ② 주식발행초과금 5,000,000원
③ 주식할인발행차금 5,000,000원 ④ 총자본 100,000,000원

24 ㈜풍기의 전기말자본금은 60,000,000원(주식수 12,000주, 액면가액 5,000원)이다. 기중에 주당 4,000원에 2,000주를 유상증자하였으며, 그 외의 자본거래는 없었다. ㈜풍기의 기말자본금은 얼마인가?(63회)(53회)

① 60,000,000원 ② 70,000,000원
③ 68,000,000원 ④ 48,000,000원

25 다음 자료에 의하여 자본총계를 계산하면 얼마인가?

• 현금 : 100,000원	• 단기대여금 : 150,000원	• 단기차입금 : 50,000원
• 비품 : 200,000원	• 감가상각누계액 : 50,000원	• 보통예금 : 60,000원
• 미지급금 : 80,000원	• 미수금 : 90,000원	• 지급어음 : 100,000원

① 270,000원 ② 300,000원
③ 320,000원 ④ 370,000원

26 다음 자료에 의하여 자본총계를 계산하면 얼마인가?(54회)

• 현금 : 500,000원	• 단기대여금 : 250,000원	• 이익준비금 : 20,000원
• 선수금 : 200,000원	• 감가상각누계액 : 50,000원	• 기계장치 : 250,000원
• 미지급금 : 60,000원	• 퇴직급여충당부채 : 90,000원	• 임대보증금 : 100,000원

① 400,000원
② 450,000원
③ 480,000원
④ 500,000원

| 전산세무 2급 |

01 다음 중 자본의 구성요소가 아닌 것은?(80회)

① 자본금
② 이익잉여금
③ 기타포괄손익누계액
④ 자본변동표

02 자본의 분류 중 자본조정에 해당하지 않는 것은?(75회)

① 자기주식
② 주식할인발행차금
③ 감자차손
④ 주식발행초과금

03 다음 중 자본에 대한 설명으로 잘못된 것은?(72회)

① 자본은 기업의 자산에서 모든 부채를 차감한 후의 잔여지분을 나타낸다.
② 자본금은 법정 납입자본금으로서 발행주식수에 액면가액을 곱한 금액을 말한다.
③ 주식을 이익으로 소각하는 경우에는 소각하는 주식의 취득원가에 해당하는 이익잉여금을 증가시킨다.
④ 자본잉여금은 주주와의 거래에서 발행되어 자본을 증감시키는 잉여금으로서 주식발행초과금이나 감자차익이 이에 해당한다.

04 다음 중 자본거래에 대한 설명으로 가장 옳지 않은 것은?(79회)

① 유상증자 시 발행되는 주식은 반드시 액면금액으로 발행할 필요는 없다.
② 무상증자의 경우 자본금의 증가를 가져온다.
③ 주식할인발행차금은 주식발행초과금의 범위 내에서 상계처리하고 잔액은 자본조정으로 회계처리한다.
④ 자기주식처분이익과 자기주식처분손실은 자본조정으로 회계처리한다.

05 배당에 관한 설명으로 옳지 않은 것은?(81회)

① 배당은 항상 이익잉여금에서 지급되어야 한다.
② 주식배당 후에는 발행주식수가 증가한다.
③ 현금배당 후에도 자본의 크기는 변동이 없다.
④ 상법상의 중간배당은 회계연도 중 1회에 한하여 정관으로 정하여 진행할 수 있다.

06 다음 중 자본의 실질적인 감소를 초래하는 것으로 가장 적합한 것은?(78회)

> 가. 결손금 보전을 위해 이익준비금을 자본금에 전입하다.
> 나. 현금배당을 실시하다.
> 다. 주식배당을 실시하다.
> 라. 10,000주를 무상증자하다.
> 마. 액면가액 5,000원인 자기주식을 4,000원에 취득 후 바로 소각하다.

① 가, 나
② 나, 마
③ 가, 라
④ 나, 다

9 수익과 비용

● **손익계산서 구조**

매출액	총매출액 − 매출에누리, 매출환입, 매출할인
− 매출원가	기초재고 + 매입(총매입액 + 매입운임 − 매입에누리, 매입환출, 매입할인) − 기말재고
매출총이익 − 판매비와관리비	감가상각비, 대손상각비
영업이익	
+ 영업외수익	이자수익, 유형자산처분이익, 단기매매증권(평가·처분)이익, 채무면제이익, 자산수증이익 등

– 영업외비용	이자비용, 기부금, 기타의 대손상각비, 유형자산처분손실, 단기매매증권(평가 · 처분)손실
법인세차감전순이익 – 법인세비용	
당기순이익	

● 수익의 인식기준(1급)

1) 재화판매의 수익인식기준

재화의 판매로 인한 수익은 **다음 조건이 모두 충족될 때** 인식한다.

① 재화의 소유에 따른 **유의적인 위험**과 보상이 구매자에게 **이전**된다.

② 판매자는 판매한 재화에 대하여 소유권이 있을 때 통상적으로 행사하는 정도의 관리나 효과적인 **통제를 할 수 없다**.

③ 수익금액을 **신뢰성 있게 측정**할 수 있다.

④ 경제적 **효익의 유입가능성**이 **매우 높다**.

⑤ 거래와 관련하여 발생했거나 발생할 **원가를 신뢰성 있게 측정**할 수 있다.

2) 용역제공의 수익인식기준

재화의 제공으로 인한 수익은 **다음 조건이 모두 충족될 때** 인식한다.

① 수익금액을 **신뢰성 있게 측정**할 수 있다.

② 경제적 **효익의 유입가능성**이 **매우 높다**.

③ **진행률을 신뢰성 있게 측정**할 수 있다.

④ **원가를 신뢰성 있게 측정**할 수 있다.

● 수익의 인식시점(1급)

일반매출	판매기준(=인도기준)
용역매출, 예약매출	진행기준
재화나 용역의 교환	동종 : 수익으로 보지 않음
	이종 : 판매기준
위탁매출	수탁자 판매일
시용매출	구매자의 매입의사표시일
할부매출	판매기준(=인도기준)
반품조건부 매출	구매자의 인수수락시점 또는 반품기간 종료일
상품권매출	상품권 회수시점

| 전산회계 1급 이론형 |

▶ 손익계산서 일반

01 손익계산서에 대한 설명 중 잘못된 것은?(73회)

① 제품, 상품 등의 매출액에 대응되는 원가로서 판매된 제품이나 상품 등에 대한 제조원가 또는 매입원가를 매출원가라 한다.
② 판매비와관리비는 제품, 상품, 용역 등의 판매활동과 기업의 관리활동에서 발생하는 비용으로서 매출원가에 속하지 아니하는 모든 영업비용을 포함한다.
③ 판매비와관리비는 당해 비용을 표시하는 적절한 항목으로 구분하여 표시하여야 하며 일괄표시할 수 없다.
④ 기업의 주된 영업활동이 아닌 활동으로부터 발생하는 수익과 차익은 영업외수익에 해당된다.

02 다음 내역이 손익계산서에 미치는 영향으로 옳지 않은 것은?(82회)

㉠ 영업사원 핸드폰요금 : 600,000원	㉡ 영업부 사무실 감가상각비 : 700,000원
㉢ 장애인단체 기부금 : 300,000원	

① 영업이익에 영향을 주지 않는 ㉢은 당기순이익에만 영향을 준다.
② 영업외비용은 ㉡과 ㉢의 합계액인 1,000,000원이다.
③ ㉠과 ㉡의 합계액인 1,300,000원은 판매비와관리비로 계상된다.
④ ㉠과 ㉡의 합계액은 영업이익과 당기순이익에 모두 영향을 준다.

03 다음은 상품을 판매한 이후에 발생한 내역이다. 매출액에 영향을 미치지 않는 경우는?(65회 특별)

① 상품을 현금판매 후 상품의 하자로 반품되었다.
② 상품을 외상판매 후 상품의 대금을 회수하지 못하여 외상매출금 회수를 포기하였다.
③ 상품을 현금판매 후 상품의 하자로 판매대금의 10%를 환불해 주었다.
④ 상품을 외상판매 후 외상매출금을 조기상환하여 판매대금의 10%를 할인해 주었다.

04 다음 중 수익과 비용의 직접적인 인과관계에 따라 비용을 인식하는 방법으로 가장 적절한 것은?(52회)

① 감가상각비　　② 무형자산상각비
③ 매출원가　　④ 사무직원 급여

05 다음 발생하는 비용 중 영업비용에 해당하지 않는 것은?(51회)

① 거래처 사장인 김수현에게 줄 선물을 구입하고 50,000원을 현금지급하다.
② 회사 상품 홍보에 50,000원을 현금지급하다.
③ 외상매출금에 대해 50,000원의 대손이 발생하다.
④ 회사에서 국제구호단체에 현금 50,000원을 기부하다.

06 다음 중 손익계산서상 판매비와관리비에 해당되지 않는 항목은?(79회)

① 퇴직급여 ② 감가상각비
③ 기타의 대손상각비 ④ 경상개발비

07 다음의 계정과목 중 분류가 다른 것은?(57회)

① 기타의 대손상각비 ② 이자비용
③ 소모품비 ④ 외환차손

08 다음 중 손익계산서상 영업이익에 영향을 주는 거래는 어느 것인가?(75회)

① 매출한 상품의 일부가 환입되었다.
② 단기매매증권평가손실을 인식하였다.
③ 보험차익을 계상하였다.
④ 기부금을 지출하였다.

09 상품매출에 의한 매출에누리와 매출환입에 대한 올바른 회계처리방법은?(70회)

① 매출에누리와 매출환입 모두 총매출액에서 차감한다.
② 매출에누리는 수익처리하고, 매출환입은 외상매출금에서 차감한다.
③ 매출에누리는 총매출액에서 차감하고 매출환입은 수익처리한다.
④ 매출에누리와 매출환입 모두 수익처리한다.

10 제조업을 운영하는 A회사가 장기대여금에 대한 대손충당금을 설정할 경우, 다음의 손익계산서항목 중 변동되는 것은?(70회)

① 매출원가 ② 매출총이익
③ 영업이익 ④ 법인세비용차감전순손익

▶ 수익의 인식기준, 인식시점

01 다음 중 재화의 판매로 인한 수익인식조건이 아닌 것은?(50회)

① 재화의 소유에 따른 유의적인 위험과 보상이 구매자에게 이전된다.
② 수익금액을 신뢰성 있게 측정할 수 있다.
③ 경제적 효익의 유입가능성이 매우 높다.
④ 판매자는 판매한 재화에 대하여 소유권이 있을 때 통상적으로 행사하는 정도의 관리나 효과적인 통제를 할 수 있다.

02 다음 중 일반기업회계기준에 의한 수익의 인식시점이 옳지 않은 것은?(58회)

① 위탁매출은 수탁자가 상품을 판매한 시점
② 상품권매출은 상품권이 고객으로부터 회수된 시점
③ 할부매출은 할부금이 회수된 시점
④ 시용매출은 매입자의 의사표시가 있는 시점

03 다음 중 기업회계기준에 의한 매출의 수익인식시기로 틀린 것은?(69회)

① 용역매출 및 예약매출 : 진행기준
② 상품 및 제품매출 : 판매기준(인도한 날)
③ 시용매출 : 매입자가 매입의사를 표시한 날
④ 위탁매출 : 수탁자가 위탁품을 넘겨받은 날

04 ㈜오정은 A사로부터 갑상품을 12월 10일에 주문받고, 주문받은 갑상품을 12월 24일에 인도하였다. 갑상품 대금 100원을 다음과 같이 받을 경우, 이 갑상품의 수익인식시점은 언제인가?(62회)

날짜	대금(합계 100원)
12월 31일	50원
다음 해 1월 2일	50원

① 12월 10일 ② 12월 24일
③ 12월 31일 ④ 다음 해 1월 2일

05 다음 중 재고자산을 기말장부금액에 포함할 것인지의 여부를 설명한 것으로 틀린 것은?(78회)

① 미착상품 : 선적지인도조건인 경우에는 상품이 선적된 시점에 소유권이 매입자에게 이전되기 때문에 미착상품은 매입자의 재고자산에 포함한다.

② 적송품 : 수탁자가 제3자에게 판매하기 전까지는 위탁자의 재고자산에 포함한다.

③ 반품률이 높은 재고자산 : 반품률을 합리적으로 추정할 수 없을 경우에는 구매자가 상품의 인수를 수락하거나 반품기간이 종료된 시점까지는 판매자의 재고자산에 포함한다.

④ 할부판매상품 : 대금이 모두 회수되지 않은 경우 상품의 판매시점에 판매자의 재고자산에 포함한다.

06 다음 중 기말재고자산에 포함될 항목을 모두 모은 것은?(67회)

가. 시용판매용으로 고객에게 제공한 재화에 대해 고객이 매입하겠다는 의사표시를 해옴
나. 위탁판매용으로 수탁자에게 제공한 재화 중 수탁자가 현재 보관 중인 재화
다. 장기할부조건으로 판매한 재화
라. 도착지 인도조건으로 운송 중인 판매재화

① 가, 나　　② 나, 다
③ 나, 라　　④ 다, 라

07 다음 항목 중 기말재고자산에 포함될 항목을 모두 더하면 얼마인가?(71회)

• 장기할부조건으로 판매한 재화 : 3,000원
• 시용판매용으로 고객에게 제공한 재화(구매자의 매입의사표시 없음) : 100,000원
• 위탁판매용으로 수탁자에게 제공한 재화 중 수탁자가 현재 보관 중인 재화 : 10,000원
• 목적지 인도조건으로 판매한 운송 중인 재화 : 20,000원

① 133,000원　　② 130,000원
③ 110,000원　　④ 30,000원

08 대형마트에서 상품권 500,000원을 소비자에게 현금으로 판매하면서 상품권 판매시점에서 상품매출로 회계처리하였을 경우 나타난 효과로 가장 올바른 것은?(56회)

① 자본 과소계상　　② 자산 과소계상
③ 수익 과소계상　　④ 부채 과소계상

| 전산회계 1급 계산형 |

01 2019년에 자동차보험료 24개월분(2019년 3월~2021년 2월) 480,000원을 현금으로 지급하고 미경과분을 선급비용처리한 경우, 2020년 비용으로 인식할 보험료금액은? (60회)

① 200,000원
② 220,000원
③ 240,000원
④ 260,000원

02 다음 손익항목 중 영업이익을 산출하는 데 반영되는 항목들의 합계액은?(76회)

• 상품매출원가 : 10,000,000원	• 기부금 : 400,000원
• 복리후생비 : 300,000원	• 매출채권처분손실 : 350,000원
• 접대비 : 500,000원	• 이자비용 : 150,000원

① 11,350,000원
② 11,200,000원
③ 10,800,000원
④ 10,300,000원

03 손익계산서항목 중 영업이익을 산출하는 데 포함되는 항목들의 합계액은?(67회)

• 제품매출원가 : 1,000,000원	• 수선비 : 50,000원
• 복리후생비 : 30,000원	• 여비교통비 : 35,000원
• 기부금 : 400,000원	• 이자비용 : 40,000원

① 1,000,000원
② 1,115,000원
③ 1,400,000원
④ 1,440,000원

04 다음의 자료로 영업이익을 계산하면 얼마인가?(68회)

• 매출액 : 15,000,000원	• 매출원가 : 10,000,000원
• 급여 : 3,000,000원	• 이자수익 : 500,000원
• 접대비 : 1,000,000원	• 기부금 : 300,000원
• 유형자산처분손실 : 150,000원	• 배당금수익 400,000원
• 기타의 대손상각비 : 160,000원	

① 540,000원
② 700,000원
③ 1,000,000원
④ 2,000,000원

05 다음 자료를 이용하여 영업이익을 계산하면 얼마인가?

> • 매출액 : 100,000,000원 • 광고비 : 6,000,000원
> • 매출원가 : 60,000,000원 • 기부금 : 1,000,000원
> • 본사 총무부 직원 인건비 : 4,000,000원 • 유형자산처분이익 : 2,000,000원

① 40,000,000원 ② 30,000,000원
③ 29,000,000원 ④ 26,000,000원

06 도매업을 영위하는 ㈜전자의 비용관련자료이다. 다음 중 영업외비용 합계액은 얼마인가?(74회)

> • 광고선전비 : 1,000,000원 • 감가상각비 : 1,000,000원
> • 재고자산감모손실(비정상적 발생) : 1,000,000원 • 기부금 : 1,000,000원

① 1,000,000원 ② 2,000,000원
③ 3,000,000원 ④ 4,000,000원

07 다음의 자료로 매출총이익, 영업이익과 당기순이익을 계산하면 얼마인가?(61회)

> • 매출액 : 1,000,000원 • 기부금 : 20,000원 • 급여 : 100,000원
> • 이자비용 : 50,000원 • 매출원가 : 600,000원 • 접대비 : 30,000원

	매출총이익	영업이익	당기순이익
①	1,000,000원	220,000원	200,000원
②	400,000원	220,000원	200,000원
③	400,000원	270,000원	200,000원
④	1,000,000원	270,000원	220,000원

08 다음 자료를 이용하여 법인세비용차감전순이익을 계산하면 얼마인가?(77회)

> • 매출액 : 300,000,000원 • 매출원가 : 210,000,000원 • 접대비 : 25,000,000원
> • 광고비 : 15,000,000원 • 기부금 : 10,000,000원 • 법인세비용 : 3,000,000원
> • 지급수수료(매도가능증권 구입 시 지출) : 1,200,000원
> • 단기매매증권처분이익 : 2,430,000원

① 38,230,000원 ② 41,230,000원
③ 42,430,000원 ④ 43,630,000원

| 전산세무 2급 |

01 다음 중 일반기업회계기준에 따른 재화의 판매로 인한 수익을 인식하기 위하여 충족되어야 하는 조건이 아닌 것은?(71회)

① 재화의 소유에 따른 유의적인 위험과 보상이 구매자에게 이전된다.
② 진행률을 신뢰성 있게 측정할 수 있다.
③ 경제적 효익의 유입가능성이 매우 높다.
④ 수익금액을 신뢰성 있게 측정할 수 있다.

02 다음 중 용역의 제공에 따른 수익을 인식하기 위한 조건에 대한 설명으로 틀린 것은?(73회)

① 경제적 효익의 유입가능성이 매우 높다.
② 거래 전체의 수익금액을 신뢰성 있게 측정할 수 있다.
③ 진행률을 신뢰성 있게 측정할 수 없는 경우에는 용역의 제공이 완료되는 시점에 수익을 전액 인식한다.
④ 이미 발생한 원가 및 거래의 완료를 위하여 투입하여야 할 원가를 신뢰성 있게 측정할 수 있다.

03 일반기업회계기준상 수익인식에 대한 설명으로 틀린 것은?(75회)

① 용역의 제공으로 인한 수익은 용역제공거래의 성과를 신뢰성 있게 추정할 수 있을 때 완성기준에 따라 인식한다.
② 이자수익은 원칙적으로 유효이자율을 적용하여 발생기준에 따라 인식한다.
③ 배당금수익은 배당금을 받을 권리와 금액이 확정되는 시점에 인식한다.
④ 매출에누리와 할인 및 환입은 수익에서 차감한다.

04 수익에 대한 다음 설명 중 잘못된 것은?(82회)

① 수익은 재화의 판매, 용역의 제공이나 자산의 사용에 대하여 받았거나 또는 받을 대가의 공정가치로 측정한다.
② 용역제공거래의 성과를 신뢰성 있게 추정할 수 없고 발생한 원가의 회수가능성이 낮은 경우 발생한 비용의 범위 내에서만 수익을 인식한다.
③ 이자수익은 원칙적으로 유효이자율을 적용하여 발생기준에 따라 인식한다.
④ 성격과 가치가 유사한 재화나 용역 간의 교환은 수익을 발생시키는 거래로 보지 않는다.

05 다음의 거래형태별 수익인식기준 중 잘못된 것은?(80회)

① 위탁판매 : 위탁자가 수탁자에게 물건을 인도하는 시점
② 시용판매 : 고객이 구매의사를 표시한 시점
③ 상품권판매 : 상품권을 회수하고 재화를 인도하는 시점
④ 일반적인 상품 및 제품판매 : 인도한 시점

06 다음 중 손익계산서에 반영될 영업이익에 영향을 미치지 않는 경우는?(77회)

① 무형자산으로 인식하고 있는 개발비에 대한 상각비의 인식
② 재산세 납부로 인한 세금과공과 계상
③ 종업원의 직무능력 향상을 위한 교육훈련비의 지급
④ 단기시세차익목적으로 보유한 단기매매증권의 평가손실

07 다음 중 손익계산서상 영업이익에 영향을 미치는 설명은 어떤 것인가?(80회)

① 유형자산의 처분으로 인한 처분손익
② 지정기부금의 지출
③ 사체상환이익
④ 매출채권에 대한 대손상각비

08 다음 자료를 기초로 하여 매출원가를 계산하면 얼마인가?(78회)

항목	금액	비고
기초재고액	100,000원	–
당기매입액	500,000원	도착지 인도조건의 미착상품 30,000원 포함
기말재고액	50,000원	창고보유분
시송품	30,000원	고객이 매입의사를 표시한 금액 10,000원
적송품	100,000원	60% 판매완료

① 430,000원
② 440,000원
③ 450,000원
④ 460,000원

09 다음 자료를 이용하여 영업외이익(= 영업외수익 – 영업외비용)을 구하시오(76회)

• 임원급여 : 3,000,000원 • 기부금 : 300,000원 • 감가상각비 : 500,000원
• 광고선전비 : 600,000원 • 외환차익 : 1,500,000원 • 이자수익 : 400,000원
• 받을어음의 대손상각비 : 700,000원 • 접대비 : 100,000원
• 유형자산처분손실 : 200,000원

① 800,000원 ② 1,000,000원
③ 1,400,000원 ④ 1,600,000원

10 수정분개를 하기 전의 당기순이익은 500,000원이었다. 당기순이익을 계산할 때 선급비용 10,000원을 당기의 비용으로 계상하였고, 미수수익 6,000원이 고려되지 않았다. 수정분개를 반영한 정확한 당기순이익은 얼마인가?(74회)

① 484,000원 ② 496,000원
③ 504,000원 ④ 516,000원

11 결산 시 다음 사항이 누락된 것을 발견하였다. 누락사항을 반영할 경우 당기순이익의 증감액은 얼마인가?(83회)

• 당기발생 미지급 자동차보험료 : 7,000원 • 외상매출금의 보통예금 수령 : 10,000원

① 7,000원 증가 ② 7,000원 감소
③ 3,000원 증가 ④ 3,000원 감소

▶ 재무제표에 미치는 영향

01 결산마감 시 당기분 감가상각누계액으로 1,000,000원을 계상하였다. 재무제표에 미치는 영향을 바르게 설명한 것은?(74회)

① 자본이 1,000,000원 증가한다. ② 부채가 1,000,000원 증가한다.
③ 당기순이익이 1,000,000원 감소한다. ④ 자산이 1,000,000원 증가한다.

02 사용 중인 유형자산에 대한 수익적 지출을 자본적 지출로 회계처리한 경우, 재무제표에 미치는 영향으로 올바른 것은?(62회)

① 자산의 과소계상 ② 당기순이익의 과대계상
③ 부채의 과소계상 ④ 비용의 과대계상

03 거래처로부터 받은 판매와 관련된 계약금을 매출액으로 잘못 처리하였다. 이 회계처리가 재무제표에 미치는 영향은?(61회)(54회)(51회)

① 자산이 과소계상, 부채가 과대계상 ② 자산이 과대계상, 수익이 과소계상
③ 부채가 과소계상, 자본이 과대계상 ④ 부채가 과대계상, 수익이 과대계상

04 ㈜세진테크는 원재료를 매입하기로 하고 지급한 계약금을 매출원가로 회계처리하였다. 이로 인하여 재무제표에 미치는 영향은 무엇인가?(67회 특별)

① 자본이 과대계상되고, 부채가 과소계상된다.
② 이익이 과소계상되고, 부채가 과소계상된다.
③ 수익이 과대계상되고, 자산이 과대계상된다.
④ 자산이 과소계상되고, 자본이 과소계상된다.

05 다음 중 결산 시 미수이자를 계상하지 않은 경우 당기 재무제표에 미치는 영향으로 올바른 것은?(71회)

가. 자산의 과소계상	나. 자산의 과대계상
다. 수익의 과소계상	라. 수익의 과대계상

① 가, 다 ② 가, 라
③ 나, 다 ④ 나, 라

06 결산 시 미지급임차료에 대한 회계처리를 하지 않았을 경우, 당기재무제표에 미치는 영향으로 틀린 것은?(65회)

① 순이익이 과소계상 ② 자본이 과대계상
③ 비용이 과소계상 ④ 부채가 과소계상

07 결산 시 미지급이자를 계상하지 않은 경우 당기재무제표에 미치는 영향으로 틀린 것은?(67회)(60회)

① 자본이 과소계상 ② 순이익이 과대계상
③ 비용이 과소계상 ④ 부채가 과소계상

08 다음 자료를 토대로 발생하는 재무정보에 대한 설명으로 옳지 않은 것은?(63회 특별)

선급보험료(당초 지급 시 선급비용처리함)의 기간 경과분을 인식하는 결산수정분개를 누락하였다.

① 자산이 과대계상된다.
② 자본이 과대계상된다.
③ 당기순이익이 과소계상된다.
④ 기말총부채에는 영향을 미치지 않는다.

09 결산 시 대손충당금을 과소설정하였다. 정상적으로 설정한 경우와 비교할 때, 어떠한 차이가 있는가?

① 당기순이익이 많아진다. ② 당기순이익이 적어진다.
③ 자본이 과소표시된다. ④ 자산이 과소표시된다.

10 연초에 취득하여 영업부서에 사용한 소형승용차(내용연수 5년, 잔존가치 '0')를 정률법으로 감가상각할 경우, 정액법과 비교하여 1차년도의 당기순이익 및 1차년도말 유형자산(차량운반구)의 순액에 미치는 영향으로 올바른 것은?(59회)

① 당기순이익은 과대계상되고, 유형자산은 과대계상된다.
② 당기순이익은 과대계상되고, 유형자산은 과소계상된다.
③ 당기순이익은 과소계상되고, 유형자산은 과대계상된다.
④ 당기순이익은 과소계상되고, 유형자산은 과소계상된다.

11 당기에 취득한 유형자산의 감가상각을 정률법이 아닌 정액법으로 회계처리한 경우 당기재무제표에 상대적으로 미치는 영향으로 올바른 것은?(75회)

① 자산의 과소계상 ② 당기순이익의 과대계상
③ 부채의 과소계상 ④ 비용의 과대계상

12 액면금액이 10,000원인 주식 1주를 주당 12,000원에 발행하였을 때, 재무제표에 미치는 영향은?(65회 특별)

① 자산총액이 10,000원 증가한다. ② 자본총액이 10,000원 증가한다.
③ 자본금이 10,000원 증가한다. ④ 당기순이익이 2,000원 증가한다.

13 다음 회계처리로 인하여 재무제표에 미치는 영향을 바르게 설명한 것은?(73회)

업무용 차량을 취득하기로 하고 지급한 금액 선급금 2,000,000원을 차량유지비로 회계처리하였다.

① 수익이 2,000,000원 과대계상된다.
② 비용이 2,000,000원 과대계상된다.
③ 자본이 2,000,000원 과대계상된다.
④ 자산이 2,000,000원 과대계상된다.

14 ㈜관우의 결산결과 손익계산서에 당기순이익이 100,000원으로 계상되어 있으나, 다음과 같은 사항들을 발견하고 수정하였다. 수정 후의 당기순이익으로 옳은 것은? (59회)

> • 손익계산서에 계상된 보험료 중 5,000원은 차기 비용이다.
> • 손익계산서에 계상된 이자수익 중 4,000원은 차기 수익이다.

① 99,000원　② 100,000원
③ 101,000원　④ 109,000원

15 보고기간 종료일에 ㈜희망의 결산 시 당기순이익이 100,000원이었다. 다음과 같은 오류가 포함되었을 경우, 수정 후 당기순이익은 얼마인가?(71회)

> • 감자차익 과소계상액 : 10,000원
> • 매도가능증권평가손실 과대계상액 : 20,000원
> • 이자비용 과대계상액 : 15,000원
> • 단기투자자산처분이익 과대계상액 : 25,000원

① 90,000원　② 100,000원
③ 120,000원　④ 130,000원

16 당사의 결산결과 아래의 내용을 확인하였다. 다음 항목들을 수정하면 당기순이익이 얼마나 변동하는가?(79회)

> • 손익계산서에 계상된 이자수익 중 28,000원은 차기의 수익이다.
> • 손익계산서에 계상된 임차료 중 500,000원은 차기의 비용이다
> • 손익계산서에 계상된 보험료 중 100,000원은 차기의 비용이다

① 572,000원 감소　② 428,000원 감소
③ 572,000원 증가　④ 428,000원 증가

| 전산세무 2급 |

01 다음의 회계처리가 재무제표에 미치는 영향은?(76회)

> 3월 2일 : 주주총회에서 주주에게 현금배당금을 지급하기로 결의하고 같은 날에 경리부서에서 현금으로 지급하였다.

	자산	부채	자본		자산	부채	자본
①	불변	증가	감소	②	감소	불변	감소
③	불변	증가	감소	④	감소	감소	불변

02 ㈜나라는 2018년 4월 1일 다음의 조건으로 10,000,000원을 차입하였으며, 차입일에는 이자비용에 대한 회계처리를 하지 않았다. 2018년 12월 31일 이자비용에 대한 결산분개를 누락한 경우 재무제표에 미치는 영향으로 올바른 것은?(79회)

- 만기일 : 2019년 3월 31일 • 연이자율 : 12%
- 원금 및 이자 : 만기일에 전액 상환

① 자산 300,000원 과소계상 ② 부채 900,000원 과소계상
③ 자본 300,000원 과대계상 ④ 비용 900,000원 과대계상

● **회계변경과 오류수정**(전산세무 2급)

1) 회계변경(회계기준범위 내)

정책의 변경(소급법)	추정의 변경(전진법)
① 재고자산평가방법의 변경(FIFO, LIFO) ② 유형자산수선방법의 변경(자본적 지출, 수익적 지출) ③ 유가증권 취득 · 평가방법의 변경 ④ 표시통화의 변경	① 대손추정률 변경 ② 유형자산의 내용연수, 잔존가치의 크기 ③ **감가상각방법의 변경** ④ 충당부채의 추정치 변경

※ 회계변경의 속성상 그 효과를 회계정책의 변경효과와 회계추정의 변경효과로 구분하기가 불가능한 경우 이를 **회계추정의 변경**으로 본다.(일반기업회계기준 5.16)

2) 오류수정(잘못된 회계기준 ⇨ 올바른 회계기준)

중대한 오류(소급법)	중대하지 않은 오류(당기일괄처리법)
① **소급법**(이익잉여금 : 전기오류수정손익) ② **비교재무제표 재작성**(주석공시)	① **당기일괄처리법**(영업외손익 : 전기오류수정손익) ② 비교 재무제표 재작성 불필요(주석공시)
ex) 전기미수수익의 **과다계상**, 전기기말재고자산의 **과다계상**, 전기상품매출의 **누락**	

| 전산세무 2급 |

01 다음 중 회계변경과 오류수정에 대한 내용으로 틀린 것은?(75회)

① 변경된 새로운 회계정책은 소급하여 적용한다.
② 회계추정 변경의 효과는 당해 회계연도 종료일부터 적용한다.
③ 전기 이전 기간에 발생한 중대한 오류의 수정은 자산, 부채 및 자본의 기초금액에 반영한다.
④ 비교재무제표를 작성하는 경우 중대한 오류의 영향을 받는 회계기간의 재무제표 항목은 재작성한다.

02 다음 중에서 회계정책의 변경과 회계추정의 변경에 대한 설명으로 가장 잘못된 것은?(51회)

① 회계추정의 변경은 전진적으로 처리하여 그 효과를 당기와 당기 이후의 기간에 반영한다.
② 회계정책의 변경과 회계추정의 변경이 동시에 이루어지는 경우에는 회계정책의 변경에 의한 누적효과를 먼저 계산하여 소급적용한 후, 회계추정의 변경효과를 전진적으로 적용한다.
③ 변경된 새로운 회계정책은 소급하여 적용하고 전기 또는 그 이전의 재무제표를 비교목적으로 공시하는 경우 소급적용에 따른 수정사항을 반영하여 재작성한다.
④ 회계변경의 속성상 그 효과를 회계정책의 변경효과와 회계추정의 변경효과로 구분하기가 불가능한 경우 이를 회계정책의 변경으로 본다.

03 다음 중 회계변경에 관한 설명으로 옳지 않은 것은?(71회)

① 일반기업회계기준에서 회계정책의 변경을 요구하는 경우 회계정책을 변경할 수 있다.
② 회계정책의 변경을 반영한 재무제표가 더 신뢰성 있고 목적적합한 정보를 제공하는 경우 회계정책을 변경할 수 있다.
③ 회계추정의 변경은 소급하여 적용하며, 전기 또는 그 이전의 재무제표를 비교목적으로 공시할 경우 소급적용에 따른 수정사항을 반영하여 재작성한다.
④ 회계변경의 속성상 그 효과를 회계정책의 변경효과와 회계추정의 변경효과로 구분하기 불가능한 경우 이를 회계추정의 변경으로 본다.

04 다음 회계변경에 대한 내용으로 옳지 않은 것은?(57회)

① 회계정책의 변경은 소급하여 적용하는 것이 원칙이다.
② 회계추정의 변경은 전진적으로 처리하는 것이 원칙이다.
③ 회계정책의 변경을 반영한 재무제표가 더 신뢰성과 목적적합한 정보를 제공한다면 회계정책을 변경할 수 있다.
④ 회계변경의 효과를 회계정책의 변경과 회계추정의 변경으로 구분이 불가능한 경우, 회계정책의 변경으로 본다.

05 회계변경과 관련한 다음 설명 중 잘못된 것은?(53회)

① 회계추정은 기업환경의 불확실성하에서의 미래의 재무적 결과를 사전적으로 예측하는 것이다.
② 유가증권 취득단가 산정방법의 변경은 회계추정 변경에 해당한다.
③ 회계정책 변경을 전진적으로 처리하는 경우에는 그 변경의 효과를 당해 회계연도 개시일부터 적용한다.
④ 회계정책의 변경과 회계추정의 변경이 동시에 이루어지는 경우에는 회계정책의 변경에 의한 누적효과를 먼저 계산한다.

06 다음 중 회계추정의 변경사항이 아닌 것은?(79회)

① 금융자산의 공정가치의 변경
② 재고자산 단가결정방법의 변경
③ 감가상각자산의 내용연수 및 잔존가치의 변경
④ 매출채권에 대한 대손설정비율의 변경

07 다음 회계처리 내용 중 오류수정으로 볼 수 없는 것은?(64회)

① 전기미수수익의 과다계상
② 이동평균법에서 총평균법으로 유가증권평가방법의 변경
③ 전기기말재고자산의 과다계상
④ 전기상품매출의 누락

08 다음 중 오류수정에 대한 설명으로 가장 옳지 않은 것은?(62회)

① 당기에 발견한 전기 또는 그 이전 기간의 중대하지 않은 오류는 당기손익계산서에 영업외손익 중 전기오류수정손익으로 반영한다.

② 전기 또는 그 이전 기간에 발생한 중대한 오류의 수정은 전기이월이익잉여금에 반영하고 관련계정잔액을 수정한다.

③ 비교재무제표를 작성하는 경우 중대한 오류의 영향을 받는 회계기간의 재무제표 항목은 재작성한다.

④ 충당부채로 인식했던 금액을 새로운 정보에 따라 보다 합리적으로 추정한 금액으로 수정한 것도 오류수정에 해당한다.

09 다음의 회계적 오류 중 발생한 다음 연도에 자동적으로 오류가 상쇄되지 않는 오류는? (77회)

① 감가상각비의 과대계상 오류
② 선수수익의 계상누락 오류
③ 미지급비용의 계상누락 오류
④ 기말재고자산의 과소계상 오류

CHAPTER 02

원가회계

● 원가회계의 특징

① 도·소매업(제조기업)에서 매출원가정보 등을 획득하기 위한 회계과정이다.
② 경영활동의 **계획과 통제**를 위해 필요한 회계과정이다.
③ 미래 의사결정을 위한 성과평가 시 유용한 정보를 제공한다.
④ 외부 이해관계자보다 **내부** 경영자를 위한 회계이다.

1 원가의 분류

● 원가의 분류(원가의 행태, 추적가능성, 제조활동 관련성, 의사결정 관련성)

구분			내용
원가의 행태(모양)	변동원가	변동비	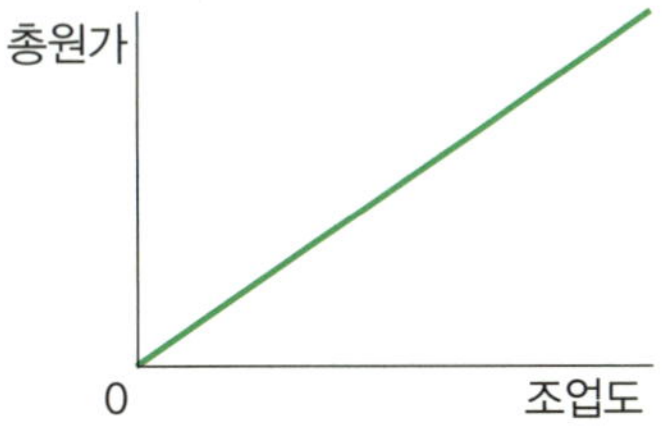 변동원가는 조업도에 따라 총원가가 비례적으로 증가
		준변동비(혼합원가)	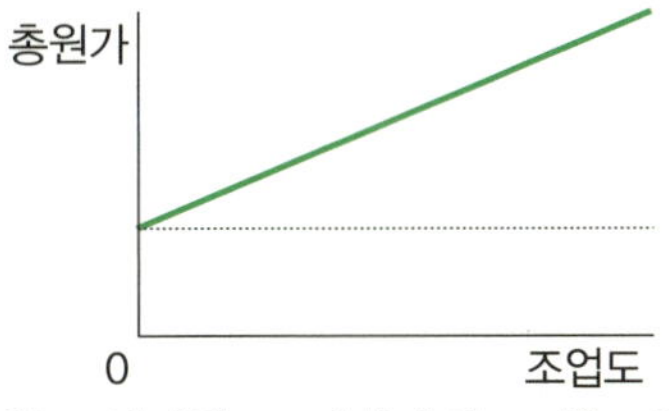 준변동원가는 일정한 고정원가와 조업도의 변동에 따라 총원가가 비례하는 변동원가로 구성된 원가

구분	분류	세분	내용	
	고정원가	고정비	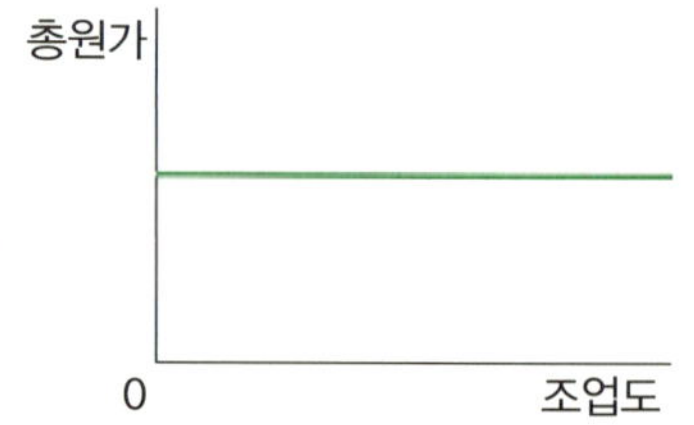 고정원가는 조업도와 무관하게 총원가는 일정	
		준고정비 (계단원가)	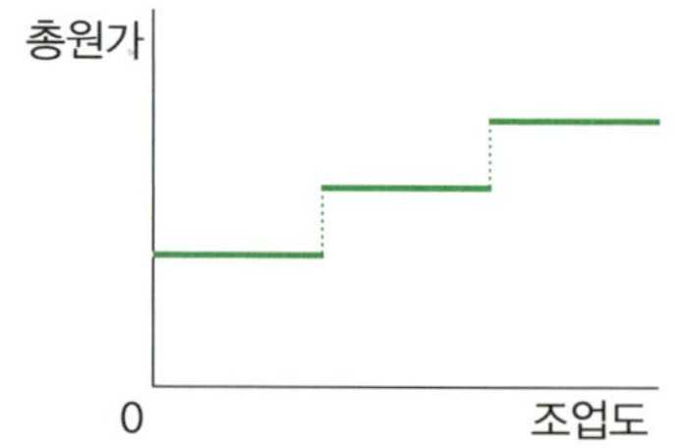 준고정원가는 조업도와 무관하게 총원가가 일정하게 유지되다가, 일정조업도 이후 총원가가 증가한 후에 다시 일정하게 유지된다.	
추적 가능성	직접원가	직접 추적가능한 원가		
	간접원가	직접 추적 불가능한 원가		
원가 요소	재료비	직접재료비, 간접재료비		
	노무비	직접노무비, 간접노무비		
	제조경비	직접제조경비, 간접제조경비		
제조 활동 관련성	제조원가 (500번대)	직접재료비	직접원가+재료비(원재료)	기초원가 (기본원가)
		직접노무비	직접원가+노무비	기초원가(기본원가) 가공원가(전환원가)
		제조간접비	변동제조간접비+고정제조간접비	가공원가 (전환원가)
	비제조원가 (기간비용, 800번대)	제조활동이 없는 비용 ⇨ 판관비, 영업외비용		
의사 결정 관련성	관련원가	특정의사결정에 고려할 필요가 있는 원가		
	매몰원가	특정의사결정에 고려할 필요가 없는 원가		

조업도↑(↓)	총	@(단위당)
변동비	↑(↓)	일정
고정비	일정	@고정비↓(↑) =총고정비/조업도↑(↓)

● **제조원가의 구성논리**

원가요소별 구분	추적가능성별 구분	제조원가
재료비	직접재료비	직접재료비(DM)
	간접재료비	
노무비	직접노무비	직접노무비(DL)
	간접노무비	
제조경비	직접제조경비	제조간접비(OH)
	간접제조경비	

| 전산회계 1급, 이론형 |

01 다음 중 원가관리회계에 대한 설명으로 가장 거리가 먼 것은?(67회)

① 도·소매업 등에서 매출원가 정보 등을 획득하기 위한 회계과정이다.
② 경영활동의 계획과 통제를 위해 필요한 회계과정이다.
③ 미래 의사결정을 위한 성과평가 시 유용한 정보를 제공한다.
④ 외부 이해관계자보다 내부 경영자를 위한 회계이다.

02 다음 중 원가회계의 특징으로 가장 틀린 것은?(64회)

① 손익계산서의 제품매출원가를 결정하기 위하여 제품생산에 소비된 원가를 집계
② 재무상태표에 표시되는 재공품과 제품 등의 재고자산의 가액을 결정
③ 기업의 경영계획 및 통제, 의사결정에 필요한 원가자료를 제공
④ 주로 외부 이해관계자에게 의사결정에 대한 유용한 정보제공

03 다음 중 원가회계의 일반적인 특성이 아닌 것은?(59회)

① 제품제조원가계산을 위한 원가자료의 제공
② 기업의 외부 정보이용자에게 정보제공
③ 기업의 경영통제를 위한 원가자료의 제공
④ 특수의사결정을 위한 원가정보의 제공

04 원가에 대한 다음의 설명 중 틀린 것은?(82회)

① 원가의 추적가능성에 따라 통제가능원가와 통제불능원가로 분류된다.
② 조업도(제품생산량)가 증가함에 따라 단위당 변동비는 일정하고 단위당 고정비는 감소한다.
③ 직접노무비, 제조간접비는 모두 가공원가에 해당한다.
④ 매몰원가는 이미 발생한 원가로 현재의 의사결정에 아무런 영향을 미치지 못하는 원가이다.

05 원가에 대한 다음의 설명 중 틀린 것은?(78회)

① 직접재료비, 직접노무비는 모두 직접원가에 해당한다.
② 직접비와 간접비는 추적가능성에 따른 분류이다.
③ 제품생산량이 증가함에 따라 단위당 고정비는 감소한다.
④ 매몰원가는 이미 지출된 원가로 현재의 의사결정에 반드시 고려되어야 한다.

06 다음은 원가에 대한 설명이다. 틀린 것은?(76회)

① 직접노무비와 제조간접비를 합하여 가공원가라 한다.
② 조업도와 관련성 여부에 따라 변동비와 고정비로 구분할 수 있다.
③ 의사결정과 관련성 여부에 따라 관련원가와 비관련원가로 구분할 수 있다.
④ 기회비용이란 특정행위의 선택으로 인해 포기해야 하는 것들의 가치 평균액을 말한다.

07 다음 원가에 관한 설명 중 틀린 것은?(80회)

① 제조원가는 직접재료원가, 직접노무원가, 제조간접원가를 말한다.
② 직접재료원가는 기초원재료재고액과 당기원재료매입액의 합계액에서 기말원재료재고액을 차감한 금액을 말한다.
③ 직접노무원가와 제조간접원가의 합계액을 기본원가라고 한다.
④ 제조활동 이외의 판매활동과 관리활동에서 발생하는 원가를 비제조원가라 한다.

08 다음 중 제조원가항목에 해당하는 것은?

① 관리부 경리사원 급여
② 공장 차량운반구의 감가상각비
③ 영업사원 복리후생비
④ 마케팅부서 접대비

09 다음 원가 중 제조과정에서 원가와의 추적가능성에 따라 분류한 것은?(63회)(53회)

① 재료비, 노무비, 경비 ② 직접비와 간접비
③ 변동비와 고정비 ④ 제품원가와 기간원가

10 원가에 대한 설명 중 가장 옳은 것은?(55회)

① 직접재료비는 기초원가와 가공원가 모두 해당된다.
② 매몰원가는 의사결정과정에 영향을 미치는 원가를 말한다.
③ 고정원가는 조업도와 상관없이 일정하게 증가하는 원가를 말한다.
④ 직접원가란 특정한 원가집적대상에 추적할 수 있는 원가를 말한다.

11 원가회계와 관련하여 다음 설명 중 가장 적절치 않은 것은 어느 것인가?(55회)

① 제품원가에 고정제조간접비를 포함하는지의 여부에 따라 전부원가계산과 종합원가계산으로 구분된다.
② 제품생산의 형태에 따라 개별원가계산과 종합원가계산으로 구분된다.
③ 원가는 제품과의 관련성(추적가능성)에 따라 직접비와 간접비로 구분된다.
④ 원가는 조업도의 증감에 따라 원가총액이 변동하는 변동비와 일정한 고정비로 분류할 수 있다.

12 원가에 대한 다음의 설명 중 옳지 않은 것은?(67회 특별)

① 직접재료비와 직접노무비를 기초원가라 한다.
② 혼합원가는 조업도의 변화에 따라 일정비율로 증가하는 변동비를 말한다.
③ 간접원가란 특정한 원가집적대상에 직접 추적할 수 없는 원가를 말한다.
④ 준고정원가는 관련조업도 내에서 일정하고 특정범위를 벗어나면 일정액만큼 증가하는 원가를 말한다.

13 원가개념에 대한 설명 중 틀린 것은?(59회)

① 간접원가란 특정한 원가대상에 직접 추적할 수 없는 원가이다.
② 회피가능원가는 특정대안을 선택하지 않음으로써 회피할 수 있는 원가이다.
③ 변동원가는 조업도가 증가할 때마다 원가총액이 비례하여 증가하는 원가이다.
④ 경영자가 미래의 의사결정을 위해서는 과거 지출된 원가의 크기를 고려하여야 함으로 매몰원가 역시 관련원가에 해당한다.

14 제조원가에 관한 설명 중 가장 틀린 것은?(52회)

① 간접비는 제조 및 생산과정에서 발생하는 원가이지만 특정제품 또는 특정부문에 직접 추적할 수 없는 원가를 의미한다.
② 고정비는 조업도의 변동과 상관없이 관련범위 내에서는 일정하다.
③ 조업도의 증감에 따라 총원가가 증감하는 원가를 변동비라 하고 직접재료비와 직접노무비가 여기에 속한다.
④ 원가배분방법 중 용역의 수수관계를 완전히 고려하는 원가배분방법은 단계배분법이다.

15 다음 중 원가계산에서 일반적인 제조원가요소 분류에 대한 설명으로 옳지 않은 것은?(66회)

① 제조원가요소는 재료비, 노무비 및 경비로 분류한다.
② 회사가 선택하고 있는 원가계산방법에 따라 직접재료비, 직접노무비, 제조간접비 등으로 분류할 수 있다.
③ 제조원가요소와 판매비와관리비요소의 구분이 명확하지 아니한 경우 판매비와관리비로 계상하여야 한다.
④ 재료비는 기초재료재고액에 당기재료매입액을 가산하고 기말재료재고액을 차감하여 계산한다.

16 다음 중 원가에 대한 설명으로 가장 틀린 것은?(69회)

① 원가란 재화나 용역을 얻기 위하여 희생된 경제적 자원이다.
② 매몰원가란 경영자가 통제할 수 없는 과거의 의사결정으로 발생한 원가이다.
③ 추적가능한 원가를 직접비라 한다.
④ 직접재료원가와 직접노무원가를 합쳐 가공원가라 한다.

17 다음 중 원가에 대한 설명으로 틀린 것은?(72회)

① 직접노무비는 기본원가에 포함되지만 가공비에 포함되지는 않는다.
② 직접비와 간접비는 추적가능성에 따른 분류이다.
③ 제조간접비란 간접재료비, 간접노무비 및 간접제조경비의 합이다.
④ 판매활동과 일반관리활동에서 발생하는 원가로서 제조활동과 직접적인 관련이 없는 원가를 비제조원가라 한다.

18 다음 중 원가개념의 설명으로 틀린 것은?(75회)

① 직접원가란 특정제품의 제조에만 소비되어 특정제품에 직접 추적하여 부과할 수 있는 원가이다.

② 관련원가란 의사결정에 영향을 미치는 원가로서 여러 대안 사이에 차이가 나는 과거의 원가이다.

③ 원가행태란 조업도수준이 변화함에 따라 총원가발생액이 일정한 형태로 변화할 때 그 변화하는 형태를 말한다.

④ 매몰원가는 과거의 의사결정의 결과로 이미 발생된 원가로서 현재의 의사결정에는 아무런 영향을 미치지 못하는 원가이다.

19 다음은 원가개념에 대한 설명이다. 물리치료사 수험서 구입비 25,000원은 어떤 원가를 의미하는가?(72회)

물리치료사 자격시험을 위해 관련수험서를 25,000원에 구입하여 공부하다가 진로를 세무회계 분야로 변경하면서 전산세무회계 자격증 수험서를 새로 구입하였다.

① 대체원가 ② 매몰원가
③ 통제불능원가 ④ 전환원가

20 다음 중 원가행태를 나타낸 표로 올바른 것은?(60회)

①
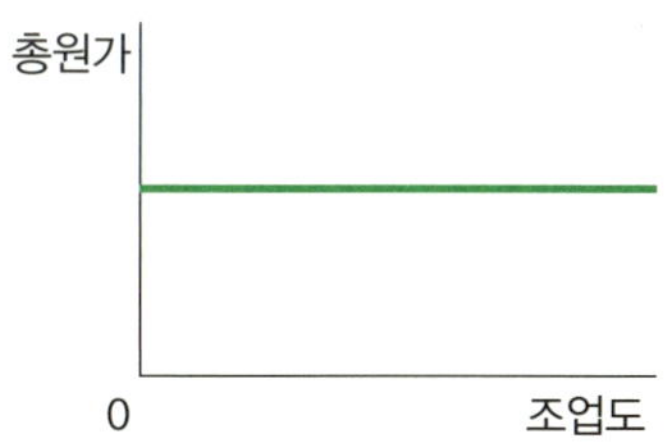

〈변동원가〉

②
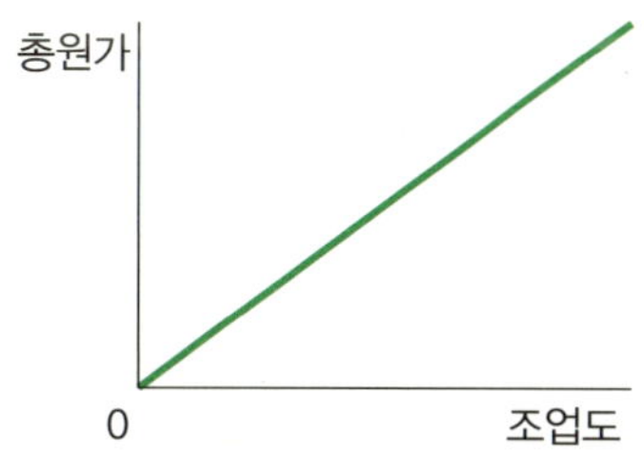

〈고정원가〉

③
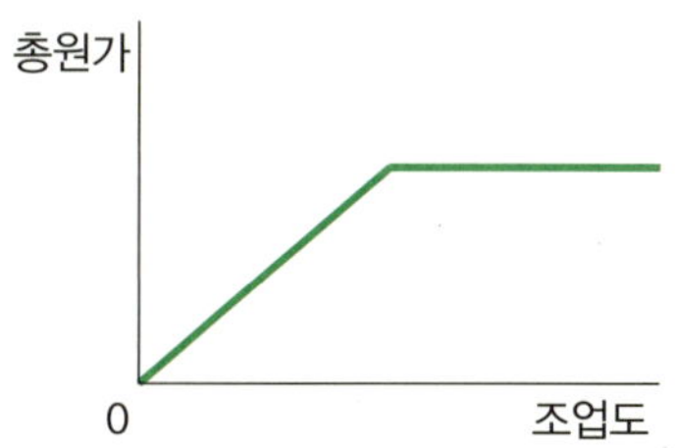

〈준변동원가〉

④
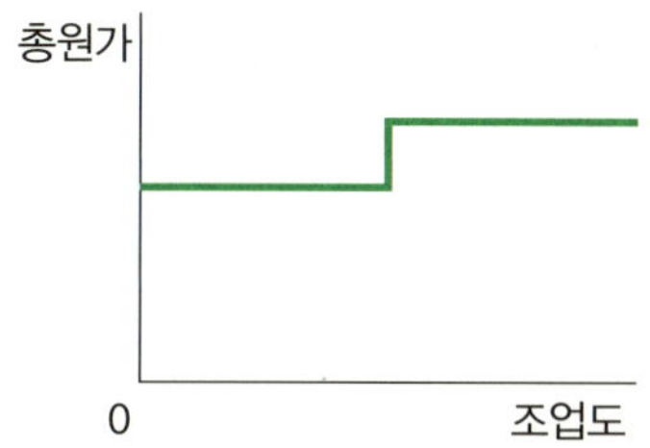

〈준고정원가〉

21 다음은 어떠한 원가행태를 나타내는 그림인가?(62회)

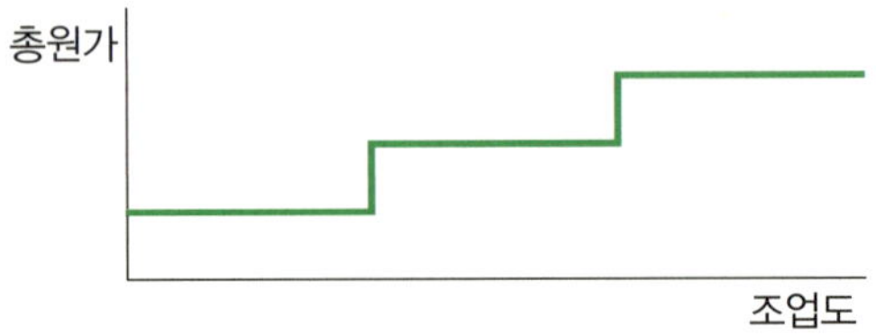

① 준고정원가 ② 준변동원가
③ 변동원가 ④ 고정원가

22 다음 그래프의 원가행태를 모두 만족하는 원가는 무엇인가?(63회 특별)

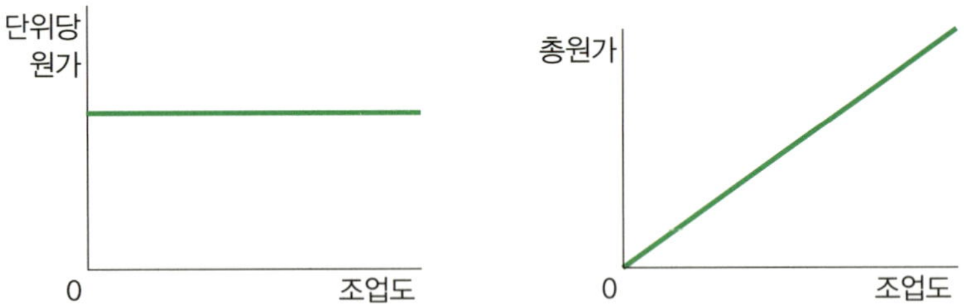

① 직접재료비 ② 관련범위 내의 제조간접비
③ 계단원가 ④ 공장건물 감가상각비

23 다음 변동비와 고정비에 대한 설명 중 옳은 것은?(79회)(56회)

① 관련범위 내에서 조업도가 증가하더라도 단위당 변동비는 일정하다.
② 관련범위 내에서 조업도가 증가하더라도 단위당 고정비는 일정하다.
③ 관련범위 내에서 조업도가 증가함에 따라 총변동비는 감소한다.
④ 관련범위 내에서 조업도가 증가함에 따라 총고정비는 증가한다.

24 다음에서 설명하고 있는 원가를 원가행태에 따라 분류하고자 할 때 가장 적절한 것은?(57회)

관련범위 내에서 조업도의 변동에 관계없이 총원가가 일정하고, 조업도가 증가함에 따라 단위당 원가는 감소한다.

① 변동원가 ② 고정원가 ③ 준변동원가 ④ 준고정원가

25 다음에서 설명하고 있는 원가행태는 무엇인가?(83회)

> 특정범위의 조업도수준(관련범위)에서는 일정한 금액이 발생하지만, 관련범위를 벗어나면 원가총액이 일정액만큼 증가 또는 감소하는 원가를 말한다.

① 준변동비(준변동원가) ② 변동비(변동원가)
③ 고정비(고정원가) ④ 준고정비(준고정원가)

26 일반적으로 조업도수준이 증가할수록 원가총액이 증가하고, 조업도수준이 감소할수록 원가총액이 감소하는 원가행태를 나타내는 것은?(65회)

① 영업사원에게 지급하는 영업수당
② 공장건물에 대한 감가상각비
③ 생산직관리자에 대한 상여금
④ 개별제품을 제조하기 위한 원재료 투입비용

27 일반적으로 조업도수준이 증가할수록 단위당 원가는 감소하고, 조업도수준이 감소할수록 단위당 원가가 증가하는 원가행태를 나타내는 것은?(65회 특별)

① 공장건물에 대한 감가상각비
② 제품제조에 투입된 원재료비
③ 생산직 근로자의 임금
④ 판매관리부서의 인건비

28 다음 자료의 원가행태를 모두 만족하는 것은 무엇인가?(70회)

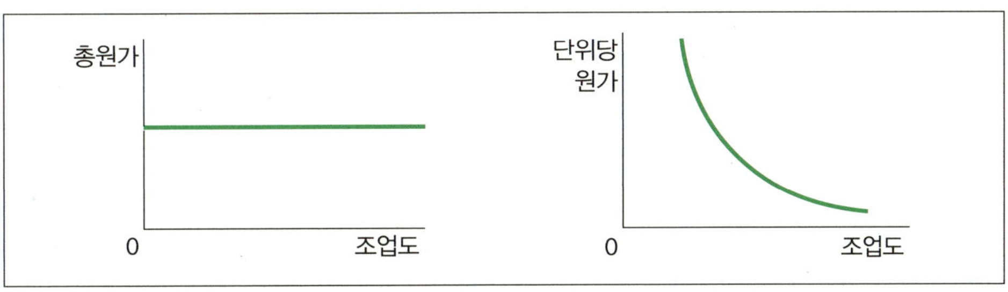

① 준변동원가
② 관련범위 내의 감가상각비
③ 계단원가
④ 직접재료비

29 공장에서 사용하던 화물차(취득원가 3,500,000원, 처분시점까지 감가상각누계액 2,500,000원)가 고장이 나서 매각하려고 한다. 동 화물차에 대해 500,000원 수선비를 투입하여 처분하면 1,200,000원을 받을 수 있지만, 수선하지 않고 처분하면 600,000원을 받을 수 있다. 이 경우에 매몰원가는 얼마인가?(56회)

① 400,000원 ② 500,000원 ③ 1,000,000원 ④ 1,200,000원

30 ㈜한세는 제품 A의 공손품 10개를 보유하고 있다. 이 공손품의 생산에는 단위당 직접재료비 1,000원, 단위당 변동가공원가 1,200원, 단위당 고정원가 800원이 투입되었다. 정상적인 제품 A의 판매가격은 5,000원이다. 공손품을 외부에 단위당 3,500원에 판매한다면 단위당 운반비 300원이 발생한다고 한다. 다음 중 매몰원가가 아닌 것은?(77회)

① 단위당 직접재료비 1,000원 ② 단위당 변동가공원가 1,200원
③ 단위당 고정원가 800원 ④ 단위당 운반비 300원

| 전산세무 2급 |

01 다음 중 원가의 추적가능성에 따른 분류로 가장 맞는 것은?(76회)

① 직접원가와 간접원가 ② 고정원가와 변동원가
③ 실제원가와 표준원가 ④ 제조원가와 비제조원가

02 다음 중 원가에 대한 설명으로 틀린 것은?(73회)

① 직접재료비와 직접노무비는 기초원가에 해당한다.
② 특정제품 또는 특정부문에 직접적으로 추적가능한 원가를 직접비라 하고 추적불가능한 원가를 간접비라 한다.
③ 변동비총액은 조업도에 비례하여 증가한다.
④ 가공비란 직접재료비와 직접노무비를 합계한 원가를 말한다.

03 다음 중 원가에 대한 설명으로 옳은 것은?(74회)

① 특정원가대상에 명확하게 추적이 가능한 원가를 직접원가라 한다.
② 기회비용은 특정의사결정에 고려할 필요가 없는 원가이다.
③ 총원가가 조업도의 변동에 비례하여 변하는 원가를 고정원가라 한다.
④ 가공원가에는 직접재료비와 직접노무비가 있다.

04 원가에 대한 설명 중 가장 옳지 않은 것은?(76회)

① 직접재료비는 조업도에 비례하여 총원가가 증가한다.
② 조업도가 무한히 증가할 때 단위당 고정비는 1에 가까워진다.
③ 관련범위 내 변동비는 조업도의 증감에도 불구하고 단위당 원가가 일정하다.
④ 제품원가는 조업도가 증가하면 고정비요소로 인하여 단위당 원가는 감소하나 단위당 변동비 이하로는 감소할 수 없다.

05 원가구성요소의 분류상 해당 항목에 포함되는 내용 중 틀린 것은?(75회)

	기본원가	가공비	제조원가
①	직접노무비	제조간접비	직접재료비
②	직접재료비	제조간접비	직접노무비
③	제조간접비	직접노무비	직접재료비
④	직접노무비	간접재료비	간접노무비

06 다음 중 제품의 제조원가를 구성하지 않는 것은?(78회)

① 공장직원의 식사대 ② 제품 홍보책자 인쇄비
③ 원재료 매입거래처에 대한 접대비 ④ 공장건물의 화재보험료

07 다음 중 제조간접비에 대한 설명으로 틀린 것은?(79회)

① 인과관계에 따라 제조간접비를 배부하는 것이 용이하지 않다.
② 제품에 배부되는 원가를 직접 추적할 수 없는 간접원가이다.
③ 제조간접비는 간접재료비, 직접노무비, 공장감가상각비 등을 예로 들 수 있다.
④ 제조간접비의 배분방법에는 실제배부법과 예정배부법이 있다.

08 다음 중 원가의 개념이 가장 잘못 연결된 것은?(79회)

① 기회원가 : 과거에 발생한 원가로서 의사결정에 고려되어서는 안 되는 원가
② 가공원가 : 직접노무비와 제조간접비를 합한 금액
③ 통제가능원가 : 특정부문의 경영자가 원가의 발생을 관리할 수 있으며, 부문경영자의 성과평가의 기준이 되는 원가
④ 변동원가 : 조업도의 변동에 관계없이 단위당 원가는 일정하고, 총원가는 조업도의 변동에 비례하여 변하는 원가

09 다음의 원가에 대한 설명 중 틀린 것은?(83회)

① 회피불능원가란 선택이나 의사결정을 할 때 발생을 회피할 수 없는 원가를 의미한다.
② 직접재료비와 제조간접비의 합을 가공원가라고도 한다.
③ 직접원가와 제조간접비의 합이 제조원가이다.
④ 기회비용이란 여러 대체안 중에서 어느 하나를 선택함으로 인해 상실하게 되는 최대의 경제적 효익을 말한다.

10 다음 중 원가행태에 따른 분류로 볼 수 없는 것은?(81회)

① 고정비
② 직접비
③ 변동비
④ 준고정원가

11 원가행태에 따른 다음의 설명에 해당되는 것은 무엇인가?(72회)

관련범위 내에서 인형 1,000개를 생산할 때와 2,000개 생산할 때의 총원가는 동일하다. 관련범위 내에서 조업도가 증가하는 경우, 단위당 원가는 감소한다.

① 준고정비
② 고정비
③ 변동비
④ 준변동비

12 다음은 변동비에 관한 설명 및 도표이다. 잘못된 것은?(82회)

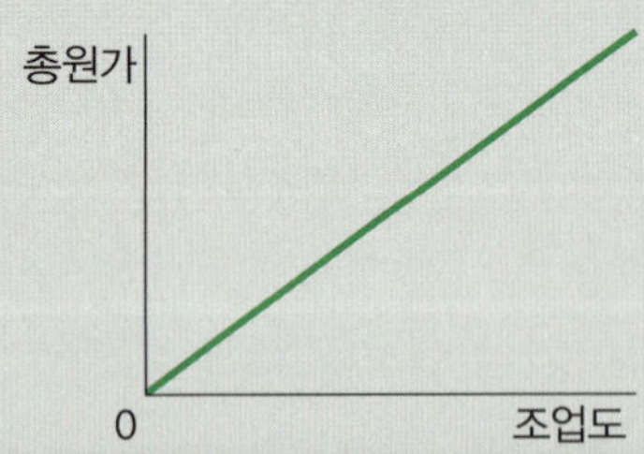

① 조업도의 변동에 비례하여 총원가가 변동하는 원가를 말한다.
② 단위당 원가는 조업도의 변동에 관계없이 일정하다.
③ 변동비의 총원가는 조업도에 따라서 다음과 같이 발생한다.
④ 단위당 원가는 조업도가 증가할수록 감소한다.

13 다음에서 설명하는 원가행태로 맞는 것은?(74회)

> 정부는 중 · 장기대책으로 이동통신 음성 · 데이터를 이용할 수 있는 '보편요금제'를 출시하도록 하는 방안을 추진키로 했다. 보편요금제는 월요금 2만원에 기본음성 200분, 데이터 1GB, 문자무제한 등을 이용할 수 있다. 음성 · 데이터 초과분에 대한 분당 요금은 이동통신사가 정하기로 했다.

① 변동비 ② 고정비
③ 준변동비 ④ 준고정비

14 관련범위 내에서 단위당 변동원가의 행태에 대한 설명으로 옳은 것은?(78회)

① 각 조업도수준에서 일정하다.
② 각 조업도수준에서 감소한다.
③ 조업도가 증가함에 따라 단위당 원가는 증가한다.
④ 조업도가 증가함에 따라 단위당 원가는 감소한다.

15 조업도가 '0(영)'일지라도 일정한 원가가 발생하고, 조업도가 증가할수록 비례적으로 원가가 발생하는 형태를 지닌 원가는?(79회)

① 준고정비 ② 고정비
③ 변동비 ④ 준변동비

16 다음 표에 보이는 원가형태와 관련한 설명으로 가장 옳지 않는 것은?(75회)

조업도(시간)	총원가(원)
100	3,000,000
200	3,000,000
300	3,000,000

① 조업도가 증가해도 단위당 원가부담액은 일정하다.
② 위와 같은 원가행태를 보인 예로 임차료가 있다.
③ 조업도수준에 상관없이 관련범위 내에서 원가총액은 일정하다.
④ 제품제조과정에서 가공비로 분류한다.

17 다음은 ㈜반도에서 사용하고 있는 기계장치에 관한 내용이다. 내년 예상 물량을 생산하기 위해 기계장치 1대를 추가로 구입하기로 하였다. 이와 관련된 원가행태를 나타내고 있는 것은?(77회)

• 현재 보유하고 있는 기계장치 수 : 2대	• 기계장치 1대당 최대생산량 : 10,000개
• 기계장치 1대당 원가 : 20,000,000원	• 내년 예상 생산량 : 24,000개

① 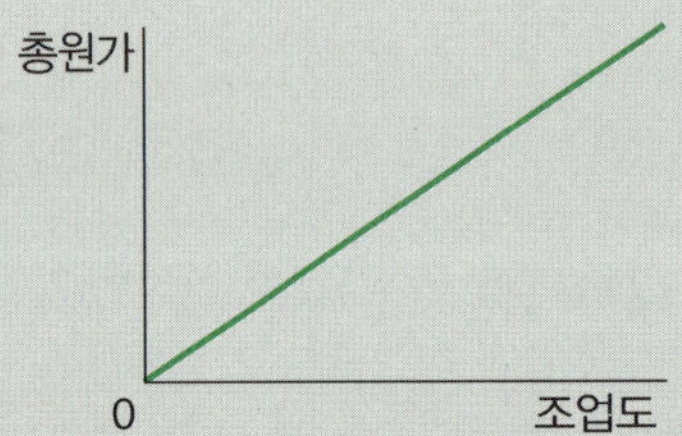

② 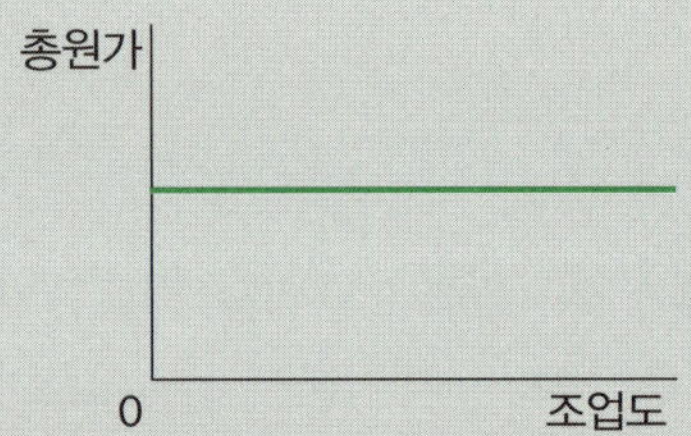

③ 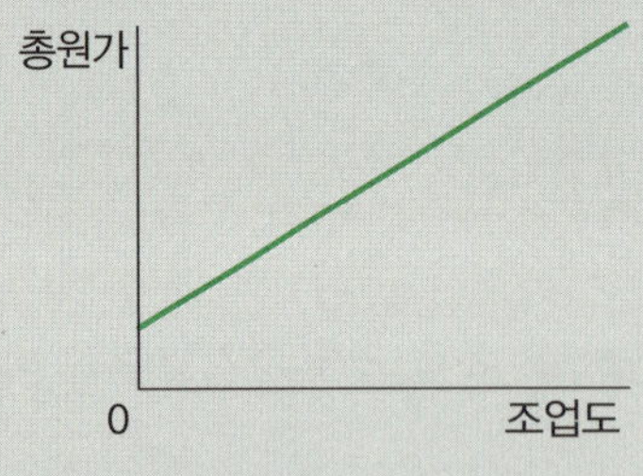

④ 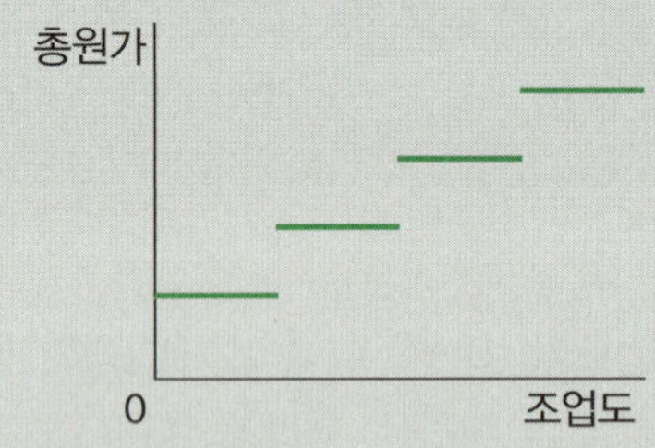

18 다음 중 고정원가 단위당 원가의 원가행태를 나타내는 것은?(세로축은 단위당 원가, 가로축은 조업도를 나타낸다)(80회)

① 

② 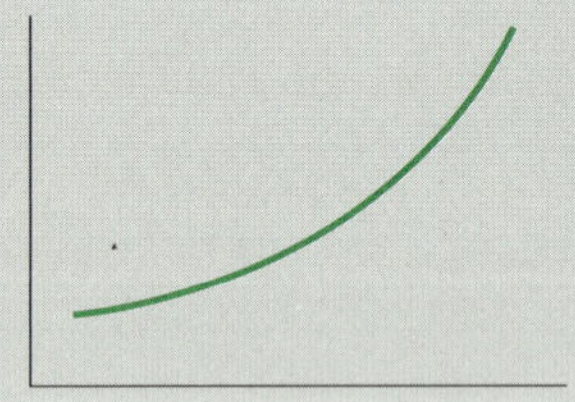

③ 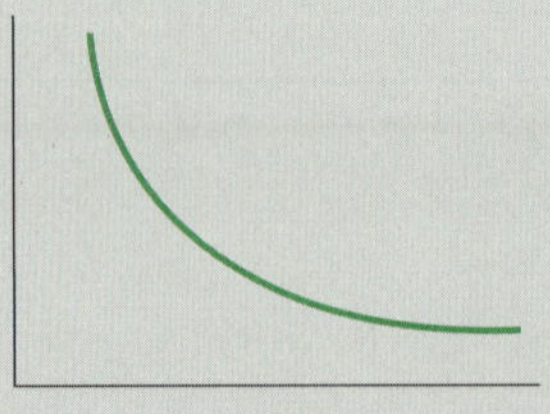

④ 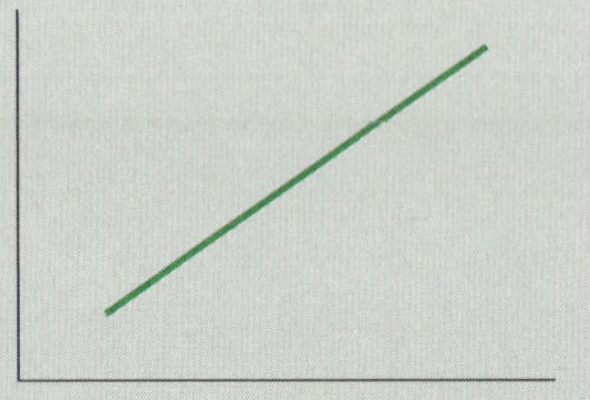

2 원가의 흐름(제조원가명세서)

● **원가의 흐름**(제조원가명세서)

① 공장전체 배부 ⇨ 부문별 원가계산(Cost Map 참조)

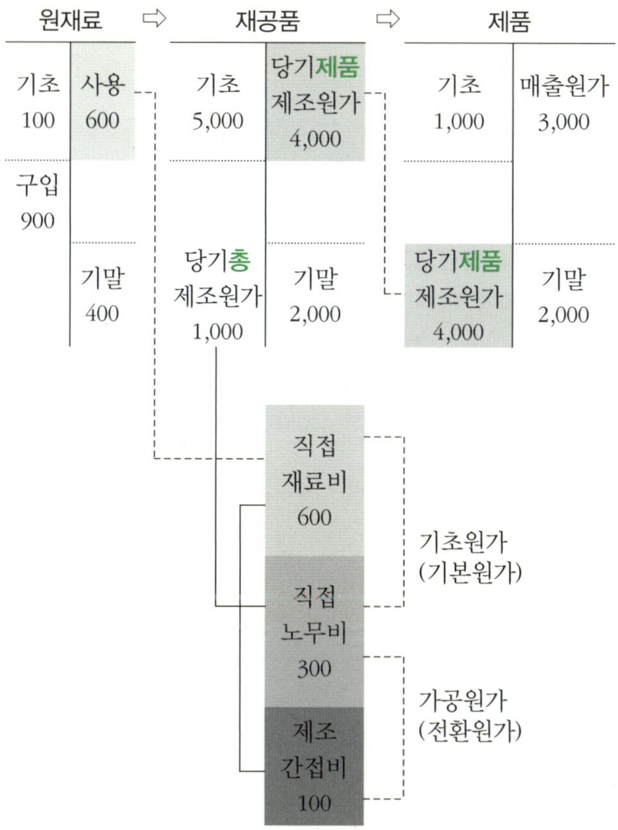

⇨

손익계산서	
(순)매출액	5,000
−매출원가	(3,000)
매출총이익	1,000
−판매비와관리비	(500)
영업이익	500
+영업외수익	200
−영업외비용	(100)
법인세차감전순이익	600
−법인세비용	(100)
당기순이익	500

② 공손품은 정상품에 비하여 품질이나 규격이 미달되는 불합격품을 말한다. 공손품은 원재료의 불량, 작업자의 부주의 등의 원인에 의해 발생한다.

㉠ 정상공손 : 제품을 생산하는 데 불가피하게 발생한 것으로 (제품제조원가)에 포함한다.

㉡ 비정상공손 : 비효율적 생산관리로 인하여 발생한 것으로 (영업외비용)으로 처리한다.

| 전산회계 1급, 이론형 |

원가의 흐름

01 다음 중 원가집계계정의 흐름으로 가장 옳은 것은?(67회)(62회)

① 매출원가 → 재공품 → 재료비 → 제품
② 재료비 → 매출원가 → 재공품 → 제품
③ 매출원가 → 재료비 → 재공품 → 제품
④ 재료비 → 재공품 → 제품 → 매출원가

02 다음 중 원가집계계정의 흐름으로 가장 맞는 것은?(52회)

① 당기총제조비용은 제품계정 차변으로 대체
② 당기제품제조원가는 재공품계정 차변으로 대체
③ 당기매출원가는 상품매출원가계정 차변으로 대체
④ 당기재료비소비액은 재료비계정 차변으로 대체

03 다음 중 재공품계정의 대변에 기입되는 사항은?(54회)

① 제조간접비 배부액
② 직접재료비 소비액
③ 당기제품제조원가
④ 재공품 전기이월액

04 개별원가계산에서 재공품계정의 대변에서 제품계정의 차변으로 대체되는 금액은 무엇을 의미하는가?(67회)

① 당기에 지급된 모든 작업의 원가
② 당기에 발생된 모든 작업의 원가
③ 당기에 투입된 모든 작업의 원가
④ 당기에 완성된 모든 작업의 원가

05 다음 중 제조간접비에 대한 설명으로 옳은 것은?(64회)

① 기초원가에 해당된다.
② 고정원가만 있고 변동원가는 없다.
③ 직접노무비와의 합계액을 가공원가라고 한다.
④ 간접재료비와 간접노무비에서는 포함되지 아니한다.

06 다음은 재공품계정에 대한 설명이다. 괄호 안에 들어갈 내용으로 맞는 것은?(63회)

> 기말재공품재고액이 기초재공품재고액보다 크다면 당기총제조비용이 당기제품제조원가보다 (   ).

① 크다 ② 작다
③ 같다 ④ 알 수 없다

07 당기총제조원가가 당기제품제조원가보다 더 큰 경우 다음 중 맞는 설명은?(61회)

① 당기제품제조원가가 제품매출원가보다 반드시 더 크다.
② 기초제품재고액이 기말제품재고액보다 더 작다.
③ 기초재공품액이 기말재공품액보다 더 크다.
④ 기초재공품액이 기말재공품액보다 더 작다.

08 다음은 재무제표와 관련된 산식이다. 틀린 것은?(57회)

① 매출원가=(기초제품재고액+당기제품제조원가)－기말제품재고액
② 당기제품제조원가=기초재공품재고액+당기총제조비용－기말재공품재고액
③ 당기총제조원가=직접재료비+직접노무비+가공원가
④ 원재료소비액=기초원재료재고액+당기원재료매입액－기말원재료재고액

09 다음은 제조기업의 원가계산과 관련된 산식이다. 틀린 것은?(74회)

① 당기총제조원가=직접재료비(+)직접노무비(－)제조간접비
② 직접재료비=기초원재료재고액(+)당기원재료매입액(－)기말원재료재고액
③ 당기제품제조원가=기초재공품재고액(+)당기총제조원가(－)기말재공품재고액
④ 매출원가=기초제품재고액(+)당기제품제조원가(－)기말제품재고액

10 다음 중 기본원가(prime costs)를 구성하는 것으로 맞는 것은?(51회)

① 직접재료비+직접노무비
② 직접노무비+제조간접비
③ 직접재료비+직접노무비+제조간접비
④ 직접재료비+직접노무비+변동제조간접비

11 다음은 공손에 대한 설명이다. (   ) 안에 들어갈 말은?(70회)

• 정상공손 : 제품을 생산하는 데 불가피하게 발생한 것으로 (가)에 포함한다. • 비정상공손 : 비효율적 생산관리로 인하여 발생한 것으로 (나)로 처리한다.

① (가) 영업외비용 (나) 판매관리비　② (가) 제품제조원가 (나) 영업외비용
③ (가) 영업외비용 (나) 제품제조원가　④ (가) 판매관리비 (나) 영업외비용

12 다음은 공손에 대한 설명이다. 틀린 것은?(76회)

① 정상공손이란 효율적인 생산과정에서도 발생하는 공손을 말한다.
② 정상 및 비정상공손품의 원가는 발생기간의 손실로 영업외비용으로 처리한다.
③ 공손품은 정상품에 비하여 품질이나 규격이 미달되는 불합격품을 말한다.
④ 공손품은 원재료의 불량, 작업자의 부주의 등의 원인에 의해 발생한다.

13 당기 재료소비액이 일부 누락된 경우 당기에 미치는 영향으로 틀린 것은?(단, 재공품과 제품계정의 기말재고금액에는 영향을 미치지 않는다)(70회)

① 당기총제조원가 감소　② 당기제품제조원가 감소
③ 당기순이익 감소　④ 제품매출원가 감소

14 원재료의 사용액을 과소하게 계상한 경우 제조원가와 재무제표에 미치는 영향으로 틀린 것은?(단, 기말재공품과 기말제품은 존재하지 않는다고 가정한다)(73회)

① 당기총제조원가 과소계상　② 당기제품제조원가 과소계상
③ 제품매출원가 과소계상　④ 당기순이익 과소계상

제조원가명세서

01 다음 중 제조원가명세서에 포함되지 않는 항목은 무엇인가?(74회)

① 당기총제조원가　② 당기제조경비
③ 당기제품제조원가　④ 매출원가

02 다음 중 제조원가명세서에 포함되지 않는 것은?(77회)

① 직접재료비, 직접노무비, 제조간접비　② 당기총제조원가
③ 제품매출원가　④ 당기제품제조원가

03 제조원가명세서에 대한 다음 설명 중 가장 옳지 않은 것은?(56회)

① 제조원가명세서만 보면 매출원가를 계산할 수 있다.
② 상품매매기업에서는 작성하지 않아도 된다.
③ 제조원가명세서에서 당기총제조비용을 알 수 있다.
④ 재공품계정의 변동사항이 나타난다.

04 다음 중 제조원가명세서에 대한 설명 중 틀린 것은?(51회)

① 제조원가명세서를 통해 당기원재료매입액을 파악할 수 있다.
② 제조원가명세서를 통해 당기총제조비용을 파악할 수 있다.
③ 제조원가명세서를 통해 당기매출원가를 파악할 수 있다.
④ 제조원가명세서를 통해 기말재공품원가를 파악할 수 있다.

05 제조원가명세서와 관련된 설명이다. 틀린 것은?(58회)

① 재료소비액의 산출과정이 표시된다.
② 당기총제조원가와 당기제품제조원가 모두 표시된다.
③ 기초재료재고액과 기말재료재고액이 표시된다.
④ 기초재공품재고액과 기초제품재고액이 표시된다.

06 다음 중 제조원가계산을 위한 재공품계정에 표시될 수 없는 것은?(79회)

① 당기총제조원가 ② 기말제품
③ 당기제품제조원가 ④ 기말재공품

07 다음 중 원가항목과 그 원가항목의 금액을 확인할 수 있는 재무제표 간의 짝이 적절치 않은 것은?(단, 재무제표는 2개년 비교형식으로 제공되는 것으로 가정한다)(61회)

① 기말제품 : 재무상태표, 손익계산서
② 기초재공품 : 재무상태표
③ 기말재공품 : 재무상태표
④ 원재료비 : 재무상태표

08 다음 중 제조원가명세서를 작성하기 위하여 필요하지 않은 것은?(81회)

① 당기직접노무원가발생액 ② 당기기말제품재고액
③ 당기직접재료구입액 ④ 당기직접재료사용액

09 다음 중 제조원가계산을 위한 재공품계정에 표시될 수 없는 것은?(82회)

① 당기총제조원가　　② 기초재공품재고액
③ 당기제품제조원가　　④ 기말원재료재고액

| 전산회계 1급, 계산형 |

기초재공품

01 다음 자료는 12월 31일 종료되는 회계연도의 제조원가와 관련된 자료이다. 기초재공품은 얼마인가?(67회 특별)

• 직접재료비 : 5,000,000원	• 직접노무비 : 4,000,000원
• 제조간접비 : 3,000,000원	• 기말재공품 : 1,500,000원
• 당기제품제조원가 : 13,000,000원	• 기초제품 : 2,500,000원

① 2,500,000원　　② 2,700,000원
③ 2,900,000원　　④ 3,000,000원

02 다음은 ㈜화산의 원가계산에 관한 자료이다. 주어진 자료만으로 기초재공품원가를 계산하면 얼마인가?(63회 특별)

• 기본원가 : 1,200,000원	• 제조간접비 : 200,000원
• 당기제품제조원가 : 1,300,000원	• 기말재공품재고액 : 250,000원

① 100,000원　　② 150,000원
③ 300,000원　　④ 350,000원

당기총제조원가 : DM, DL, OH

01 기말재공품은 기초재공품에 비하여 800,000원 증가하였다. 또한 공정에 투입한 직접재료비, 직접노무비와 제조간접비의 비율이 1 : 2 : 3이었다. 당기제품제조원가가 1,000,000원이라면, 직접재료비는 얼마인가?(65회)

① 300,000원　　② 600,000원
③ 900,000원　　④ 1,800,000원

02 원가자료가 다음과 같을 때 당기의 직접재료비를 계산하면 얼마인가?

- 당기총제조원가는 5,204,000원이다.
- 제조간접비는 직접노무비의 75%이다.
- 제조간접비는 당기총제조원가의 24%이다.

① 2,009,600원 ② 2,289,760원
③ 2,825,360원 ④ 3,955,040원

03 다음 자료에 의할 때 제조지시서#2의 직접재료비는 얼마인가?(단, 제조간접비는 직접재료비를 기준으로 배분한다)(76회)

분류	제조지시서#2	총원가
직접재료비	( )원	1,500,000원
직접노무비	1,500,000원	2,200,000원
제조간접비	1,000,000원	3,000,000원

① 500,000원 ② 1,000,000원
③ 1,250,000원 ④ 1,500,000원

04 재공품계정을 구성하는 자료가 다음과 같을 경우 당기의 직접노무비는 얼마인가?(66회)

- 직접재료비 : 10,000원
- 직접노무비 : 가공비의 20%
- 제조간접비 : 50,000원

① 10,000원 ② 12,500원 ③ 15,000원 ④ 30,000원

05 다음 자료를 보고 노무비의 당월발생액을 계산하면 얼마인가?(81회)

- 노무비 전월선급액 : 100,000원
- 노무비 당월지급액(현금) : 400,000원

① 220,000원 ② 300,000원 ③ 400,000원 ④ 500,000원

06 직접노무비의 70%를 제조간접비로 배부하는 경우, 만일 특정작업에 배부된 제조간접비가 35,000원이라면 그 작업에 소요된 직접노무비는 얼마인가?(82회)

① 40,000원 ② 45,000원 ③ 50,000원 ④ 55,000원

07 다음 자료를 참고하여 ㈜세무의 6월 중 직접노무비를 계산하면 맞는 것은?(52회)

- 6월 중 45,000원의 직접재료를 구입하였다.
- 6월 중 제조간접비는 27,000원이었다.
- 6월 중 총제조원가는 109,000원이었다.
- 직접재료의 6월초 재고가 8,000원이었고, 6월말 재고가 6,000원이다.

① 35,000원 ② 36,000원 ③ 45,000원 ④ 62,000원

08 다음 자료에 의할 때 제조지시서#1의 제조간접비는 얼마인가?(단, 제조간접비는 직접재료비를 기준으로 배분한다)(65회 특별)

분류	제조지시서#1	총원가
직접재료비	50,000원	140,000원
직접노무비	30,000원	70,000원
제조간접비	( )	280,000원

① 15,000원 ② 50,000원 ③ 70,000원 ④ 100,000원

09 ㈜세무는 직접원가를 기준으로 제조간접비를 배부한다. 다음 자료에 의해 작업지시서 No.1의 제조간접비 배부액은 얼마인가?(54회)

분류	공장전체 발생원가	작업지시서 No.1
직접재료비	1,000,000원	300,000원
직접노무비	1,500,000원	400,000원
기계시간	150시간	15시간
제조간접비	7,500,000원	( )

① 700,000원 ② 2,100,000원
③ 3,000,000원 ④ 3,651,310원

10 다음 원가계산자료 중 당기에 소요된 제조간접비금액은 얼마인가?(78회)

- 직접재료비 : 3,000,000원 • 직접노무비 : 2,000,000원 • 기초재공품 : 2,000,000원
- 기말재공품 : 2,000,000원 • 당기제품제조원가 : 10,000,000원

① 5,000,000원 ② 10,000,000원
③ 15,000,000원 ④ 20,000,000원

11 다음 자료에서 기초원가와 가공비(가공원가) 양쪽 모두에 해당하는 금액은 얼마인가?(60회)

• 직접재료비 : 300,000원	• 직접노무비 : 400,000원
• 변동제조간접비 : 200,000원	• 고정제조간접비 : 150,000원

① 350,000원 ② 400,000원 ③ 450,000원 ④ 500,000원

12 다음 자료에서 기본원가(혹은 기초원가)와 가공비의 합은 얼마인가?(52회)

• 직접재료비 : 150,000원	• 직접노무비 : 320,000원	• 간접재료비 : 50,000원
• 간접노무비 : 80,000원	• 간접경비 : 30,000원	• 광고선전비 : 300,000원

① 630,000원 ② 760,000원 ③ 930,000원 ④ 950,000원

13 기말재공품은 기초재공품에 비해 500,000원 증가하였으며, 제조과정에서 직접재료비가 차지하는 비율은 60%이다. 당기제품제조원가가 1,500,000원이라면, 당기총제조원가에 투입한 가공원가는 얼마인가?(56회)

① 200,000원 ② 400,000원 ③ 600,000원 ④ 800,000원

14 다음의 자료를 근거로 가공비금액을 계산하면 얼마인가?(64회)

• 직접재료비 : 250,000원	• 직접노무비 : 500,000원
• 변동제조간접비 : 400,000원	• 고정제조간접비 : 350,000원

① 750,000원 ② 900,000원
③ 1,250,000원 ④ 1,500,000원

15 흑치㈜의 제2기 원가자료가 다음과 같을 경우, 가공원가는 얼마인가?

• 직접재료원가구입액 : 800,000원
• 직접재료원가사용액 : 900,000원
• 직접노무원가발생액 : 500,000원
• 변동제조간접원가발생액 : 600,000원
(변동제조간접원가는 총제조간접원가의 40%이다)

① 2,000,000원 ② 2,400,000원
③ 2,800,000원 ④ 2,900,000원

16 다음 자료에 의하여 제조원가명세서상 당기총제조비용을 계산하면 얼마인가?(75회)

- 직접재료비 : 500,000원
- 간접재료비 : 300,000원
- 노무비 : 200,000원
- 기타제조경비 : 100,000원

① 1,100,000원 ② 1,000,000원
③ 800,000원 ④ 600,000원

17 다음 자료에 의하면 당기총제조원가는 얼마인가?(69회)

- 기초원가 : 1,500,000원
- 직접노무비 : 600,000원
- 간접노무비 : 200,000원
- 공장세금과공과 : 150,000원
- 공장임차료 : 150,000원
- 기계감가상각비 : 100,000원
- 공장전력비 : 100,000원

① 2,000,000원 ② 2,200,000원
③ 2,600,000원 ④ 3,100,000원

18 다음의 자료에 의하여 당기총제조원가는 얼마인가?(78회)

- 기초원재료 : 40,000원
- 당기매입원재료 : 400,000원
- 기말원재료 : 120,000원
- 직접노무비 : 3,000,000원
- 제조간접비 : 직접노무비의 30%

① 4,020,000원 ② 4,220,000원
③ 4,300,000원 ④ 4,460,000원

19 다음의 자료에서 당기총제조원가는 얼마인가?81회)

- 당기에 직접재료를 5,000,000원에 구입하였다.
- 당기에 발생한 직접노무원가는 3,500,000원이다.
- 제조간접원가는 2,000,000원이 발생하였다.
- 기초원재료재고는 500,000원이고 기말원재료재고는 2,000,000원이다.

① 7,000,000원 ② 9,000,000원
③ 10,500,000원 ④ 12,000,000원

20 ㈜한결의 선박 제작과 관련하여 9월 중에 발생한 원가자료는 다음과 같다. A선박의 당기총제조원가는 얼마인가?(단, 9월 중 제조간접비발생액은 160,000원이며, 직접노무비를 기준으로 제조간접비를 배부한다)(62회)

구분	A선박	B선박	합계
직접재료비	30,000원	70,000원	100,000원
직접노무비	60,000원	140,000원	200,000원

① 102,000원 ② 110,000원
③ 138,000원 ④ 158,000원

21 다음의 자료를 근거로 당기총제조원가를 계산하면 얼마인가?(60회)

- 기초재공품재고액 : 20,000원
- 기초제품재고액 : 50,000원
- 매출원가 : 500,000원
- 기말재공품재고액 : 35,000원
- 기말제품재고액 : 40,000원

① 475,000원 ② 490,000원 ③ 505,000원 ④ 510,000원

▶ 기말재공품

1 다음은 제조원가와 관련된 자료이다. 기말재공품은 얼마인가?(71회)

- 직접재료비 : 5,000,000원
- 직접노무비 : 1,500,000원
- 제조간접비 : 7,000,000원
- 기초재공품 : 500,000원
- 당기제품제조원가 : 12,000,000원
- 기초제품 : 500,000원

① 2,000,000원 ② 800,000원
③ 1,000,000원 ④ 900,000원

2 다음 자료에서 기말재공품재고액은 얼마인가?(53회)

㉠ 직접재료비 : 800,000원 ㉡ 직접노무비 : 1,000,000원
㉢ 제조간접비 : 1,400,000원 ㉣ 외주가공비 : 500,000원
㉤ 기초재공품재고액 : 1,500,000원 ㉥ 당기제품제조원가 : 3,550,000원
단, ㉠, ㉡, ㉢, ㉣은 모두 당기에 발생한 금액이다.

① 1,150,000원 ② 1,350,000원
③ 1,650,000원 ④ 1,950,000원

▶ 당기제품제조원가, 매출원가 등

01 다음 자료에서 당기제품제조원가에 반영된 원재료비는 얼마인가?(65회 특별)

> • 재고자산별 기초가액 : 재고자산별 기말가액의 50%이다.
> • 기말원재료가액 : 100,000원 • 기말재공품가액 : 200,000원
> • 당기제품제조원가 : 1,000,000원 • 당기발생가공비 : 700,000원

① 100,000원 ② 400,000원
③ 450,000원 ④ 1,100,000원

02 다음의 자료에 의하여 매출원가를 계산하면 얼마인가?(51회)

> • 제조지시서 #1 : 제조원가 52,000원 • 제조지시서 #2 : 제조원가 70,000원
> • 제조지시서 #3 : 제조원가 50,000원 • 월초제품재고액 : 50,000원
> • 월말제품재고액 : 40,000원
> 단, 제조지시서 #3은 미완성품이다.

① 182,000원 ② 122,000원
③ 132,000원 ④ 172,000원

03 다음의 자료를 근거로 매출원가를 계산하면 얼마인가?(59회)

> • 당기총제조원가 : 2,000,000원 • 기초재공품재고액 : 200,000원
> • 기말재공품재고액 : 100,000원 • 기초제품재고액 : 400,000원
> • 기말제품재고액 : 500,000원

① 2,000,000원 ② 2,100,000원
③ 3,000,000원 ④ 3,100,000원

04 다음 자료를 이용하여 매출원가를 계산하면 얼마인가?(80회)

> • 기초재공품재고액 : 450,000원 • 기말재공품재고액 : 600,000원
> • 기초제품재고액 : 300,000원 • 기말제품재고액 : 550,000원
> • 당기총제조원가 : 800,000원

① 400,000원 ② 450,000원
③ 650,000원 ④ 800,000원

05 ㈜우진전자의 올해 기초 및 기말재고자료이다. 매출원가를 구하면 얼마인가?(75회)

구분	기초재고	기말재고
재공품	1,000,000원	300,000원
제품	1,500,000원	500,000원
단, 당기총제조비용은 2,000,000원이다.		

① 2,700,000원　② 3,500,000원
③ 3,700,000원　④ 4,000,000원

06 제품의 제조와 매출에 관련된 자료가 다음과 같을 경우 매출총이익률은 얼마인가?(62회)

- 매출액 : 500,000원
- 기초제품재고액 : 40,000원
- 기말제품재고액 : 90,000원
- 판매부대비용 : 100,000원
- 당기총제조원가 : 320,000원
- 기초재공품 : 30,000원
- 기말재공품 : 50,000원

① 30%　② 50%
③ 62.5%　④ 66.6%

07 제품의 제조와 매출에 관련된 자료가 다음과 같은 경우, 영업이익률은 얼마인가?(70회)

- 매출액 : 1,000,000원
- 기초제품재고액 : 240,000원
- 기말제품재고액 : 300,000원
- 판매비와관리비 : 160,000원
- 당기총제조원가 : 500,000원
- 기초재공품 : 30,000원
- 기말재공품 : 30,000원

① 40%　② 50%
③ 56%　④ 66.6%

| 전산세무 2급 |

01 다음 중 당기총제조원가를 구성하는 요소가 아닌 것은?(80회)

① 당기제품제조원가 ② 직접재료비
③ 제조간접비 ④ 직접노무비

02 다음 중 재공품계정의 대변에 기입되는 사항은?(72회)

① 재공품 전기이월액 ② 당기제품제조원가
③ 원재료비 사용액 ④ 제조간접비 배부액

03 다음 중 손익계산서의 매출원가 또는 제조원가명세서에 포함되지 않는 항목은?(77회)

① 기말제품재고액 ② 기초재공품재고액
③ 당기총제조원가 ④ 유형자산처분이익

04 2019년 기간에 사용한 원재료는 1,000,000원이다. 2019년 12월 31일 원재료재고액은 2019년 1월 1일 원재료재고액보다 200,000원이 더 많다. 2019년 기간의 원재료매입액은 얼마인가?(83회)

① 1,200,000원 ② 800,000원
③ 1,400,000원 ④ 1,100,000원

05 다음 자료에 의한 당기원재료매입액은 얼마인가?(71회)

- 기초원재료재고액 : 3,750,000원
- 기말원재료재고액 : 7,000,000원
- 당기노무비발생액 : 7,000,000원
- 당기제조경비발생액 : 2,500,000원
- 당기총제조원가는 가공원가의 150%이다.

① 6,000,000원 ② 7,000,000원
③ 8,000,000원 ④ 9,000,000원

06 기초(기본)원가를 기준으로 제조간접비를 배부한다고 할 때 다음 자료에 의하여 작업지시서 NO.1에 배부할 제조간접비는 얼마인가?(단, 기초 및 기말재고는 없다)(74회)

구분	공장전체 발생	작업지시서 NO.1
직접재료비	1,000,000원	500,000원
직접노무비	4,000,000원	1,500,000원
당기총제조비용	12,000,000원	–

① 2,000,000원 ② 2,800,000원
③ 3,000,000원 ④ 4,800,000원

07 다음 자료를 이용하여 당기원재료매입액을 계산하면 얼마인가?(75회)

- 기초원재료재고액 : 4,000,000원
- 기말원재료재고액 : 5,000,000원
- 당기노무비발생액 : 10,000,000원
- 당기제조경비발생액 : 5,000,000원
- 당기총제조원가는 가공원가의 200%이다.

① 13,000,000원 ② 14,000,000원
③ 15,000,000원 ④ 16,000,000원

08 ㈜세무의 당기발생한 제조원가와 관련된 자료는 다음과 같다. 당기의 제조간접원가와 기말재공품재고액은 얼마인가?(72회)

- 직접재료원가 : 5,000원
- 직접노무원가 : 3,000원
- 제조간접원가 : ?
- 당기총제조원가 : 10,000원
- 기초재공품 : 1,500원
- 당기제품제조원가 : 9,000원

① 2,000원, 2,500원 ② 2,000원, 1,500원
③ 1,000원, 1,500원 ④ 1,000원, 2,500원

09 다음 자료에 의한 직접재료비는 얼마인가?(73회)

- 기초재공품 : 1,000,000원
- 당기제품제조원가 : 5,500,000원
- 제조간접비 : 당기제품제조원가의 40%
- 직접노무비 : 제조간접비의 1.2배
- 기말재공품 : 2,000,000원

① 1,200,000원 ② 1,550,000원
③ 1,660,000원 ④ 1,860,000원

10 다음 자료를 이용하여 당기매출원가를 계산하면 얼마인가?(82회)

• 기초제품재고 : 100,000원	• 당기제품제조원가 : 500,000원
• 기말재공품 : 50,000원	• 기말제품재고 : 200,000원

① 500,000원　② 450,000원
③ 400,000원　④ 350,000원

11 다음 중 공손품에 대한 설명으로 옳지 않은 것은?(82회)

① 공손품은 폐기되거나 정규가격 이하로 판매되는 품질표준 미달의 불합격 생산물을 말한다.
② 정상공손은 능률적인 작업조건하에서도 발생되는 공손을 말한다.
③ 비정상공손은 제조활동을 효율적으로 수행하면 방지할 수 있는 공손을 말한다.
④ 비정상공손의 허용한도는 품질검사를 기준으로 하여 품질검사에 합격한 합격품의 일정비율로 정한다.

12 다음은 공손원가에 대한 설명이다. 틀린 것은?(76회)

① 비정상공손은 비효율적인 작업조건으로 발생한다.
② 비정상공손원가는 회피가능한 원인이며, 영업외비용으로 처리한다.
③ 정상공손은 회피 불가능한 원인으로, 효율적인 작업조건에서도 발생한다.
④ 정상공손원가는 당기에 검사시점을 통과한 양품에만 배부하며, 영업외비용으로 처리한다.

13 다음 자료에 의하여 정상공손수량을 완성품의 10%라고 가정할 때 비정상공손수량을 계산하면?(74회)

• 기초재공품 : 950단위	• 당기착수량 : 6,200단위
• 당기완성량 : 4,750단위	• 기말재공품 : 1,500단위

① 425단위　② 450단위
③ 465단위　④ 475단위

14 다음 자료를 이용하여 비정상공손수량을 계산하면 얼마인가?(단, 정상공손은 당기완성품의 5%로 가정한다)(77회)

• 기초재공품 : 200개	• 기말재공품 : 50개
• 당기착수량 : 800개	• 당기완성량 : 900개

① 5개 ② 6개
③ 8개 ④ 10개

15 다음 부산물과 공통원가 배부에 대한 설명 중 틀린 것은?(71회)

① 부산물이란 주산물의 제조과정에서 필연적으로 파생하는 물품을 말한다.
② 주산물과 부산물을 동시에 생산하는 경우 발생하는 공통원가는 각 제품을 분리하여 식별할 수 있는 시점이나 완성한 시점에서 개별제품의 상대적 판매가치를 기준으로 하여 배부한다.
③ 주산물과 부산물의 공통원가는 생산량기준 등을 적용하는 것이 더 합리적이라고 판단되는 경우 그 방법을 적용할 수 있다.
④ 중요하지 않은 부산물이라 하더라도 순실현가능가치를 측정하여 반드시 주요제품과 구분하여 회계처리하여야 한다.

3 부문별 배부, 보조부문배분방법

● Cost Map

1. OH배부	① **공장전체 배부** → ② **부문별 배부** → ③ 활동기준 배부 (전통적 원가계산방법, 조업도기준)
2. 생산방식	① 개별원가계산 ② 종합원가계산
3. 원가성격	① 실제원가계산 → ② 정상원가계산 → ③ 표준원가계산
4. 원가범위	① 전부원가계산 ② 변동원가계산 ③ 초변동원가계산

● 부문별 배부

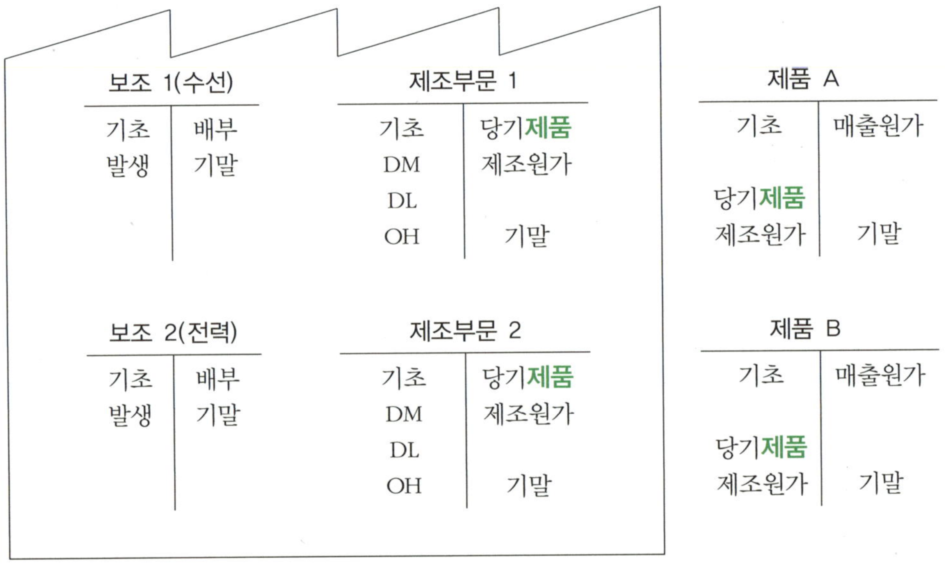

공장전체 배부

● 보조부문원가 배분방법(보조부문 상호 간의 용역수수관계별 배부)

구분	특징	보조부문 간 용역수수관계
직접배부법	간편, 정확성↓	무시
단계배부법	배부순서	부분 인식
상호배부법	복잡, 정확성↑ 상호관련성 모두 고려	전부 인식

● 보조부문원가의 배부(행태별 배부)

구분	특징
단일배분율법	변동원가와 고정원가로 구분하지 않고, **하나의 배분기준**을 적용하여 배부
이중배분율법	변동원가와 고정원가로 구분하여, **각각 다른 배분기준**을 적용하여 배부

※ (정상원가계산하)OH 배부차이 조정방법 : 매출원가조정법, 영업외손익법, 비례배분법(총원가비례법, 요소별 비례법)

● **보조부문원가의 배부(인과관계별 배부)**

보조부문원가	배부기준
기계관련(감가상각비)	기계가동시간
식당부문, 노무관리부문	종업원수
구매부문	주문횟수, 주문비용
동력·전력부문	전력사용량
검사부문	검사수량, 검사시간
수선유지비	수선횟수, 수선유지작업시간
공장 발생비용(임차료, 재산세 등)	각 제품생산라인의 연면적비율
건물관련(청소부문, 감가상각비)	건물점유면적

| 전산회계 1급, 이론형 |

01 다음 중 보조부문원가를 제조부문에 배부하는 방법에 속하지 않는 것은?(82회)

① 단계배부법 ② 직접배부법
③ 간접배부법 ④ 상호배부법

★**02** 다음 중 보조부문원가를 제조부문에 배분하는 원가방식이 아닌 것은?(52회)

① 단일배분율법 ② 직접배분법
③ 단계배분법 ④ 상호배분법

★**03** 다음 중 보조부문비 배부방법이 아닌 것은?(57회)

① 총원가비례법(요소별 비례법) ② 단계배부법
③ 직접배부법 ④ 상호배부법

★**03-1** 정상개별원가계산에서 제조간접비의 배부차이를 조정하는 일반적인 방법이 아닌 것은?(62회)

① 매출원가조정법 ② 비례배분법
③ 순실현가치법 ④ 영업외손익법

04 보조부문비의 배분방법인 직접배분법, 상호배분법 및 단계배분법의 세 가지를 서로 비교하는 설명으로 가장 옳지 않은 것은?(51회)

① 가장 정확한 계산방법은 상호배분법이다
② 가장 정확성이 부족한 계산방법은 단계배분법이다.
③ 배분순서가 중요한 계산방법은 단계배분법이다.
④ 계산방법이 가장 간단한 배분법은 직접배분법이다.

05 다음은 무엇에 대한 설명인가?(83회)(54회)

보조부문원가를 보조부문의 배부순서를 정하여 한 번만 다른 보조부문과 제조부문에 배부한다.

① 개별배분법 ② 직접배분법
③ 단계배분법 ④ 상호배분법

06 다음 중 제조간접비의 배부방법에 대한 설명으로 잘못된 것은?(71회)

① 직접배부법이 가장 간단하다.
② 상호배부법이 가장 복잡하다.
③ 단계배부법은 배부순서에 따라 원가계산의 결과가 다르게 나타나는 단점이 있다.
④ 상호배부법은 보조부문 간의 용역수수관계를 고려하지 않는다.

07 다음 보조부문의 제조간접비 배부방법 중 정확도가 가장 높은 방법과 계산방법이 가장 단순한 방법을 순서대로 나열한 것은?(72회)

① 상호배부법, 직접배부법 ② 상호배부법, 단계배부법
③ 단계배부법, 상호배부법 ④ 단계배부법, 직접배부법

08 다음 중 보조부문의 원가를 배부하는 방법과 관련된 내용으로 틀린 것은?(80회)

① 직접배부법은 보조부문 상호 간의 용역제공관계를 무시하므로 계산이 가장 복잡한 방법이다.
② 단계배부법과 상호배부법은 보조부문 상호 간의 용역제공관계를 고려한다.
③ 어떤 방법을 사용하더라도 보조부문비총액은 모두 제조부문에 배부된다.
④ 보조부문 배부방법에 따라 제품별 이익이 달라지나, 회사 총이익은 같다.

09 다음 중 보조부문의 원가를 배부하는 방법에 관한 설명 중 옳은 것은?(63회)

① 직접배부법은 보조부문의 자가용역을 고려한다.
② 단계배부법은 보조부문의 우선순위가 결정되어야 한다.
③ 보조부문비총액 중 일부만 제조부문에 배부된다.
④ 상호배부법은 보조부문 간 용역제공관계를 고려하지 않는다.

10 다음 중 보조부문원가의 배부방법에 대한 설명으로 옳은 것은?(63회 특별)

① 어느 방법으로 배부하든 배부 전·후의 제조간접비총액은 항상 일정하다.
② 보조부문 간 용역수수관계를 전혀 고려하지 않고 제조부문에 직접 배부하는 방법은 단계배부법이다.
③ 보조부문 간 배부순서를 정하고 단계적으로 다른 보조부문과 제조부문에 배부하는 방법은 상호배부법이다.
④ 보조부문 간 용역수수관계를 완전하게 고려하는 방법은 직접배부법이다.

11 다음 중 보조부문원가의 배부방법에 대한 설명으로 옳지 않은 것은?(69회)

① 상호배부법은 보조부문 간의 용역제공을 모두 고려하는 가장 정확한 방법이나, 계산과정이 복잡한 단점이 있다.
② 단계배부법은 보조부문의 우선순위가 결정되어야 하며, 배분결과가 오히려 직접배부법보다 왜곡되는 경우도 발생할 수 있다.
③ 직접배부법은 보조부문의 자가용역도 고려하여 일차적으로 배분 후 제조부문으로 다시 배분하는 방법이다.
④ 일반적으로 원가배부는 인과관계에 따라 배부하는 것이 가장 합리적이다.

▶ 추가문제

01 ㈜한우물은 단계배부법을 이용하여 보조부문 제조간접비를 제조부문에 배부하고자 한다. 각 부문별 원가발생액과 보조부문의 용역공급이 다음과 같을 경우 수선부문에서 절단부문으로 배부될 제조간접비는 얼마인가?(단, 전력부문부터 배부한다고 가정함)

구분	제조부문		보조부문	
	조립부문	절단부문	전력부문	수선부문
자기부문 제조간접비(원)	200,000	400,000	200,000	360,000
전력부문 동력공급(kw)	300	100	–	100
수선부문 수선공급(시간)	10	40	50	–

① 160,000원 ② 200,000원 ③ 244,000원 ④ 320,000원

02 다음 중 공장의 임차료를 각 제품제조원가에 배부하는 가장 적합한 배부방법은 무엇인가?(68회)

① 각 제품생산라인의 연면적비율 ② 공장에서 발생하는 직접원가비율
③ 기계장치의 수선비용 ④ 생산직 근로자의 임금비율

03 다음 중 공장건물의 재산세를 각 제품제조원가에 배부하는 가장 적합한 배부기준은 무엇인가?(73회)

① 각 제품생산라인의 연면적비율 ② 공장에서 발생하는 직접원가비율
③ 기계장치의 수선비용 ④ 생산직 근로자의 임금비율

04 다음은 보조부문비의 배부기준이다. 가장 적절하지 않은 배부기준은?(74회)

① 구매부문 : 주문횟수, 주문비용
② 동력부문 : 사용전력량, 전기용량
③ 노무관리부문 : 수선횟수, 수선유지기간
④ 검사부문 : 검사수량, 검사시간

| 전산세무 2급 |

01 다음 중 보조부문의 원가를 제조부분에 배부하는 방법이 아닌 것은?(78회)

① 비례배부법 ② 직접배부법
③ 단계배부법 ④ 상호배부법

02 다음 중 부문별 원가계산에 대하여 옳게 설명한 것은?(83회)

① 직접배부법은 보조부문 상호 간 용역수수를 가장 잘 반영한다.
② 단계배부법은 상호배부법보다는 우수하지만 주관적 판단에 따라 결과가 달라지는 단점이 있다.
③ 제조공장 임차료를 각 부문에 배부하는 기준으로는 각 부문의 작업인원 수가 가장 적당하다.
④ 직접배부법, 단계배부법, 상호배부법의 차이는 보조부문 상호 간 용역수수 반영 정도의 차이라고 할 수 있다.

03 다음의 부문별 원가계산에 관한 설명 중 옳지 않은 것은?(71회)

① 단계배부법은 보조부문 상호 간의 용역수수를 완전히 반영한다는 점에서 직접배부법보다 우수하다.
② 직접배부법은 계산이 간단하여 비용이 적게 든다.
③ 상호배부법은 원가배분절차가 복잡하여 정확한 자료를 얻으려면 많은 시간과 비용이 소요된다.
④ 단계배부법은 배분순서에 따라 원가계산결과가 다르게 나타날 수 있다.

04 다음은 보조부문비의 배분방법에 대한 설명이다. 틀린 것은?(81회)

① 직접배부법은 보조부문 간 용역수수관계를 일부 고려하는 배부방법이다.
② 상호배부법은 보조부문 간 용역수수관계를 완전히 고려하는 배부방법이다.
③ 상호배부법은 다른 배분방법에 비해 정확한 원가배분이 가능하나, 많은 시간과 비용이 소요되는 단점이 있다.
④ 단계배부법 적용 시 가장 많은 부문에 용역을 제공하는 보조부문부터 상대적으로 적은 부문에 용역을 제공하는 보조부문 순으로 보조부문비를 배분한다.

05 보조부문원가를 제조부문에 배부하는 기준으로 가장 적합한 것은?(80회)

① 건물관리부문 : 종업원 수
② 종업원복리후생부문 : 종업원 수
③ 식당부문 : 전력사용량
④ 구매부문 : 기계시간

06 당사는 단계배부법을 이용하여 보조부문 제조간접비를 제조부문에 배부하고자 한다. 각 부문별 원가발생액과 보조부문의 용역공급이 다음과 같을 경우 수선부문에서 조립부문으로 배부될 제조간접비는 얼마인가?(단, 전력부문부터 배부한다고 가정함)(72회)

구분	제조부문		보조부문	
	조립부문	절단부문	전력부문	수선부문
자기부문 제조간접비	600,000원	500,000원	300,000원	450,000원
전력부문 동력공급(kw)	300	400	–	300
수선부문 수선공급(시간)	40	50	10	–

① 200,000원
② 240,000원
③ 250,000원
④ 300,000원

07 ㈜학동은 단계배분법을 사용하여 원가배분을 하고 있다. 아래의 자료를 이용하여 조립부문에 배분될 보조부문의 원가는 얼마인가?(단, 전력부문을 먼저 배분할 것)(76회)

구분	보조부문		제조부문	
부문	전력부문	관리부문	조립부문	절단부문
배분전원가	200,000원	700,000원	3,000,000원	1,500,000원
전력부문배분율	–	10%	50%	40%
관리부문배분율	10%	–	30%	60%

① 300,000원 ② 340,000원
③ 350,000원 ④ 400,000원

4 실제원가계산, 정상원가계산, 표준원가계산

● 실제원가계산, 정상원가계산, 표준원가계산

구분	실제원가계산	정상원가계산	표준원가계산
DM	실제원가	실제원가	표준원가
DL	실제원가	실제원가	표준원가
OH	실제원가	**예정배부액**	표준원가

● 제조간접비 실제발생액과 예정배부액

실제발생액		**예정**배부액
실제조업도(발생액) × **실제**배부율	과대 ‘<’ 과소 ‘>’	실제조업도(발생액) × **예정**배부율

| 전산회계 1급, 이론형 |

01 원가계산방법에 대한 설명 중 틀린 것은?

① 실제원가계산은 직접재료비, 직접노무비, 제조간접비를 실제원가로 측정하는 방법이다.

② 정상원가계산은 직접재료비는 실제원가로 측정하고, 직접노무비와 제조간접비를 합한 가공원가는 예정배부율에 의해 결정된 금액으로 측정하는 방법이다.

③ 표준원가계산은 직접재료비, 직접노무비, 제조간접비를 표준원가로 측정하는 방법이다.

④ 원가의 집계방식에 따라 제품원가를 개별작업별로 구분하여 집계하는 개별원가계산과 제조공정별로 집계하는 종합원가계산으로 구분할 수 있다.

02 다음 중 제조간접비에 대한 설명으로 틀린 것은?(61회)

① 배부방법에는 실제배부법과 예정배부법이 있다.

② 실제배부법은 계절별 생산량이 큰 차이가 있는 경우에 적합한 배부법이다.

③ 여러 제품에 공통으로 발생하는 원가이기에 각 제품별로 집계하기 어렵다.

④ 일반적으로 제조부문의 임차료, 보험료, 감가상각비 등이 이에 해당된다.

03 정상개별원가계산 시 제조간접비를 예정배부하는 경우 예정배부계산식으로 옳은 것은?(68회)

① 배부기준의 예정발생액×예정배부율

② 배부기준의 예정발생액×실제배부율

③ 배부기준의 실제발생액×예정배부율

④ 배부기준의 실제발생액×실제배부율

| 전산회계 1급, 계산형 |

01 제조간접비 예정배부율은 직접노동시간당 90원이고, 직접노동시간이 43,000시간 발생했을 때 제조간접비 배부차이가 150,000원 과소배부인 경우 제조간접비 실제발생액은 얼마인가?(55회)(53회)

① 3,720,000원 ② 3,870,000

③ 4,020,000원 ④ 4,170,000원

02 제조간접비와 관련한 자료가 다음과 같을 경우 제조간접비 실제발생액은 얼마인가?(58회)

> • 제조간접비 예정배부율 : 기계작업시간당 200원
> • 제조지시서의 기계작업시간 : 60,000시간
> • 제조간접비 과대배부 : 300,000원

① 12,000,000원　② 11,700,000원
③ 12,300,000원　④ 60,000,000원

03 제조간접비와 관련한 자료가 다음과 같을 경우 제조간접비 예정배부액은 얼마인가?(65회)

> • 제조간접비 실제발생액 : 25,000,000원
> • 제조지시서의 기계작업시간 : 500시간
> • 제조간접비 실제배부율 : 기계작업시간당 50,000원
> • 제조간접비 과소배부 : 1,500,000원

① 23,500,000원　② 25,000,000원
③ 26,500,000원　④ 27,500,000원

04 제조간접비와 관련한 자료가 다음과 같을 경우 기계작업시간당 제조간접비 예정배부액은 얼마인가?(68회)

> • 제조간접비 실제발생액 : 23,500,000원　• 제조간접비 과대배부 : 500,000원
> • 제조지시서의 기계작업시간 : 2,000시간

① 11,500원　② 11,750원　③ 12,000원　④ 12,500원

05 ㈜거제산업은 제조간접비를 직접노동시간을 기준으로 하여 배부하고 있다. 다음 자료에 의하여 10월의 제조간접비 배부차이를 구하면?(71회)

> • 제조간접비예산 : 6,000,000원　• 예상직접노동시간 : 120,000시간
> • 10월 직접노동시간 : 15,000시간
> • 10월 실제제조간접비발생액 : 1,000,000원

① 250,000원 과대배부　② 250,000원 과소배부
③ 300,000원 과대배부　④ 300,000원 과소배부

| 전산세무 2급 |

01 ㈜한국은 제조간접비를 기계사용시간으로 배부하고 있다. 2017년도 제조간접비 배부차이는 5,000원 과소배부되었다. 2017년도 실제기계사용시간이 100시간이고, 실제제조간접비발생액은 35,000원일 경우 다음 설명 중 틀린 것은?(71회)

① 재공품에 배부된 제조간접비는 실제제조간접비발생액보다 적다.
② 제조간접비 예정배부율이 낮아 실제발생액보다 과소배부되었다.
③ 제조간접비 예정배부율은 기계사용시간당 350원이다.
④ 제조간접비 예정배부액은 30,000원이다.

02 다음 자료에 의한 기계작업시간당 제조간접비 예정배부율은 얼마인가?(73회)

- 제조간접비 실제발생액 : 25,000,000원
- 제조지시서의 실제기계작업시간 : 500시간
- 제조간접비 실제배부율 : 기계작업시간당 50,000원
- 제조간접비 과소배부액 : 1,000,000원

① 기계작업시간당 47,000원
② 기계작업시간당 48,000원
③ 기계작업시간당 50,000원
④ 기계작업시간당 52,000원

03 ㈜강서는 정상개별원가계산제도를 적용하고 있다. 제조간접비 예정배부율이 직접노무시간당 5,000원이고, 예상직접노무시간이 220시간, 실제직접노무시간이 200시간이다. 실제제조간접비발생액은 1,200,000원인 경우 제조간접비 배부차이는 얼마인가?(76회)

① 100,000원 과소배부 ② 100,000원 과대배부
③ 200,000원 과소배부 ④ 200,000원 과대배부

04 ㈜유한제지의 제조간접비 예정배부율은 작업시간당 2,500원이다. 예정작업시간이 4,000시간, 실제작업시간이 5,000시간이고 제조간접비 배부차이가 300,000원 과대배부라면, 실제제조간접비발생액은 얼마인가?(80회)

① 9,700,000원 ② 10,300,000원
③ 12,200,000원 ④ 12,800,000원

05 ㈜학동은 제조간접비를 직접노무시간을 기준으로 배부하고 있다. 아래 자료를 토대로 구한 제조간접비 배부차이는 얼마인가?(81회)

자료	
실제직접노무시간	1,100시간
예상직접노무시간	1,000시간
실제제조간접비 발생액	20,000,000원
제조간접비 예정배부율	직접노무시간당 20,000원

① 2,000,000원 과대배부　　② 2,000,000원 과소배부
③ 1,000,000원 과대배부　　④ 1,000,000원 과소배부

06 당사는 정상개별원가계산제도를 사용하고 있다. 제조간접비 배부기준은 직접노무시간이다. 예상직접노무시간은 40시간이고 실제직접노무시간은 50시간이다. 제조간접비 예정배부액은 400,000원이고 실제제조간접비발생액이 500,000원이라면 제조간접비 예정배부율은 얼마인가?(83회)

① 직접노무시간당 12,500원　　② 직접노무시간당 8,000원
③ 직접노무시간당 10,000원　　④ 직접노무시간당 9,000원

★**07** ㈜한결은 예정(정상)개별원가계산을 적용하고 있다. 제조간접비 부족배부액 50,000원을 원가요소기준법에 의해 배부하는 경우, 매출원가에 배부되는 금액은?(77회)

구분	재공품	제품	매출원가
직접재료비	15,000원	25,000원	23,000원
직접노무비	35,000원	45,000원	47,000원
제조간접비	30,000원	20,000원	50,000원
합계	80,000원	90,000원	120,000원

① 25,000원　　② 35,000원
③ 75,000원　　④ 125,000원

5 개별원가계산과 종합원가계산

● **개별원가계산과 종합원가계산**

구분	개별원가계산	종합원가계산
생산형태	주문생산(다품종 소량생산)	대량연속생산(소품종 대량생산)
업종	조선업, 건설업, 항공기제조업	화학업(화장품, 페인트), 전자제품, 정유업, 볼펜
특징	① 정확한 원가계산 ② 시간과 비용이 과다 ③ **핵심과제 : 제조간접비 배부**	① 단순화로 인해 정확도↓ ② 시간과 비용이 절약 ③ **핵심과제 : 완성품환산량계산**
원가계산방법	작업별 원가계산 (제조지시서, 작업원가표)	공정별 원가계산(제조원가보고서)

| 전산회계 1급, 이론형 |

01 다음 중 개별원가계산을 주로 사용하는 업종이 아닌 것은?(80회)

① 항공기제조업 ② 건설업
③ 화학공업 ④ 조선업

02 다음 중 개별원가계산에 가장 적합한 업종이 아닌 것은?(58회)

① 화학공업 ② 항공기제작업
③ 조선업 ④ 건설업

03 다음 중 개별원가계산을 적용하기에 가장 적합하지 않은 것은?(65회 특별)

① 비행기제조업 ② 선박제조업
③ 주문용 소프트웨어 제작 ④ 휴대폰 생산

04 다음 중 개별원가계산에 대한 설명으로 옳지 않은 것은?(66회)

① 선박, 비행기제조에 사용하기에 적당하다.
② 제지업에 사용하기에는 적합하지 않다.
③ 모든 제조원가를 작업별로 직접 추적한다.
④ 작업원가표를 사용하며, 제조간접비는 배부하는 절차를 따른다.

05 개별원가계산에 대한 다음 설명 중 가장 적합하지 않은 것은?(78회)

① 주문식 맞춤생산방식에 적합한 원가계산방법이다.
② 제조간접원가의 작업별 · 제품별 배부계산이 중요하다.
③ 공정별로 규격화된 제품의 원가계산에 적합한 방법이다.
④ 다품종 소량생산에 적합하며 주로 건설업, 조선업 등에서 사용된다.

06 개별원가계산에 대한 다음의 설명 중 가장 옳지 않은 것은?(57회)

① 개별작업에 대한 추적가능성을 중시하여 원가를 구분한다.
② 제조간접비 배부가 원가계산의 핵심이라 할 수 있다.
③ 종합원가계산에 비해 원가기록업무가 비교적 단순하고 경제적이다.
④ 종합원가계산과 비교할 때 보다 정확한 원가계산이 가능하다.

07 다음 중 개별원가계산에 대한 설명으로 틀린 것은?(71회)

① 개별원가계산은 시장생산형태보다 주문생산형태에 적합하다.
② 개별원가계산은 다품종 제품생산에 적합하다.
③ 개별원가계산은 개별작업별로 구분하여 집계한다.
④ 개별원가계산은 제조간접비의 제품별 직접 추적이 가능하다.

08 다음 중 종합원가계산의 특징과 가장 관련이 있는 것은?(72회)

① 작업원가표
② 주문생산업종에 적합
③ 완성품환산량
④ 원가를 개별작업별로 집계

09 다음 중 종합원가계산에 가장 적합하지 않은 품목은?(65회)

① 축구공
② 맥주
③ 휴대폰
④ 비행기

10 다음 중 종합원가계산에 대한 설명으로 틀린 것은?(63회 특별)

① 적용생산형태 : 대량연속생산
② 원가계산 : 공정별 원가계산
③ 적용업종 : 자동차, 전자제품, 정유업 등
④ 원가계산의 특징 : 제조간접비 배부

11 종합원가계산에 관한 다음 설명 중 가장 옳은 것은?(79회)

① 항공기제조와 같은 주문제작 업종에 적합하다.
② 다품종 소량생산에 유용하다.
③ 제조공정별로 원가를 집계한다.
④ 작업원가표에 의해 원가를 집계한다.

12 종합원가계산에 대한 설명 중 틀린 것은?(65회 특별)

① 동종 제품의 연속 대량생산체제에서 사용한다.
② 정유업, 제분업, 철강업, 제지업, 화학품제조업 등의 업종에서 주로 사용하는 원가계산방법이다.
③ 기말재공품의 평가가 불필요하며, 제조지시서의 원가를 집계하여 원가계산한다.
④ 개별원가계산에 비해 원가계산의 정확성은 낮지만, 제품의 대량생산체계에 적용하기 쉬운 장점이 있다.

13 다음은 종합원가계산과 개별원가계산에 대한 설명이다. 틀린 것은?(54회)

① 재료비와 가공비의 구분이 중요한 것은 종합원가계산이다.
② 다품종 소량생산에는 종합원가계산이 적합하다.
③ 동질의 제품을 단일 생산공정을 통해 대량으로 생산하는 경우는 종합원가계산이 적합하다
④ 고객이 주문한 특정제품의 제조를 제조부서에 지시하는 제조지시서는 개별원가계산에 적합하다.

14 개별원가계산과 종합원가계산의 차이점을 설명한 것 중 틀린 것은?(70회)

① 개별원가계산은 다품종 소량주문생산, 종합원가계산은 동종의 유사제품을 대량생산하는 업종에 적합하다.
② 개별원가계산은 각 작업별로 원가를 집계하나 종합원가계산은 공정별로 원가를 집계한다.
③ 개별원가계산은 건설업, 조선업에 적합하며 종합원가계산은 정유업, 시멘트산업에 적합하다.
④ 개별원가계산은 완성품환산량을 기준으로 원가를 배분하며 종합원가계산은 작업원가표에 의하여 배분한다.

15 다음 중 개별원가계산과 종합원가계산에 대한 설명으로 틀린 것은?(77회)

① 개별원가계산은 제품원가를 개별작업별로 구분하여 집계한 다음, 이를 그 작업의 생산량으로 나누어서 제품단위당 원가를 계산한다.

② 종합원가계산은 원가계산이 간편하고 경제적이며, 개별원가계산에 비해 정확한 원가계산이 가능하다.

③ 종합원가계산의 핵심과제는 완성품환산량을 계산하는 것이다.

④ 개별원가계산은 다품종 소량주문생산하는 업종에 적합하다.

16 개별원가계산과 종합원가계산에 대한 내용으로 틀린 것은?(56회)

① 개별원가계산의 핵심은 제조간접비 배부에 있다.

② 종합원가계산의 핵심은 완성품환산량을 계산하는 데 있다.

③ 개별원가계산은 정확한 원가계산을 할 수 있고 시간과 비용이 절약된다.

④ 종합원가계산은 대량연속 생산형태에 적합하다.

17 종합원가계산방법과 개별원가계산방법에 대한 내용으로 가장 올바르지 않은 것은? (83회)(60회)

	구분	종합원가계산방법	개별원가계산방법
①	핵심과제	완성품환산량 계산	제조간접비 배분
②	업종	식품제조업 등	조선업 등
③	원가집계	개별작업별 집계	공정 및 부문별 집계
④	장점	경제성 및 편리함	정확한 원가계산

18 선입선출법에 따른 종합원가계산에 관한 다음 설명 중 가장 옳지 않은 것은?

① 먼저 제조착수된 것이 먼저 완성된다고 가정한다.

② 기초재공품이 없는 경우 제조원가는 평균법과 동일하게 계산된다.

③ 완성품환산량은 당기작업량을 의미한다.

④ 전기의 성과를 고려하지 않으므로 계획과 통제 및 성과평가목적에는 부합하지 않는다.

19 종합원가계산하에서는 원가흐름 또는 물량흐름의 가정에 따라 완성품환산량이 다르게 계산된다. 다음 중 선입선출법을 적용하는 경우에 대한 설명으로 옳지 않은 것은? (66회)

① 전기와 당기발생원가를 구분하지 않고 모두 당기발생원가로 가정하여 계산한다.
② 기초재공품이 없는 경우 제조원가는 평균법과 동일하게 계산된다.
③ 완성품환산량은 당기작업량을 의미한다.
④ 먼저 제조에 착수된 것이 먼저 완성된다고 가정한다.

20 종합원가계산하에서 기말재공품평가 시 평균법과 선입선출법에 대한 설명 중 틀린 것은?(67회 특별)

① 선입선출법은 평균법에 비해 원가계산이 간단하여 정확하지 않다.
② 선입선출법은 기초재공품원가가 먼저 완성되는 것으로 가정하여 당기투입원가가 배분대상원가이다.
③ 평균법은 기초재공품을 당기투입원가와 같이 당기에 투입한 것으로 보므로 기초재공품에 대하여 완성도를 적용할 필요가 없다.
④ 평균법상 완성품환산량은 당기완성수량+기말재공품환산량이다.

| 전산회계 1급, 계산형 |

01 다음 자료를 활용하여 선입선출법에 의한 재료비와 가공비의 완성품환산량을 계산하면 얼마인가?(59회)

• 당기완성품 : 20,000개　　• 기말재공품 : 10,000개(완성도 40%)
• 기초재공품 : 5,000개(완성도 20%)　　• 당기착수량 : 25,000개
• 재료는 공정초에 전량 투입되고, 가공비는 공정 전반에 걸쳐 균등하게 투입된다.

① 재료비 20,000개, 가공비 23,000개　　② 재료비 22,000개, 가공비 20,000개
③ 재료비 25,000개, 가공비 23,000개　　④ 재료비 30,000개, 가공비 24,000개

02 다음 자료를 활용하여 선입선출법에 의한 재료비와 가공비의 완성품환산량을 계산하면 얼마인가?(64회)(53회)

• 기초재공품 : 500개(완성도 20%)　　• 당기착수량 : 2,000개
• 기말재공품 : 300개(완성도 50%)
• 재료는 공정초에 전량 투입되고, 가공비는 공정 전반에 걸쳐 균등하게 투입된다.

① 재료비 2,000개, 가공비 2,250개　　② 재료비 2,200개, 가공비 1,990개
③ 재료비 1,500개, 가공비 1,740개　　④ 재료비 1,500개, 가공비 1,990개

03 재료비는 공정 초기에 모두 발생되고 가공비는 공정이 진행됨에 따라 균등하게 발생할 경우, 다음 자료에 의한 재료비의 완성품환산량은?(81회)

- 기초재공품 : 2,000개(완성도 : 30%)
- 기말재공품 : 1,000개(완성도 : 40%)
- 당기완성품수량 : 4,000개
- 회사는 평균법을 적용하여 기말재공품을 평가한다.

① 3,600개 ② 4,200개
③ 5,000개 ④ 6,000개

04 ㈜도봉회사는 종합원가계산에 의하여 제품을 생산한다. 재료는 공정의 초기단계에 투입되며, 가공원가는 전체공정에 고르게 투입된다. 다음 자료에서 평균법에 의한 재료비와 가공비의 당기완성품환산량은 얼마인가?(76회)

- 기초재공품 : 5,000개(완성도 50%)
- 당기착수량 : 35,000개
- 당기완성품 : 30,000개
- 기말재공품의 완성도 40%

① 재료비 : 35,000개, 가공비 : 31,500개
② 재료비 : 40,000개, 가공비 : 34,000개
③ 재료비 : 40,000개, 가공비 : 40,000개
④ 재료비 : 35,000개, 가공비 : 34,000개

05 다음 자료를 활용하여 평균법에 의한 재료비와 가공비의 완성품환산량을 계산하면 얼마인가?(83회)(61회)(55회)

- 기초재공품 : 700개(완성도 30%)
- 당기착수량 : 1,500개
- 당기완성품 : 1,700개
- 기말재공품 : 500개(완성도 50%)
- 재료는 공정초에 전량 투입되고, 가공비는 공정 전반에 걸쳐 균등하게 투입된다.

① 재료비 2,200개, 가공비 1,950개
② 재료비 2,200개, 가공비 1,990개
③ 재료비 1,740개, 가공비 1,950개
④ 재료비 1,740개, 가공비 1,990개

06 상도㈜는 평균법에 의하여 종합원가계산을 하며, 재료는 공정 초기에 전량 투입되고, 가공비는 공정 중 고르게 투입된다. 다음 자료를 이용하여 재료비와 가공비의 완성품 환산량을 구하면 얼마인가?(63회)

• 기초재공품수량 : 0개	• 당기착수량 : 4,000개
• 기말재공품수량 : 1,000개(완성도 50%)	• 완성품수량 : 3,000개

	재료비	가공비		재료비	가공비
①	3,500개	4,000개	②	3,500개	3,500개
③	4,000개	4,000개	④	4,000개	3,500개

07 재료비는 공정 초기에 모두 발생되고 가공비는 공정이 진행됨에 따라 균등하게 발생할 경우, 다음 자료에 의하여 재료비의 완성품환산량을 구하면 얼마인가?(77회)

• 기초재공품 1,000개(완성도 40%)
• 기말재공품 1,200개(완성도 50%)
• 당기완성품수량 3,000개
• 회사는 평균법을 적용하여 기말재공품을 평가한다.

① 3,000개 ② 3,200개 ③ 4,000개 ④ 4,200개

08 다음 자료를 이용하여 선입선출법과 평균법에 의한 재료비의 완성품환산량 차이는 얼마인가?(74회)

• 기초재공품 : 200개(완성도 50%) • 완성품수량 : 2,600개
• 기말재공품 : 500개(완성도 40%)
• 원재료는 공정초에 전량 투입되고, 가공비는 공정 전반에 걸쳐 균등하게 발생된다.

① 100개 ② 200개 ③ 300개 ④ 400개

09 다음은 종합원가계산 시 가공비(공정 전반에 걸쳐 균등하게 발생)에 관한 자료이다. 기말재공품평가를 평균법과 선입선출법으로 계산할 경우, 완성품환산량의 차이는 얼마인가?(67회)

• 기초재공품수량 : 200개(완성도 60%)	• 당기착수수량 : 800개
• 기말재공품수량 : 300개(완성도 40%)	• 당기완성품수량 : 700개

① 100개 ② 120개 ③ 140개 ④ 160개

10 다음 자료를 보고 선입선출법에 의한 직접재료비 및 가공비 각각 완성품환산량을 계산하면 얼마인가?(73회)

> • 기초재공품 : 10,000단위(완성도 : 60%)
> • 기말재공품 : 20,000단위(완성도 : 40%)
> • 당기착수량 : 40,000단위
> • 완성품수량 : 30,000단위
> • 직접재료비는 공정 50% 시점에서 전량 투입되고, 가공비는 공정 전반에 걸쳐 균등하게 발생한다.

	직접재료비	가공비		직접재료비	가공비
①	40,000단위	32,000단위	②	32,000단위	40,000단위
③	20,000단위	32,000단위	④	38,000단위	50,000단위

11 기말재공품 100개에 대하여 완성도는 80%이고 재료비는 공정 초기에 모두 투입되고, 가공비는 제조 진행에 따라 투입하고 있다. 완성품환산량 단위당 재료비와 가공비가 각각 400원, 250원일 때, 기말재공품의 원가는 얼마인가?(기초재공품은 없다)(67회 특별)

① 50,000원 ② 55,000원
③ 60,000원 ④ 65,000원

12 평균법으로 종합원가계산을 하고 있다. 기말재공품은 200개(재료비는 공정 초기에 모두 투입되고, 가공비는 70%를 투입)이며 만일 완성품환산량 단위당 재료비와 가공비가 각각 350원, 200원이라면 기말재공품의 원가는 얼마인가?(69회)

① 96,000원 ② 98,000원
③ 100,000원 ④ 102,000원

13 당사는 선입선출법으로 종합원가계산을 하고 있다. 다음 자료에 따라 계산하는 경우 기말재공품의 원가는 얼마인가?(79회)

> • 완성품환산량 단위당 재료비 : 350원
> • 완성품환산량 단위당 가공비 : 200원
> • 기말재공품수량 : 300개(재료비는 공정 초기에 모두 투입되고, 가공비는 80%를 투입)

① 132,000원 ② 153,000원
③ 144,000원 ④ 165,000원

| 전산세무 2급 |

01 개별원가계산의 특징이 아닌 것은?(82회)

① 다품종 소량생산, 주문생산에 적합하다.
② 제조지시서를 통하여 개별제품별로 제조를 지시한다.
③ 작업원가표를 통하여 개별제품별로 제조원가가 집계된다.
④ 제조원가는 각 공정별로 집계된다.

02 개별원가계산에 대한 설명으로 가장 옳지 않은 것은?(75회)

① 다양한 품종을 생산한다.
② 주문생산형태로 제품을 제작한다.
③ 개별제품의 제작원가가 비교적 크다.
④ 동일한 종류의 제품을 대량으로 생산하고 있다.

03 다음 중 개별원가계산에 가장 적합한 업종은?(73회)

① 건설업 ② 휴대폰
③ 필기류 ④ 냉장고

04 다음 중 개별원가계산에 대한 특징으로 틀린 것은?(79회)

① 조선업, 건설업 등 주문생산에 유리하다.
② 실제원가나 예정원가를 사용할 수 있다.
③ 개별적인 원가계산으로 인해 제조간접비 배분이 중요하지 않다.
④ 제품별로 손익분석 및 계산이 용이하다.

05 다음 중 개별원가계산에 대한 설명이 아닌 것은?(81회)

① 원가의 집계가 공정별로 이뤄지기 때문에 개별작업별로 작업지시서를 작성할 필요는 없다.
② 동종 대량생산형태보다는 다품종 소량주문생산형태에 적합하다.
③ 제조간접비의 배분이 중요한 의미를 갖는다.
④ 월말재공품의 평가문제가 발생하지 않는다.

06 다음 중 종합원가계산에서 나타나는 특징이 아닌 것은?(83회)

① 고객의 주문에 따라 제품을 생산하는 주문생산형태에 적합한 원가계산이다.
② 원가요소의 분류가 재료비와 가공비로 단순화된다.
③ 연속적으로 대량·반복생산되는 형태이므로 기간개념이 중시된다.
④ 동일공정에서 생산된 제품은 동질적이라는 가정에 따라 평균화과정에 기초하여 제품원가가 계산된다.

07 다음 중 개별원가계산방법과 종합원가계산방법에 대한 내용으로 잘못 짝지어진 것은?(72회)

	구분	종합원가계산방법	개별원가계산방법
①	핵심과제	완성품환산량계산	제조간접비 배부
②	생산형태	소품종 대량생산	다품종 소량생산
③	장점	정확한 원가계산	경제성 및 편리함
④	원가집계	공정별 집계	개별작업별 집계

08 종합원가계산과 개별원가계산에 대한 설명으로 옳지 않은 것은?(78회)

① 개별원가계산은 다품종 소량생산형태에 적합한 원가계산방법이다.
② 종합원가계산은 소품종 대량생산형태에 적합한 원가계산방법이다.
③ 개별원가계산은 직접비와 간접비의 구분이 중요하다.
④ 종합원가계산은 개별작업별로 원가를 집계한다.

09 다음 중 종합원가계산의 절차를 순서대로 바르게 연결한 것은?(81회)

① 원가요소별 완성품환산량계산 → 완성품환산량 단위당 원가계산 → 물량흐름 파악 → 원가요소별 기초재공품원가와 당기발생원가 집계 → 완성품과 기말재공품에 원가배분
② 물량흐름 파악 → 원가요소별 완성품환산량계산 → 원가요소별 기초재공품원가와 당기발생원가 집계 → 완성품환산량 단위당 원가계산 → 완성품과 기말재공품에 원가배분
③ 원가요소별 완성품환산량계산 → 완성품환산량 단위당 원가계산 → 원가요소별 기초재공품원가와 당기발생원가 집계 → 완성품과 기말재공품에 원가배분 → 물량흐름 파악

④ 물량흐름 파악 → 원가요소별 기초재공품원가와 당기발생원가 집계 → 완성품과 기말재공품에 원가배분 → 완성품환산량 단위당 원가계산 → 원가요소별 완성품 환산량계산

10 종합원가계산방법 중 선입선출법에 대한 설명으로 틀린 것은?(74회)

① 실제물량흐름을 반영한다.
② 전기작업분을 포함한 평균개념이다.
③ 당기작업분만 포함한 당기단가개념이다.
④ 기초재공품원가는 먼저 완성품원가를 구성하는 것으로 가정한다.

11 종합원가계산하에서 선입선출법과 평균법에 대한 설명 중 가장 옳지 않은 것은?(77회)

① 선입선출법은 평균법보다 실제물량흐름을 반영하며 원가통제 등에 더 유용한 정보를 제공한다.
② 평균법은 완성품환산량 계산 시 순수한 당기발생작업량만으로 계산한다.
③ 기초재공품원가에 대하여 평균법은 기말재공품에 배부하지만, 선입선출법은 기말재공품에 배부하지 아니한다.
④ 기초재공품이 없다면 선입선출법과 평균법의 결과는 차이를 보이지 않는다.

12 선입선출법에 의한 종합원가계산과정에서 완성품환산량 단위당 원가를 다음과 같이 계산하는 경우 '㉠'에 해당하는 것은?(71회)

$$\text{선입선출법에 의한 완성품환산량 단위당 원가} = \frac{㉠}{\text{완성품환산량}}$$

① 기초재공품원가
② 당기투입원가
③ 당기투입원가－기초재공품원가
④ 기초재공품원가＋당기투입원가

13 다음 자료에 따른 평균법에 의한 재료비와 가공비의 완성품환산량은 얼마인가? 원재료는 공정 30% 시점에 전량 투입되며, 가공비는 공정기간 동안 균등하게 투입된다고 가정한다.(75회)

• 기초재공품 : 3,000개(완성도 40%)
• 기말재공품 : 2,000개(완성도 20%)
• 착수량 : 7,000개
• 완성품 : 8,000개

	재료비	가공비
①	8,000개	10,000개
②	8,000개	8,400개
③	10,000개	8,400개
④	10,000개	10,000개

14 한결㈜는 종합원가계산을 채택하고 있다. 재료비는 공정 초기에 전량 투입되며, 가공비는 공정기간 동안 균등하게 투입이 될 경우에 선입선출법에 의하여 완성품환산량을 구하면 얼마인가?(78회)

구분	물량	완성도	구분	물량	완성도
기초재공품	300개	70%	완성품	1,300개	–
당기투입	1,500개	–	기말재공품	500개	40%
계	1,800개	–	계	1,800개	–

	재료비	가공비
①	1,800개	1,290개
②	1,800개	1,410개
③	1,500개	1,290개
④	1,500개	1,410개

15 종합원가계산방법 중 선입선출법에 의하면 다음 물량흐름에서 가공비의 완성품환산량은 얼마인가?(단, 재료비는 공정초에 전량 투입되며, 가공비는 공정 전반에 걸쳐 균등하게 발생한다)(80회)

- 기초재공품 : 100개(완성도 50%)
- 당기착수량 : 1,100개
- 당기완성품 : 1,000개
- 기말재공품 : 200개(완성도 20%)

① 990개 ② 1,090개
③ 1,100개 ④ 1,200개

16 다음의 자료에 의하여 종합원가계산에 의한 가공비의 완성품환산량은 얼마인가?(단, 가공비는 가공과정 동안 균등하게 발생한다고 가정한다)(79회)

- 기초재공품 : 200개(완성도 30%)
- 당기완성량 : 600개
- 당기착수량 : 800개
- 기말재공품 : 400개(완성도 70%)

	평균법	선입선출법
①	880개	820개
②	800개	820개
③	880개	800개
④	820개	820개

17 종합원가계산제도하에서 완성품 환산량의 계산에 선입선출법을 사용하여 당기에 실제 발생한 재료비와 가공비의 합계액을 계산하면 얼마인가?(73회)

- 기초재공품 : 1,000단위(완성도 30%)
- 기말재공품 : 1,200단위(완성도 60%)
- 당기완성품 : 4,000단위
- 재료비 완성품환산량 단위당 원가 : 1,000원
- 가공비 완성품환산량 단위당 원가 : 1,200원
- 재료비는 공정 초기에 전량 투입되고 가공비는 공정기간 동안 균등하게 투입된다.
- 공손이나 작업폐물은 없는 것으로 간주한다.

① 9,264,000원
② 9,504,000원
③ 10,586,000원
④ 11,400,000원

18 평균법에 의한 종합원가계산제도에서 다음의 자료를 통해 제품원가를 계산하면 얼마인가?(재료비는 완성도 50% 시점에 투입되며, 가공비는 공정 전반에 걸쳐 균등하게 발생된다)(82회)

물량흐름				비용	기초재공품원가	당기제조원가
기초	100개 (완성도 50%)	완성	400개	재료비	80,000원	100,000원
착수	500개	기말	200개 (완성도 60%)	가공비	100,000원	160,000원

① 320,000원
② 280,000원
③ 260,000원
④ 180,000원

CHAPTER
03 부가가치세

1 부가가치세의 특징

● **부가가치세의 특징**

① 간접세(↔ 직접세)

납세의무자(거래징수 : 사업자)≠담세자(최종소비자)

cf 직접세 : 납세의무자 = 담세자

② 일반소비세(↔ 개별소비세)

모든 재화나 용역의 소비에 대해 과세하는 소비세

cf 개별소비세 : 특정재화나 용역의 소비에 대해 과세

③ 소비지국 과세원칙(↔ 생산지국 과세원칙)

생산지국에서 과세하지 않고 **소비지국에서 부가가치세**를 과세하는 것

cf 수출재화 : 영세율(0%) 적용
수입재화 : 내국물품과 동일 세율(10%) 적용

④ 전단계**세액**공제법(↔ 전단계거래액공제법)

부가가치세 = 부가가치 × % = (매출액 − 매입액) × % ································ 전단계거래액공제법 = (매출액 × %) − (**매입액 × %**) by 세금계산서 = **매출세액 − 매입세액** ································ **전단계세액공제법**

⑤ 역진적인 조세

10% 비례세율(↔ 누진세율)로 저소득자의 부담세율이 고소득자보다 높은 조세에 해당한다.(해결책 : 면세, 개별소비세)

⑥ 다단계세

재화나 용역이 최종소비자에게 도달할 때까지의 모든 거래단계마다 과세

| 전산회계 1급, 이론형 |

01 다음 중 현행 부가가치세법의 특징에 대한 설명으로 옳은 것은?(81회)

① 전단계거래액공제법이다.
② 비례세율로 역진성이 발생한다.
③ 개별소비세이다.
④ 지방세이다.

02 다음 중 부가가치세의 특징에 해당하지 않는 것은?(75회)

① 소비형 부가가치세 ② 전단계세액공제법
③ 다단계거래세 ④ 직접세

03 다음 중 우리나라 부가가치세법의 특징과 관련이 없는 것은?(67회 특별)

① 전단계세액공제법 ② 소비지국 과세원칙
③ 간접세 ④ 개별소비세

04 다음 중 부가가치세의 특징에 대한 설명으로 옳지 않은 것은?(68회)

① 일반소비세로서 간접세에 해당 ② 생산지국 과세원칙
③ 전단계세액공제법 ④ 영세율과 면세제도

05 다음 중 부가가치세법에 대한 설명으로 옳지 않은 것은?(62회)

① 현행 부가가치세는 일반소비세이면서 간접세에 해당된다.
② 면세제도의 궁극적인 목적은 부가가치세의 역진성을 완화하는 것이다.
③ 현행 부가가치세는 전단계거래액공제법을 채택하고 있다.
④ 소비지국 과세원칙을 채택하고 있어 수출재화 등에 영세율이 적용된다.

06 다음 중 부가가치세에 대한 설명으로 틀린 것은?(74회)

① 부가가치세는 전단계세액공제법을 채택하고 있다.
② 부가가치세는 0% 또는 10%의 세율을 적용한다.
③ 면세사업과 관련한 매입세액은 부가가치세 매입세액공제가 불가능하다.
④ 접대비 및 이와 유사한 지출도 사업과 관련이 있는 지출이므로 부가가치세 매입세액공제가 가능하다.

07 현행 부가가치세법에 대한 설명으로 가장 거리가 먼 것은?(67회)

① 부가가치세 부담은 전적으로 최종소비자가 하는 것이 원칙이다.
② 영리목적의 유무에 불구하고 사업상 독립적으로 재화를 공급하는 자는 납세의무가 있다.
③ 해당 과세기간 중 이익이 발생하지 않았을 경우에는 납부하지 않아도 된다.
④ 일반과세자의 내수용 과세거래에 대해서는 원칙적으로 10%의 단일세율을 적용한다.

08 다음 중 거래징수의 내용으로 틀린 것은?(공급하는 사업자는 과세사업자임)(52회)

① 공급받는 자는 부가가치세를 지급할 의무를 짐
② 공급자가 부가가치세를 거래상대방으로부터 징수하는 제도
③ 공급가액에 세율을 곱한 금액을 공급받는 자로부터 징수
④ 공급받는 자가 면세사업자이면 거래징수의무가 없음

2 사업자, 납세지, 사업장, 과세거래, 사업자등록(정정)

● 사업자

'**사업자**'란 사업목적이 영리이든 비영리이든 관계없이 부가가치를 창출해낼 수 있는 정도의 사업형태를 갖추고 계속적이고 반복적으로 재화 또는 용역을 공급하는 경우 「부가가치세법」 제8조 및 같은 법 제32조에 따른 사업자등록 및 세금계산서 발급(간이과세자 제외)의무가 있는 것이나, 일시적으로 재화 또는 용역을 공급하는 경우에는 그러하지 아니한다.

사업자	과세사업자	**일반과세자(영세율 포함)**	**세금계산서**
		간이과세자	영수증
	면세사업자		계산서, 영수증
세관장			수입**세금계산서**

● 과세거래

① '**사업자등록**'이란 부가가치세 업무의 효율적인 운영을 위하여 납세의무자의 사업에 관한 일련의 사항을 세무관서의 공부에 등재하는 것을 말한다.

② **사업자등록의무자** : 부가가치세법상 납세의무자(**면세사업자**는 해당되지 않음, 소득세법 또는 법인세법 규정에 따라 사업자등록)

● 사업자등록

구분	사업자 단위등록
등록신청	• 사업자는 사업개시일부터 20일 이내에 사업장 관할 세무서장에게 사업자등록을 신청 • 사업자등록의 신청은 사업장 관할 세무서장이 아닌 **다른 관할 세무서장에게도** 신청할 수 있음 • 신규개시자는 **사업개시일 전**이라도 신청가능
'지체 없이' 신고하는 경우	등록정정, 휴·폐업신고, 등록말소하는 경우

● 사업자등록 정정사유

사유	내용
신청일 **당일 (지체 없이)** 재발급사유	상호를 변경하는 경우
	통신판매업자가 사이버몰의 명칭·인터넷 도메인이름을 변경하는 경우
3일 내 재발급 사유	**법인** 또는 법인으로 보는 단체 외의 단체가 대표자를 변경하는 경우 (~~개인이 대표자를 변경~~)
	사업의 종류에 변동이 있는 경우
	사업장을 이전하는 경우
	상속(~~증여~~)으로 인하여 사업자의 명의가 변경되는 경우

● 납세지

납세지란 사업자가 납세의무 및 협력의무를 이행하고 과세관청이 부과권과 징수권을 행사하는 기준이 되는 장소이다.

• 원칙 : **사업장**단위 신고·납부
• 특례
① 주사업장**총괄납부**제도(자금압박문제 해소)
㉠ 납부(환급)세액을 총괄하여 (한 번에) 납부
㉡ 주사업장 : 본점 원칙, **법인은 지점가능**
㉢ 요건 : 신청으로 **가능(~~승인~~)**
㉣ 사업장별로 사업자등록, 사업장별로 세금계산서 발급

② **사업자**단위과세제도(납세편의 도모)
　㉠ 모든 납세의무 총괄
　㉡ 주사업장 : 본점만 가능
　㉢ 요건 : 사업자단위과세사업자로 **사업자등록증 신청**
　㉣ 본점에서 사업자등록, 본점에서 세금계산서 발급

● 사업장

사업	사업장
① 광업	광업사무소 소재지
② 제조업	최종제품 완성장소(제품포장, 용기충전만 하는 장소 제외)
③ 건설업, 운수업, 부동산매매업	법인 : 법인의 등기부상 소재지(등기부상의 지점소재지 포함) 개인 : 업무총괄장소
④ 부동산임대업	부동산의 등기부상 소재지(∵고정된 장소가 존재)
⑤ 무인자동판매기	업무총괄장소(≠자판기 설치장소)
⑥ 다단계판매원	주된 사업장의 소재지
⑦ 비거주사, 외국법인	국내사업장

※ 유의해야 할 장소(전산세무 2급)

구분	개념	사업장 여부	의무
직매장 (예, 대리점)	사업자가 자기의 사업과 관련하여 생산, 취득한 재화를 **직접 판매하기 위하여** 특별히 판매시설을 갖춘 장소	**사업장임**	사업자등록
하치장	재화를 **보관하고 관리**할 수 있는 시설만 갖춘 장소	사업장 아님	하치장설치신고 (사업자등록 필요 없음)
임시사업장	각종 경기대회나 박람회 등 행사가 개최되는 장소에 개설한 임시사업장	사업장 아님	임시사업장개설·폐쇄신고 (설치기간 10일 이내이면 신고 생략가능)

| 전산회계 1급, 이론형 |

01 다음 중 부가가치세에 대한 설명으로 틀린 것은?(73회)

① 부가가치세의 납세의무자는 영리사업자에 한정한다.
② 부가가치세는 원칙적으로 사업장마다 신고 및 납부하여야 한다.
③ 상품의 단순한 보관·관리만을 위한 장소로 설치신고를 한 장소나 하치장은 사업장이 아니다.
④ 주사업장 총괄납부제도는 사업장별 과세원칙의 예외에 해당된다.

02 다음 중 부가가치세법에 대한 설명으로 잘못된 것은?(71회)

① 재화란 재산가치가 있는 물건과 권리를 말하며, 역무는 포함되지 않는다.
② 사업자란 사업목적이 영리이든 비영리이든 관계없이 사업상 독립적으로 재화 또는 용역을 공급하는 자를 말한다.
③ 재화 및 용역을 일시적·우발적으로 공급하는 자는 부가가치세법상 사업자에 해당하지 않는다.
④ 간이과세자란 직전 연도의 공급대가 합계액이 5,000만원에 미달하는 사업자를 말한다.

03 다음 중 부가가치세법상 사업자별 발급가능한 증명서류로서 잘못 짝지은 것은?(68회)

① 간이과세자 : 세금계산서, 계산서, 신용카드매출전표, 현금영수증
② 일반과세자 중 면세물품공급자 : 계산서, 신용카드매출전표, 현금영수증
③ 일반과세자 중 과세물품공급자 : 세금계산서, 신용카드매출전표, 현금영수증
④ 면세사업자 : 계산서, 신용카드매출전표, 현금영수증

04 다음 중 부가가치세법상 거래내역과 과세유형이 잘못 연결된 것은?(77회)

① 일반과세자가 제품을 납품하고 전자세금계산서를 발행하다. → 과세
② 부가가치세 과세사업에 사용하기 위해 프린터를 구입하고 전자세금계산서를 수취하다. → 매입세액공제
③ 영업부에서 사용하는 4인승 승용차(999cc) 수리비를 지급하고 전자세금계산서를 수취하다. → 매입세액불공제
④ 공장건물 신축용 토지를 구입하고 전자계산서를 발급받았다. → 면세

05 다음은 부가가치세법상 사업자와 관련된 내용이다. 틀린 것은?(76회)

① 개인사업자는 일반과세자 또는 간이과세자가 될 수 있다.
② 법인사업자는 간이과세자가 될 수 없다.
③ 면세사업자는 부가가치세법상 사업자가 아니다.
④ 간이과세자는 직전 연도의 공급가액의 합계액이 4,800만원 이하인 자를 말한다.

06 부가가치세법상 납세의무에 관한 설명으로 옳지 않은 것은?(78회)

① 영리목적의 유무에 불구하고 사업상 독립적으로 과세대상 재화를 공급하는 자는 납세의무가 있다.
② 과세의 대상이 되는 행위 또는 거래의 귀속이 명의일 뿐이고 사실상 귀속되는 자가 따로 있는 경우라 하더라도 명의자에 대하여 부가가치세법을 적용한다.
③ 영세율 적용대상 거래만 있는 사업자도 부가가치세법상 신고의무가 있다.
④ 재화를 수입하는 자는 수입재화에 대한 부가가치세 납세의무가 있다.

07 부가가치세법상 사업자등록에 대한 설명으로 틀린 것은?(66회)

① 사업자는 사업개시일부터 20일 이내에 사업장 관할 세무서장에게 사업자등록을 신청하여야 한다.
② 사업자등록의 신청은 사업장 관할 세무서장이 아닌 다른 관할 세무서장에게도 신청할 수 있다.
③ 신규로 사업을 시작하려는 자는 사업 개시일 이후에만 사업자등록을 신청해야 한다.
④ 사업자는 휴업 또는 폐업을 하거나 등록사항이 변경되면 지체 없이 사업장 관할 세무서장에게 신고하여야 한다.

08 다음 중 사업자등록의 정정사유가 아닌 것은?(35회)

① 상호를 변경하는 때
② 사업의 종류에 변경이 있는 때
③ 사업장을 이전할 때
④ 증여로 인하여 사업자의 명의가 변경되는 때

09 다음 중 부가가치세법상 사업자등록 정정사유가 아닌 것은?(72회)

① 상호변경
② 상속으로 인한 사업자 명의변경
③ 증여로 인한 사업자 명의변경
④ 사업장 주소변경

10 다음 중 부가가치세법상 사업자등록의 정정사유가 아닌 것은?(67회)

① 사업의 종류를 변경 또는 추가하는 때
② 사업장을 이전하는 때
③ 법인의 대표자를 변경하는 때
④ 개인이 대표자를 변경하는 때

11 홍길동은 일반과세사업자로 9월 1일에 사업을 시작하여 당일 사업자등록 신청을 하였다. 홍길동의 부가가치세법상 제2기 과세기간은?(40회)

① 1월 1일~12월 31일
② 9월 1일~12월 31일
③ 1월 1일~9월 1일
④ 7월 1일~12월 31일

12 다음 중 부가가치세 신고·납세지에 대한 설명으로 가장 적절하지 않은 것은?(66회)

① 부가가치세는 원칙적으로 사업장마다 신고 납부하여야 한다.
② 재화 또는 용역의 공급이 이루어지는 장소, 즉 사업장을 기준으로 납세지를 정하고 있다.
③ 2 이상의 사업장이 있는 경우 신청 없이 주된 사업장에서 총괄하여 납부할 수 있다.
④ 사업자단위과세사업자는 사업자등록도 본점 등의 등록번호로 단일화하고, 세금계산서도 하나의 사업자등록번호로 발급한다.

13 다음 중 현행 부가가치세법에 대한 설명으로 가장 틀린 것은?(58회)

① 부가가치세는 사업장마다 신고 및 납부하는 것이 원칙이다.
② 주사업장 총괄납부 시 주사업장은 법인의 경우 지점도 가능하다.
③ 사업자 등록사항의 변동이 발생한 때에는 지체 없이 등록정정신고를 하여야 한다.
④ 사업자단위과세사업자의 경우에도 사업자등록은 사업장별로 각각 하여야 한다.

14 다음은 부가가치세법상의 사업장의 범위에 대한 설명이다. 틀린 것은?(32회)

① 광업에 있어서는 광업사무소의 소재지
② 제조업에 있어서는 최종제품을 완성하는 장소
③ 건설업에 있어서는 사업자가 법인인 경우에는 그 법인의 등기부상의 소재지
④ 부동산임대업에 있어서는 사업자가 법인인 경우에는 그 법인의 등기부상의 소재지

15 다음은 사업장의 범위를 업종별 기준으로 설명한 것이다. 다음 중 가장 틀린 것은? (38회)

① 무인자동판매기에 의한 사업 : 무인자동판매기의 설치장소
② 부동산매매업 : 법인은 법인의 등기부상 소재지
③ 사업장을 설치하지 않은 경우 : 사업자의 주소 또는 거소
④ 비거주자와 외국법인 : 국내사업장 소재지

| 전산세무 2급 |

01 다음 중 부가가치세법상 주사업장 총괄납부제도에 대한 설명으로 틀린 것은?(77회)

① 사업장이 둘 이상 있는 경우에는 주사업장 총괄납부를 신청하여 주된 사업장에서 부가가치세를 일괄하여 납부하거나 환급받을 수 있다.
② 주된 사업장은 법인의 본점(주사무소를 포함한다) 또는 개인의 주사무소로 한다. 다만, 법인의 경우에는 지점(분사무소를 포함한다)을 주된 사업장으로 할 수 있다.
③ 주된 사업장에 한 개의 등록번호를 부여한다.
④ 납부하려는 과세기간 개시 20일 전에 주사업장 총괄 납부 신청서를 주된 사업장의 관할 세무서장에게 제출하여야 한다.

02 다음은 ㈜대한의 법인등기부등본상의 기재사항들이다. 부가가치세법상 사업자등록 정정사유가 아닌 것은?(78회)

① ㈜대한에서 ㈜민국으로 상호변경
② ㈜대한의 대표이사를 A에서 B로 변경
③ ㈜대한의 자본금을 1억원에서 2억원으로 증자
④ ㈜대한의 사업종류에 부동산임대업을 추가

3 과세거래, 재화의 공급, 용역의 공급

● 과세거래

① 재화 · 용역의 공급 ………………………… **사업자**이어야 함
② 재화의 수입 ……………………………………… 사업자 유무 불문
cf 용역의 수입은 과세거래에 해당하지 않음

- 재화 : 재산가치가 있는 물건(유체물) 및 권리(무체물)
- 용역 : 재화 외의 재산가치가 있는 모든 역무(서비스)

● 재화의 (실질)공급(돈 받고 파는 것)

구분	내용
① 매매계약	금판매, 외상판매, **할부판매**, 장기할부판매, 조건부 및 기한부 판매, 위탁판매, 기타매매계약
② 가공계약	자기가 주요자재의 전부 · 일부를 부담하고 상대방으로부터 인도받은 재화에 공작을 가하여 새로운 재화를 만드는 계약
③ 교환계약	둘 다 판 것으로 본다.
④ 현물출자	
⑤ 경매 · 수용	• 사적 경매 : 재화의 공급 ○ • 국세징수법, 민사집행법 등에 의한 강제 경매 : **재화의 공급 X**

● 재화의 간주공급

상대방으로부터 대가를 받지 않았어도 10%의 매출세액을 (내가 스스로 만들어서 국가에) 납부하는 제도 ⇨ **세금계산서 미발행**

① 자가공급
  (영업용을) **비영업용 소형승용차로 전용**
  (과세사업을 위해 보유 중인 재화를) **판매목적 타사업장 반출**
  (과세사업을 위해 보유 중인 재화를) **면세전용**
② 사업상증여
③ 개인적 공급 : 개인적 목적으로 사용, 소비
  단, 사업자가 실비 변상적, 복리후생적인 목적으로 제공하는 경우 과세 ×
④ 폐업 시 잔존재화 : 자신이 자신에게 공급한 것

cf 재화의 공급이 아닌 것

① 재화를 담보로 제공하는 것
② 사업을 포괄적으로 양도하는 것
③ 법률에 따라 조세를 물납하는 것
④ 국가 등에 무상으로 공급하는 재화

● 용역의 공급

구분	내용
① 범위	건설업 · 숙박 및 음식점업 · 운수업 · 금융 및 보험업 · 부동산업 및 임대업 등
② 실질공급	• 주요자재를 전혀 부담하지 아니하는 단순가공 • 산업상 · 상업상 또는 과학상의 지식 · 경험 또는 숙련에 관한 정보의 제공 • 재화 · 시설물 또는 권리를 사용하게 하고 그 대가를 받는 경우(부동산임대업 등)
③ 간주공급	• 원칙 : **실질공급**만 과세대상 • 예외 : **특수관계인에게 사업용 부동산임대용역을 무상으로 공급하는 경우에는 과세거래**

cf 용역의 공급이 아닌 것

① 용역의 무상공급(특수관계자 간 부동산 무상임대용역을 제외)
② 고용관계에 의하여 근로를 제공하는 경우

| 전산회계 1급, 이론형 |

01 다음 중 부가가치세법상 재화의 공급으로 보는 것은?(43회)

① 증여세를 건물로 물납하는 경우
② 사업의 포괄양수도
③ 차량을 담보목적으로 제공하는 경우
④ 폐업 시 잔존재화

02 다음은 재화의 공급의 범위에 대한 설명이다. 틀린 것은?(30회)

① 할부판매에 의하여 재화를 인도 또는 양도하는 것
② 민사집행법에 의한 강제경매에 따라 재화를 인도 또는 양도하는 것
③ 교환계약에 의하여 재화를 인도 또는 양도하는 것
④ 가공계약에 의하여 재화를 인도하는 것

03 다음 중 부가가치세법상 재화 공급의 특례에 해당하는 간주공급으로 볼 수 없는 것은?(83회)(63회)

① 폐업 시 잔존재화
② 사업을 위한 거래처에 대한 증여
③ 사업용 기계장치의 양도
④ 과세사업과 관련하여 취득한 재화를 면세사업에 전용하는 재화

04 다음 중 부가가치세 과세대상거래에 해당되는 것을 모두 고르면?(65회)

가. 재화의 수입 나. 재산적 가치가 있는 권리의 양도 다. (특수관계 없는 자에게) 부동산임대용역의 무상공급 라. 국가 등에 무상으로 공급하는 재화

① 가　　② 가, 나
③ 가, 나, 라　　④ 가, 나, 다,

05 다음 중 부가가치세법상 재화의 공급으로 보지 않는 거래는?(74회)

① 사업용 자산으로 국세를 물납하는 것
② 현물출자를 위해 재화를 인도하는 것
③ 장기할부판매로 재화를 공급하는 것
④ 매매계약에 따라 재화를 공급하는 것

06 부가가치세법상 용역의 공급으로 과세하지 아니하는 것은?(54회)

① 고용관계에 의하여 근로를 제공하는 경우
② 사업자가 특수관계에 있는 자에게 사업용 부동산의 임대용역을 무상공급하는 경우
③ 상대방으로부터 인도받은 재화에 주요자재를 전혀 부담하지 아니하고 단순히 가공만 하는 경우
④ 건설업자가 건설자재의 전부 또는 일부를 부담하고 공급하는 용역의 경우

07 현행 부가가치세법상 용역의 공급으로 과세하지 않는 경우는 어느 것인가?(40회)

① 건설업자가 건설자재의 전부 또는 일부를 부담하는 경우
② 상대방으로부터 인도받은 재화에 주요자재를 전혀 부담하지 아니하고 단순히 가공만 하는 경우

③ 산업상, 상업상 또는 과학상의 지식, 경험 또는 숙련에 관한 정보를 제공하는 경우
④ 용역의 무상공급의 경우(다만 특수관계자 간 부동산 무상임대용역 제외)

08 다음 중 부가가치세 과세거래에 해당되는 것을 모두 고르면?

가. 재화의 수입	나. 용역의 수입
다. 용역의 무상공급	라. 고용관계에 의한 근로의 제공

① 가　　② 가, 나
③ 가, 나, 다　　④ 가, 나, 다, 라

4 재화 · 용역의 공급시기

● **재화 · 용역의 공급시기**

① 재화 : −이동이 필요하면 '재화가 인도되는 때'(인도주의)
　　　　−이동이 필요치 않으면 '이용가능하게 되는 때'(부동산의 공급)
② 용역 : 역무(서비스)가 제공되거나 재화 등이 사용되는 때(완성주의 원칙)

● **재화의 공급시기**

구분	내용
현금판매 · 외상판매 · 할부판매	재화가 인도되거나 이용가능하게 되는 때
장기할부판매 · 중간지급조건부 · 완성도기준지급 · 계속적 공급	대가의 각 부분을 받기로 한 때(회수기일도래기준)
반환조건부 · 동의조건부 · 기타조건부판매	조건이 성취되어 판매가 확정되는 때
재화의 공급으로 보는 가공	가공된 재화를 인도하는 때(not 완성한 때)
폐업 시 잔존재화	폐업하는 때(not 폐업신고일)
무인판매기에 의한 공급	무인판매기에서 현금을 인취하는 때(not 인도기준)
국내물품을 외국으로 반출(수출)	수출재화의 선(기)적일

간주공급	자가공급 · 개인적 공급	재화가 사용 · 소비되는 때
	판매목적 타사업장 반출	재화를 반출하는 때
	사업상 증여	재화를 증여하는 때

● **용역의 공급시기**

구분	내용
통상적인 공급	역무의 제공이 완료되는 때(완성주의)
장기할부판매 · 중간지급조건부 · 완성도기준지급 · (공급단위를 구획할 수 없는) 계속적 공급	대가의 각 부분을 받기로 한 때(회수기일도래기준)
반환조건부 · 동의조건부 · 기타조건부판매	조건이 성취되어 판매가 확정되는 때
간주임대료	**예정신고기간 종료일 또는 과세기간 종료일**

※ 재화 또는 용역의 공급시기가 되기 전에 재화 또는 용역에 대한 대가의 전부 또는 일부를 받고, 이와 동시에 그 받은 대가에 대하여 세금계산서를 발급하면, 그 **세금계산서 등을 발급하는 때**를 각각 그 재화 또는 용역의 공급시기로 본다(「부가가치세법」 제17조).

| 전산회계 1급, 이론형 |

01 다음 중 부가가치세법상 재화의 공급시기가 잘못 연결된 것은?(79회)

① 외국으로 직수출하는 경우 : 선적(기적)일
② 폐업 시 잔존재화 : 폐업일
③ 장기할부판매 : 대가의 각 부분을 받기로 한 날
④ 무인판매기 : 동전 또는 지폐 투입일

02 다음은 부가가치세법상 공급시기에 대한 설명이다. 잘못된 것은?(73회)

① 재화의 이동이 필요한 경우 : 재화가 인도되는 때
② 재화의 공급으로 보는 가공의 경우 : 가공된 재화를 인도하는 때
③ 반환조건부판매, 동의조건부판매 : 그 조건이 성취되어 판매가 확정되는 때
④ 상품권 등을 현금 또는 외상으로 판매하고 그 상품권 등이 현물과 교환되는 경우 : 상품권 등을 현금 또는 외상으로 판매한 때

03 부가가치세법상 재화의 원칙적인 공급시기에 대한 설명으로 틀린 것은?(64회)

① 장기할부판매 : 인도기준
② 국내물품을 외국으로 반출 : 수출재화의 선적일 또는 기적일
③ 폐업 시 잔존재화 : 폐업일
④ 조건부판매 및 기한부판매 : 그 조건이 성취되거나 기한이 지나 판매가 확정되는 때

04 다음 중 부가가치세법상 재화의 공급시기로 틀린 것은?(61회)

① 현금판매 : 재화가 인도되거나 이용가능하게 되는 때
② 반환조건부 : 그 조건이 성취되어 판매가 확정되는 때
③ 무인판매기에 의한 공급 : 무인판매기에서 현금을 인취하는 때
④ 폐업 시 잔존재화 : 폐업신고서 접수일

05 다음은 부가가치세법상의 재화와 용역의 거래 시기에 대한 설명이다. 틀린 것은?(33회)

① 재화의 이동이 필요한 경우에는 재화가 인도되는 때
② 장기할부판매의 경우 각 대가를 받기로 한 때
③ 재화의 공급으로 보는 가공의 경우에는 재화의 가공이 완료된 때
④ 임대보증금에 대한 간주수입금액에 대해서는 예정신고기간 또는 과세기간의 종료일

06 부가가치세법상 부동산임대용역을 공급하는 경우에 전세금 또는 임대보증금에 대한 간주임대료의 공급시기는?(47회)

① 그 대가의 각 부분을 받기로 한 때
② 용역의 공급이 완료된 때
③ 그 대가를 받은 때
④ 예정신고기간 또는 과세기간 종료일

07 다음 중 부가가치세법상 재화의 공급시기가 '대가의 각 부분을 받기로 한 때'가 적용될 수 없는 것은?(60회)

① 기한부판매
② 장기할부판매
③ 완성도기준지급
④ 중간지급조건부

08 다음 중 부가가치세법상 공급시기는?(65회 특별)

> ㉠ 3월 1일 : A제품 판매주문을 받았음
> ㉡ 3월 31일 : A제품 판매대가 1,000,000원을 전액 수령하고 세금계산서를 발급함
> ㉢ 4월 3일 : A제품을 인도함
> ㉣ 4월 15일 : 거래처로부터 A제품 수령증을 수취함

① 3월 1일　② 3월 31일　③ 4월 3일　④ 4월 15일

| 전산세무 2급 |

01 다음 중 부가가치세법상 과세대상인 재화의 공급으로 보는 것은?(74회)

① 공장건물이 국세징수법에 따라 공매된 경우
② 자동차운전면허학원을 운영하는 사업자가 구입 시 매입세액공제를 받은 개별소비세과세대상 소형승용차를 업무목적인 회사 출퇴근용으로 사용하는 경우
③ 에어컨을 제조하는 사업자가 원재료로 사용하기 위해 취득한 부품을 동 회사의 기계장치 수리에 대체하여 사용하는 경우
④ 컨설팅회사를 운영하는 사업자가 고객에게 대가를 받지 않고 컨설팅용역을 제공하는 경우

02 다음 중 부가가치세법상 재화의 간주공급에 해당하지 않는 경우는?(단, 사업자가 자기생산, 취득 시 매입세액을 공제받았다)(72회)

① 면세사업을 위하여 직접 사용 또는 소비하는 경우
② 고객에게 무상으로 공급하는 경우(광고선전목적이 아닌 경우)
③ 개인적 목적으로 사용 또는 소비하는 경우
④ 사업을 위하여 대가를 받지 아니하고 다른 사업자에게 인도하거나 양도하는 견본품

03 다음 중 부가가치세법상 재화 또는 용역의 공급으로 보지 않는 것은?(76회)

① 법률에 따라 조세를 물납하는 경우
② 사업자가 폐업할 때 당초 매입세액이 공제된 자기생산·취득재화 중 남아있는 재화
③ 사업자가 당초 매입세액이 공제된 자기생산·취득재화를 사업과 직접적인 관계없이 자기의 개인적인 목적으로 사용하는 경우
④ 특수관계인에게 사업용 부동산 임대용역을 무상으로 제공하는 경우

04 다음 중 부가가치세법상 재화의 공급시기에 대한 설명으로 옳지 않은 것은?(71회)

① 무인판매기를 이용하여 재화를 공급하는 경우 : 사업자가 무인판매기에서 현금을 꺼내는 때

② 기획재정부령으로 정하는 장기할부판매의 경우 : 대가의 각 부분을 받기로 한 때

③ 폐업 시 남아있는 재화가 공급으로 간주되는 경우 : 폐업 후 남아있는 재화가 사용, 소비되는 때

④ 수입재화를 보세구역 내에서 보세구역 외의 국내에 공급하는 경우 : 해당 재화의 수입신고수리일

05 다음 중 부가가치세법상 재화의 공급시기에 대한 내용이다. 틀린 것은?(76회)

① 원양어업 및 위탁판매수출 : 수출재화의 공급가액이 확정되는 때

② 위탁가공무역방식의 수출 : 위탁재화의 공급가액이 확정되는 때

③ 외국인도수출 : 외국에서 해당 재화가 인도되는 때

④ 내국물품을 외국으로 반출하는 경우 : 수출재화의 선적일 또는 기적일

06 다음 중 부가가치세법상 재화와 용역의 공급시기에 대한 연결이 가장 옳은 것은?(81회)

① 사업상 증여 : 증여한 재화를 사용, 소비하는 때

② 전세금 또는 임대보증금을 받는 경우 : 예정신고기간 또는 과세기간 종료일

③ 무인판매기를 이용하여 재화를 공급하는 경우 : 재화가 인도되는 때

④ 판매목적으로 타사업장 반출 시 : 반출된 재화가 고객에게 인도되는 때

07 다음 중 재화 및 용역의 공급시기에 대한 설명으로 옳지 않은 것은?(83회)

① 완성도기준지급조건부 : 대가의 각 부분을 받기로 한 때

② 폐업 시 잔존재화 : 폐업하는 때

③ 내국물품 외국반출(직수출) : 수출재화의 공급가액이 확정되는 때

④ 부동산 전세금에 대한 간주임대료 : 예정신고기간의 종료일 또는 과세기간의 종료일

5 영세율과 면세

● 영세율과 면세

구분	영세	면세
목적	이중과세 방지 (소비지국 과세원칙 실현)	• 역진성 완화 • 국민후생 및 복지 증진
적용대상	• 수출재화, 국외제공용역 • 외국항행용역	• 기초생활필수 재화, 용역 • 국민후생관련 재화, 용역 • 문화관련 재화, 용역 등
특징	완전면세	부분면세
사업자의무	부가가치세법상 납세의무자에 해당	부가가치세법상 납세의무자에 해당하지 않음

1) 영세율

① 영세율은 특정한 재화 · 용역의 공급에 대하여 0%의 세율을 적용하여 부가가치세를 완전히 면제하는 것을 말한다.

② 영세율 적용 사업자는 세율만 10%가 아닌 0%를 적용할 뿐이므로 부가가치세법상 납세의무가 있다. 따라서 부가가치세법상 규정된 **납세의무자로서의 모든 의무**를 이행하여야 한다(사업자등록, 세금계산서발급, 부가가치세 신고 · 납부(환급)).

2) 면세

면세는 일정한 재화와 용역의 공급에 대하여 부가가치세의 납세의무를 원천적으로 면제하는 것을 말한다.

구분	내용
기초생활 필수 재화 · 용역	① **식용 미가공** 농 · 축 · 수 · 임산물 및 소금 ⇨ 국산 · 외산 모두 면세 ② 국내생산 비식용 미가공 농 · 축 · 수 · 임산물 ⇨ 국산만 면세(외산은 과세) ③ **수돗물** ⇨ 생수, 전기는 과세 ④ 연탄 · 무연탄 ⇨ 유연탄(수입, 화력발전소용) · 갈탄 · 착화탄(번개탄)은 과세 ⑤ 여성용 생리처리 위생용품 및 영유아용 기저귀 · 분유 ⑥ 여객운송용역(지하철 · **시내버스·고속버스(일반)** 등) ⇨ 항공기 · **전세버스 · 고속버스(우등)** · 택시 · 특수자동차 · 특종선박 · 고속철도(KTX)는 과세 ⑦ **주택과 그 부수토지 임대용역** ⇨ 사업용 건물(상가)과 그 부수토지 임대용역은 과세

	⑧ 공동주택(아파트) 어린이집의 임대용역(어린이집 원장이 부모들에게 임차료에 대한 세금을 전가시킬 가능성이 높으므로 면세함)
국민후생 재화 · 용역	① 의료 · 보건용역과 혈액 ⇨ **의약품조제용역은 면세(처방전)**, 의약품 단순판매는 과세(박카스) ② 주무관청의 **허가 · 인가**를 받거나 주무관청에 **등록 · 신고**된 **교육용역**(학원)
문화관련 재화 · 용역	① **도서**(대여용역 포함) · **신문**(인터넷신문 포함) · 잡지 · 관보 · 뉴스통신 ⇨ 광고는 과세 ② 예술창작품 ⇨ 골동품 · 모방제작한 미술품은 과세 ③ **예술행사 · 문화행사 · 아마추어 운동경기** ⇨ 프로야구 입장료수입 등은 과세 ④ 도서관 · 과학관 · 박물관 · 미술관 · 동물원 · 식물원에의 입장 ⇨ 오락 · 유흥시설과 함께 있는 동 · 식물원 및 해양수족관은 과세
부가가치 구성요소	① 금융 · 보험용역 ② **토지의 공급** ⇨ 건물의 공급은 과세, 토지(나대지)의 임대는 과세 ③ 일정한 인적용역(저술가 · 작곡가가 직업상 제공하는 인적용역 등) ⇨ 회계사 · 세무사 등 전문자격사업은 과세/국선변호 · 법률구조는 면세
기타	① 우표 · 인지 · 증지 · 복권 · 공중전화 ⇨ **수집용 우표**는 과세 ② 특정한 제조담배(200원 이하 소액담배 · 특수용 담배(군용)) ③ 공익단체(종교 · 자선 · 학술 · 구호 그 밖의 공익목적단체)가 공급하는 재화 · 용역 ④ 국가 · 지방자치단체 · 지방자치단체조합이 공급하는 재화 · 용역(공공재) ⑤ 국가 · 지방자치단체 · 지방자치단체조합 · 일정 공익단체에 무상으로 공급하는 재화 · 용역(국가에게 기부) ⇨ 유상공급은 과세 ⑥ **국민주택의 공급** · 국민주택 건설용역 · 리모델링용역 ⇨ 국민주택규모 초과 주택의 공급은 과세 ⑦ 기타법정의 것

※ **면세의 포기**(전산세무 2급)

① 영세율 적용대상인 재화 또는 용역을 공급하는 면세사업자도 면세포기를 함으로써 매입세액을 공제받을 수 있다.

② 면세의 포기를 신고한 사업자는 신고한 날로부터 3년간 면세 재적용을 받지 못한다.

③ 면세포기는 과세기간 중 언제라도 할 수 있으며 승인을 요하지 아니한다.

cf ~~과세기간 종료일 20일 전에 면세포기신고서를 관할 세무서장에게 제출하여야 한다.~~

④ 면세사업관련 매입세액은 공제받지 못할 매입세액으로 매입원가에 해당한다.

| 전산회계 1급, 이론형 |

01 다음 중 부가가치세법상 영세율에 대한 설명으로 틀린 것은?(71회)

① 완전면세 ② 국제적 이중과세의 방지
③ 세부담의 역진성 완화 ④ 수출산업의 지원

02 다음 중 부가가치세 영세율과 관련된 설명 중 틀린 것은?(82회)

① 영세율은 수출하는 재화에 적용된다.
② 영세율은 완전면세에 해당한다.
③ 직수출하는 재화의 경우에도 세금계산서를 발행, 교부하여야 한다.
④ 영세율은 소비지국 과세원칙을 구현하기 위한 제도이다.

03 다음 중 부가가치세법상 영세율의 특징이 아닌 것은?(70회)

① 수출업자의 자금부담을 줄여서 수출을 촉진한다.
② 사업자의 부가가치세 부담을 완전히 면제해 준다.
③ 국가 간 이중과세를 방지한다.
④ 저소득층의 세부담 역진성을 완화한다.

04 다음 중 부가가치세법상 영세율에 대한 설명으로 가장 틀린 것은?(59회)

① 수출하는 재화뿐만 아니라 국외에서 제공하는 용역도 영세율이 적용된다.
② 영세율이 적용되는 모든 사업자는 세금계산서를 발급하지 않아도 된다.
③ 영세율이 적용되는 경우에는 조기환급을 받을 수 있다.
④ 영세율이 적용되는 사업자는 부가가치세법상 과세사업자이어야 한다.

05 부가가치세법에 의한 재화나 용역의 공급 시 적용되는 세율이 다른 하나는?(65회 특별)

① 일반과세사업자가 면세사업자에게 공급하는 과세재화
② 간이과세사업자가 비사업자인 개인에게 공급하는 과세재화
③ 일반과세사업자가 구매확인서에 의하여 공급하는 과세용역
④ 일반과세사업자의 폐업 시 미판매된 재고자산(매입세액공제됨)

06 다음 중 부가가치세법상 부가가치세가 면제되는 재화 또는 용역이 아닌 것은?(63회 특별)

① 나대지의 임대 ② 국민주택의 공급
③ 미가공식료품 ④ 약사가 제공하는 의약품의 조제용역

07 다음 중 부가가치세 면세대상에 해당하지 않는 것은?(55회)

① 시내버스, 고속버스 등의 여객운송용역
② 대통령령으로 정하고 있는 교육용역
③ 주택임대
④ 미가공식료품

08 다음 중 부가가치세법상 면세대상에 해당하지 않는 것은?(69회)

① 시내버스의 여객운송용역
② 대통령령으로 정하고 있는 교육용역
③ 수집용 우표
④ 미가공식료품

09 다음 중 면세대상에 해당하는 것은 모두 몇 개인가?

㉠ 수돗물	㉡ 도서, 신문	㉢ 가공식료품
㉣ 시내버스운송용역	㉤ 토지의 공급	㉥ 교육용역(허가, 인가받은 경우에 한함)

① 3개
② 4개
③ 5개
④ 6개

10 다음 중 부가가치세의 면세대상이 아닌 것은?(62회)

① 수돗물
② 신문
③ 밀가루
④ 초코우유

11 다음 중 부가가치세 면세대상이 아닌 것은?(74회)

① 약사법에 따른 약사가 제공하는 의약품의 조제용역
② 수돗물
③ 연탄과 무연탄
④ 항공법에 따른 항공기에 의한 여객운송용역

12 다음 중 부가가치세법상 면세대상거래에 해당되지 않는 것은?(78회)

① 보험상품 판매
② 마을버스 운행
③ 일반의약품 판매
④ 인터넷신문 발행

13 다음 중 부가가치세법상 면세대상거래에 해당하는 것은?(80회)

① 운전면허학원의 시내연수
② 프리미엄고속버스 운행
③ 일반의약품에 해당하는 종합비타민 판매
④ 예술 및 문화행사

14 다음 중 부가가치세 면세대상이 아닌 것은?(83회)

① 항공법에 따른 항공기에 의한 여객운송용역의 공급
② 수돗물의 공급
③ 토지의 공급
④ 연탄의 공급

| 전산세무 2급 |

01 다음은 부가가치세법상 영세율과 면세에 대한 설명이다. 옳지 않은 것은?(83회)

① 재화의 공급이 수출에 해당하면 영의 세율을 적용한다.
② 면세사업자는 부가가치세법상 납세의무가 없다.
③ 간이과세자가 영세율을 적용받기 위해서는 간이과세를 포기하여야 한다.
④ 토지를 매각하는 경우에는 부가가치세가 면제된다.

02 다음 중 부가가치세법상 영세율과 면세제도에 관한 설명으로 옳지 않은 것은?(82회)

① 국내거래도 영세율 적용대상이 될 수 있다.
② 면세사업자는 재화의 매입으로 부담한 매입세액을 환급받을 수 없다.
③ 면세의 포기를 신고한 사업자는 신고한 날부터 3년간 부가가치세를 면제받지 못한다.
④ 면세사업자가 영세율과 면세를 동시에 적용할 수 있는 재화를 공급하는 경우에는 영세율을 적용한다.

03 다음 중 부가가치세법상 영세율과 면세에 대한 설명으로 잘못된 것은?(72회)

① 면세제도는 세부담의 누진성을 완화하기 위하여 주로 기초생활필수품 등에 적용하고 있다.

② 선박 또는 항공기에 의한 외국항행용역의 공급에 대하여는 영세율을 적용한다.
③ 영세율은 완전면세제도이고, 면세는 불완전면세제도이다.
④ 국내거래라도 영세율이 적용되는 경우가 있다.

04 다음은 부가가치세법상 면세에 관한 설명이다. 틀린 것은?(75회)

① 면세제도는 부가가치세 부담이 전혀 없는 완전면세형태이다.
② 면세사업자는 부가가치세법상 사업자가 아니다.
③ 면세제도는 부가가치세의 역진성 완화에 그 취지가 있다.
④ 영세율 적용의 대상이 되는 경우 및 학술연구단체 또는 기술연구단체가 공급하는 경우에 한하여 면세포기를 할 수 있다.

05 다음 중 부가가치세법상 과세대상인 것은?(73회)

① 국내생산 비식용 미가공인 농·축·수·임산물
② 국민주택규모를 초과한 주택과 그 부수토지의 임대용역
③ 우표, 인지, 증지, 복권
④ 고속철도에 의한 여객운송용역

06 다음 중 부가가치세법상 과세대상재화에 해당하는 것으로 가장 적절한 것은?(79회)

① 무연탄　　② 토지
③ 도서　　④ 영업권

07 다음 중 부가가치세법상 면세대상이 아닌 것은?(80회)

① 국내에서 생산된 애완용 돼지
② 산후조리용역
③ 국민주택규모를 초과하는 주택의 임대
④ 상가부수토지의 임대용역

08 면세사업만 영위한 사업자가 부가가치세법상 면세의 포기를 신고한 경우 신고한 날부터 몇 년간 부가가치세 면세를 적용받지 못하는가?(72회)

① 3년　　② 1년
③ 5년　　④ 6개월

09 다음 중 부가가치세법상 면세포기에 관한 설명으로 잘못된 것은?(74회)

① 영세율 적용대상인 재화 또는 용역을 공급하는 면세사업자도 면세포기를 함으로써 매입세액을 공제받을 수 있다.

② 면세의 포기를 신고한 사업자는 신고한 날로부터 3년간 면세 재적용을 받지 못한다.

③ 면세포기는 과세기간 종료일 20일 전에 면세포기신고서를 관할 세무서장에게 제출하여야 한다.

④ 면세사업관련 매입세액은 공제받지 못할 매입세액으로 매입원가에 해당한다.

6 세금계산서

● **세금계산서**

<table>
<tr><td colspan="9">전자세금계산서</td><td>승인번호</td><td colspan="2"></td></tr>
<tr><td rowspan="5">공급자</td><td>사업자등록번호</td><td></td><td>종사업장번호</td><td></td><td rowspan="5">공급받는자</td><td>사업자등록번호</td><td></td><td colspan="2">종사업장번호</td><td colspan="2"></td></tr>
<tr><td>상호(법인명)</td><td></td><td>성명(대표자)</td><td></td><td>상호(법인명)</td><td></td><td colspan="2">성명</td><td colspan="2"></td></tr>
<tr><td>사업장주소</td><td colspan="3"></td><td>사업장주소</td><td colspan="5"></td></tr>
<tr><td>업태</td><td></td><td>종목</td><td></td><td>업태</td><td></td><td colspan="2">종목</td><td colspan="2"></td></tr>
<tr><td>이메일</td><td colspan="3"></td><td>이메일</td><td colspan="5"></td></tr>
<tr><td colspan="2">작성일자</td><td colspan="2">공급가액</td><td>세액</td><td colspan="7">수정사유</td></tr>
<tr><td colspan="2"></td><td colspan="2"></td><td></td><td colspan="7"></td></tr>
</table>

※ 부가가치세법 제32조(세금계산서 등) ① 사업자가 재화 또는 용역을 공급(부가가치세가 면제되는 재화 또는 용역의 공급은 제외한다)하는 경우에는 다음 각 호의 사항(필요적 기재사항)을 적은 계산서(이하 '세금계산서'라 한다)를 그 공급을 받는 자에게 발급하여야 한다.

1) 세금계산서의 필요적 기재사항(미기재 시 불공제)

① 공급하는 사업자의 등록번호, 성명(명칭)

② 공급받는 자의 등록번호

③ 공급가액, 부가가치세액

④ 작성연월일

2) 세금계산서 발급의무자

구분			발급
사업자	과세사업자	일반과세자(영세율 포함)	세금계산서
		간이과세자	영수증
	면세사업자		계산서, 영수증
세관장			수입세금계산서

cf 반드시 전자세금계산서를 발급하여야 하는 사업자(발급일의 다음 날까지 전송)

① 법인

② 직전 연도 공급가액 합계액이 3억원 이상인 개인사업자

3) 세금계산서 발급의무 면제

구분	내용
최종소비자, 불특정다수 대상업종	① 택시운송 · 노점 · 행상 · 무인판매기로 재화를 공급하는 경우 ② 소매업, 목욕 · 이발 · 미용업을 영위하는 자가 공급하는 재화 · 용역 ⇨ 소매업의 경우, 공급받는 자가 세금계산서의 발급을 요구하지 않는 경우에만 발급의무가 면제됨 ③ 전자서명법에 따른 공인인증기관이 공인인증서를 발급하는 용역. 다만, 공급받는 자가 사업자로서 세금계산서 발급을 요구하는 경우는 제외
간주관련	① 간주공급 : 자가공급 · 사업상 증여 · 개인적 공급 · 폐업 시 잔존재화의 경우(실제로 주고받지 않았기 때문에 세금계산서 발급의무 없음) ⇨ 단, 판매목적사업장 반출은 세금계산서 발급해야 함 ② 간주임대료
영세율관련	① 수출재화 ② 국외제공용역 ③ 외국항행용역 ⇨ 내국신용장(구매확인서)에 의한 공급, 수출재화 임가공용역, 한국국제협력단(KOICA) 등에 의한 공급은 발급대상

4) 영수증(전산세무 2급)

구분	내용
의미	① 필요적 기재사항 중 공급받는 자의 등록번호와 부가가치세가 없는 증빙 ② 영수증 발급 시 공급자는 VAT 매출세액 납부, 하지만 공급받는 자는 매입세액공제되지 않음

<table>
<tr>
<td rowspan="4">발급 대상자</td>
<td colspan="2">① 간이과세자
② 일반과세자 중 별도로 열거된 업종</td>
</tr>
<tr>
<th>영수증 발급 사업자</th>
<th>세금계산서 발급가능 여부</th>
</tr>
<tr>
<td>• 미용, 욕탕 및 유사서비스업
• 여객운송업(전세버스 운송업 제외)
• 입장권발행 영위사업
• 미용목적 성형수술, 자동차운전학원</td>
<td>발급 불가
(∵ 개인목적의 사용이 많기 때문)</td>
</tr>
<tr>
<td>• 소매업, 음식점업, 숙박업 등</td>
<td>발급가능</td>
</tr>
</table>

5) 수정세금계산서 발급(전산세무 2급)

구분	수정사유
공급한 재화의 환입	• 재화의 환입일이 작성일자(not 당초 작성일자)
계약의 해제로 인한 미공급	• 계약해제일이 작성일자(not 당초 작성일자)
계약의 해지	• 계약의 해지 등에 따라 공급가액의 증감이 발생하는 경우 • 증감사유가 발생한 날이 작성일자(not 당초 작성일자)
내국신용장 발급관련	• 재화·용역을 공급한 후 공급시기가 속하는 과세기간 종료 후 25일 이내에 내국신용장이 개설된 경우 : **당초 작성일자(not 내국신용장이 개설된 날)**
필요적 기재사항 등의 착오기재	• 당초 작성일자 • 처음에 발급한 세금계산서의 내용대로 세금계산서를 붉은색 글씨로 쓰거나 음의 표시를 하여 발급하고, 수정하여 발급하는 세금계산서는 검은색 글씨로 작성하여 발급한다(「부가가치세법」 시행령 제70조 제1항 제9호).

| 전산회계 1급, 이론형 |

01 다음 중 세금계산서에 대한 설명으로 가장 올바르지 않은 것은?(79회)

① 세관장은 수입자에게 세금계산서를 발급하여야 한다.

② 경우에 따라 매입자발행세금계산서 발급이 가능하다.

③ 세금계산서는 원칙적으로 재화 또는 용역의 공급시기에 발급하여야 한다.

④ 면세사업자도 재화를 공급하는 경우 세금계산서를 발급하여야 한다.

02 다음 중 부가가치세법상 세금계산서에 대한 설명으로 틀린 것은?(75회)

① 사업자가 재화 또는 용역을 공급할 때 거래의 증명서류로서 발급한다.
② 법인사업자와 직전연도의 공급가액의 합계액이 3억원 이상인 개인사업자는 세금계산서를 발급하려면 전자세금계산서로 발급하여야 한다.
③ 일반적으로 간이과세자와 면세사업자는 세금계산서를 발급할 수 없다.
④ 부동산임대용역 중 간주임대료는 세금계산서 발급대상이다.

03 다음 중 부가가치세법상 세금계산서에 대한 설명으로 가장 옳지 않은 것은?(83회)

① 법인사업자 및 개인사업자는 반드시 전자세금계산서를 발급하여야 한다.
② 전자세금계산서의 발급기한은 다음 달 10일까지 가능하다.
③ 전자세금계산서는 발급일의 다음 날까지 전자세금계산서 발급명세를 국세청장에게 전송하여야 한다.
④ 수입세금계산서는 세관장이 수입자에게 발급한다.

04 다음 자료에서 세금계산서의 필요적 기재사항이 아닌 것은?(82회)

① 공급하는 사업자의 등록번호 ② 공급연월일
③ 공급받는 자의 등록번호 ④ 공급가액과 부가가치세액

05 다음 중 부가가치세법상 세금계산서의 필요적 기재사항이 아닌 것은?(76회)

① 공급하는 사업자의 등록번호와 성명 또는 명칭
② 공급받는 자의 등록번호
③ 공급받는 자의 상호 또는 성명
④ 작성연월일

06 다음은 사업자 간의 거래내용이다. ㈜용감이 전자세금계산서를 발행하고자 할 때, 다음 내용에 추가적으로 반드시 있어야 하는 필요적 기재사항은 무엇인가?(52회)

> ㈜용감(사업자 등록번호 : 129-86-49875, 대표자 : 신보라)은 ㈜강남스타일(사업자 등록번호 : 124-82-44582, 대표자 : 박재상)에게 소프트웨어 프로그램 2개를 10,000,000원(부가가치세 별도)에 공급하였다.

① 공급받는 자의 사업장주소 ② 작성연월일
③ 업태 및 종목 ④ 품목 및 수량

07 다음 중 세금계산서의 필요적 기재사항이 아닌 것은?(57회)

① 공급가액과 부가가치세액　　② 작성연월일
③ 공급받는 자의 등록번호　　④ 공급하는 자의 주소

08 다음 자료에서 세금계산서의 필수적 기재사항을 모두 모은 것은?(58회)

㉠ 공급하는 사업자의 등록번호와 성명 또는 명칭
㉡ 공급받는자의 등록번호
㉢ 공급가액과 부가가치세액
㉣ 공급연월일
㉤ 작성연월일

① ㉠－㉡－㉢　　② ㉠－㉡－㉢－㉣
③ ㉠－㉡－㉢－㉤　　④ ㉠－㉡－㉢－㉣－㉤

09 다음 자료에서 세금계산서의 필수적 기재사항으로만 바르게 짝지어진 것은?(72회)

㉠ 공급하는 사업자의 등록번호와 성명 또는 명칭
㉡ 공급받는자의 등록번호
㉢ 공급가액과 부가가치세액
㉣ 공급연월일

① ㉠－㉡－㉢　　② ㉠－㉡－㉣
③ ㉠－㉢－㉣　　④ ㉠－㉡－㉢－㉣

10 다음은 세금계산서의 일부이다. 부가가치세법상 필요적 기재사항이 아닌 것은?(64회)

<table>
<tr><td colspan="8">전자세금계산서</td><td>승인번호</td><td colspan="3"></td></tr>
<tr><td rowspan="5">공급자</td><td>사업자등록번호</td><td>①</td><td>종사업장번호</td><td></td><td rowspan="5">공급받는자</td><td>사업자등록번호</td><td colspan="2"></td><td>종사업장번호</td><td colspan="2"></td></tr>
<tr><td>상호(법인명)</td><td></td><td>성명(대표자)</td><td></td><td>상호(법인명)</td><td colspan="2"></td><td>성명</td><td colspan="2">④</td></tr>
<tr><td>사업장주소</td><td colspan="3"></td><td>사업장주소</td><td colspan="5"></td></tr>
<tr><td>업태</td><td></td><td>종목</td><td></td><td>업태</td><td colspan="2"></td><td>종목</td><td colspan="2"></td></tr>
<tr><td>이메일</td><td colspan="3"></td><td>이메일</td><td colspan="5"></td></tr>
<tr><td colspan="2">작성일자</td><td colspan="2">공급가액</td><td>세액</td><td colspan="7">수정사유</td></tr>
<tr><td colspan="2">②</td><td colspan="2">③</td><td></td><td colspan="7"></td></tr>
</table>

11 다음은 세금계산서의 일부이다. 부가가치세법상 필요적 기재사항이 아닌 것은?(63회 특별)

<table>
<tr><td colspan="7">전자세금계산서</td><td>승인번호</td><td colspan="2"></td></tr>
<tr><td rowspan="5">공급자</td><td>사업자등록번호</td><td></td><td>종사업장번호</td><td></td><td rowspan="5">공급받는자</td><td>사업자등록번호</td><td>④</td><td>종사업장번호</td><td></td></tr>
<tr><td>상호(법인명)</td><td></td><td>성명(대표자)</td><td>①</td><td>상호(법인명)</td><td></td><td>성명</td><td></td></tr>
<tr><td>사업장주소</td><td colspan="3">②</td><td>사업장주소</td><td colspan="3"></td></tr>
<tr><td>업태</td><td></td><td>종목</td><td></td><td>업태</td><td></td><td>종목</td><td></td></tr>
<tr><td>이메일</td><td colspan="3"></td><td>이메일</td><td colspan="3"></td></tr>
<tr><td colspan="2">작성일자</td><td>공급가액</td><td colspan="2">세액</td><td colspan="5">수정사유</td></tr>
<tr><td colspan="2">③</td><td></td><td colspan="2"></td><td colspan="5"></td></tr>
</table>

12 부가가치세법상 세금계산서의 필요적 기재사항이 아닌 것은?(67회 특별)

① 공급하는 자의 사업자등록번호 ② 공급연월일
③ 공급가액과 부가가치세액 ④ 공급받는 자의 사업자등록번호

13 다음 중 세금계산서의 원칙적인 발급시기로서 옳은 것은?

① 재화 또는 용역의 공급시기
② 재화 또는 용역의 공급시기가 속하는 달의 말일까지
③ 재화 또는 용역의 공급시기가 속하는 달의 다음 달 10일까지
④ 재화 또는 용역의 공급시기가 속하는 달의 다음 달 15일까지

14 부가가치세법상 법인사업자가 전자세금계산서를 발급하는 경우 전자세금계산서 발급명세서를 언제까지 국세청장에게 전송하여야 하는가?(59회)

① 전자세금계산서 발급일의 다음 날
② 전자세금계산서 발급일의 일주일 이내
③ 전자세금계산서 발급일이 속하는 달의 다음 달 10일 이내
④ 전자세금계산서 발급일이 속하는 예정신고기한 또는 확정신고기한 이내

15 부가가치세법상 법인사업자와 전자세금계산서 발급의무자인 개인사업자가 전자세금계산서를 발급하는 경우에, 전자세금계산서 발급명세서를 언제까지 국세청장에게 전송하여야 하는가?(65회)

① 전자세금계산서 발급일이 속하는 달의 다음 달 10일 이내
② 전자세금계산서 발급일의 2일 이내

③ 전자세금계산서 발급일의 일주일 이내
④ 전자세금계산서 발급일의 다음 날까지

16 다음 중 전자세금계산서를 의무적으로 발급해야 하는 사업자로 가장 적절한 것은?(61회)

① 휴대폰을 판매하는 법인사업자
② 음식점을 운영하는 간이사업자
③ 배추를 재배해서 판매하는 영농조합법인
④ 입시학원을 운영하는 개인사업자

17 다음 중 세금계산서 발급의무가 면제되는 경우에 해당되지 않는 항목은?(51회)

① 내국신용장 또는 구매확인서에 의하여 공급하는 재화
② 판매목적 타사업장 반출을 제외한 간주공급
③ 부동산임대용역 중 간주임대료
④ 택시운송사업자가 제공하는 용역

18 다음 중 세금계산서 발급의무 면제대상으로 틀린 것은?

① 개인적 공급
② 판매목적 타사업장 반출
③ 간주임대료
④ 폐업 시 잔존재화

19 다음 중 부가가치세법상 세금계산서 발급의무가 면제되는 경우에 해당되지 않는 것은?(63회)

① 택시운송사업자, 노점 또는 행상을 하는 사람, 그 밖에 기획재정부령으로 정하는 사업자가 공급하는 재화 또는 용역
② 부동산임대용역 중 간주임대료
③ 미용, 욕탕 및 유사 서비스업을 경영하는 자가 공급하는 용역
④ 소매업을 경영하는 자가 사업자에게 공급하는 재화 또는 용역

20 다음 중 부가가치세법상 세금계산서 발급의무 면제대상이 아닌 것은?(70회)

① 직매장반출을 제외한 간주공급에 해당하는 재화의 공급
② 부동산임대용역 중 간주임대료
③ 일반과세자로서 전세버스운송사업을 영위하는 자
④ 미용업 또는 욕탕업을 경영하는 자가 공급하는 용역

21 다음 중 세금계산서 발급의무의 면제에 해당하지 않는 것은?(단, 과세사업자를 전제한다)(72회)

① 미용, 욕탕 및 유사 서비스업을 경영하는 자가 공급하는 재화 또는 용역
② 부동산임대에 따른 간주임대료
③ 도매업을 영위하는 자가 공급하는 재화 · 용역
④ 무인판매기를 이용하여 재화와 용역을 공급하는 자

22 다음 중 부가가치세법상 세금계산서 발급의무가 면제되지 않는 것은?(77회)

① 미용, 욕탕업을 영위하는 자가 제공하는 용역
② 공급받는 자에게 신용카드매출전표 등을 발급한 경우 해당 재화 또는 용역
③ 부동산임대용역 중 간주임대료
④ 내국신용장 · 구매확인서에 의하여 공급하는 재화

| 전산세무 2급 |

01 다음 중 세금계산서를 발급해야 하는 거래인 것은?(75회)

① 소매업자가 공급하는 재화로서 상대방이 세금계산서 발급을 요구하지 않는 경우
② 판매목적 타사업장 반출을 제외한 재화의 간주공급
③ 국내사업장이 있는 비거주자 또는 외국법인에게 공급하는 외화획득용역
④ 부동산임대에서 발생한 간주임대료에 대한 부가가치세를 임대인이 부담하는 경우

02 다음은 부가가치세법상 전자세금계산서에 대한 설명이다. 틀린 것은?(71회)

① 전자세금계산서 발급의무자가 전자세금계산서를 지연전송한 경우 공급가액의 1% 가산세가 적용된다.
② 월합계로 발급하는 세금계산서는 재화 및 용역의 공급일이 속하는 달의 다음 달 10일까지 세금계산서를 발급할 수 있다.
③ 전자세금계산서를 발급한 사업자가 국세청장에게 전자세금계산서 발급명세를 전송한 경우에는 세금계산서의 보존의무가 면제된다.
④ 직전연도의 사업장별 공급가액의 합이 3억원 이상인 개인사업자는 전자세금계산서를 발행하여야 한다.

03 다음 중 부가가치세법상 세금계산서 발급의무 면제대상이 아닌 것은?(73회)

① 국외제공용역
② 보세구역 내에서의 국내업체 간의 재화공급
③ 무인판매기를 이용하여 재화를 공급하는 자
④ 부동산임대용역 중 전세금 또는 임대보증금에 대한 간주임대료

04 다음 중 세금계산서 발급의무의 면제대상이 아닌 것은?(79회)

① 택시운송사업자가 공급하는 재화 또는 용역
② 미용, 욕탕 및 유사 서비스업을 경영하는 자가 공급하는 재화 또는 용역
③ 내국신용장 또는 구매확인서에 의하여 공급하는 수출용 재화
④ 부동산임대용역 중 간주임대료

05 다음 중 부가가치세법에서 정한 재화 또는 용역의 공급시기에 공급받는 자가 사업자등록증을 제시하고 세금계산서 발급을 요구하는 경우에도 세금계산서를 발급할 수 없는 사업자는?(80회)

① 소매업
② 음식점업
③ 전세버스운송사업
④ 항공여객운송사업

06 다음 중 부가가치세법상 수정(전자)세금계산서 발급사유와 발급절차에 관한 설명으로 잘못된 것은?(74회)

① 상대방에게 공급한 재화가 환입된 경우 수정(전자)세금계산서의 작성일은 재화가 환입된 날을 적는다.
② 계약의 해제로 재화·용역이 공급되지 않은 경우 수정(전자)세금계산서의 작성일은 계약해제일을 적는다.
③ 계약의 해지 등에 따라 공급가액에 추가 또는 차감되는 금액이 발생한 경우 수정(전자)세금계산서의 작성일은 증감사유가 발생한 날을 적는다.
④ 재화·용역을 공급한 후 공급시기가 속하는 과세기간 종료 후 25일 이내에 내국신용장이 개설된 경우 수정(전자)세금계산서의 작성일은 내국신용장이 개설된 날을 적는다.

07 부가가치세법상 수정(전자)세금계산서 작성일을 적고자 한다. 다음 중 작성일을 소급하여 처음에 발급한 (전자)세금계산서의 작성일을 적어야 하는 것은?(79회)

① 계약의 해지로 공급가액에 감소되는 금액이 발생한 경우
② 처음에 공급한 재화가 환입된 경우
③ 세율을 잘못 적용한 경우
④ 계약의 해제로 재화가 공급되지 아니한 경우

08 다음 중 세금계산서의 필요적 기재사항이 아닌 것은?(83회)

① 공급하는 자의 상호 또는 성명
② 공급가액과 부가가치세
③ 공급받는 자의 사업자등록번호
④ 공급연월일

7 과세표준

● **과세표준**

매출액(과세표준)	⇨ 1. 과세표준에 포함되는 금액, 2. 과세표준에 포함하지 않는 금액
−매입액(공제)	⇨ 3. 과세표준에서 공제하지 않는 금액
부가가치	

1) 과세표준(공급가액)에 포함되는 금액

① 할부판매 및 장기할부판매의 이자상당액
② 대가의 일부로 받은 운송비 · 포장비 · 하역비 · 운송보험료 · 산재보험료
③ 개별소비세 · 주세 및 교통 · 에너지 · 환경세가 과세되는 재화나 용역

2) 과세표준(공급가액)에 포함하지 않는 금액

① 부가가치세
② 매출에누리 · 매출환입액 · 매출할인액
③ 공급대가의 지급이 지연되어 받는 연체이자
④ 공급받는 자에게 도달하기 전에 파손 · 멸실된 재화의 가액

⑤ 재화 · 용역의 공급과 직접 관련되지 아니하는 **국고보조금 · 공공보조금**
⑥ 반환조건부 포장용기 및 반환보증금(부채성격)
⑦ 용역대가와 봉사료를 구분하여 기재한 경우로서 봉사료를 해당 종업원에게 지급한 사실이 확인되는 경우
⑧ 공급받는 자가 부담하는 원재료

3) 과세표준(공급가액)에서 공제하지 않는 금액

① 판매장려금지급액
② 하자보증금
③ 대손금

4) 거래형태별 과세표준(전산세무 2급)

구분		내용
외상판매, 할부판매		공급한 재화의 총가액
장기할부판매, 완성도기준지급, 중간지급조건부		계약에 따라 받기로 한 대가의 각 부분 (not 실제 받은 금액)
수출 시 외국통화로 대가를 받는 경우		• 공급시기 도래 전 원화로 (미리)환가한 경우 : 환가한 금액 • 공급시기 이후 외국 통화로 받는 경우 : 공급시기 기준환율(선적일)
간주공급	비상각자산(재고자산)	시가
	상각자산	간주시가 = 취득가액 × (1 − %* × 경과기간 수) * **건물, 구축물 : 5%** **기타 : 25%**

| 전산회계 1급, 이론형 |

01 다음의 부가가치세 과세표준에 관한 설명 중 옳지 않은 것은?(80회)

① 일반과세자의 과세표준은 공급대가의 금액으로 한다.
② 대손금은 과세표준에 포함하였다가 대손세액으로 공제한다.
③ 매출에누리와 환입은 과세표준에 포함되지 않는다.
④ 공급받는 자에게 도달하기 전에 파손, 멸실된 재화의 가액은 과세표준에 포함되지 않는다.

02 다음 중 부가가치세 과세표준(공급가액)에 포함하는 항목인 것은?(73회)

① 매출할인, 매출에누리 및 매출환입액
② 할부판매, 장기할부판매의 경우 이자상당액
③ 재화 · 용역의 공급과 직접 관련이 없는 국고보조금과 공공보조금
④ 공급대가의 지급지연으로 인하여 받은 연체이자

03 다음 중 부가가치세 과세표준에 포함되는 것은?(75회)

① 공급에 대한 대가의 지급이 지체되었음을 이유로 받는 연체이자
② 환입된 재화의 가액
③ 공급대가를 약정기일 전에 받아 사업자가 당초의 공급가액에서 할인해 준 금액
④ 공급받는 자에게 도달한 후에 파손되거나 훼손되거나 멸실한 재화의 가액

04 다음 중 부가가치세의 과세표준에 포함되는 항목은 어느 것인가?(60회)

① 재화 또는 용역을 공급하고 외상매출금이나 그 밖의 매출채권의 일부 또는 전부를 회수할 수 없는 경우의 대손금액
② 재화 또는 용역의 공급과 직접 관련되지 아니하는 국고보조금과 공공보조금
③ 환입된 재화의 가액
④ 공급에 대한 대가의 지급이 지체되었음을 이유로 받는 연체이자

05 다음 중 부가가치세법상 공급가액에 포함되는 것은?(56회)

① 환입된 재화의 가액
② 공급에 대한 대가를 약정기일 전에 받았다는 이유로 사업자가 당초의 공급가액에서 할인해 준 금액
③ 사업자가 재화 또는 용역을 공급받는 자에게 지급하는 장려금
④ 공급받는 자에게 도달하기 전에 파손되거나 훼손되거나 멸실한 재화의 가액

06 부가가치세법상 과세표준에 포함되지 않는 것은?(57회)

① 관세
② 개별소비세
③ 할부거래에 따른 이자액
④ 매출에누리

07 다음 중 부가가치세법상 '과세표준에서 공제하지 않는 것'에 해당하지 않는 것은?(63회 특별)

① 대손금 ② 판매장려금
③ 하자보증금 ④ 매출에누리

08 다음 중 부가가치세법상 과세표준의 산정방법이 옳지 않은 것은?(51회)

① 재화의 공급에 대하여 부당하게 낮은 대가를 받는 경우 : 자기가 공급한 재화의 시가
② 재화의 공급에 대하여 대가를 받지 아니하는 경우 : 자기가 공급한 재화의 시가
③ 특수관계인에게 용역을 공급하고 부당하게 낮은 대가를 받는 경우 : 자기가 공급한 용역의 시가
④ 특수관계 없는 타인에게 용역을 공급하고 대가를 받지 아니하는 경우 : 자기가 공급한 용역의 시가

8 매입세액 불공제, 의제매입세액공제, 간이과세자

● 매입세액 불공제

① 사업 무관지출 매입세액
② 등록 전 매입세액~~(사업자등록신청일부터 역산하여 20일 이내의 매입세액은 공제가 가능)~~〈개정〉
(단, 공급시기가 속하는 과세기간이 끝난 후 20일 이내에 등록신청한 경우 그 과세기간 내의 매입세액은 공제허용)
③ 세금계산서 미수취 · 부실기재 및 합계표의 미제출 · 부실기재
④ 비영업용 소형승용차 구입 · 임차 · 유지관련 매입세액
⑤ 토지관련 매입세액
⑥ 면세사업 등 관련 매입세액
⑦ 접대비관련 매입세액

● 의제매입세액공제

과세사업자가 ① 면세로 농산물 등을 구입하여 제조 · 가공한 재화 · 용역의 공급이 ② 과세되는 경우(면세를 포기하여 영세율이 적용되는 경우는 제외)에는 매입액에 소정

의 비율을 곱한 금액을 매입세액으로서 공제함(누적효과를 완화하기 위한 제도임)

● **간이과세자(전산세무 2급)**

구분	내용
의의	영세 소규모 개인사업자의 부가가치세 부담을 덜어주기 위한 제도
적용대상자	직전연도의 재화와 용역의 **공급대가**(not 공급가액) 4,800만원에 미달 + **개인사업자(not 법인)**
간이과세 적용배제	• 광업 • 제조업(과자점업, 도정업, 제분업, 양복점업 등 제외) • 도매업(재생용 재료수집 및 판매업 제외) • 부동산매매업 • 부동산임대업으로서 기획재정부령이 정하는 것 *cf* 음식점업은 간이과세 적용가능
간이과세자의 의제매입세액 공제	음식점업 및 중소제조업을 영위하는 간이과세자가 면세농산물 등을 원재료로 하여 제조, 가공한 재화, 용역의 공급이 과세되는 경우 가능
납세의무 면제	해당 과세기간 공급대가 합계 3,000만원 미만

| 전산회계 1급, 이론형 |

01 다음 중 부가가치세에 대한 설명으로 틀린 것은?(74회)

① 부가가치세는 전단계 세액공제법을 채택하고 있다.
② 부가가치세는 0% 또는 10%의 세율을 적용한다.
③ 면세사업과 관련한 매입세액은 부가가치세 매입세액공제가 불가능하다.
④ 접대비 및 이와 유사한 지출도 사업과 관련이 있는 지출이므로 부가가치세 매입세액공제가 가능하다.

02 부가가치세법상 매입세액으로 공제가 불가능한 경우로 옳은 것은?(56회)

① 소매업자가 사업과 관련하여 받은 간이영수증에 의한 매입세액
② 음식업자가 계산서를 받고 구입한 농산물의 의제매입세액
③ 신용카드매출전표 등 적격증빙 수령분 매입세액
④ 종업원 회식비와 관련된 매입세액

03 다음 중 부가가치세 불공제대상 매입세액이 아닌 것은?(모두 세금계산서를 교부받았고 업무와 관련된 것임)

① 프린터기 매입세액
② 업무용 승용차(5인승, 2500cc) 매입세액(비영업용임)
③ 토지의 취득부대비용관련 매입세액
④ 접대비관련 매입세액

04 다음 중 부가가치세법상 매입세액공제가 가능한 것은?(59회)

① 면세사업에 사용하기 위하여 구입한 기계장치 매입세액(전자세금계산서 수취함)
② 음식점을 영위하는 개인사업자가 계산서 등을 수취하지 아니하고 면세로 구입한 농산물의 의제매입세액
③ 거래처에 선물하기 위한 물품구입 매입세액(세금계산서 등을 수취함)
④ 제조업을 영위하는 사업자가 농민으로부터 면세로 구입한 농산물의 의제매입세액

05 부가가치세법상 공제가능한 매입세액으로 옳은 것은?(67회 특별)

① 면세사업관련 매입세액
② 비영업용 소형자동차(1,000cc 초과)의 구입과 유지에 관한 매입세액
③ 직원의 복리후생관련한 매입세액
④ 사업과 직접 관련이 없는 지출에 대한 매입세액

06 다음 중 부가가치세 매입세액으로 공제되는 것은?(69회)

① 기계부품 제조업자가 원재료를 매입하고 신용카드매출전표를 수취한 경우
② 농산물(배추) 도매업자가 운송용 트럭을 매입하는 경우
③ 거래처에 접대하기 위하여 선물을 매입하는 경우
④ 비사업자로부터 원재료를 매입하면서 세금계산서 등을 수취하지 않은 경우

07 부가가치세법상 다음의 매입세액 중 매출세액에서 공제되는 매입세액은?(76회)

① 접대비관련 매입세액
② 면세사업관련 매입세액
③ 화물차 구입관련 매입세액
④ 사업과 직접 관련 없는 지출에 대한 매입세액

| 전산세무 2급 |

01 다음 중 부가가치세 공급가액에 포함되지 않는 것은?(78회)

① 할부판매 및 장기할부판매의 이자상당액
② 대가의 일부로 받은 운송보험료
③ 특수관계인에게 공급하는 재화 또는 부동산임대용역
④ 공급받는 자에게 도달하기 전에 공급자의 귀책사유로 인하여 파손, 훼손 또는 멸실된 재화의 가액

02 부가가치세법상 간주공급(공급의제)의 과세표준 산출 시 감가상각자산에 적용하는 상각률을 5%로 적용해야 하는 것은?(77회)

① 건물
② 차량운반구
③ 비품
④ 기계장치

03 다음 중 부가가치세 납부세액 계산 시 공제대상 매입세액에 해당되는 것은?(75회)

① 사업과 무관한 부가가치세 매입세액
② 공장부지 및 택지의 조성 등에 관련된 부가가치세 매입세액
③ 자동차판매업의 영업에 직접 사용되는 8인승 승용자동차 부가가치세 매입세액
④ 거래처 체육대회 증정용 과세물품 부가가치세 매입세액

04 다음 중 부가가치세법상 공제되는 매입세액이 아닌 것은?(78회)

① 공급시기 이후에 발급하는 세금계산서로서 해당 공급시기가 속하는 과세기간에 대한 확정신고기한 경과 후 발급받은 경우 당해 매입세액
② 매입처별 세금계산서합계표를 경정청구나 경정 시에 제출하는 경우 당해 매입세액
③ 예정신고 시 매입처별 세금계산서합계표를 제출하지 못하여 해당 예정신고기간이 속하는 과세기간의 확정신고 시에 제출하는 경우 당해 매입세액
④ 발급받은 전자세금계산서로서 국세청장에게 전송되지 아니하였으나 발급한 사실이 확인되는 경우 당해 매입세액

05 다음 설명 중 맞는 것은?(81회)

① 부가가치세 예정신고기간에 대손요건을 갖춘 경우 예정신고 시 반드시 대손세액공제신고를 하여야 한다.

② 비영업용 소형승용차의 구입비용은 매입세액공제가 안 되지만, 사업에 직접 사용이 입증된 임차와 유지비용은 매입세액공제대상이다.
③ 사업에 직접 사용이 입증된 접대비는 매입세액공제대상이다.
④ 토지의 조성 등을 위한 자본적 지출과 관련된 매입세액은 매입세액을 공제받지 못한다.

06 다음 중 부가가치세법상 신용카드매출전표 발행에 따른 세액공제에 대한 설명으로 잘못된 것은?(76회)

① 음식점업 또는 숙박업을 하는 간이과세자의 경우 발급금액 또는 결제금액에 2.6퍼센트를 곱한 금액을 납부세액에서 공제한다.
② 신용카드매출전표 등 발행세액공제의 각 과세기간별 한도는 500만원이다.
③ 직전연도의 재화 또는 용역의 공급가액의 합계액이 사업장을 기준으로 10억원을 초과하는 개인사업자는 신용카드매출전표 등 발행세액공제를 적용할 수 없다.
④ 법인사업자는 신용카드매출전표 등 발행세액공제를 적용받을 수 없다.

07 다음 중 2018년 현재 연매출 2억원인 개인음식점(과세유흥장소 아님)을 운영하는 과세사업자의 부가가치세법상 의제매입세액 공제율로 옳은 것은?(77회)

① 2/102 ② 6/106 ③ 8/108 ④ 9/109

08 다음 중 부가가치세법상 의제매입세액공제에 관한 내용으로 틀린 것은?(81회)

① 간이과세자는 음식업자와 제조업자에 한해서만 의제매입세액공제를 받을 수 있다.
② 일반과세자인 음식점은 정규증빙 없이 농어민으로부터 구입 시 의제매입세액공제를 받을 수 없다.
③ 의제매입세액의 공제대상이 되는 면세농산물 등의 매입가액은 운임 등의 부대비용을 포함하지 않는다.
④ 유흥주점 외 법인음식점의 의제매입세액 공제율은 8/108로 한다.

09 다음 중 부가가치세법상 간이과세자 적용배제 업종이 아닌 것은?(82회)

① 음식점업
② 광업
③ 도매업(재생용 재료수집 및 판매업 제외)
④ 부동산매매업

9 납부세액(계산문제)

● **납부세액**

★매출액(과세표준)	× 10% =	★매출세액
−매입액	× 10% =	−★매입세액
부가가치		★납부세액(부가가치세액)

| 전산회계 1급, 계산형 |

▶ 과세표준

01 다음 자료를 이용하여 부가가치세 과세표준을 계산하면 얼마인가?(81회)

- 매출액 : 70,000,000원
- 대손금액 : 1,100,000원
- 매출에누리 : 5,000,000원
- 매입에누리 : 5,000,000원

① 60,000,000원 ② 65,000,000원 ③ 68,900,000원 ④ 70,000,000원

02 다음 자료를 이용하여 부가가치세의 과세표준을 계산하면 얼마인가?(단, 아래 금액에는 부가가치세가 포함되지 않았다)(79회)

- 총매출액 : 1,000,000원
- 매출할인 : 50,000원
- 공급대가의 지급지연에 따른 연체이자 : 30,000원
- 폐업 시 잔존재화의 장부가액 : 300,000원(시가 400,000원)

① 1,320,000원 ② 1,350,000원 ③ 1,380,000원 ④ 1,450,000원

03 다음 자료에 의하여 계산 시 부가가치세법상 일반과세자의 부가가치세 과세표준은 얼마인가?(66회)

- 총매출액 : 10,000,000원
- 매출에누리액 : 2,000,000원
- 판매장려금 : 500,000원

① 7,500,000원 ② 8,000,000원 ③ 9,500,000원 ④ 10,000,000원

04 다음 자료에 의한 부가가치세법상 일반과세자의 부가가치세 과세표준은 얼마인가?(68회)

> • 총매출액 : 10,000,000원
> • 매출에누리액 : 2,000,000원
> • 총매입액 : 5,000,000원
> • 신용카드발행공제 : 400,000원
> • 대손금 : 1,000,000원

① 2,600,000원
② 3,000,000원
③ 7,000,000원
④ 8,000,000원

05 다음 중 부가가치세법상 일반과세사업자의 부가가치세 과세표준금액은 얼마인가?(모든 금액은 부가가치세 제외금액임)(77회)

> • 총매출액 : 120,000,000원(영세율 매출액 30,000,000원 포함)
> • 매출할인및에누리액 : 5,000,000원
> • 매출환입액 : 7,000,000원
> • 대손금 : 3,000,000원
> • 총매입액 : 48,000,000원

① 108,000,000원
② 70,000,000원
③ 60,000,000원
④ 57,000,000원

06 다음 자료에 의한 부가가치세 과세표준을 계산하면 얼마인가?(63회)

> • 총매출액 : 50,000,000원
> • 매출에누리액 : 4,000,000원
> • 매출할인 : 3,000,000원
> • 대손금 : 2,000,000원

① 40,000,000원
② 43,000,000원
③ 48,000,000원
④ 50,000,000원

07 다음 자료에 의하여 부가가치세법상 일반과세자의 부가가치세 과세표준을 계산하면 얼마인가?(71회)

> • 세금계산서 교부분 공급가액 : 10,000,000원(영세율 4,000,000원 포함)
> • 신용카드매출전표상의 매출액 : 1,100,000원(부가가치세액 포함금액임)

① 6,000,000원
② 6,100,000원
③ 11,000,000원
④ 11,100,000원

08 ㈜성실은 2018년 3월 5일 폐업하였다. 폐업 시 자산보유내역은 다음과 같다. 부가가치세 신고 시의 과세표준은 얼마인가?(82회)

> • 재고자산 : 원가 7,000,000원(시가 8,000,000원)

① 0원　　② 1,000,000원
③ 7,000,000원　　④ 8,000,000원

09 부가가치세 과세사업을 영위하던 김관우 씨는 2014년 2월 10일에 해당 사업을 폐업하였다. 폐업할 당시에 잔존하는 재화가 다음과 같다면 그 부가가치세 과세표준은 얼마인가?(당초에 매입할 당시 매입세액공제를 받았음)(58회)

> • 상품(2013년 12월 1일 취득)　취득가액 : 15,000,000원　시가 : 10,000,000원
> • 토지(2010년 11월 1일 취득)　취득가액 : 5,000,000원　시가 : 15,000,000원

① 10,000,000원　　② 15,000,000원
③ 20,000,000원　　④ 25,000,000원

10 다음 자료에 의하여 부가가치세 과세표준을 계산하면 얼마인가?(65회)

> • 발급한 세금계산서 중 영세율세금계산서의 공급가액은 1,500,000원이고, 그 외의 매출, 매입과 관련된 영세율거래는 없다.
> • 세금계산서를 받고 매입한 물품의 공급가액은 6,200,000원이고, 이 중 사업과 관련이 없는 물품의 공급가액 400,000원이 포함되어 있다.
> • 납부세액은 270,000원이다.

① 7,000,000원　　② 8,500,000원
③ 10,000,000원　　④ 11,500,000원

▶ 매출세액

01 다음 자료에 의하여 일반과세자 김세무의 부가가치세 매출세액을 계산하면 얼마인가?(60회)

> • 납부세액은 100,000원이다.
> • 세금계산서를 받고 매입한 물품의 공급가액은 3,000,000원이고 이 중 사업과 관련이 없는 물품의 공급가액 200,000원이 포함되어 있다.
> • 매입에 대한 영세율세금계산서는 없다.

① 360,000원 ② 380,000원
③ 400,000원 ④ 420,000원

02 다음 자료에 의하여 부가가치세 매출세액을 계산하면 얼마인가?(62회)

- 발급한 세금계산서 중 영세율세금계산서의 공급가액은 2,400,000원이고, 매입과 관련된 영세율세금계산서는 없다.
- 세금계산서를 받고 매입한 물품의 공급가액은 15,000,000원이고, 이 중 사업과 관련이 없는 물품의 공급가액 1,500,000원이 포함되어 있다.
- 납부세액은 1,500,000원이다.

① 2,850,000원 ② 3,000,000원
③ 3,090,000원 ④ 3,150,000원

▶ 매입세액

01 다음 중 부가가치세법상 매입세액공제가 가능한 금액은?(53회)

- 접대비 지출에 대한 매입세액 : 100,000원
- 면세사업과 관련된 매입세액 : 100,000원
- 토지관련 매입세액 : 100,000원

① 0원 ② 100,000원
③ 200,000원 ④ 300,000원

02 대천종합상사는 2011년 4월 15일에 사업을 개시하고, 4월 30일에 사업자등록신청을 하여, 5월 2일에 사업자등록증을 교부받았다. 다음 중 대천종합상사의 제1기 부가가치세 확정신고 시 공제가능매입세액은 얼마인가?(단, 모두 세금계산서를 받은 것으로 가정한다)

- 3월 15일 : 상품구입액 300,000원(매입세액 30,000원) – 대표자 주민번호 기재분
- 4월 15일 : 비품구입액 500,000원(매입세액 50,000원) – 대표자 주민번호 기재분
- 5월 10일 : 접대비사용액 200,000원(매입세액 20,000원)
- 6월 4일 : 상품구입액 1,000,000원(매입세액 100,000원)

① 100,000원 ② 120,000원
③ 150,000원 ④ 170,000원

▶ 납부세액, 부가가치세액

01 다음 자료에 의하여 상품판매기업의 부가가치세 납부세액을 계산하면 얼마인가?(57회)

- 상품매출액은 52,415,000원으로 전액 현금매출분으로 부가가치세가 포함된 공급대가임
- 세금계산서를 받고 매입한 상품의 공급가액의 합계액은 28,960,000원이고, 이 중 거래처에 지급할 선물구입비 1,500,000원(공급가액)이 포함되어 있음

① 1,719,000원　② 2,019,000원
③ 2,345,500원　④ 2,499,500원

02 ㈜평화는 일반과세사업자이다. 다음 자료에 대한 부가가치세액은 얼마인가?(단, 거래금액에는 부가가치세가 포함되어 있지 않다)(55회)

• 외상판매액	20,000,000원
• 사장 개인사유로 사용한 제품(원가 800,000원, 시가 1,200,000원)	800,000원
• 비영업용 소형승용차(2,000CC) 매각대금	1,000,000원
• 화재로 인하여 소실된 제품	2,000,000원
계	23,800,000원

① 2,080,000원　② 2,120,000원
③ 2,220,000원　④ 2,380,000원

03 다음 자료에 의하여 부가가치세신고서상 일반과세사업자가 납부해야 할 부가가치세 금액은?(69회)

- 전자세금계산서 교부에 의한 제품매출액 : 28,050,000원(공급대가)
- 지출증빙용 현금영수증에 의한 원재료매입액 : 3,000,000원(부가가치세 별도)
- 신용카드에 의한 제품운반용 소형화물차 구입 : 15,000,000원(부가가치세 별도)
- 신용카드에 의한 매출거래처 선물구입 : 500,000원(부가가치세 별도)

① 700,000원　② 750,000원
③ 955,000원　④ 1,050,000원

04 다음 자료에 의하여 부가가치세법상 제조업을 영위하는 일반과세사업자가 납부해야 할 부가가치세액은?(78회)

> • 전자세금계산서 교부에 의한 제품매출액 : 48,400,000원(공급대가)
> • 지출증빙용 현금영수증에 의한 원재료매입액 : 30,800,000원(부가세 별도)
> • 신용카드에 의한 업무용 승용차(1,200CC) 구입 : 13,000,000원(부가세 별도)

① 1,320,000원　　② 1,160,000원
③ 720,000원　　④ 20,000원

● 부가가치세 신고, 납부(환급)

구분		내용
예정신고, 납부	기한	• 예정신고기간(1~3월, 7~9월) 종료일로부터 25일 이내 신고, 납부 ⇨ 4/25, 10/25
	법인	• 예정신고를 반드시 수행해야 함 • 대손세액공제액, 과세전환 매입세액공제, 일반환급, 가산세, 전자신고세액공제, 납부(환급)세액재계산은 예정신고 시 적용되지 않음
	개인	• 예정신고기간에 대해서는 고지납부(not 신고납부) ⇨ 직전 과세기간 납부세액의 1/2
	※ 징수할 금액이 **30만원** 미만일 경우 징수 안 함(2019년 개정) cf 소득세법 : 30만원	
확정신고, 납부	기한	• 확정신고기간(4~6월, 10~12월) 종료일로부터 25일 이내 신고, 납부 ⇨ 7/25, 1/25
환급	일반 환급	• 매입세액이 매출세액을 초과하는 경우(납부세액이 음수) 등 • 환급단위 : 각 과세기간단위(예정신고기간 불가) • 신고기한 : 확정신고기간 종료일부터 25일 이내(7/25, 1/25) • 환급기한 : 확정신고기한 경과 후 30일 이내(8/24, 2/24)
	조기 환급	• 영세율을 적용하는 경우, 사업설비(감가상각자산)의 신설, 취득 등 • 환급단위 : 예정, 확정신고기간 중 매월 또는 매 2월 • 신고기한 : 조기환급기간 종료일로부터 25일 이내 • 환급기한 : 조기환급기간 경과 후 **15일 이내**
부가가치세 신고 시 제출서류		• 부가가치세신고서, 건물 등 감가상각자산취득명세서 • 매출처별 세금계산서합계표, 매입처별 세금계산서합계표 • 공제받지 못할 매입세액명세서, 대손세액공제신고서

| 전산회계 1급, 계산형 |

01 부가가치세법상 예정신고납부에 대한 설명이다. 가장 옳지 않은 것은?(67회)

① 법인사업자는 예정신고기간 종료 후 25일 이내에 부가가치세를 신고납부하여야 한다.
② 개인사업자는 예정신고기간 종료 후 25일 이내에 예정고지된 금액을 납부하여야 한다.
③ 개인사업자에게 징수하여야 할 예정고지금액이 30만원 미만인 경우 징수하지 아니한다.
④ 개인사업자는 사업실적이 악화된 경우 등 사유가 있는 경우에는 예정신고납부를 할 수 있다.

02 다음 자료를 보고 2018년 제2기 부가가치세 확정신고기한으로 옳은 것은?(80회)

- 2018년 4월 25일 1기 부가가치세 예정신고 및 납부함
- 2018년 7월 25일 1기 부가가치세 확정신고 및 납부함
- 2018년 8월 20일 자금상황의 악화로 폐업함

① 2018년 7월 25일
② 2018년 8월 31일
③ 2018년 9월 25일
④ 2019년 1월 25일

03 다음 중 부가가치세 신고 시 제출하는 서류가 아닌 것은?(81회)

① 부가가치세신고서와 건물 등 감가상각자산취득명세서
② 매출처별 세금계산서합계표와 매입처별 세금계산서합계표
③ 공제받지 못할 매입세액명세서와 대손세액공제신고서
④ 총수입금액조정명세서와 조정 후 총수입금액명세서

| 전산세무 2급 |

01 다음 자료는 2018년 2기 확정신고기간의 자료이다. 부가가치세 과세표준은 얼마인가?(82회)

구분	금액	비고
세금계산서 발급 제품매출	100,000,000원 (공급가액)	• 할부판매, 장기할부판매의 이자상당액 2,000,000원 포함 • 현금으로 지급한 판매장려금 1,000,000원 불포함 • 제품으로 지급한 판매장려금 시가 1,000,000원(공급가액) 불포함

① 99,000,000원 ② 100,000,000원
③ 101,000,000원 ④ 102,000,000원

02 다음 중 부가가치세법상 환급과 관련한 설명 중 틀린 것은?(71회)

① 예정신고기한에 대한 조기환급세액은 예정신고일로부터 15일 내에 환급한다.
② 조기환급은 수출 등 영세율사업자와 설비투자를 한 사업자가 부담한 부가가치세를 일찍 환급하여 자금부담을 덜어주고 이를 통해 수출과 투자를 촉진하는 데 그 목적이 있다.
③ 조기환급기간은 예정신고기간 중 또는 과세기간 최종 3개월 중 매월 또는 매 2월의 기간을 말한다
④ 일반환급은 환급세액을 확정신고한 사업자에게 확정신고기한이 속한 말일부터 30일 이내에 환급하는 것을 말한다.

03 다음 중 부가가치세법상 환급과 관련한 설명 중 틀린 것은?(73회)

① 일반환급은 환급세액을 확정신고한 사업자에게 확정신고기한이 속한 달의 말일부터 30일 이내에 환급하는 것을 말한다.
② 조기환급은 수출 등 영세율사업자와 설비투자를 한 사업자가 부담한 부가가치세를 조기에 환급하여 자금부담을 덜어주고 수출과 투자를 촉진하는 데 그 목적이 있다.
③ 조기환급기간은 예정신고기간 중 또는 과세기간 최종 3개월 중 매월 또는 매 2월의 기간을 말한다.
④ 예정신고기한에 대한 조기환급세액은 예정신고기한 경과 후 15일 내에 환급한다.

04 부가가치세법상 조기환급기간이라 함은 예정신고기간 중 또는 과세기간 최종 3개월 중 매월 또는 매 2월을 말한다. 다음 중 조기환급기간으로 적절하지 않은 것은?(80회)

① 20×1년 7월
② 20×1년 7월~20×1년 8월
③ 20×1년 9월~20×1년 10월
④ 20×1년 11월

● **의제매입세액공제**(전산세무 2급)

1) 의미

과세사업자가 ① 면세로 농산물 등을 구입하여 제조·가공한 재화·용역의 공급이 ② 과세되는 경우(면세를 포기하여 영세율이 적용되는 경우는 제외)에는 매입액에 소정의 비율을 곱한 금액을 매입세액으로서 공제함(누적효과를 완화하기 위한 제도임)

2) 공제요건

① 공제대상일 것
면세로 공급받은 농산물·축산물·수산물·임산물과 소금
(면세되는 1차 가공과정의 부산물, 미가공식료품의 단순혼합, 단순가공식료품인 김치·두부 등도 가능)

② **공제서류를 제출할 것**(매입처별 계산서합계표, 신용카드매출전표 등 수령명세서)
예정·확정신고 시 아래의 서식을 제출해야 함. 단, 제조업을 영위하는 사업자가 (증빙발급이 곤란한) 농·어민으로부터 면세농산물 등을 직접 공급받은 경우에는 의제매입세액공제신고서만 제출해도 (구입증빙 없이) 적용가능

3) 계산방식

① 세액계산

의제매입세액＝면세농산물 등의 매입가액×%*

② 매입가액
－원재료의 매입가액 : 운임 등의 부대비용을 제외
－사업자가 직접 제조·채취 등을 한 경우 : 법인세법·소득세법에 의한 취득가액
－수입되는 면세농산물 등 : 관세의 과세가격(관세는 제외)

* 의제매입세액 공제율

업종		공제율
음식점	개인사업자	8/108 (단, 과세표준 2억원 이하인 경우, 2019년까지 9/109)
	법인사업자	6/106
	과세유흥장소	4/104
제조업	중소기업, 개인사업자	4/104
	법인사업자	2/102
	과자점업, 도정업, 제분업 및 떡방앗간 경영하는 개인사업자	6/106
기타 사업자		2/102

4) 공제시기

면세농산물 등의 구입일(not 사용일)이 속하는 예정 또는 확정신고 시

CHAPTER 04

소득세

※ 전산세무 2급

1 소득세 총론

● 소득세

1) 의의

소득세는 개인의 소득에 대하여 과세하는 조세이다.

① 이자, 배당, 사업, 근로, 연금, 기타, 퇴직, 양도소득으로 구분

② 과세기간 : 1/1~12/31 원칙(선택에 의한 변경 불가)

2) 특징

① 직접세(↔ 간접세)

② 개인단위과세제도

③ 초과누진세율(↔ 단일세율)

④ 열거주의 과세방식(이자, 배당소득은 유형별 포괄주의 채택)

⑤ 종합과세, 분류과세, 분리과세

구분	내용
종합과세	이자, 배당, 사업, 근로, 연금, 기타소득을 1년단위로 합산하여 누진세율로 과세
분류과세	퇴직, 양도소득의 경우 장기간에 걸쳐 발생되는 소득이므로, 결집효과를 방지하기 위하여 별도로 분류하여 과세
분리과세	소득 중 이자소득 등 일부소득은 완납적 원천징수에 의해 분리하여 과세 (완납적 원천징수 : 원천징수 후 과세종결)

3) 납세의무자

구분	내용
정의	① 개인 : 거주자 및 비거주자+국내 원천소득이 있는 개인 ② 법인격 없는 단체 : 법인으로 보지 않는 단체+1거주자로 보는 단체

<table>
<tr><td>거주자,
비거주자</td><td>
<table>
<tr><th>구분</th><th>거주자</th><th>비거주자</th></tr>
<tr><td>정의</td><td>• 국내에 주소를 둔 자
• 183일 이상 거소를 둔 자</td><td>거주자가 아닌 자</td></tr>
<tr><td>납세의무</td><td>국내외 원천소득</td><td>국내 원천소득</td></tr>
</table>
※ 영주권은 판단기준이 아니다.</td></tr>
<tr><td>주소의제
사유</td><td>국내에 주소가 있는 것으로 보는 경우는 다음과 같다.
① 계속하여 183일 이상 국내에 거주할 것을 필요로 하는 직업을 가질 때
② 국내에 생계를 같이하는 가족이 있고 직업, 자산상태를 보아 계속하여 183일 이상 국내에 거주할 것으로 인정되는 때
③ 외국을 항행하는 선박 또는 항공기 승무원의 경우 생계를 같이하는 가족이 거주하는 장소 또는 승무원이 근무기간 외의 기간 중 통상 체재하는 장소가 국내에 있는 때</td></tr>
</table>

| 전산세무 2급 |

01 다음 중 소득세법에 관한 설명으로 옳지 않은 것은?(83회)

① 소득세의 과세기간은 1월 1일~12월 31일을 원칙으로 하며, 사업자의 선택에 의하여 이를 변경할 수 없다.

② 사업소득이 있는 거주자의 소득세 납세지는 주소지로 한다.

③ 소득세법은 종합과세제도이므로 거주자의 모든 소득을 합산하여 과세한다.

④ 소득세의 과세기간은 사업개시나 폐업의 영향을 받지 않는다.

02 다음 중 소득세의 특징으로 옳지 않은 것은?(66회)

① 소득세는 납세자와 담세자가 동일한 직접세에 해당한다.

② 소득세는 개인별 소득을 기준으로 과세하는 개인단위과세제도를 원칙으로 한다.

③ 소득세의 과세방법에는 종합과세, 분리과세, 분류과세가 있다.

④ 소득세는 소득금액과 관계없이 단일세율을 적용한다.

03 다음 중 소득세법에 대한 설명 중 올바른 것은?(62회)

① 거주자의 종합소득에 대한 소득세는 해당 연도의 종합소득과세표준에 6~35%의 세율을 적용하여 계산한 금액을 그 세액으로 한다.

② 기타소득금액의 연간합계액이 400만원 이하인 경우에는 종합과세와 분리과세를 선택할 수 있다.

③ 소득세법은 종합과세제도이므로 퇴직소득과 양도소득을 제외한 거주자의 그 밖의 모든 소득을 합산하여 과세한다.
④ 사업소득이 있는 자가 11월 30일에 폐업을 하여 그 이후 다른 소득이 없는 경우에도 소득세의 과세기간은 1월 1일부터 12월 31일까지로 한다.

04 다음 중 소득세법에 대한 설명으로 옳지 않은 것은?(60회)

① 소득세는 6가지의 종합소득과 퇴직소득 및 양도소득을 과세대상으로 하는 조세이다.
② 6가지의 종합소득은 원칙적으로 종합과세되고 일부는 분리과세되는 경우도 있다.
③ 소득세법은 열거주의 과세방식이나 이자소득이나 배당소득은 유형별 포괄주의를 채택하고 있다.
④ 퇴직소득과 양도소득은 분리과세한다.

05 다음 중 소득세법에 대한 설명으로 옳지 않은 것은?(77회)

① 소득세 과세대상은 종합소득과 퇴직소득 및 양도소득이다.
② 소득세법상 납세의무자는 개인으로 거주자와 비거주자로 구분하여 납세의무의 범위를 정한다.
③ 소득세법은 열거주의 과세방식이나 이자소득, 배당소득, 연금소득 등은 유형별 포괄주의를 채택하고 있다.
④ 종합소득은 원칙적으로 종합과세하고 퇴직소득과 양도소득은 분리과세한다.

06 다음은 소득세법에 대한 설명이다. 틀린 것은?(70회)

① 거주자란 국내에 주소를 두거나 183일 이상 거소를 둔 개인을 말한다.
② 외국을 항행하는 선박 또는 항공기 승무원의 경우 생계를 같이하는 가족이 거주하는 장소 또는 승무원이 근무기간 외의 기간 중 통상 체재하는 장소가 국내에 있는 때에는 당해 승무원의 주소는 국내에 있는 것으로 본다.
③ 국내에 거소를 둔 기간은 입국하는 날의 다음 날부터 출국하는 날까지로 한다.
④ 미국시민권자나 영주권자의 경우 비거주자로 본다.

07 다음 소득세법상 납세의무자에 대한 설명 중 옳지 않은 것은?(67회)

① 소득세법상 거주자가 되려면 국내에 주소를 두거나 1년 이상 거소를 두어야 한다.
② 거주자는 국내외 원천소득에 대한 납세의무가 있다.
③ 비거주자는 국내 원천소득에 대한 납세의무가 있다.
④ 비거주자는 국외 원천소득에 대한 납세의무가 없다.

08 다음 중 소득세법상 과세기간에 대한 설명으로 틀린 것은?(76회)

① 일반적인 소득세의 과세기간은 1월 1일부터 12월 31일까지 1년으로 한다.
② 거주자가 사망한 경우의 과세기간은 1월 1일부터 사망한 날까지로 한다.
③ 신규사업자의 사업소득의 과세기간은 사업개시일부터 12월 31일까지로 한다.
④ 거주자가 주소 또는 거소를 국외로 이전하여 비거주자가 되는 경우의 과세기간은 1월 1일부터 출국한 날까지로 한다.

09 다음 중 소득세법상의 소득 구분으로 틀린 것은?(79회)

① 공익사업관련 지역권 이외의 지역권을 설정하고 받는 금품 또는 소득 : 사업소득
② 일용근로자가 근로를 제공하고 받는 대가 : 근로소득
③ 주식출자임원(소액주주인 임원 제외)이 사택을 제공받음으로써 얻는 이익 : 배당소득
④ 계약위반 · 해약 등으로 인한 손해배상금 : 기타소득

2 소득세 각론

● **금융소득 : 이자소득, 배당소득**

구분	수익	− 비용(+가산액)	이익
이자소득 :	총수입금액		=이자소득금액
배당소득 :	총수입금액	+배당가산액	=배당소득금액
사업소득 :	총수입금액	−필요경비	=사업소득금액
근로소득 :	총급여액	−근로소득공제	=근로소득금액
연금소득 :	총연금액	−연금소득공제	=연금소득금액
기타소득 :	총수입금액	−필요경비	=기타소득금액
			종합소득금액

1) 이자소득(범위 및 수입시기)

이자소득은 총수입금액과 소득금액이 동일하다.

구분	내용
예금, 적금의 이자와 할인액	예금이자

채권, 증권의 이자와 할인액	발행자를 불문한(국가, 외국법인도 가능) 채권, 증권의 이자
환매조건부 매매차익	환매조건부 채권의 매매차익 cf 일반주식, 채권의 매매차익은 과세 ×(∵ 주식시장 활성화)
단기 저축성 보험차익	10년 미만 저축성보험의 보험차익 cf 보장성보험의 보험차익 : 과세 ×
직장공제회 초과반환금	직장공제회에 가입하고 퇴직, 탈퇴함으로써 받는 반환금
비영업대금의 이익	비영업(영업활동 ×)+대(여)금+이익(이자수익) cf 대여금이 영업활동인 경우의 이자 : 사업소득
유형별 포괄주의	신종펀드의 이자, 상업어음할인료

구분	수입시기
현금주의	원칙 : 실제지급일
약정주의	• 기명채권 등의 이자와 할인액 : 약정에 따른 지급일 • 비영업대금의 이익 : 약정에 따른 이자지급일 (약정이 없거나, 약정 이전에 지급받으면 : 실제지급일) • 직장공제회의 초과반환금 : 약정에 따른 지급일

CHECK POINT

① 외상매출금 등의 지급기일을 연장해 주고 추가로 받는 금액(연체이자)
- 판매 후 연체이자 : 사업소득(사업무관 채권 : 기타소득)
- 판매 후 연체이자 중 소비대차 전환분 : 이자소득

② 손해배상금에 대한 법정이자
- 계약의 위약, 해약으로 인한 손해배상금 법정이자 : 기타소득
- 정신적, 물질적 피해의 손해배상금 법정이자 : 과세 ×

2) 배당소득(범위 및 수입시기)

구분	내용
실질배당	법인으로부터 받는 이익이나 잉여금(현금배당, 주식배당 등)
의제배당	• 잉여금의 자본전입으로 인한 무상주 수령 • 감자, 퇴사, 탈퇴, 해산, 합병, 분할 등의 경우(대가-장부가액)
인정배당	법인세법에 따라 배당으로 처분된 금액
집합투자기구로부터의 이익	집합투자기구(투자신탁, 투자유한회사, 투자조합 등)로부터의 이익

간주배당	국제조세조정에 관한 법률에 따라 배당받은 것으로 간주된 금액
출자공동사업자의 분배금	공동사업에서 발생한 소득금액 중 출자공동사업자(↔ 업무집행 공동사업자)의 손익분배비율에 해당하는 금액
유형별 포괄주의	위와 유사한 성격으로 수익분배의 성격이 있는 것

구분	수입시기
실질배당	잉여금처분 결의일(단, 무기명주식은 배당을 지급받은 날 : 현금주의)
의제배당	잉여금의 자본전입지급일
인정배당	결산확정일
집합투자기구로부터의 이익	지급받은 날(현금주의)
간주배당	국제조세조정에 관한 법률에 따라 배당받은 것으로 간주된 금액
출자공동사업자의 분배금	과세기간 종료일
유형별 포괄주의	지급받은 날(현금주의)

| 전산세무 2급 |

01 소득세법상의 소득으로서 총수입금액과 소득금액이 같은 것은?(81회)

① 이자소득　　② 연금소득
③ 근로소득　　④ 사업소득

02 다음 중 소득세법상 총수입금액과 소득금액이 동일한 것은?(68회)

① 사업소득　　② 기타소득
③ 근로소득　　④ 이자소득

03 다음 중 소득세법상 이자소득으로 볼 수 없는 것은?(63회)

① 국가가 발행한 채권의 이자와 할인액
② 외국법인이 발행한 채권의 이자와 할인액
③ 비영업대금의 이익
④ 계약의 위반을 원인으로 법원의 판결에 의하여 지급받는 손해배상금에 대한 법정이자

04 다음 중 소득세법상 이자소득으로 볼 수 없는 것은?

① 사채이자
② 연금계좌에서 연금 외 수령한 소득 중 운용수익
③ 채권, 증권의 환매조건부 매매차익
④ 비영업대금의 이익

05 다음 중 소득세법상 배당소득에 해당하지 않는 것은?(67회 특별)

① 의제배당
② 법인세법의 의하여 배당으로 처분된 금액(인정배당)
③ 집합투자기구로부터의 이익
④ 저축성보험의 보험차익

● 사업소득

1) 사업소득

영리를 목적으로(영리목적성) 자기의 계산과 책임하에(독립성) 계속적, 반복적으로(계속, 반복성) 행하는 사업활동을 통한 소득을 말한다.

구분	수입시기
상품, 제품 또는 그 밖의 생산품의 판매	그 상품 등을 인도한 날
상품 등의 시용판매	상대방이 구입의사를 표시한 날
상품 등의 위탁판매	수탁자가 그 위탁품을 판매한 날(not 위탁자가 수탁자에게 인도한 날)
장기할부조건에 의한 상품 등의 판매	• 원칙 : 인도기준 • 특례 : 회수기일도래기준 계상 시 인정, 현재가치평가 시 인정
무인판매기에 의한 판매	무인판매기에서 현금을 인출하는 때
인적용역의 제공	용역대가를 지급받기로 한 날 또는 용역의 제공을 완료한 날 중 빠른 날
건설, 제조 기타 용역의 제공	• 단기건설 : 인도기준(진행기준 계상 시 인정) • 장기건설 : 진행기준

 # CHECK POINT

「소득세법」 제33조 참조 : 부가가치세법상 매입세액이 불공제된 부가가치세 매입세액은 소득세법상 필요경비에 산입함을 원칙으로 한다.

2) 다주택 소유자

구분		과세여부	과세방법(2019 개정)
1주택 소유자	일반주택	비과세	비과세
	고가주택	과세(임대료)	수입금액의 합계액이 • 2천만원 초과인 자 : 종합과세 • 2천만원 이하인 자 : 종합과세와 분리과세 중 선택
2주택 소유자		과세(임대료)	
3주택 이상 소유자		과세(임대료, 간주임대료)	

3) 사업용 유형고정자산처분이익

구분	복식부기의무자	간편장부대상자
토지 또는 건물의 처분이익	양도소득과세	양도소득과세
차량 및 운반구, 기계 등의 처분이익	사업소득과세	과세 제외

| 전산세무 2급 |

01 소득세법상 사업소득의 수입시기 중 바르게 연결된 것은?(69회)

① 상품, 제품 또는 그 밖의 생산품의 판매 : 상대방이 구입의사를 표시한 날
② 무인판매기에 의한 판매 : 그 상품을 수취한 날
③ 인적용역의 제공 : 용역대가를 지급받기로 한 날 또는 용역의 제공을 완료한 날 중 빠른 날
④ 상품 등의 위탁판매 : 그 상품 등을 수탁자에게 인도한 날

02 다음 중 소득세법상 각종의 소득금액을 계산하는 경우에 필요경비로 인정받을 수 있는 경우는?(61회)

① 이자소득금액을 계산하는 경우에 발생한 차입금에 대한 지급이자
② 연금소득금액을 계산하는 경우에 발생한 은행에 지급한 수수료
③ 근로소득금액을 계산하는 경우에 발생한 업무상 출장비용
④ 사업소득금액을 계산하는 경우에 발생한 사업자 본인의 건강보험료

03 다음 중 소득세법상 사업소득금액 계산 시 필요경비에 산입되는 항목은?(82회)

① 면세사업자가 부담하는 부가가치세 매입세액

② 업무와 관련하여 고의 또는 중대한 과실로 타인의 권리를 침해한 경우에 지급되는 손해배상금
③ 초과인출금에 대한 지급이자
④ 선급비용

04 개인사업자 이영희는 인터넷쇼핑몰을 경영한 결과 당해 손익계산서상 당기순이익이 10,000,000원으로 확인되었다. 다음의 세무조정사항을 반영하여 소득세법상 사업소득금액을 계산하면 얼마인가?(73회)

- 총수입금액 산입 세무조정항목 : 1,000,000원
- 필요경비 불산입 세무조정항목 : 9,000,000원
- 필요경비 산입 세무조정항목 : 8,000,000원
- 총수입금액 불산입 세무조정항목 : 6,000,000원

① 5,000,000원
② 6,000,000원
③ 11,000,000원
④ 16,000,000원

● 근로, 연금, 기타소득

1) 근로소득(범위)

근로소득이란 근로자가 고용관계에 의하여 종속적인 지위(종속성)에서 근로를 제공하고 대가로 받는 다음의 소득을 말한다.

범위
① 근로를 제공함으로써 받는 **봉급, 급료, 보수, 세비, 임금, 상여, 수당**과 이와 유사한 성질의 급여 ② 법인의 주주총회, 사원총회 또는 이에 준하는 의결기관의 결의에 따라 **상여**로 받는 소득 ③ 인정**상여** : 법인세법에 따라 상여로 처분된 금액 ④ 퇴직함으로써 받는 소득으로 퇴직소득에 속하지 않는 소득 ⑤ 종업원, 법인의 임원, 공무원, 대학의 교직원 또는 대학과 고용관계에 있는 학생이 지급받는 **직무발명보상금** cf 재직 중 받는 직무발명보상금 : 근로소득 퇴직 후 받는 직무발명보상금 : 기타소득(not 퇴직소득)

 # CHECK POINT

① 주택자금 대여이익, 사택제공이익

구분	출자임원 (소액주주임원 제외)	비출자임원, 사용인(종업원), 소액주주임원
주택자금 대여이익	근로소득	근로소득
사택제공이익	근로소득	–

② 주식매수선택권

구분	내용
근로소득	근무기간 중(고용관계) 주식매수선택권 행사로 얻은 이익
기타소득	• 퇴사 후에 주식매수선택권 행사로 얻은 이익 • 고용관계 없이 부여받은 주식매수선택권의 행사로 얻은 이익

③ (사용자가 부담하는) 단체순수보장성보험과 단체환급부보장성보험의 보험료 중 1인당 연 70만원 이하의 금액은 근로소득으로 보지 않는다.

2) 비과세 근로소득

범위
① 법정 비과세항목 • 국민건강보험법, 고용보험법 또는 노인장기요양보험법에 따라 사용자가 부담하는 보험료(건강보험료, 고용보험료, 노인장기요양보험료 등) • 근로기준법 또는 선원법에 따라 근로자, 선원 및 유족이 받는 보상금 • 고용보험법에 따라 받는 실업급여, 육아휴직수당 • 국민연금법에 따라 받는 사망일시금 • 기타 법에 따라 받는 보상금 ② 근로자 본인에 대한 학자금 ③ 자가운전보조금(월 20만원) : 본인차량+업무관련 ④ 연구보조비, 연구활동비(월 20만원) ⑤ 취재수당(월 20만원) ⑥ 생산직 근로자 중 월정액급여 **210만원 이하(2019 개정)** & 직전 과세기간의 총급여액이 2,500만원 이하인 근로자(일용근로자 포함)가 & 연장근로, 야간근로 또는 휴일근로를 하여 받는 급여(시간외 근무수당) 중 연 240만원 이하의 금액(광산 및 일용근로자는 해당 급여총액) ⑦ 식사, 식사대 : 구내식당(전액 비과세), 식대(월 10만원), 구내식당+식대(구내식당만 비과세) ⑧ 6세 이하 자녀의 출산, 보육수당(월 10만원) ⑨ 직무발명보상금(연 500만원, 2019 개정) ⑩ **일용직근로자 일당(15만원, 2019 개정)** ※ 일용근로자의 근로소득세액공제는 산출세액의 55%를 공제한다. ※ 원천징수세액=(일급여액−150,000)×6%×(1−55%)

3) 근로소득의 수입시기

구분	수입시기
급여	근로를 제공한 날(not 지급받는 날)
인정상여	근로를 제공한 날
잉여금처분에 의한 상여	당해 법인의 잉여금처분 결의일
임원 퇴직소득금액 한도초과	지급받거나 지급받기로 한 날

 # CHECK POINT

① 법원의 판결에 의하여 부당해고기간의 급여를 일시에 지급받는 경우, 해고기간에 근로를 제공하고 지급받은 것으로 본다.

② 급여를 소급인상하고 이미 지급된 금액과의 차액을 추가로 지급하는 경우, 근로제공일이 속하는 연월을 수입시기로 한다.

③ 해당 사업연도의 소득금액을 법인이 신고하거나, 세무서장이 결정 · 경정함에 따라 발생한 그 법인의 임원 또는 주주 · 사원, 그 밖의 출자자에 대한 상여는 해당 사업연도 중의 근로를 제공한 날을 수입시기로 한다.

4) 연금소득의 범위, 비과세 및 수입시기

범위	수입시기	비과세
공적연금소득 (국민연금법, 공무원연금법, 군인연금법, 사립학교교직원연금법, 별정우체국법 등)	공적연금 관련법에 따라 연금을 지급받기로 한 날	• 공적연금 관련법에 따라 받는 유족연금, 장애연금, 장해연금, 상이연금, 연계노령유족연금 및 연계퇴직유족연금 • 산업재해보상보험법에 따라 받는 각종 연금 • 국군포로 대우 등에 관한 법률에 따른 국군포로가 받는 연금
연금계좌 연금수령소득	연금수령한 날	
유사연금소득 (그 밖의 연금소득)	해당 연금을 지급받은 날	

5) 기타소득

① 기타소득 : 이자, 배당, 사업, 근로, 연금, 퇴직 및 양도소득 외의 소득(**일시적, 우발적**으로 발생한 소득)

② 범위

㉠ 저작자 외의 자가 저작권 등의 양도, 사용대가로 받는 금품(*cf* 저작자 : 사업소득)

㉡ 각종 무체재산권의 양도, 대여, 대가로 받는 금품
광업권, 어업권, 산업재산권, 산업정보, 산업상 비밀, 상표권, 영업권(점포임차권), 인터넷의 도메인명 등

㉢ 물품(유가증권 포함) 또는 장소를 일시적으로 대여하고 받는 금품
㉣ 일시적인 문예창작소득(*cf* 소설가 : 사업소득, 업무관계에 있는 자 : 근로소득, 사원이 업무와 관계없이 글을 게재하고 받는 대가 : 기타소득)
㉤ 일시적인 인적용역 제공대가(강연, 방송에서 심사, 모델출연료 등)
㉥ 복권, 경품권, 그 밖의 추첨권에 당첨되어 받는 금품
㉦ 뇌물

③ **수입시기** : 그 지급을 받은 날(현금주의)
④ **계산구조**

총수입금액
−필요경비(80%)
기타소득금액

필요경비율

범위	필요경비율
원칙	80%
• 고용관계 없이 다수에게 강연 • 방송의 해설, 연기심사 • 원고료, 저작권사용료 인세, 창작품 대가 • ~사 등 일시적 용역제공 대가 • ~권 양도 및 대여	Max[60%, 실제지출금액]

과세방법 : 원칙적으로 원천징수한다(기타소득금액 × 20%).

범위	원천징수 세율
• 서화, 골동품의 양도로 발생하는 기타소득 • 퇴직 후에 지급받는 직무발명보상금	20%
• 복권당첨금 • 승마, 승자, 소싸움경기투표권으로부터 환급금 • 슬롯머신 등에서 받는 당첨금품 등	20% (3억원 초과분 30%)
• 연금계좌에서 연금 외 수령한 자기불입분 및 운용수익	15%

CHECK POINT

아래의 내용은 원천징수하지 않는다(종합과세함).
① 뇌물, 알선수재, 배임수재에 의하여 받는 금품
② 계약의 위약으로 인한 위약금, 배상금 중 계약금이 위약금, 배상금으로 대체되는 경우

| 전산세무 2급 |

01 다음 중 소득세법상 근로소득으로 보지 않는 금액은?(70회)

① 법인세법에 의해 상여로 처분된 금액
② 종업원에게 지급하는 통근수당
③ 종업원이 사택을 제공받음으로써 얻는 이익
④ 종업원이 회사로부터 주택의 구입에 소요되는 자금을 무상으로 대여받음으로써 얻는 이익

02 다음 중 소득세법상 근로소득의 범위에 해당하지 않는 것은?(75회)

① 법인의 주주총회의 결의에 따라 상여로 받는 소득
② 법인세법에 따라 상여로 처분된 금액
③ 근로자가 회사로부터 주택의 구입 · 임차에 소요되는 자금을 무상으로 대여받는 이익
④ 법인의 임직원이 고용관계에 따라 부여받은 주식매수선택권을 퇴사 후에 행사함으로 얻은 이익

03 다음 중 근로소득으로 보지 않는 것은?(71회)

① 단체순수보장성보험과 단체환급부보장성보험의 보험료 중 1인당 연 70만원 이하의 금액
② 법인의 주주총회 · 사원총회 또는 이에 준하는 의결기관의 결의에 따라 상여로 받는 소득
③ 종업원 또는 대학의 교직원이 2017년 1월 1일부터 퇴직 전에 지급받는 직무발명보상금 중 300만원 초과금액
④ 근로를 제공함으로써 받는 봉급 · 급료 · 보수 · 세비 · 임금 · 상여 · 수당과 이와 유사한 성질의 급여

04 다음 중 소득세법상 비과세 근로소득에 해당하지 않는 것은?(67회)

① 고용보험법에 의한 육아휴직수당
② 근로기준법에 의한 연차수당
③ 국민연금법에 따라 받는 사망일시금
④ 국민건강보험법에 따라 사용자가 부담하는 건강보험료

05 소득세법상 근로소득자와 사업소득자(다른 종합소득이 없는 자)에게 공통으로 적용될 수 있는 공제항목을 나열한 것은?(65회)

가. 부녀자공제	나. 자녀세액공제	다. 연금계좌세액공제
라. 기부금세액공제	마. 신용카드소득공제	

① 가, 나, 마
② 가, 라, 마
③ 나, 다, 마
④ 가, 나, 다

06 다음 중 소득세법상 근로소득의 수입시기에 대한 설명으로 틀린 것은?(64회)

① 잉여금처분에 의한 상여의 수입시기는 근로를 제공한 날이다.
② 법원의 판결에 의하여 부당해고기간의 급여를 일시에 지급받는 경우, 해고기간에 근로를 제공하고 지급받은 것으로 본다.
③ 급여를 소급인상하고 이미 지급된 금액과의 차액을 추가로 지급하는 경우, 근로제공일이 속하는 연월을 수입시기로 한다.
④ 해당 사업연도의 소득금액을 법인이 신고하거나, 세무서장이 결정·경정함에 따라 발생한 그 법인의 임원 또는 주주·사원, 그 밖의 출자자에 대한 상여는 해당 사업연도 중의 근로를 제공한 날을 수입시기로 한다.

07 다음 중 소득세법상 원천징수대상 소득인 것은?(63회)

① 알선수재 및 배임수재에 의하여 지급받는 300만원 상당의 금품
② 부동산임대업자가 임차인(간이과세자)으로부터 받는 월 200만원의 임대료
③ 일용근로자가 지급받는 20만원 상당의 일급여
④ 3억원 상당의 뇌물

08 소득세법상 일용근로자에 대한 설명이다. 틀린 것은?(60회)

① 일용근로자의 근로소득이 일당(日當)으로 15만원 이하인 경우에는 부담할 소득세는 없다.
② 일용근로자의 산출세액은 일반근로자와 마찬가지로 근로소득금액에 기본세율(6~42%)이 적용된다.
③ 일용근로자의 근로소득세액공제는 산출세액의 55%를 공제한다.
④ 일용근로자의 근로소득은 항상 분리과세한다.

09 다음의 근로소득 중 소득세법상 비과세대상이 아닌 것은?(74회)

① 근로자가 제공받는 월 10만원 상당액의 현물식사
② 고용보험법에 따라 받는 실업급여, 육아휴직급여, 출산 전 · 후 휴가급여
③ 근로자가 6세 이하 자녀보육과 관련하여 받는 급여로서 월 10만원 이내의 금액
④ 본인차량을 소유하지 않은 임직원에게 지급된 자가운전보조금으로서 월 20만원 이내의 금액

10 다음 중 소득세법상 근로소득 원천징수시기의 특례에 대한 내용으로 틀린 것은?(71회)

① 법인의 이익 또는 잉여금의 처분에 따라 지급하여야 할 상여를 그 처분을 결정한 날로부터 3개월이 되는 날까지 지급하지 아니한 경우에는 그 3개월이 되는 날에 그 상여를 지급한 것으로 보아 소득세를 원천징수한다.
② 원천징수의무자가 12월분의 근로소득을 다음 연도 2월 말일까지 지급하지 아니한 경우에는 그 근로소득을 다음 연도 2월 말일에 지급한 것으로 보아 소득세를 원천징수한다.
③ 원천징수의무자가 1월부터 11월까지의 근로소득을 해당 과세기간의 12월 31일까지 지급하지 아니한 경우에는 그 근로소득을 다음 연도 1월 말일에 지급한 것으로 보아 소득세를 원천징수한다.
④ 법인의 이익 또는 잉여금의 처분이 11월 1일부터 12월 31일까지의 사이에 결정된 경우에 다음 연도 2월 말일까지 그 상여를 지급하지 아니한 경우에는 그 상여를 다음 연도 2월 말일에 지급한 것으로 보아 소득세를 원천징수한다.

11 다음 중 소득세법상 소득의 구분이 다른 하나는?(62회)

① 영업권의 대여 ② 공장재단의 대여
③ 점포임차권의 양도 ④ 지상권의 대여

12 소득세법상 원천징수대상 기타소득에 해당하는 것은?(65회)

① 알선수재 및 배임수재에 의하여 받는 금품
② 뇌물
③ 법인세법에 따라 기타소득으로 처분된 소득
④ 계약의 위약으로 인하여 받는 위약금으로서 계약금이 위약금으로 대체된 경우

13 거주자 고우진이 교육청에서 주관한 1:100 퀴즈대회에서 우승하여 그 원천징수세액이 40만원인 경우(지방세 제외) 소득세법상 기타소득 총수입금액은 얼마인가?(68회)

① 1,000만원　　② 200만원
③ 400만원　　④ 800만원

14 ㈜제조라는 제조기업이 2019년 4월 15일에 외부강사를 초빙하여 임직원을 위한 특강을 하고 강사료를 2019년 4월 20일에 200만원을 지급하였다. 그 대가를 지급하면서 원천징수할 세액은 얼마인가?(단, 초빙강사의 강사료소득은 기타소득으로 보며, 지방소득세는 제외한다)(83회)

① 400,000원　　② 80,000원
③ 160,000원　　④ 20,000원

● **종합소득세(신고, 납부, 기타)**

1) 과세표준 확정신고

해당 과세기간의 종합, 퇴직, 양도소득금액이 있는 거주자는 그 과세기간의 다음 연도 5월 1일부터 5월 31일까지 납세지 관할 세무서장에게 신고하여야 한다.

2) 확정신고의 면제

다음 중 어느 하나에 해당하는 거주자는 확정신고를 하지 않을 수 있다.

내용
① 연말정산이 되는 사업소득만 있는 자(연말정산) *cf* 일반 사업소득 : 종합과세(확정신고)
② 근로소득만 있는 자(연말정산)
③ 공적연금소득만 있는 자(연말정산)
④ 원천징수되는 기타소득으로서 연말정산이 되는 종교인소득만 있는 자(연말정산)
⑤ 퇴직소득만 있는 자(원천징수되는 퇴직소득)
⑥ 양도소득만 있는 자
⑦ 분리과세 이자소득, 배당소득, 연금소득, 기타소득만 있는 자

※ 국외에서 받은 이자소득은 무조건 종합과세대상이다.

 # CHECK POINT

① 복권당첨금, 경품당첨소득은 분리과세(완납적 원천징수)

② 금융소득(이자, 배당)소득 > 2천만원 : 종합과세(확정신고)
　　　　　　　　　　　　　　≤ 2천만원 : 분리과세

③ 기타소득금액 중 300만원을 초과하는 경우 : 종합과세(확정신고)
④ 뇌물 : 종합과세(확정신고)
⑤ 일용근로소득 : 무조건 분리과세

3) 원천징수세액의 신고, 납부절차

① **원칙** : 징수일이 속하는 달의 다음 달 10일까지 신고, 납부
② **특례** : 반기별 납부 승인을 받은 소규모사업자 및 종교단체는 해당 **반기의 마지막 달의 다음 달 10일까지** 신고, 납부(반기별 납부 특례)
③ 법인세법에 따라 처분된 상여, 배당, 기타소득에 대한 원천징수세액은 반기별 납부 특례가 적용되지 않는다.
④ 원천징수의무자는 원천징수 이행상황신고서를 원천징수 관할 세무서장에게 제출하여야 한다(납부할 세액이 없는 자도 포함).

4) 중간예납

구분	내용
중간예납의무자	사업소득자(복식부기의무자, 간편장부대상자)
중간예납기간	1월 1일~6월 30일
중간예납세액 계산	원칙 : 직전 과세기간 실적기준
납부기한	11월 30일까지
소액부징수	원천징수세액이 1천원 미만, 중간예납세액이 30만원 미만인 경우 ⇨ 해당 소득세를 징수하지 아니한다.
첨부 부속서류 (미첨부 시 미신고)	• 복식부기의무자 : 재무상태표, 손익계산서와 그 부속서류, 합계잔액시산표, 조정계산서 • 간편장부소득금액 계산서

 # CHECK POINT

① 신규사업자 : 중간예납 대상자가 아님
② 중간예납추계액이 중간예납기준액의 30%에 미달하는 경우 : 중간예납실적기준(중간예납추계액)으로 신고가능

5) 결손금, 이월결손금

• **대상** : 사업 및 건물임대업(부동산임대업 제외)에서 발생한 결손금 및 이월결손금

구분	내용
결손금	해당 과세기간 발생한 결손금은 '**근로소득 → 연금소득 → 기타소득 → 이자소득 → 배당소득**' 순서대로 공제함
이월결손금	결손금공제 후 남은 결손금은 10년(2009년부터 발생한 결손금)간 이월하여 '**사업소득 → 근로소득 → 연금소득 → 기타소득 → 이자소득 → 배당소득**' 순서대로 공제함

 # CHECK POINT

① 부동산임대업에서 발생한 결손금은 10년(2009년부터 발생한 결손금)간 이월하여 부동산임대업에서만 공제한다(다른 소득금액과 통산하지 않음).

② 결손금과 이월결손금이 동시에 존재할 때에는 결손금을 우선 공제하고 그 다음에 이월결손금을 공제한다.

6) 소득세법에 나오는 원천징수 세율

① 비영업대금의 이익, 출자공동사업자의 배당소득 : 25%(단, 2020년에만 P2P 대출 이자소득 : 14%)

② 나머지 금융소득 : 14%

③ 원천징수대상 사업소득에 해당하는 봉사료 수입금액 : 5%

④ 일용근로자 : 6%

⑤ 복권 등 당첨소득 : 20%(3억 초과분 : 30%)

⑥ 기타소득 참조

| 전산세무 2급 |

01 다음 중 소득세법상 과세표준 확정신고를 하여야 하는 경우는?(82회)

① 퇴직소득만 있는 경우

② 근로소득과 퇴직소득이 있는 경우

③ 근로소득과 보통예금이자 150만원(14% 원천징수세율 적용대상)이 있는 경우

④ 근로소득과 사업소득이 있는 경우

02 다음 중 소득세법상 과세표준 확정신고의무가 있는 경우는?(67회 특별)

① 경품당첨소득 200만원과 퇴직소득 400만원이 발생한 경우

② 근로소득이 두 사업장에서 발생하여 연말정산 시 합산하여 신고한 경우

③ 이자소득 200만원과 제조업 사업소득 300만원이 발생한 경우

④ 주택임대소득(고가주택 아님) 2,000만원이 발생한 경우

03 다음 중 소득세법상 종합과세대상이 아닌 소득은?(66회)

① 국외에서 받은 이자소득(원천징수대상이 아님)이 1,200만원 있는 경우
② 로또에 당첨되어 받은 3억원의 복권당첨금
③ 소득세법상 성실신고대상사업자가 업무용 차량을 매각하고 200만원의 매각차익이 발생한 경우
④ 회사에 근로를 제공한 대가로 받은 급여 2,000만원

04 다음 중 소득세법상 다음 연도 5월 31일까지 반드시 종합소득 과세표준 확정신고를 해야 하는 자는 누구인가?(78회)

① 근로소득금액 7,000만원과 복권당첨소득 1억원이 있는 자
② 퇴직소득금액 5,000만원과 양도소득금액 8,000만원이 있는 자
③ 국내 정기예금 이자소득금액 2,400만원과 일시적인 강연료 기타소득금액 330만원이 있는 자
④ 일용근로소득 1,500만원과 공적연금소득 1,000만원이 있는 자

05 소득세법상 다음 자료에 의한 소득만 있는 거주자 김철수의 종합소득금액을 계산하면 얼마인가?(72회)

• 기타소득금액 : 30,000,000원	• 퇴직소득금액 : 25,000,000원
• 양도소득금액 : 10,000,000원	• 근로소득금액 : 15,000,000원

① 35,000,000원 ② 40,000,000원
③ 45,000,000원 ④ 55,000,000원

06 다음 중 소득세가 과세되지 않는 경우는?(61회)

① 뇌물, 알선수재 및 배임수재에 의하여 받는 금품
② 제조업자의 유형자산인 기계장치를 일시적으로 처분하고 발생하는 이익
③ 부가가치세 면세사업인 학원사업으로 인하여 발생되는 소득
④ 계약의 위약 또는 해약으로 인하여 받는 위약금과 배상금

07 다음 중 소득세법상 원천징수대상 소득이 아닌 것은?(76회)

① 프리랜서 저술가 등이 제공하는 500,000원의 인적용역소득
② 일용근로자가 지급받은 200,000원의 일급여
③ 은행으로부터 지급받은 1,000,000원의 보통예금 이자소득

④ 공무원이 사업자로부터 받은 10,000,000원의 뇌물로서 국세청에 적발된 경우의 기타소득

08 다음 중 소득세법상 원천징수 신고납부절차에 대한 설명 중 옳지 않은 것은?(72회)

① 원천징수의무자는 원천징수한 소득세를 그 징수일이 속하는 달의 다음달 10일까지 신고 납부하여야 한다.

② 반기별 납부 승인받은 소규모사업자는 해당 반기의 마지막 달의 다음달 10일까지 원천징수한 세액을 신고 납부할 수 있다.

③ 법인세법에 따라 처분된 배당, 상여, 기타소득에 대한 원천징수세액은 반기별 납부에서 제외된다.

④ 과세미달 또는 비과세로 인하여 납부할 세액이 없는 자는 원천징수 이행상황신고서에 포함하지 않는다.

09 다음 중 소득세법상 중간예납에 대한 설명으로 옳지 않은 것은?(80회)

① 과세기간 중 신규로 사업을 시작한 자는 중간예납대상자가 아니다.

② 중간예납에 대한 고지를 받은 자는 11월 30일까지 고지된 세액을 납부하여야 한다.

③ 중간예납은 관할 세무서장의 고지에 따라 납부하는 것이 원칙이다.

④ 중간예납추계액이 중간예납기준액의 50%에 미달하는 경우 중간예납추계액을 중간예납세액으로 한다.

10 다음 중 소득세법상 신고 및 납부에 대한 설명으로 가장 옳지 않은 것은?(77회)

① 소득세법상 중간예납은 원칙적으로 직전 과세기간의 실적을 기준으로 관할 세무서장이 납세고지서를 발급하여 징수한다.

② 소득세법상 분할납부는 납부할 세액이 1천만원을 초과하는 경우 중간예납과 확정신고 시 모두 적용된다.

③ 모든 사업자는 과세표준확정신고 시 재무상태표, 손익계산서와 그 부속서류, 합계잔액시산표 및 조정계산서를 첨부하지 아니하면 무신고로 본다.

④ 원천징수세액(이자소득 제외)이 1천원 미만인 경우와 중간예납 시 중간예납세액이 30만원 미만인 경우에는 해당 소득세를 징수하지 아니한다.

11 다음은 소득세법상 결손금공제에 관한 설명이다. 틀린 것은?(69회)

① 사업소득(주택임대업이 아닌 부동산임대업 제외)의 결손금은 다른 소득금액과 통산하고 통산 후 남은 결손금은 다음연도로 이월시킨다.
② 주택임대업이 아닌 부동산임대업에서 발생한 결손금은 다른 소득금액과 통산하지 않고 다음 연도로 이월시킨다.
③ 2009년 1월 1일 이후 발생한 이월결손금은 발생연도 종료일로부터 10년 내에 종료하는 과세기간의 소득금액계산 시 먼저 발생한 것부터 순차로 공제한다.
④ 사업소득의 결손금 공제순서에는 특별한 제한이 없다.

12 다음 중 소득세법상 결손금공제에 관한 설명 중 틀린 것은?(75회)

① 2009년 1월 1일 이후 발생한 이월결손금은 발생연도 종료일로부터 10년간 소득금액에서 공제한다.
② 결손금과 이월결손금이 동시에 존재할 때에는 이월결손금을 우선적으로 공제한 후 결손금을 공제한다.
③ 사업소득(주택임대소득이 아닌 부동산임대소득은 제외)의 결손금은 다른 소득금액과 통산한다.
④ 결손금은 사업자가 비치 · 기록한 장부에 의하여 사업소득금액을 계산할 때 필요경비가 총수입금액을 초과하는 경우 그 초과하는 금액을 말한다.

13 다음 중 소득세법상 결손금과 이월결손금에 관한 내용으로 옳은 것은?(81회)

① 사업소득의 이월결손금은 해당 이월결손금이 발생한 과세기간의 종료일부터 10년 이내에 끝나는 과세기간의 소득금액을 계산할 때 최근에 발생한 과세기간의 이월결손금부터 순서대로 공제한다.
② 사업소득의 이월결손금은 사업소득 → 근로소득 → 기타소득 → 연금소득 → 이자소득 → 배당소득의 순서로 공제한다.
③ 주거용 건물임대 외의 부동산임대업에서 발생한 이월결손금은 타소득에서는 공제할 수 없다.
④ 결손금 및 이월결손금을 공제할 때 해당 과세기간에 결손금이 발생하고 이월결손금이 있는 경우에는 이월결손금을 먼저 소득금액에서 공제한다.

14 다음 중 소득세법상 원천징수대상소득과 원천징수세율이 잘못 짝지어진 것은?(80회)

① 비영업대금의 이익 : 14%
② 일용근로자 : 6%

③ 복권당첨소득 중 3억 초과분 : 30%
④ 퇴직소득 : 기본세율(6~42%)

15 다음 소득 중 원천징수 세액(지방소득세액을 제외함)이 가장 낮은 것부터 순서대로 나열한 것은?(79회)

가. 비영업대금의 이익 : 1,000,000원 나. 상장법인의 대주주로서 받은 배당 : 2,500,000원 다. 원천징수대상 사업소득에 해당하는 봉사료 수입금액 : 6,000,000원 라. 복권당첨소득 : 1,000,000원

① 가-라-나-다
② 나-가-라-다
③ 다-라-가-나
④ 라-가-다-나

16 다음 중 소득세법상 일반적인 지급명세서 제출시기가 다른 소득은?(78회)

① 근로소득(일용근로소득 제외)
② 이자소득
③ 원천징수대상 사업소득
④ 퇴직소득

2 PART

실무편 (전산회계 1급)

CHAPTER 01

기초정보관리

83회 기출설치(전산회계 1급) | 수험번호 : 21111111 | 감독관번호 : 8341

[문제 1]

다음은 기초정보관리에 대한 자료이다. 각각의 요구사항에 대하여 답하시오.(10점)

1 기초정보등록

① 회사등록
② 거래처등록
③ 계정과목 및 적요등록

1) 회사등록

01 다음은 사업장을 이전하면서 새로 교부받은 사업자등록증이다. 새로 교부받은 사업자등록증의 내용대로 회사등록사항을 수정하시오. 단, 주소입력 시 우편번호는 입력하지 않고 주소만 직접 입력한다.(4점)(56회 수정)

사업자등록증
(법인사업자용)
등록번호 : 105－87－51159
1. 법인명(단체명) : ㈜용인전자 2. 대표자 : 정유진 3. 개업 연월일 : 2010년 6월 26일 4. 법인등록번호 : 110111－1390288 5. 사업장소재지 : 인천광역시 남동구 구월남로 129 6. 사업의 종류 : 업태－제조/도매 종목－자동차부품 7. 교부사유 : 사업장 이전 8. 신고담당자 이메일 : present@naver.com 9. 주류코드 : 제조업체 및 직매장 10. 사업자단위과세여부 : 여
2019년 10월 17일 남인천세무서장

02 회사등록메뉴에서 다음 사항을 수정하시오.(3점)**(54회)**

> ㈜용인전자는 이사회 결의에 따라 2019년 3월 1일 신임 대표이사가 취임하였다.
> • 대표이사 : 이예슬　　　　• 주민등록번호 : 911007-2236512

2) 거래처등록(매회 출제 99%) ※ 거래처코드 중복 확인할 것

● 일반거래처

01 다음 자료를 보고 거래처등록메뉴에서 등록하시오.(3점)**(83회)**

> • 거래처명 : ㈜MS(거래처코드 : 04001)　• 대표자 : 박민성　• 유형 : 동시
> • 사업자등록번호 : 610-85-20213　• 업태 : 제조　• 종목 : 라면류
> • 사업장주소 : 서울특별시 서초구 명달로 105

※ 주소입력 시 우편번호입력은 생략해도 무방함.

02 다음 거래처를 거래처등록메뉴에 추가로 입력하시오.(3점)**(80회)**

코드	상호	사업자등록번호	유형	대표자	업태	종목	사업장소재지
4002	㈜넉넉	513-81-53773	동시	장우빈	도소매	컴퓨터	경남 진주시 평거로 115번길 5(신안동)

03 다음 자료를 보고 거래처등록메뉴에서 등록하시오.(3점)(79회)

- 회사명 : ㈜한야항공(거래처코드 : 04003)
- 대표자 : 신민수
- 유형 : 매입
- 사업자등록번호 : 609-85-18769
- 업태 : 도소매
- 종목 : 소형가전
- 사업장주소 : 서울특별시 서초구 명달로 105(서초 3동)

※ 주소입력 시 우편번호입력은 생략해도 무방함.

04 다음의 사항을 거래처등록메뉴에 입력하시오.(3점)(78회)

- 코드번호 : 4004
- 상호 : ㈜몽몽
- 대표자 : 이현세
- 사업자등록번호 : 133-81-26371
- 거래 유형 : 동시
- 업태 : 도매
- 종목 : 스포츠용품

05 다음 거래처를 추가등록하시오.(주소입력 시 우편번호입력은 생략함)(3점)(74회)

- 거래처코드 : 04005
- 거래처명 : 석구전자
- 유형 : 매출
- 사업자등록번호 : 112-03-84565
- 주소 : 경기도 안산시 단원구 광덕대로 141
- 대표자명 : 한연석
- 업태 : 제조
- 종목 : 기계

06 다음 자료를 보고 거래처등록메뉴에서 등록하시오.(3점)(73회)

- 회사명 : ㈜미니온즈(거래처코드 : 04006)
- 사업장주소 : 경기도 안산시 단원구 산성로 167(원시동)
- 사업자등록번호 : 129-51-40362
- 업태 : 도소매
- 대표자 : 정하운
- 종목 : 화장품

※ 유형은 동시로 하고, 주소입력 시 우편번호입력은 생략해도 무방함

07 다음의 거래처를 등록하시오.(3점)(71회)

- 거래처코드 : 04007
- 거래처명 : ㈜하온
- 유형 : 동시
- 사업자등록번호 : 119-81-88954
- 업태 : 서비스업
- 종목 : 소프트웨어 개발 및 공급
- 대표자 : 옥하온
- 주소 : 서울특별시 관악구 남부순환로 1808(봉천동)

※ 주소입력 시 우편번호입력은 생략해도 무방함.

08 다음 내역을 거래처등록메뉴에 등록하시오.(3점)**(69회)**

• 코드 : 04008	• 거래처명 : ㈜캐슬
• 유형 : 동시	• 사업자번호 : 125-81-12518
• 대표자명 : 김성중	

09 다음 자료를 보고 거래처등록메뉴에서 등록하시오.(3점)**(67회)**

• 회사명 : ㈜하니문구(거래처코드 : 04009)
• 사업장주소 : 서울시 서초구 방배로 162
• 사업자등록번호 : 131-92-23923 • 업태 : 도, 소매
• 대표자 : 김용환 • 종목 : 화장품

※ 유형은 동시로 하고, 주소입력 시 우편번호입력은 생략해도 무방함

10 다음의 매출거래처를 추가등록하시오.(3점)**(66회)**

• 거래처코드 : 04010	• 거래처명 : ㈜다은나라	• 유형 : 동시
• 사업자등록번호 : 112-03-84565	• 업태 : 도매	• 종목 : 기계
• 대표자명 : 김다은	• 주소 : 서울특별시 관악구 남부순환로 1895	

※ 주소입력 시 우편번호입력을 생략함.

11 원탑세무법인에 세무회계컨설팅을 의뢰하였다. 다음의 내용을 거래처등록메뉴에 입력하시오.(3점)**(63회 특별)**

• 거래처코드 : 04012	• 상호 : 원탑세무법인	• 유형 : 동시
• 사업자등록번호 : 113-02-10230	• 대표자명 : 손영선	• 업태/종목 : 서비스/세무사
• 사업장소재지 : 서울시 강남구 역삼로 468(대치동)		

※ 주소입력 시 우편번호입력은 생략해도 무방함

12 다음의 거래처를 거래처등록메뉴에 추가로 입력하시오.(3점)**(63회)**

코드	상호	사업자등록번호	유형	대표자	업태	종목	사업장소재지
4013	유정커피	133-81-26269	동시	이유정	음식	프랜차이즈	부산 부산진구 서전로 37번길

※ 거래처 유형을 '동시'로 선택, 주소입력 시 우편번호입력은 생략해도 무방함

13 매출처인 ㈜굿모닝빌딩의 등록사항 일부가 다음과 같이 변경되었다. 입력된 자료를 조회하여 수정하시오.(3점)(53회)

• 사업자등록번호 : 120-85-48310	• 상호 : 강남빌딩
• 사업장소재지 : 서울특별시 서초구 서초대로 396	• 대표자명 : 이진경

14 종업원에게 주택자금을 대출해 주기 위해 종업원을 거래처에 등록하려고 한다. 다음의 내용을 참고하여 등록하시오.(3점)(64회)

코드번호	성명	유형
8001	김성훈	동시
8002	김영재	동시
8003	강민수	동시

● 금융기관

01 소미은행은 신규 거래처이다. 거래처등록메뉴에 추가등록하시오.(3점)(81회)

• 거래처코드 : 98006	• 거래처명 : 소미은행
• 계좌번호 : 9-71718989-52	• 유형 : 보통예금

02 신규로 통장을 개설하였다. 다음의 내용을 거래처등록메뉴에 입력하시오.(3점)(76회)

• 코드번호 : 98007	• 계좌번호 : 123-456-789
• 유형 : 보통예금	• 계좌개설은행/지점 : 한국은행/여의도점
• 계좌개설일 : 2017년 7월 1일	

03 신규로 통장을 개설하였다. 다음 내용을 거래처등록메뉴에 입력하시오.(2점)(67회 특별)

• 코드 : 98008	• 거래처명 : 싱싱은행
• 계좌번호 : 356-0535-6193-83	• 유형 : 보통예금

04 행복은행에서 신규로 통장을 개설하였다. 다음의 내용을 거래처등록메뉴에 입력하시오.(3점)(65회)

• 코드 : 98009	• 거래처명 : 행복은행
• 계좌번호 : 311-007-154670	• 유형 : 당좌예금

05 정기적금 가입에 따른 다음 내역을 거래처등록메뉴에 등록하시오.(3점)**(61회)**

• 코드 : 98010	• 거래처명 : 미래은행
• 계좌번호 : 123-123-123	• 유형 : 정기적금

06 별빛은행에서 통장을 개설하였다. 다음의 내용을 거래처등록메뉴에 입력하시오.(3점)**(60회)**

• 코드 : 98011	• 거래처명 : 별빛은행
• 유형 : 보통예금	• 계좌번호 : 871110-88-101033

● 신용카드

01 전자제품 매출을 위해 한국카드와 신용카드가맹점계약을 하였다. 다음의 내용을 거래처등록메뉴에 등록하시오.(3점)**(82회)**

• 코드 : 99901	• 거래처명 : 한국카드
• 가맹점번호 : 5640023147	• 유형 : 매출

02 전자제품 매출을 위해 신한카드와 신용카드가맹점계약을 하였다. 다음의 내용을 거래처등록메뉴에 등록하시오.(3점)**(72회)**

• 코드 : 99902	• 거래처명 : 신한카드
• 가맹점번호 : 564002314	• 유형 : 매출

03 회사가 업무용으로 사용하는 법인신용카드를 신규로 발급받았다. 다음의 내용을 참고하여 거래처등록메뉴에 등록하시오.(3점)**(65회 특별)**

• 코드 : 99903	거래처명 : 행복카드	• 유형 : 매입
• 카드번호 : 1234-5678-9000	• 카드종류(매입) : 사업용 카드	

04 신용카드 유효기간 만료로 인하여 사업용 신용카드인 법인카드를 새로 발급받았다. 다음의 내용을 거래처등록메뉴에 입력하시오.(3점)**(62회)**

• 코드 : 99904	• 거래처명 : 시민카드	
• 카드번호 : 9440-2657-1111-5555	• 유형 : 매입	• 카드종류(매입) : 사업용 카드

05 전자제품 매출을 위해 토스카드와 신용카드가맹점계약을 하였다. 다음의 내용을 거래처등록메뉴에 입력하시오(3점)**(58회)**

• 코드 : 99905	• 거래처명 : 토스카드	• 가맹점번호 : 564002314

3) 계정과목 및 적요등록

● 계정과목등록

01 당사는 에어컨을 구입하고 이를 유형자산으로 등록하고자 한다. 다음과 같이 계정과목 및 적요등록을 하시오.(3점)**(78회)**

• 코드 : 197	• 계정과목 : 냉난방설비
• 성격 : 1. 상각	• 현금적요 : 1. 냉난방설비 구입대금 현금지급

02 다음의 무형자산계정을 추가로 등록하시오.(3점)**(77회)**

• 코드 : 230	• 계정이름 : 임차권리금	• 성격 : 일반

03 업무용 승용차를 리스하여 사용하고자 한다. 이와 관련하여 다음 자료를 계정과목 및 적요등록에 반영하시오.(3점)**(74회)**

• 코드 : 853	• 계정과목 : 차량리스료
• 성격 : 3. 경비	• 현금적요 2번 : 업무용 승용차 리스료

04 당사 제품의 매출 신장을 위해 무형자산 계정과목을 등록하고자 한다. 다음과 같이 계정과목을 추가로 등록하시오.(3점)**(71회)**

• 코드 : 229	• 계정과목 : 라이선스와 프랜차이즈
• 성격 : 1. 일반	• 현금적요 1번 : 라이선스계약금

05 다음과 같이 계정과목을 등록하시오.(3점)**(68회)**

• 계정과목 : 저작권	• 코드 : 230	• 성격 : 일반

06 거래처의 신제품을 판매할 수 있는 권리를 취득하고자 한다. 이를 위해 '프랜차이즈'라는 계정과목을 다음과 같이 추가하시오.(3점)**(66회)**

• 코드 : 229	• 계정과목 : 프랜차이즈
• 성격 : 1. 일반	• 현금적요 1번 : 가맹금 현금지급

07 다음의 내용을 참고하여 제조원가에 해당하는 계정과목을 추가등록하시오.(3점)**(65회 특별)**

• 코드 : 540	• 계정과목 : 소모공구비
• 성격 : 제조경비	• 현금적요 1번 : 소모공구비 현금지급

08 판매비와 관리비항목으로 '차량의 운용리스료' 계정과목을 추가하려고 한다. 해당 항목에 아래의 내용을 추가등록하시오.(3점)**(65회)**

• 코드 : 860	• 계정과목 : 차량의 운용리스료
• 구분(성격) : 3. 경비	• 현금적요 1번 : 영업용 차량의 운용리스료 지급

09 국고보조금 계정과목을 코드 0217에 차감(기계장치 계정과목에서 차감)항목으로 등록하시오.(3점)**(58회)**

● 적요등록

01 당사는 퇴직급여제도로 확정기여형(DC형) 퇴직연금에 가입하였다. 퇴직급여(0806)계정 대체적요 2번에 '확정기여형 퇴직급여 납부'를 추가등록하시오.(2점)**(76회)**

02 공장에서 폐기물처리비를 지출하였다. 잡비계정과목에 다음 내용의 적요를 각각 등록하시오.(3점)**(75회)**

• 현금적요 6. 폐기물처리비 지급	• 대체적요 9. 폐기물처리비 보통인출

03 계정과목 및 적요등록메뉴에서 811. 복리후생비계정의 대체전표 적요 3번에 '사내 동호회비 지원'을 등록하시오.(3점)**(72회)**

04 영업부 직원들에게 휴대폰 사용에 따른 보조금을 지급하기로 하였다. 통신비계정에 다음의 적요를 등록하시오.(3점)**(68회)**

- 현금적요 5. 휴대폰 보조금 지급

05 판매직 직원에게 매출에 따른 인센티브를 상여로 지급하기로 하였다. 계정과목 코드 803. 상여금에 현금적요 2. '직원성과급 지급'의 적요를 등록하시오.(3점)**(67회)**

06 제조부 직원 모두 퇴직연금에 가입하기로 하였다. 퇴직급여계정의 대체적요 3번에 '확정기여형 퇴직연금납입'을 등록하고, 퇴직연금운용자산계정의 대체적요 1번에 '확정급여형 퇴직연금 부담금납입'을 등록하시오.(기존 계정과목을 사용한다)(4점)**(54회)**

2 전기분 재무제표 등

① 전기분 손익계산서
② 전기분 원가명세서
③ 전기분 잉여금처분계산서
④ 거래처별 초기이월
⑤ 종합문제

1) 전기분 손익계산서

01 다음은 ㈜용인전자의 전기분 손익계산서이다. 입력되어 있는 자료를 검토하여 오류부분은 수정하고 누락부분은 추가입력하여 완성하시오.(다른 재무제표는 모두 적정한 것으로 가정한다)(4점)**(64회 수정)**

손익계산서

회사명 : ㈜용인전자 제11기 2018. 1. 1.~2018. 12. 31. (단위 : 원)

과목	금액	과목	금액
Ⅰ. 매출액	**284,100,100**	**Ⅴ. 영업이익**	**56,340,000**
1. 제품매출	284,100,100	**Ⅵ. 영업외수익**	**7,000,000**
Ⅱ. 매출원가	**38,890,000**	1. 이자수익	7,000,000
제품매출원가	**56,798,000**		
1. 기초제품재고액	8,000,000		
2. 당기제품제조원가	40,890,000	**Ⅶ. 영업외비용**	**5,500,000**
3. 기말제품재고액	10,000,000	1. 이자비용	5,000,000
Ⅲ. 매출총이익	**245,210,100**	2. 잡손실	500,000
Ⅳ. 판매비와관리비	**188,870,100**		
1. 급여	74,541,000		
2. 복리후생비	35,000,000	**Ⅷ. 법인세차감전순이익**	**57,840,000**
3. 통신비	8,250,000	**Ⅸ. 법인세비용**	
4. 수도광열비	2,854,100	**Ⅹ. 당기순이익**	**57,840,000**
5. 세금과공과	15,781,000		
6. 감가상각비	3,850,400		
7. 임차료	6,000,000		
8. 수선비	850,000		
9. 보험료	5,600,000		
10. 차량유지비	22,098,500		
11. 운반비	2,500,000		
12. 여비교통비	1,500,000		
13. 도서인쇄비	1,000,000		
14. 수수료비용	1,500,000		

02 전기분 손익계산서를 검토한 결과 다음과 같은 오류 및 누락이 발견되었다. 전기분 손익계산서를 수정하시오.(2점)**(56회)**

손익계산서항목	틀린 금액	올바른 금액	내용
임차료	6,000,000원	4,400,000원	입력오류
광고선전비	–	900,000원	입력누락

2) 전기분 원가명세서

01 전기분 원가명세서에 입력된 내용 중 복리후생비가 2,500,000원이 아니라 2,000,000원이고, 수선비는 850,000원이 아니라 700,000원이다. 전기분 원가명세서를 수정하시오.(2점)**(75회)**

02 전기분 원가명세서(제조)에 입력된 내용 중 임금이 8,000,000원이 아니라 9,500,000원이고 차량유지비가 1,350,000원이 아니고 2,300,000원이다. 이를 수정하여 입력하시오.(4점)**(69회)**

3) 전기분 잉여금처분계산서

01 전기분 이익잉여금처분내용은 다음과 같다. 전기분 잉여금처분계산서를 완성하시오.(4점)**(60회)**

- 이익준비금 : 300,000원
- 현금배당 : 3,000,000원
- 주식배당 : 2,000,000원
- 사업확장적립금 : 5,000,000원
- 연구인력개발준비금 : 5,000,000

4) 거래처별 초기이월

01 거래처별 초기이월채권과 채무잔액에 있어서 다음과 같은 차액이 발생하였다. 적절하게 수정하시오.(3점)**(83회)**

계정과목	거래처	수정 전 잔액	수정 후 잔액
단기대여금	㈜대구	4,540,000원	5,450,000원
선급금	㈜천안	8,500,000원	5,800,000원
단기차입금	㈜부안	13,500,000원	15,300,000원

02 전기말 거래처별 채권·채무에 대하여 거래처누락이 발생하였다. 이를 추가입력하시오.(3점)**(82회 수정)**

채권·채무	구분	거래처	금액
외상매출금	누락	어린상사	5,000,000원
외상매출금	수정	㈜유원	8,000,000원

03 미수금과 미지급금의 초기이월은 다음과 같다. 거래처별 초기이월메뉴에서 수정 또는 추가입력하시오.(3점)(80회 수정)

구분	거래처	금액(원)
지급어음	㈜한상	7,000,000
	㈜천안	10,000,000
	㈜부안	8,000,000
미지급금	㈜한빛	1,600,000
	플레이상회	14,800,000
	상원상사	9,000,000

04 전기분 거래처원장에서 외상매출금계정의 잔액을 검토한 결과 아래와 같은 오류를 발견하였다. 거래처별 초기이월메뉴에서 적절하게 수정하시오.(3점)(79회 수정)

> 어린상사의 잔액이 5,000,000원이 아니라 0(영)원으로 확인되었고, 이와 관련하여 한국전자의 잔액이 0(영)원이 아니라 5,000,000원으로 확인되었다.

05 ㈜미래전자의 거래처별 초기이월자료를 검토하여 수정 또는 추가입력하시오.(4점)(68회 수정)

계정과목	거래처	금액	비고
보통예금	국민은행	100,000,000원	141,541,000원
	한국은행	20,000,000원	
	신한은행	21,541,000원	
정기예금	한국은행	15,000,000원	35,450,100원
	대한은행	10,000,000원	
	대한은행	10,450,100원	

5) 종합문제

83회 기출설치(전산회계 1급) | 수험번호 : 21111111 | 감독관번호 : 8341

01 전기분 결산사항을 검토한 결과 다음과 같은 입력누락이 발견되었다. 전기분 손익계산서, 전기분 잉여금처분계산서, 전기분 재무상태표 중 관련된 부분을 수정하시오.(4점) (83회)

차변		대변	
계정과목	금액	계정과목	금액
선급비용	1,100,000원	보험료(판)	1,100,000원

02 다음은 전기분 원재료, 재공품, 제품의 기말재고액이다. 주어진 자료로 추가 수정입력하여 관련 전기분 재무제표를 수정하시오.(4점)(82회 수정)

• 원재료 : 5,000,000원 • 재공품 : 9,000,000원 • 제품 : 6,500,000원

03 전기분 손익계산서의 복리후생비 3,000,000원은 제조공장 종업원의 회식비로 판명되었다. 전기분 원가명세서 및 전기분 손익계산서를 수정하시오.(3점)(81회)

04 전기분 손익계산서금액을 검토한 결과 다음과 같은 오류가 발견되었다. 전기분 손익계산서, 전기분 이익잉여금처분계산서, 전기분 재무상태표와 관련된 부분을 수정하시오.(4점)(80회)

- 제품매출원가의 기말제품재고액이 7,000,000원인데, 6,500,000으로 잘못 반영되었다.
- 복리후생비계정(판관비)금액이 20,000,000원인데 32,000,000원으로 입력된 것을 확인하였다.

05 보험료 1,640,000원을 선급비용으로 잘못 입력하여 전기분 재무상태표에 오류가 발견되었다. 재무제표의 흐름에 따라 관련되는 전기분 재무제표를 모두 수정하시오.(4점)(79회 수정)

06 전기분 운반비(판)계정과목의 계정별 원장과 증명서류를 일자별로 검토한 결과 다음과 같은 입력오류가 발견되었다. 전기분 손익계산서, 전기분 잉여금처분계산서, 전기분 재무상태표 중 관련된 부분을 수정하시오.(4점)**(78회)**

계정과목	틀린 금액	올바른 금액	내용
운반비(판)	2,500,000원	2,000,000원	입력오류

07 전기분 손익계산서를 검토한 결과 다음과 같은 오류가 발견되었다. 전기분 손익계산서, 전기분 잉여금처분계산서, 전기분 재무상태표 중 관련된 부분을 수정하시오.(4점)**(77회)(76회)**

계정과목	틀린 금액	올바른 금액	내용
이자수익	–	500,000원	입력누락

08 전기분 손익계산서를 검토한 결과 다음과 같은 오류가 발견되었다. 전기분 손익계산서, 전기분 잉여금처분계산서, 전기분 재무상태표, 전기분 원가명세서 중 관련된 부분을 수정하시오.(4점)**(74회)**

계정과목 및 금액	틀린 내용	올바른 내용
복리후생비	판매비와 관리비로 1,500,000원을 과다입력함	제조원가로 1,500,000원을 추가반영할 것

09 당해연도 기초원재료가 1,500,000원이다. 전기분 재무상태표, 전기분 원가명세서, 전기분 손익계산서 및 전기분 잉여금처분계산서를 모두 수정입력하시오.(4점)**(71회)**

10 전기에 제품 운반용 차량을 구입하면서 지출한 취득세 250,000원을 세금과공과(판)로 잘못 처리하였다. 이를 전기분 재무제표에서 직접 수정하고자 한다. 관련 수정사항을 전기분 손익계산서, 전기분 이익잉여금처분계산서, 전기분 재무상태표에 반영하시오.(4점)**(67회 특별)**

11 전기분 재무상태표에는 지난해 12월에 왕자상회에 현금으로 지급한 단기대여금 910,000원과 어린상사로부터 단기로 차입한 1,800,000원이 누락되어 있다. 이와 관련하여 전기분 재무상태표와 거래처별 초기이월에 반영하시오.(4점)**(63회 특별, 수정)**

12 전기분 손익계산서와 재무상태표에 판매부문의 건물 감가상각비 1,000,000원과 감가상각누계액 5,000,000원이 각각 과다하게 입력되어 있다. 관련 있는 재무제표와 이익잉여금처분계산서를 수정하시오.(4점)(53회)

13 전기분 원가명세서상의 원재료와 관련된 내용이 잘못 입력되어 있다. 다음 자료의 내용을 전기분 원가명세서와 전기분 재무상태표에 추가로 입력하시오.(4점)(52회)

제조원가명세서

(2018. 1. 1.~2018. 12. 31.) (단위 : 원)

계정과목	금액	
Ⅰ. 재료비		69,200,000
기초원재료재고액	15,000,000	
당기원재료매입액	60,000,000	
매입환출 및 에누리	(1,500,000)	
매입할인	(1,300,000)	
기말원재료재고액	3,000,000	
Ⅱ. 노무비	:	

● 추가문제

01 전기에 다음의 회계처리를 누락하였다. 관련된 재무제표를 모두 수정하시오.

(차) 감가상각비(제) 2,000,000	(대) 감가상각누계액(기계) 2,000,000

02 전기에 발생된 공장 건물 보험료 중 당기 보험료 500,000원이 포함되어 있다. 관련된 재무제표를 모두 수정하시오.

CHAPTER

02 일반전표입력

※ 거래처를 입력해야 하는 계정과목

계정과목	그림	
선~ : 선급금, 선수금 미~ : 미지급금, 미수금 외상~ : 외상매출금, 외상매입금 ~어음 : 받을어음, 지급어음 기타 : ~대여금, ~차입금, 임차보증금, 임대보증금, 유동성장기부채	**차변(자산)** 선급금 미수금 외상매출금 받을어음 ~대여금 임차보증금	**대변(부채)** 선수금 미지급금 외상매입금 지급어음 ~차입금 임대보증금

83회 기출설치(전산회계 1급) | 수험번호 : 21111111 | 감독관번호 : 8341

[문제 2]

다음 거래자료를 일반전표입력메뉴에 추가입력하시오.(일반전표입력의 모든 거래는 부가가치세를 고려하지 말 것)(18점)

1 매출채권

★01 10월 1일 빠른전자의 외상매출금 중 10,000,000원은 자기앞수표로 받고, 5,000,000원은 신한은행 보통예금계좌로 이체받았다.(3점)**(76회)(69회)**

02 10월 10일 왕자상회의 7월말 현재 외상매출금잔액 전부를 보통예금통장으로 입금받다.(3점)**(83회)(61회)**

03 8월 14일 ㈜부산에 대한 외상매출금 2,700,000원과 외상매입금 3,800,000원을 상계처리하고 나머지 잔액은 당좌수표를 발행하여 ㈜부산에 지급하였다.(3점)

04 7월 25일 제품매출처인 서초상회의 외상매출금 10,000,000원 중 570,000원은 제품불량으로 에누리하여 주고 나머지는 보통예금으로 송금받았다.(3점) **(76회)**

05 7월 29일 제품매출 거래처인 ㈜대구에 대한 외상매출금 12,500,000원이 약정기일보다 빠르게 회수되어 2%의 할인을 해주고 잔액을 보통예금계좌로 송금받았다.(3점)**(81회)(68회)(58회)**

06 9월 30일 ㈜천안에 수출(선적일자 9월 10일)한 제품의 외상매출금이 보통예금계좌에 원화로 환전되어 입금되었다.(3점)**(65회)**

- 외상매출금 : 5,000(USD)
- 9월 10일 환율 : 1,100원/USD
- 9월 30일 환율 : 1,050원/USD

07 12월 13일 굿타임상사에 수출(선적일자 12월 10일)한 제품 외상매출금이 보통예금계좌에 원화로 환전되어 입금되었다.(3점)**(61회)**

- 외상매출금 : 2,000달러
- 12월 10일 환율 : 1,200원/달러
- 12월 13일 환율 : 1,100원/달러

08 9월 18일 미국의 매직상사에 수출(선적)했던 제품에 대한 외상매출금이 당일 보통예금계좌에 입금되었다.(3점)**(72회)**

- 외상매출금 : $50,000
- 계약일자 : 8월 10일
- 선적일자 : 8월 20일
- 8월 10일 환율 : 1,050원/$
- 8월 20일 환율 : 1,100원/$
- 9월 18일 환율 : 1,150원/$

09 7월 14일 베트남의 세븐전자에 수출(선적일 : 7월 1일)하였던 제품에 대한 외상매출금($1,000)을 수령한 후 즉시 원화로 환전하여 보통예금에 입금하였다.(7월 1일 환율 : 1,100원/$, 7월 14일 환율 : 1,200원/$)(3점)**(75회)(70회)(67회)**

★**10** 4월 30일 아웃전자에 대한 외상매출금 4,500,000원과 지급어음 2,500,000원을 상계처리하고, 나머지 잔액은 아웃전자발행 당좌수표로 받았다.(3점)**(63회 특별)**

★**11** 5월 5일 거래처 선인상사에 6개월 만기로 100,000,000원을 대여하기로 하여 45,000,000원은 보통예금계좌에서 지급하였고, 나머지는 선인상사에 대한 외상매출금을 단기대여금으로 전환하기로 하였다.(3점)**(63회 특별)**

12 9월 8일 거래처인 ㈜유원에 대한 외상매출금 현재잔액 전액을 대여금(9개월 만기)으로 전환하기로 하였다.(3점)**(68회)**

★**13** 8월 25일 ㈜대박유통의 외상매출금 24,000,000원 중 10,000,000원은 현금으로 받고, 나머지는 ㈜대박유통발행의 약속어음(만기 : 당기 11월 25일)을 받았다.(3점)**(64회)**

★**14** 8월 20일 전년도에 지물상사가 파산하여 외상매출금 6,000,000원이 회수 불가능한 것을 뒤늦게 올해 확인하였다. 그 금액이 중요하지 않아 전기분 재무제표는 수정하지 않고 당기 손익에 반영한다.(3점)**(68회)**

14-1 7월 3일 본사 건물에 대하여 전년도에 납부하였던 전기료 중 과오납부한 금액인 300,000원이 당사 보통예금으로 입금되어 오류를 수정하였다. 중대한 오류가 아니다.(잡이익계정은 사용하지 마시오)(3점)**(전산세무 2급 64회)**

★**14-2** 5월 12일 본사건물에 대한 감가상각비가 전년도에 25,000,000원만큼 과대계상된 오류를 발견하였다. 본 사항은 중대한 오류로 판단된다.(3점)**(전산세무 2급)**

★**15** 9월 1일 ㈜팩토리에서 매출대금으로 받아 보관 중인 약속어음 2,000,000원이 만기가 도래하여 기업은행에 추심의뢰한바, 추심수수료 30,000원을 차감한 금액이 당점 국민은행 보통예금통장에 입금되다.(3점)**(68회)(65회)(55회)**

16 12월 30일 국민은행에 받을어음의 추심을 의뢰하고 수수료비용 4,500원을 현금으로 지급하다.(3점)**(81회)**

17 8월 10일 매출처인 ㈜매직상사로부터 받아 보관 중인 약속어음 3,500,000원을 만기 이전에 거래은행인 국민은행에 할인하고 할인료 150,000원을 제외한 금액은 보통예금통장에 입금되었다.(매각거래로 처리할 것)(3점)(83회)(82회)

18 7월 3일 거래처 ㈜아트전자부터 제품을 매출하고 받은 받을어음 5,000,000원을 거래은행인 금빛은행에서 할인하고 할인료 200,000원을 차감한 잔액을 당사 보통예금에 입금하였다.(매각거래로 처리할 것)(3점)(64회)(58회)

19 11월 15일 ㈜대전의 외상매입금 25,000,000원을 결제하기 위해 당사에서 제품매출로 받아 보관하고 있던 거래처 ㈜한결 발행의 약속어음 20,000,000원을 배서양도하고, 나머지는 당사의 보통예금으로 지급하였다.(3점)(61회)

20 8월 15일 매출거래처인 세븐전자의 외상매출금 1,000,000원에 대하여 다음의 약속어음을 배서양도받고, 나머지 금액은 보통예금으로 받았다.(3점)(74회)

약속어음

세븐전자 귀하

금 ₩600,000

위의 금액을 귀하 또는 귀하의 지시인에게 이 약속어음과 상환하여 지급하겠습니다.

지급기일 20 . 9. 30.	발행일 20 . 4. 30.
지급지 *****************	발행지 ********************
지급장소 **************	주소 ***********************
	발행인 ㈜컴퍼니

21 7월 10일 5월 10일에 제품을 매출하고 ㈜오성으로부터 수취한 어음 5,000,000원이 부도처리되었다는 것을 기쁨은행으로부터 통보받았다.(7월 10일자로 회계처리하시오)(3점)(76회)(55회)

22 8월 23일 당사의 제품 대리점을 운영하는 안성실 씨가 법원으로부터 파산선고를 받음에 따라 안성실 씨가 운영하던 여름전자의 외상매출금 6,600,000원이 회수가 불가능할 것으로 판단되어 당일자로 대손처리하였다.(3점)(79회)(72회)(69회)(57회)

23 12월 1일 전기에 대손이 확정되어 대손충당금과 상계처리하였던 ㈜대박전자의 외상 매출금 중 일부인 1,000,000원을 현금으로 회수하였다.(3점)(78회)

24 8월 31일 전기에 대손이 확정되어 대손충당금과 상계처리하였던 지물상사의 외상매출금 4,000,000원이 당사의 보통예금에 입금되었다.(단, 부가가치세법상 대손세액은 고려하지 말 것)(3점)(82회)(67회)(63회)

2 선급금, 선급비용, 선수금, 선수수익

01 7월 23일 제품을 생산하기 위해 ㈜대도상사로부터 원재료를 매입하기로 하고, 계약금으로 1,000,000원을 보통예금에서 지급하였다.(3점)(56회)

02 8월 27일 ㈜천안로부터 상품을 주문하고, 계약금으로 3,000,000원을 당점발행 당좌수표로 지급하다.(3점)(65회 특별)

03 5월 9일 생산라인 증설을 위해 한국전자에 기계장치 설치제작을 의뢰하면서 계약금 5,000,000원을 타인발행 자기앞수표로 지급하였다.(3점)(64회)

04 8월 4일 생산라인 증설을 위해 지난 5월 9일 계약금 5,000,000원을 주고 권선전자에 제작 의뢰한 기계장치가 설치완료되어 잔금 25,000,000원 중 22,000,000원은 소망은행 보통예금으로 지급하고 나머지는 15일 후에 지급하기로 하다.(단, 부가가치세는 고려하지 말것)(3점)

05 7월 1일 공장의 기계장치에 대하여 삼일화재보험사에 화재보험(보험기간 당기 7월 1일~차기 6월 30일)을 가입하고 4,800,000원을 현금지급하였다. 전액 자산으로 회계처리하시오.(3점)(59회)

06 8월 31일 당해 사업연도 법인세 중간예납세액 1,100,000원을 현금으로 납부하였다.(단, 법인세납부액은 자산계정으로 처리할 것)(3점)(79회)(71회)

07 3월 2일 기업은행에 예입한 정기예금이 금일로 만기가 되어 다음과 같이 해약하고 해약금액은 모두당좌예금계좌에 입금하였다.(원천징수액은 자산으로 처리한다)(3점)**(63회)**

• 정기예금 : 50,000,000원	• 이자수익 : 4,000,000원
• 법인세 원천징수액 : 616,000원	• 차감지급액 : 53,384,000원

08 9월 25일 이자수익 200,000원에 대하여 원천징수세액을 제외한 나머지 금액이 보통예금으로 입금되었다.(원천징수세율은 15.4%로 가정하고, 자산으로 처리한다)(3점)**(80회)(76회)(74회)(66회)**

09 8월 1일 ㈜부안에 제품 A를 7,500,000원(10개, @750,000원)에 판매하기로 계약하고, 판매대금 중 10%를 당좌예금계좌로 받았다.(3점)**(80회)(60회)**

3 재고자산 : 상품, 제품, 원재료, 적요 8

01 9월 19일 반포상회에서 원재료 4,000,000원을 구입하면서 계약금으로 지급한 400,000원을 차감한 잔액을 약속어음(3개월 만기)으로 발행하여 지급하다.(3점)**(69회)**

02 8월 30일 일본에서 수입한 원재료를 부산항에서 대구의 생산공장까지 운송하고 운송료 3,500,000원을 현금으로 지급하였다.(3점)**(58회)**

03 7월 16일 인천세관으로부터 수입 원재료에 대한 통관수수료 230,000원이 발생하여 보통예금으로 지급하였다.(취득원가로 회계처리할 것)(3점)**(72회)(57회)**

04 9월 11일 상품 매입에 따른 택배요금을 다음의 증빙과 같이 우체국에 현금으로 지급하였다.(3점)**(69회)**

발행번호 : A2016014162706476041

우편요금 수령증

발행일자 : 20 . 9. 11.
배달일자 : 20 . 9. 11.
수취인명 :
주 소 :

영수금액 : 4,300,000원
등기번호 : 7899608
수납내역
－수취부담 : 4,300,000원
－반 송 료 : 0원
－우표첩부 : 0원
*수납대행 : 0원

서초우체국
20 . 9. 11. 14:23

올바른 우편번호 사용은 우편물을 빠르고 정확하게 받으실 수 있습니다.

05 11월 15일 창고에 보관 중인 제품 1대(원가 1,000,000원)를 판매직 직원의 복리후생 목적으로 무상 제공하다.(3점)

06 7월 3일 회사에서 보관 중이던 원재료(원가 600,000원, 시가 800,000원)를 영업부 소모품으로 사용하였다.(비용으로 처리할 것)(3점)**(55회)**

07 12월 21일 창고에서 화재가 발생하여 보관하고 있던 제품 24,550,000원(장부가액)이 소실되었다. 당사는 이와 관련한 보험에 가입되어 있지 않다.(3점)**(75회)(60회)**

08 4월 12일 구매하고 보관 중인 원재료 480,000원을 제조공장건물의 수선을 위하여 사용하였다. 건물에 대한 수선은 현상유지를 위해 발생한 일상적인 수선에 해당한다.(3점)**(63회 특별)**

09 11월 17일 제품 1개(원가 : 300,000원)를 매출거래처에 견본품으로 무상 제공하였다.(견본비계정으로 처리할 것)(3점)**(69회)(56회)**

10 11월 12일 당사에서 생산한 제품(개당 원가 2,000원, 시가 3,000원) 1,000개를 실버복지재단에 현물기부하였다.(3점)(82회 수정)(78회)(72회)(66회)(62회)

11 12월 31일 장부상 제품재고액은 1,500,000원이고 실제 제품재고액은 1,450,000원이다. 이 재고감모액은 비정상적으로 발생되었다. 재고감모액에 대한 회계처리를 하시오.(3점)(70회)

4 유형자산 : 취득, 처분

01 9월 20일 당사의 최대주주인 김으뜸 씨로부터 본사를 신축할 토지를 기증받았다. 토지에 대한 소유권 이전비용 2,000,000원은 당좌수표를 발행하여 지급하였다. 토지의 공정가액은 50,000,000원, 장부가액은 40,000,000원이다.(하나의 전표로 입력할 것)(3점)(78회)(71회)(65회)

02 7월 13일 태안에 공장을 신축하기 위하여 삼풍상사로부터 건물이 있는 부지를 구입하고 건물을 철거하였다. 건물이 있는 부지의 구입비로 50,000,000원에 일괄구입 후 대금은 신한은행으로부터 대출(대출기간 3년)을 받아 지불하였다. 또한 건물의 철거비용 3,000,000원과 토지 정지비용 3,200,000원을 당좌수표를 발행하여 지급하였다.(하나의 전표로 입력할 것)(3점)(59회)

03 11월 27일 대주주로부터 토지(대주주의 토지 취득가액 : 48,000,000원, 토지의 증여일 현재 공정가치 : 50,000,000원)를 무상으로 증여받고, 소유권 이전비용으로 2,873,430원을 보통예금으로 지출하였다.(3점)(75회)

04 8월 30일 공장을 신축하기 위하여 소요될 총금액 400,000,000원 중 50,000,000원의 지출이 발생되어 보통예금에서 이체하였다.(3점)(80회)

05 9월 30일 연구동 신축을 위해 미래은행에서 빌린 대출금에 대한 9월분 이자비용 1,350,000원을 당사 보통예금에서 이체하였다. 공사기간은 올해 7월 1일부터 2년간이며, 이자비용은 자본화하기로 한다.(3점)(73회)

06 12월 21일 사옥 신축을 위한 신한은행 차입금의 이자비용 3,000,000원을 우리은행 보통예금에서 이체하였으며, 이자비용은 자본화하기로 하였다. 착공일은 당해연도 11월 1일, 완공일은 2021년 9월 30일이다.(3점)**(61회)**

★**07** 8월 11일 공장신축을 위해 지난 3년간 소요된 금액은 300,000,000원으로 모두 자산으로 처리(차입금의 이자비용 등도 자본화)해 왔으며, 금일 완공되었다.(3점)**(77회)**

★**08** 4월 15일 ㈜부산에 공장 건물 증축을 의뢰하여 완공되었다. 공사대금 100,000,000원 중 60%는 5개월 만기 당사발행 약속어음으로 결제하였으며, 나머지는 당좌수표를 발행하여 지급하였다.(3점)**(70회)(63회)**

★**09** 9월 14일 기계장치 취득 후 1년이 지난 현재 주요수선 및 설비증진을 위한 자본적 지출로 8,000,000원을 현금으로 지급하였다.(3점)

★**10** 4월 8일 신축 공장건물에 대한 소유권보존 등기비용으로 취득세 등 합계 3,000,000원과 화재보험료(1년분) 2,000,000원을 보통예금계좌에서 이체하여 지급하였다. 보험료는 전액 비용(제조원가)으로 처리한다. 하나의 전표로 처리하시오.(3점)**(63회 특별)**

★**11** 7월 21일 다음의 공장건물에 대한 지출내역을 보고 회계처리를 하시오(고정자산 등록은 생략하고, 하나의 전표로 입력한다). 단, 대금은 전액 당좌수표를 발행하여 지급하였다.(3점)**(58회)**

- 파손으로 인한 유리교체비용 : 1,800,000원
- 내용연수 증가를 위한 대수선비 : 14,600,000원
- 건물외벽의 도색비 : 3,300,000원

12 8월 6일 공장의 기계장치를 수리나라에서 수리하고 당좌수표를 발행하여 수리비용 3,000,000원을 지급하다.(수익적 지출로 회계처리할 것)(3점)

13 9월 24일 ㈜팩토리에서 구입한 제품운반용 승합차의 할부 미지급금(할부에 따른 이자를 별도 지급하기로 계약함) 1회분 총액을 대출상환스케줄에 따라 당사 보통예금계좌에서 이체하여 지급하다.(3점)(78회)

대출상환스케줄

회차	결제일	원금	이자	취급수수료	결제금액
1회	당기 9월 24일	1,500,000원	3,750원	–	1,503,750원
2회	당기 10월 24일	1,500,000원	3,500원	–	1,503,500원
⋮	⋮	⋮	⋮		⋮

14 8월 15일 자금부족으로 인하여 업무용으로 사용하던 토지(장부금액 19,000,000원)를 35,000,000원에 처분하고, 대금은 ㈜대전 발행한 어음(90일 만기)을 받았다.(3점)(56회)

15 9월 15일 제품운반용 트럭(취득가액 25,000,000원, 감가상각누계액 20,000,000원)이 노후되어 폐차하였으며, 폐차관련 부대비용 350,000원은 보통예금에서 이체지급하였다.(당기의 감가상각비는 고려하지 말 것)(3점)(77회 : 기계장치)(72회)

5 투자자산 : 단기매매증권, 매도가능증권, 만기보유증권 (취득, 평가, 처분)

01 7월 25일 단기 시세차익을 목적으로 ㈜한일물산의 주식 1,000주(1주당 액면가 5,000원)를 10,000,000원에 구입하고, 매입수수료 50,000원을 포함하여 10,050,000원을 현금으로 지급하였다.(3점)(73회)(67회)(60회)

02 2월 24일 단기매매를 목적으로 ㈜서초의 주식을 1주당 20,000원에 100주를 매입하였다. 매입수수료는 매입가액의 1%이며, 매입관련대금은 모두 현금으로 지급하였다.(단, 매입수수료는 영업외비용으로 처리하며 하나의 전표로 회계처리한다)(3점)(63회)

03 9월 12일 ㈜정우로부터 업무용 승용차를 구입하는 과정에서 관련법령에 따라 공채(액면가 650,000원)를 650,000원에 구입하고 현금으로 지급하였다. 기업회계기준에 의해 평가한 공채의 현재가치는 550,000원이며, 단기매매증권으로 회계처리한다.(3점)**(80회)(67회 특별)(59회)**

04 7월 25일 단기 시세차익을 목적으로 당해연도에 취득하였던 ㈜전주의 주식 1,000주(1주당 액면가 5,000원, 1주당 구입가 10,000원)를 12,000,000원에 처분하고 보통예금에 입금하였다.(3점)**(74회)(59회)**

05 7월 8일 단기간의 매매차익을 목적으로 총액 7,000,000원에 구입한 상장회사 ㈜한결의 주식 200주 중 80주를 주당 40,000원에 처분하였으며 처분대금은 소망은행 보통예금에 입금되다.(3점)

06 1월 13일 일시보유목적으로 취득한 시장성 있는 ㈜세정 주식 100주(장부금액 1,600,000원)를 주당 15,000원에 전부 처분하고 대금은 보통예금계좌로 이체받다. 단, 주식처분과 관련하여 발생한 수수료 50,000원은 현금으로 지급하였다.(하나의 전표로 회계처리하시오)(3점)**(62회)**

07 9월 25일 ㈜참길무역에서 발행한 채권(만기는 2022년 5월 31일이고, 시장성은 없다)을 만기까지 보유할 목적으로 당좌수표를 발행하여 20,000,000원에 취득하였다. 또한 채권을 취득하는 과정에서 발생한 수수료 100,000원은 보통예금에서 지급하였다.(단, 하나의 전표로 입력할 것)(3점)**(83회)(56회)**

08 9월 8일 공장 건물을 신축하기 위해 외부로부터 취득한 토지 50,000,000원에 대해 건물 신축을 포기하게 되어, 토지의 보유목적을 지가상승을 목적으로 하는 투자자산으로 변경하였다.(3점)

09 8월 5일 이서희 씨로부터 장기투자목적으로 토지를 취득하면서 6,000,000원은 당좌수표를 발행하여 지급하고, 나머지 1,000,000원은 30일 후에 지급하기로 하였다. 또한 이전등기하면서 취득세 150,000원을 현금으로 지급하였다.(거래처등록 : 4000, 이서희)(3점)

6 기타자산

01 7월 13일 한국대학에 의뢰한 신제품 개발에 따른 연구용역비 10,000,000원을 보통예금계좌에서 이체지급하였다.(무형자산으로 처리할 것)(3점)

02 9월 28일 신제품을 개발하고 특허권을 취득하기 위한 수수료 500,000원을 현금으로 지급하였다.(무형자산으로 처리할 것)(3점)(81회)(75회)

03 9월 10일 아라전자와 공장건물의 임대차계약을 체결하고 임차보증금 15,000,000원 중 3,000,000원은 보통예금으로 지급하고 나머지는 당좌수표를 발행하여 지급하였다.(3점)(76회)

04 11월 1일 ㈜대구 공장건물의 임대차계약(계약기간 : 당기 11월 1일~차기 10월 31일)을 체결하고 임차에 따른 보증금 20,000,000원과 1년분 임차료 12,000,000원 중 3,000,000은 현금으로 지급하고 나머지는 당좌수표를 발행하여 지급하였다.(단, 임차료는 지급 시 전액 자산처리하고, 거래처코드를 기재한다)(3점)(65회 특별)(63회)(60회)

05 10월 12일 미지급금으로 계상되어 있는 공장 임차료 3,000,000원을 임대인(㈜대구)과 합의하에 보증금과 상계하다.(3점)(61회)

06 7월 4일 영업점을 이전하면서 임대인(㈜대구)으로부터 임차보증금 중 임차료 미지급액 6,000,000원을 차감한 나머지 11,000,000원을 보통예금으로 반환받았다.(미지급비용 계정과목을 사용하시오)(3점)

07 9월 20일 ㈜부안에 사무실을 임대하였는데, 임대보증금 30,000,000원 중 3,000,000원만 ㈜부안 발행 당좌수표로 받고, 나머지는 월말에 지급받기로 하였다.(3점)(63회 특별)(57회)

08 10월 24일 ㈜천안에 창고를 임대하기로 하고, 임대차계약서를 작성하였다. 임대보증금은 임대차계약서 작성 시에 모두 현금으로 수령하였다.(3점)**(66회)**

부동산 임대차계약서						☐월세 ☐전세
임대인과 임차인 쌍방은 표기 부동산에 관하여 다음 계약내용과 같이 임대차계약을 체결한다.						
1. 부동산의 표시						
소재지	부산시 사하구 다산로 120					
토지	지목	대지			면적	120m^2
건물	구조	슬라이브	용도	창고	면적	60m^2
임대할부분		창고건물			면적	60m^2

2. 계약내용

제1조 (목적)위 부동산의 임대차에 한하여 임대인과 임차인은 합의에 의하여 임차보증금 및 차임을 아래와 같이 지불하기로 한다.

보증금	金 40,000,000원정	
계약금	金 계약 시에 현금지불하고 영수함. 영수자	(인)
중도금	金 원정은 년 월 일에 지불하며	
잔 금	金 40,000,000원정은 20 년 10월 24일에 지불한다.	
차 임	金 1,000,000원정은 매월 10일 (선불, 후불)에 지불한다.	

제2조 (존속기간) 임대인은 위 부동산을 임대차목적대로 사용할 수 있는 상태로 20 년 11월 1일까지 임차인에게 인도하며 임대차기간은 인도일로부터 20 년 10월 31일(12개월)까지로 한다.

제3조 (용도변경 및 전대 등) 임차인은 임대인의 동의 없이 위 부동산의 용도나 구조를 변경하거나 전대, 임차권 양도 또는 담보제공을 하지 못하며 임대차목적 이외의 용도로 사용할 수 없다

제4조 (계약의 해지) 임차인이 2기 이상 차임의 지급을 연체하거나 제3조를 위반하였을 때 임대인은 즉시 본 계약을 해지할 수 있다.

제5조 (계약의 종료) 임대차계약이 종료된 경우에 임차인은 위 부동산을 원상으로 회복하여 임대인에게 반환한다. 이러한 경우 임대인은 보증금을 임차인에게 반환하고, 연체 임대료 또는 손해배상금이 있을 때는 이들을 제하고 그 잔액을 반환한다.

제6조 (계약의 해제) 임차인이 임대인에게 중도금(중도금이 없을 때는 잔금)을 지불하기 전까지, 임대인은 계약금의 배액을 상환하고 임차인은 계약금을 포기하고 이 계약을 해제할 수 있다.

제7조 (채무불이행과 손해배상) 임대인 또는 임차인이 본 계약상의 내용에 대하여 불이행이 있을 경우 그 상대방은 불이행한 자에 대하여 서면을 최고하고 계약을 해제할 수 있다. 그리고 계약 당사자는 계약해제에 따른 손해배상을 각각 상대방에 대하여 청구할 수 있으며, 손해배상에 대하여 별도의 약정이 없는 한 계약금을 손해배상의 기준으로 본다.

계약일자 20 년 10월 24일

임대인	주소	부산시 사하구 다산로 117					(인)
	법인등록번호	111511-0000136	전화	051-243-7788	성명	㈜용인전자	
	대리인		전화		성명		
임차인	주소	서울시 영등포구 버드나루로 135					(인)
	사업자등록번호	607-91-37214	전화	02-3270-1234	성명	㈜천안	
	대리인		전화		성명		

09 9월 5일 ㈜대전의 임대료를 받지 못해 미수금계정으로 처리한 금액 4,950,000원을 임대보증금과 상계처리하였다.(단, ㈜대전의 임대보증금계정잔액은 20,000,000원이다)(3점)(78회)

7 부채, 자본

01 10월 20일 ㈜한결의 외상매입금 5,000,000원을 결제하기 위하여 당사가 제품매출대가로 받아 보유하고 있던 빠른전자의 약속어음 5,000,000원을 배서하여 지급하였다.(3점)(71회)(66회)

02 2월 22일 ㈜컴퍼니의 외상매입금 900,000원을 지급하기 위하여 약속어음(발행일로부터 90일 만기)을 발행하여 지급하였다.(3점)(62회)

03 8월 30일 ㈜전주의 외상매입금 4,000,000원 중 1,000,000원은 보통예금에서 지급하였고 잔액은 3개월 만기 전자어음을 발행하여 지급하였다.(단, 하나의 전표로 입력할 것)(3점)(73회)

04 7월 12일 회사는 ㈜대박전자에 지급할 외상매입금 64,000,000 중 50%는 당좌수표를 발행하여 지급하고 10,000,000원은 3개월 만기 약속어음을 발행하여 지급하고, 나머지는 면제받았다.(3점)(76회)(67회)(64회)(59회)

05 8월 25일 아라전자에서 매입한 원재료 일부에서 불량품이 발견되어 외상대금잔액 5,000,000원 중 1,200,000원을 감액받고 나머지는 보통예금으로 결제하였다.(3점)(74회)

06 7월 25일 제조공장 운영을 위하여 기업은행으로부터 95,000,000원을 차입(상환일 : 내년 6월 30일)하면서 수수료비용(제조경비로 처리할 것) 150,000원을 차감한 잔액인 94,850,000원이 보통예금으로 입금되었다.(하나의 전표로 입력할 것)(3점)(71회)

07 8월 25일 기업은행으로부터 5년 후 상환조건으로 100,000,000원을 차입하고, 보통예금계좌로 입금받다.(3점)(77회)(67회)(65회)

08 7월 10일 국민은행에서 장기 차입한 운전자금 20,000,000원이 만기도래되어 이자 120,000원과 원금을 당좌수표를 발행하여 상환하였다.(3점)**(82회)**

09 9월 20일 9월 5일 수령한 가수금은 ㈜부산에 제품을 매출하기로 하고 받은 계약금 500,000원과, 동사의 외상매출금 500,000원을 회수한 것으로 확인되다. (3점)**(65회)(62회)**

10 8월 27일 영업부 임직원의 안정적인 퇴직금지급을 위해 제일금융에 확정급여형(DB) 퇴직연금에 가입하고, 9,500,000원을 당사 보통예금계좌에서 이체하였다. 이 금액 중 100,000원은 운용에 따른 수수료비용이다.(3점)**(83회)(74회)(69회)(67회 특별)(65회)(59회)**

11 9월 25일 생산부 직원에 대한 확정기여형(DC) 퇴직연금에 가입하고 8,000,000원을 보통예금계좌에서 지급하였다. 이 금액에는 연금운용에 대한 수수료 500,000원이 포함되어 있다.(3점)**(66회)(55회)**

12 12월 24일 당사는 전 임직원의 퇴직금에 대해 확정기여형(DC형) 퇴직연금에 가입하고 있으며, 10월분 퇴직연금 14,000,000원(영업부 직원 6,000,000원, 제조부 직원 8,000,000원)을 당사 보통예금에서 이체하여 납부하였다.(3점)**(81회)**

13 4월 25일 생산부 직원 최말단 씨가 퇴직하여 퇴직금 5,900,000원을 지급하면서 원천징수세액 165,000원을 차감한 후 보통예금계좌에서 이체하여 지급하다. 단, 퇴직연금에는 별도 가입되어 있지 않으며, 퇴직급여관련계정을 조회한 후 입력한다.(3점)**(65회 특별)(63회 특별)(58회)**

14 8월 8일 영업부서 직원 이평세 씨가 퇴직하여 퇴직금 50,000,000원에서 원천징수세액 1,350,000원을 차감한 후 보통예금계좌에서 이체하였다.(단, 퇴직연금에는 가입되어 있지 않으며, 퇴직급여충당부채계정의 잔액을 조회한 후 입력한다)(3점)**(79회)**

15 9월 26일 제조부 소속 신상용 대리(6년 근속)의 퇴직으로 퇴직금 9,000,000원 중 소득세 및 지방소득세로 230,000원을 원천징수한 후 차인지급액을 전액 믿음은행 보통예금계좌에서 이체하였다.(퇴직 직전 퇴직급여충당부채잔액

은 없었다)(3점)

16 7월 18일 기계장치를 추가설치하기 위하여 보통주 5,000주를 주당 15,000원(주당 액면가 10,000원)에 신주발행하여 보통예금통장으로 75,000,000원이 입금되었음을 확인하였다.(3점)**(80회)**

17 9월 28일 주주총회에서 결의된 바에 따라 유상증자를 실시하여 신주 100,000주(액면가액 주당 5,000원)를 주당 5,500원에 발행하고, 증자와 관련하여 신문공고비용, 주권인쇄비용, 등기비용 등 수수료 15,000,000원을 제외한 나머지 증자대금이 보통예금계좌에 입금되다.(단, 주식할인발행차금계정의 잔액은 없다)(3점)**(78회)**

18 12월 20일 자기주식(액면가액 5,000원) 100주를 주당 8,000원에 취득하고 현금을 지급하였다.(2점)**(전산세무 2급 64회)**

19 10월 25일 보유 중인 자기주식 1,000주(액면가 주당 @1,000원, 장부가 주당 @1,240원) 전량을 1,200,000원에 처분하고 처분대금 전액이 당일에 보통예금으로 입금되었다.(단, 자기주식처분이익 및 자기주식처분손실계정의 잔액은 없음)(3점)**(73회)**

20 10월 23일 보유 중인 자기주식을 처분하였다. 장부가액은 123,450,000원(10,000주, 12,345원/주)이고 처분가액은 125,000,000원(10,000주, 12,500원/주)이었다. 처분대금은 보통예금계좌에 입금되었다.(단, 자기주식처분이익계정의 잔액이 1,700,000원 있다. 또한 처분수수료는 없는 것으로 가정한다)(3점)**(65회)**

21 12월 18일 회사가 보유 중인 자기주식 모두를 15,000,000원에 처분하고 매각대금은 보통예금으로 입금되었다. 처분시점의 장부가액은 13,250,000원, 자기주식처분손실계정의 잔액은 1,500,000원이다.(3점)**(79회)**

22 12월 10일 9월 4일에 열린 주주총회에서 결의했던 중간배당금 15,000,000원을 보통예금으로 지급하였다.(단, 원천징수는 없는 것으로 가정한다)(3점)**(77회)**

● **추가문제** ※ 전산세무 2급

01 7월 23일 거래처인 ㈜하늘전자에 대한 외상매출금 20,000,000원을, 금전소비대차계약으로 전환처리하여 36개월간 대여하기로 하였다.(3점)**(전산세무 2급 65회)**

02 3월 1일 액면가액 10,000,000원의 사채를 발행하여 12,000,000원이 보통예금계좌로 입금되었다. 사채발행관련 수수료 2,500,000원은 현금으로 지급하였다.(하나의 전표로 입력하시오)(3점)**(전산세무 2급 69회)**

03 5월 25일 회사는 보통주(액면가액 주당 5,000원) 1,000주를 주당 4,500원에 발행하면서, 주금을 보통예금으로 납입받았다. 발행 당시 주식발행초과금의 잔액은 200,000원이며, 신주발행수수료 150,000원은 현금으로 지급하였다.(3점)**(전산세무 2급 64회)**

04 3월 10일 사업축소를 위하여 당사의 주식 2,000주(액면 @5,000원)를 1주당 4,000원에 매입 후 즉시 소각하고 대금은 현금으로 지급하였다.(하나의 전표로 입력하시오)(3점)**(전산세무 2급 69회)**

05 6월 12일 1,000,000원에 취득하였던 자기주식을 모두 소각하였다. 자기주식의 소각일 현재 공정가치는 1,200,000원이고, 액면가액은 500,000원이다.(3점)**(전산세무 2급 67회)**

06 4월 30일 당사가 보유하는 한경상사 주식에 대하여 2,000,000원이 중간배당되어 당사의 보통예금에 입금되었다.(단, 원천징수세액은 고려하지 말 것)(3점)**(전산세무 2급 66회)**

07 7월 16일 단기투자목적으로 보유 중인 ㈜참길무역 주식에 대하여 다음과 같이 배당금 지급통지서를 수령하고, 배당금을 보통예금계좌로 지급받았다.(세금은 고려하지 말고 지급통지서 수령일에 배당확정된 것으로 가정한다)(3점)**(전산세무 2급 71회)**

(정기) 배당금 지급통지서 123

㈜참길무역 의 배당금 지급내역을 아래와 같이 통지합니다.

■ 주주명 : 님 ■ 주주번호 : ○○○○○ *************

■ 현금배당 및 세금내역

종류	소유주식수	배당일수	현금배당률	A. 배당금액	B. 원천징수세액	
보통주	100	365	27%	1,500,000원	소득세	0
우선주					주민세	0
					총세액	0
				실지급액(A－B)	1,500,000원	

■ 배당금 지급기간 및 장소

1차	지급기간	20 . 7. 16.	지급장소	귀사의 보통예금계좌로 입금함
2차	지급기간		지급장소	

8 수익, 비용

01 7월 25일 직원 엄성철 및 백도성에 대해 지급한 7월분 급여는 다음의 급여명세서와 같으며, 공제 후 차감지급액에 대해서는 당사 보통예금계좌에서 이체하였다.(3점)**(68회)**

20 년 7월 급여명세서

엄성철(생산부) 귀하

지급내역	기본급	1,500,000
	자격수당	100,000
	직무수당	50,000
	식대	80,000
	월차수당	70,000
	근속수당	
	상여금	
	특별수당	
	퇴직수당	
	기타 1	
	지급액	1,800,000
공제내역	소득세	15,560
	지방소득세	1,550
	국민연금	81,000
	건강보험	52,630
	고용보험	8,100
	공제계	158,840
지급총액		1,641,160
[귀하의 노고에 감사드립니다.]		

20 년 7월 급여명세서

백도성(영업부) 귀하

지급내역	기본급	1,200,000
	자격수당	60,000
	직무수당	30,000
	식대	80,000
	월차수당	50,000
	근속수당	
	상여금	
	특별수당	
	퇴직수당	
	기타 1	
	지급액	1,420,000
공제내역	소득세	5,560
	지방소득세	550
	국민연금	63,900
	건강보험	41,000
	고용보험	6,390
	공제계	117,400
지급총액		1,302,600
[귀하의 노고에 감사드립니다.]		

02 8월 31일 8월분 생산직급여 3,000,000원을 지급하면서 근로소득세 100,000원을 차감한 잔액을 보통예금에서 이체하였다.(3점)**(67회 특별)**

03 7월 24일 다음과 같이 7월분 영업부 직원급여를 당사의 보통예금에서 지급하였다.(3점)**(62회)(57회)**

직종 구분	급여총액	근로소득세 등 공제액 합계	차인지급액
영업부	5,000,000원	270,000원	4,730,000원

04 9월 26일 영업부서 직원 김민성에게 지급한 9월분 급여는 다음과 같다. 공제 후 차감지급액은 당사 보통예금계좌에서 이체하였다.(3점)**(79회)**

20 년 9월 김민성 급여내역 (단위 : 원)

이름	김민성	지급일	9월 26일
기본급여	2,000,000	소득세	200,000
직책수당	300,000	지방소득세	20,000
상여금		국민연금	80,000
특별수당		건강보험	80,000
차량유지	100,000	고용보험	5,000
교육지원		기타	15,000
급여계	2,400,000	공제 합계	400,000
노고에 감사드립니다.		지급총액	2,000,000

05 9월 20일 제조부서의 당월 상여금을 예수금(소득세 등)을 제외하고 보통예금계좌에서 이체하다.(상여금총액은 15,000,000원이고, 이 중 예수금은 1,000,000원이다)(3점)**(60회)**

06 7월 20일 직원의 여름휴가를 위하여 상여금을 다음과 같이 지급하고, 보통예금계좌에서 개인급여계좌로 이체하였다.(상여금계정사용)(3점)**(80회)**

20 년 7월 상여금대장

성명	부서	상여금(원)	공제액(원)			차인지급액(원)
			근로소득세	지방소득세	공제계	
이미자	생산부	1,500,000	150,000	15,000	165,000	1,335,000
박철순	영업부	3,000,000	300,000	30,000	330,000	2,670,000
계		4,500,000	450,000	45,000	495,000	4,005,000

07 12월 25일 본사 영업부서에 근무하는 직원인 이세영 씨의 급여명세서를 아래와 같이 확정하고 12월 15일에 가불한 1,000,000원을 차감 후 보통예금에서 지급하였다. 가불 시 '임직원 등 단기채권'계정으로 회계처리하였다.(공제액은 하나의 계정과목으로 처리한다)(4점)

성명	급여	상여금	국민연금 등 본인부담액	소득세 (지방소득세 포함)	가불금	차감지급액
이세영	2,000,000원	800,000원	170,000원	30,000원	1,000,000원	1,600,000원

08 10월 5일 지난 달 급여지급 시 원천징수했던 소득세 153,870원을 보통예금에서 이체 납부하였다.(3점)**(83회)(77회)**

09 10월 25일 9월 25일에 지급한 직원급여와 관련된 차감징수액(국민연금, 근로소득세, 지방소득세)과 국민연금 회사부담분을 합한 금액 620,000원을 다음과 같이 보통예금으로 납부하였다. 단, 회사부담분 국민연금은 '세금과공과'계정으로 계상한다.(3점)**(58회)**

- 국민연금 400,000원 : 회사부담분 200,000원과 근로자부담분 200,000원을 합한 금액이고, 회사부담분 중 영업부 직원 비율은 30%이며 제조부 직원 비율은 70%이다.
- 소득세 등 220,000원 : 근로소득세 200,000원과 지방소득세 20,000원을 합한 금액이다.

10 9월 10일 다음과 같이 8월분 국민연금보험료를 보통예금으로 납부하였다.(3점)**(82회)**

- 회사부담분 : 400,000원(영업부 직원), 600,000원(생산부 직원)
- 종업원부담분 : 1,000,000원(급여지급 시 이 금액을 차감하고 지급함)
- 회사부담분 국민연금보험료는 세금과공과로 회계처리한다.

11 9월 4일 다음과 같이 9월분 건강보험료를 현금으로 납부하다.(3점)**(75회)(70회)(66회)**

- 회사부담분 : 350,000원(생산부 직원), 200,000원(영업부 직원)
- 종업원부담분 : 550,000원(종업원급여는 종업원부담분의 건강보험료를 차감하고 지급함)
- 회사부담분의 건강보험료는 복리후생비로 처리한다.

12 2월 9일 전 직원(관리직 30명, 생산직 70명)에 대한 독감예방접종을 세명병원에서 실시하고, 접종비용 5,000,000원을 사업용 카드인 사랑카드로 결제하였다.(미지급금으로 회계처리할 것)(3점)**(70회)(63회)**

13 9월 30일 제2기 예정 부가가치세신고를 부가세예수금 13,450,000원, 부가세대급금 17,640,000원으로 확정하고 환급받을 부가가치세 4,190,000원에 대하여는 미수금계정으로 회계처리하였다.(단, 기존 입력된 자료는 무시한다)(3점)**(81회)**

14 9월 30일 제2기 부가가치세 예정신고분에 대한 부가가치세예수금 37,494,500원과 부가가치세대급금 20,048,400원을 상계처리하고 잔액을 10월 25일 납부할 예정이다. 9월 30일 기준으로 적절한 회계처리를 하시오.(미지급세금계정을 사용할 것)(3점)

15 10월 27일 2기 예정신고에 대한 부가가치세 17,720,160원(납부불성실가산세 포함)을 보통예금에서 납부하다.(9월 30일 부가가치세의 미지급세금은 17,446,100원이며, 납부불성실가산세 274,060원은 판매관리비의 세금과공과로 처리할 것)(3점)**(60회)**

16 7월 17일 본사 영업부서의 건물에 대한 재산세 2,500,000원과 공장건물에 대한 주민세 380,000원을 권선전자에서 받은 자기앞수표로 납부하였다.(3점)**(67회 특별)(65회 특별)(62회)(56회)**

17 8월 25일 회사는 판매부문 이사의 변경으로 인한 변경등기를 하고 이에 대한 등록세로 50,000원을 현금으로 지급하였다.(3점)

18 9월 30일 영업부서의 업무용 차량에 대한 교통법규 위반 과태료를 아래의 고지서로 현금납부하였다.(3점)**(72회)**

<table>
<tr><td>부과내역</td><td colspan="3">■ 납입고지서 및 영수증(납부자용)</td></tr>
<tr><td rowspan="3">단속일시 : 20 . 9. 5.
단속지역 : 종로 2가
단속장소 : 관철동 3-2</td><td>납부번호</td><td colspan="2">560-00-06-62-288-139-2017-09-30</td></tr>
<tr><td>납부자</td><td>㈜용인전자</td><td>실명번호</td></tr>
<tr><td>주소</td><td colspan="2">서울특별시 영등포구 국회대로 70길 18(여의도동 한양빌딩)</td></tr>
<tr><td>산출 근거</td><td rowspan="2">세목</td><td>납기 내</td><td>납기 후</td></tr>
<tr><td rowspan="3"></td><td>20 . 9. 30.</td><td>20 . 11. 20.</td></tr>
<tr><td>과태료</td><td>50,000원</td><td>60,000원</td></tr>
<tr><td colspan="2">위 금액을 한국은행 국고(수납) 대리점인 은행 또는 우체국, 신용협동조합, 새마을금고, 상호저축은행에 납부하시기 바랍니다.
종로경찰서 (인)</td><td>위 금액을 정히 영수합니다.
20 년 9월 30일
수납인</td></tr>
</table>

19 7월 18일 다음은 영업부에서 거래처 직원과의 식사비용을 법인카드(수원카드)로 결제하고 수취한 신용카드매출전표이다. 일반전표에 입력하시오.(3점)**(73회)(56회)**

신용카드매출전표

가맹점명	제주똥돼지	031-405-6418
사업자번호	130-42-35528	
대표자명	한라산	
주 소	경기 안산 고잔 815	
		신용승인
거래일시		20 . 7. 18. 20:25:15
유효기간		**/**
가맹점번호		12345678
		수원카드(전자서명전표)
과세금액	오겹살 외	50,000원
부가세액		5,000원
합계		55,000원

20 8월 29일 개인 고혜림으로부터 차입한 운영자금에 대한 당월 이자비용 2,000,000원이 발생하여 원천징수세액 550,000원을 차감한 나머지금액 1,450,000원을 보통예금으로 지급하였다.(3점)**(71회)(67회)(55회)**

21 10월 15일 영업부서에서 기업컨설팅 전문가인 김영선에게 경영고문을 받고 다음과 같이 고문수수료를 당좌예금에서 지급하다.(3점)(65회 특별)

> • 고문료 : 5,000,000원　　　　• 소득의 종류 : 기타소득
> • 원천세 : 220,000원(소득세와 지방소득세 합계액)
> • 원천세 차감 후 지급액 : 4,780,000원

22 7월 21일 당월분 공장임차료 500,000원과 송금수수료 1,600원을 보통예금에서 인출하여 지급하였다.(3점)

23 8월 5일 원재료 보관용 창고의 8월분 임차료 800,000원과 영업부서에서 사용하는 제품 보관용 창고의 8월분 임차료 500,000원을 모두 보통예금에서 이체하였다. 단, 하나의 전표로 입력하시오.(3점)(67회 특별)

24 7월 25일 원재료 보관창고의 화재와 도난에 대비하기 위하여 화재손해보험에 가입하고 1년분 보험료 600,000원을 보통예금계좌에서 이체하였다.(단, 보험료는 전액 비용계정으로 회계처리한다)(3점)(79회)(68회)

25 7월 23일 공장건물의 화재와 도난에 대비하여 ㈜미래화재에 손해보험을 가입한 후 보험료 3,000,000원을 보통예금계좌에서 송금하고 전액 비용으로 회계처리하였다.(3점)

26 7월 22일 생산공장에 신규로 입사한 직원의 명함을 ㈜찬열에서 인쇄하여 각 신입사원에게 배부하고, 대금 450,000원은 다음 달에 지급하기로 하였다.(3점)(75회 : 영업사원용 참고도서)(70회)(67회 특별)

27 8월 16일 7월 17일에 발생한 화재로 인하여 소실된 제품(원가 10,000,000원)에 대한 보험금 7,000,000원을 보험회사로부터 보통예금계좌로 입금받았다.(당사는 삼현화재에 화재보험이 가입되어 있다)(3점)

28 9월 12일 공장의 전등설비 수선대금 24,000,000원을 ㈜하늘전자에 어음으로 발행(만기 : 1년 이내)하여 지급하였다. 단, 수선비용 중 4,000,000원은 수익적 지출로 처리하고, 나머지는 자본적 지출('비품'계정)로 처리한다.(3점)(57회)

29 11월 25일 본사 영업팀에서 사용한 수도요금 120,000원과 공장의 전기요금 2,500,000원을 현금으로 은행에 납부하였다.(3점)**(61회)**

30 3월 30일 영업부 김흥국 차장은 부산출장에서 돌아와 출장 전 현금으로 지급된 출장비 500,000원(지급 시 선급금처리)에 대한 지출내역을 다음과 같이 제출하였다. 모든 비용에 대해 적격증빙을 첨부하였으며, 잔액 50,000원은 현금으로 반환하였다.(단, 부가가치세는 고려하지 않으며 선급금의 거래처입력은 생략한다)(3점)**(전산세무 2급 69회)**

• KTX 승차권 구입 : 100,000원	• 현지 택시비 : 50,000원
• 거래처 미팅 시 식대 : 300,000원	

31 7월 21일 제조부에서 근무하는 일용직 종업원 우상일 씨에 대한 급여를 현금으로 지급하고 급여지급 영수증을 발행하였다. 적절한 회계처리를 하시오.(단, 세금 및 사회보험료는 고려하지 않음)(3점)**(73회)**

일용직 급여지급 영수증

■ 이름 : 우상일
■ 주민등록번호 : 781010-1018234
■ 주소 : 서울 중구 명동 2가 31

– 근무내역 –

■ 입 사 일 : 20 . 7. 15
■ 근무기간 : 20 . 7. 15.~20 . 7. 21.
■ 수령금액 : 일금 오십칠만 원정(₩ 570,000)

20 년 7월 21일

본인은 상기 금액을 수령했음을 확인합니다.

수령자 : 우상일 (인)

주식회사 단원 직인

32 8월 30일 창립기념일 사내 행사로 영업부 대회의실을 청소한 빌딩청소원 김갑수에게 청소비 100,000원을 현금으로 지급하였다. 원천징수세액은 무시하며 일용직 소득자료원천징수신고를 다음 달 9월 10일에 하기로 한다.(3점)(81회)(74회)

33 8월 29일 학교법인 살림학원에 1,000,000원을 현금으로 기부하다.(3점)(77회)

● **고난도 유형**

01 6월 30일 전기말 기업은행으로부터 차입한 외화장기차입금 $10,000와 당기 발생분 이자 $200를 보통예금에서 상환하였다. 전기말 적용환율은 $1당 1,000원이며, 상환 시 적용환율은 $1당 1,100원이다. 단, 기업은행에 대한 차입금은 외화장기차입금 계정과목으로 반영하며 하나의 전표로 입력할 것.(4점)(전산세무 2급 67회 특별)

02 4월 20일 기업은행으로부터 2016년에 차입한 외화장기차입금 $200,000을 이자비용 $6,000과 함께 기업은행 보통예금에서 상환하였다. 하나의 전표로 입력할 것.(4점)(전산세무 2급 65회)

• 2016년 12월 31일 기준환율 : ₩1,070/$	• 당기 4월 20일 기준환율 : ₩1,100/$

CHAPTER
03 매입매출전표입력

83회 기출설치(전산회계 1급) | 수험번호 : 21111111 | 감독관번호 : 8341

[문제 3]

다음 거래자료를 매입매출전표입력메뉴에 입력하시오.(18점)

〈입력 시 유의사항〉

- 일반적인 적요의 입력은 생략하지만, 타계정 대체거래는 적요번호를 선택하여 입력한다.
- 채권·채무와 관련된 거래는 별도의 요구가 없는 한 반드시 기 등록되어 있는 거래처코드를 선택하는 방법으로 거래처명을 입력한다.
- 제조경비는 500번대 계정코드를, 판매비와 관리비는 800번대 계정코드를 사용한다.
- 회계처리 시 계정과목은 별도제시가 없는 한 등록되어 있는 계정과목 중 가장 적절한 과목으로 한다.
- 입력화면 하단의 분개까지 처리하고, 전자세금계산서는 전자입력으로 반영한다.

※ 구분별 키워드(Keyword)

<table>
<tr><th colspan="2">매출전표(팔다)</th><th colspan="2">매입전표(사다)</th></tr>
<tr><th>구분</th><th>키워드</th><th>구분</th><th>키워드</th></tr>
<tr><td>11. 과세</td><td>(전자)세금계산서</td><td>51. 과세</td><td>(전자)세금계산서</td></tr>
<tr><td>12. 영세</td><td>영세율, 구매확인서,
내국신용장(Local L/C)</td><td>52. 영세</td><td>영세율, 구매확인서,
내국신용장(Local L/C)</td></tr>
<tr><td>13. 면세</td><td>출제되지 않음, (53. 면세가 주로 출제)</td><td>53. 면세</td><td>계산서</td></tr>
<tr><td>14. 건별</td><td>간이영수증, 거래명세서</td><td rowspan="2">54. 불공</td><td rowspan="2">사유 1. 필요적 기재사항 누락 등
사유 2. 사업과 직접 관련 없는 지출
사유 3. 비영업용 소형승용차
(1000cc 초과, 개별소비세 과세대상)
사유 4. 접대비
사유 5. 면세사업관련
사유 6. 토지의 자본적 지출관련
사유 9. 공통매입안분계산분</td></tr>
<tr><td>15. 간이</td><td>간이과세</td></tr>
</table>

16. 수출	직수출	55. 수입	수입세금계산서
17. 카과	카드로 **수취**, 카드로 결제**받다**.	57. 카과	**카드**로 결제**하였다**.
18. 카면	카드매출+면세	58. 카면	카드매입+면세
22. 현과	현금영수증	61. 현과	현금영수증
23. 현면	현금영수증+면세	62. 현면	현금영수증+면세

1 매출전표입력

11. 과세 : 매회 1~2문제 나옴

키워드(Keyword) : '세금계산서'

01 아래의 세금계산서를 보고 매입매출전표에 입력하시오.(3점)(83회)(80회)(77회)(75회)(74회)(66회)(65회)(63회 특별)(56회)

<table>
<tr><td colspan="9">전자세금계산서</td><td>승인번호</td><td colspan="2">123000456089000</td></tr>
<tr><td rowspan="5">공급자</td><td>사업자 등록번호</td><td>105-87-51159</td><td>종사업장 번호</td><td></td><td rowspan="5">공급받는자</td><td>사업자 등록번호</td><td>154-25-58855</td><td>종사업장 번호</td><td colspan="3"></td></tr>
<tr><td>상호 (법인명)</td><td>㈜용인전자</td><td>성명 (대표자)</td><td>윤나라</td><td>상호 (법인명)</td><td>㈜정우</td><td>성명 (대표자)</td><td colspan="3">노현진</td></tr>
<tr><td>사업장 주소</td><td colspan="3">인천광역시 남동구 구월남로 129</td><td>사업장 주소</td><td colspan="5">충남 공주시 검상동 135</td></tr>
<tr><td>업태</td><td>제조</td><td>종목</td><td>전자제품</td><td>업태</td><td>제조업</td><td>종목</td><td colspan="3">전자제품</td></tr>
<tr><td>이메일</td><td colspan="3"></td><td>이메일</td><td colspan="5"></td></tr>
<tr><td colspan="2">작성일자</td><td colspan="2">공급가액</td><td colspan="2">세액</td><td colspan="6">수정사유</td></tr>
<tr><td colspan="2">20 . 12. 29.</td><td colspan="2">8,400,000</td><td colspan="2">840,000</td><td colspan="6"></td></tr>
<tr><td colspan="2">비고</td><td colspan="10"></td></tr>
<tr><td>월</td><td>일</td><td colspan="2">품목</td><td>규격</td><td>수량</td><td>단가</td><td>공급가액</td><td colspan="2">세액</td><td colspan="2">비고</td></tr>
<tr><td>12</td><td>29</td><td colspan="2">휴대폰부품(AK-450)</td><td></td><td>2,000</td><td>4,200</td><td>8,400,000</td><td colspan="2">840,000</td><td colspan="2"></td></tr>
<tr><td></td><td></td><td colspan="2"></td><td></td><td></td><td></td><td></td><td colspan="2"></td><td colspan="2"></td></tr>
<tr><td colspan="2">합계금액</td><td colspan="2">현금</td><td colspan="2">수표</td><td colspan="2">어음</td><td colspan="2">외상미수금</td><td colspan="2" rowspan="2">이 금액을 영수 청구 함</td></tr>
<tr><td colspan="2">9,240,000</td><td colspan="2">1,240,000</td><td colspan="2"></td><td colspan="2">5,500,000</td><td colspan="2">2,500,000</td></tr>
</table>

답 __월 __일 유형:___, 공급가액_______, 세액_____, 거래처:_____, 전자: 여/부, 분개: 혼합
〈분개〉 (차) (대)

02 3월 14일 ㈜한빛에 제품 350개(판매단가 100,000원/개, 부가가치세 별도)를 판매하고 전자세금계산서를 발급하였다. 그 중 25,000,000원은 ㈜유리가 발

행한 약속어음(어음만기 차기 1월 13일)을 배서양도받았고, 나머지는 외상으로 하였다.(3점)(67회 특별)(62회)

답 __월 __일 유형:___, 공급가액_______, 세액_____, 거래처:_____, 전자: 여/부, 분개: 혼합
〈분개〉 (차) (대)

03 9월 15일 ㈜미연상사에 제품 20,000,000원(부가가치세 별도)을 공급하고, 전자세금계산서를 발급하였다. 대금 중 5,000,000원은 ㈜안동이 발행한 당좌수표로 배서받고, 잔액은 3개월 만기 동점발행 약속어음으로 받았다.(㈜미연상사를 거래처 코드 2200번으로 등록하시오. 사업자등록번호 : 245-82-11479, 대표자 : 김영선, 업태 : 소매, 종목 : 가전제품)(3점)(65회 특별)(64회)(58회)

답 __월 __일 유형:___, 공급가액_______, 세액_____, 거래처:_____, 전자: 여/부, 분개: 혼합
〈분개〉 (차) (대)

04 10월 5일 선인상사에 제품을 판매하고 다음의 전자세금계산서를 발급하였다. 대금은 4월 20일에 수령한 계약금을 제외하고 동사가 발행한 약속어음(만기 차기 3월 5일)으로 받았다.(3점)(79회)(68회)

전자세금계산서							승인번호	4556782413	
공급자	사업자등록번호	105-87-51159	종사업장번호		공급받는자	사업자등록번호	108-81-45687	종사업장번호	
	상호(법인명)	㈜용인전자	성명(대표자)	윤나라		상호(법인명)	선인상사	성명(대표자)	
	사업장주소	인천광역시 남동구 구월남로 129				사업장주소	대구시 수성구 만촌동 1000번지		
	업태	제조/도소매	종목	전자제품		업태	도매	종목	전자제품
	이메일					이메일			

작성일자	공급가액	세액	수정사유
20 . 10. 5.	50,000,000	5,000,000	
비고	대금은 계약금을 제외한 나머지 금액에 대하여 약속어음을 수령하기로 함.		

월	일	품목	규격	수량	단가	공급가액	세액	비고
10	5	전자제품				50,000,000	5,000,000	

합계금액	현금	수표	어음	외상미수금	이 금액을 영수/청구 함
55,000,000	5,000,000		50,000,000		

답 __월 __일 유형:___, 공급가액_______, 세액_____, 거래처:_____, 전자: 여/부, 분개: 혼합
〈분개〉 (차) (대)

05 12월 17일 반포상회에 제품 23,000,000원(부가가치세 별도)을 공급하고 전자세금계산서를 발급하였다. 지난 12월 6일에 받은 계약금 3,000,000원을 제외한 나머지 금액은 전액 ㈜부산이 발행한 당좌수표로 받았다.(3점)(73회)(59회)

답 __월 __일 유형:___, 공급가액_______, 세액_____, 거래처:_____, 전자: 여/부, 분개: 혼합
〈분개〉 (차) (대)

06 10월 11일 ㈜컴퍼니에 제품 300개(판매단가 @40,000원, 부가가치세 별도)를 외상으로 납품하면서 전자세금계산서를 발급하였다. 대금은 거래수량에 따라 공급가액 중 전체금액의 5%를 에누리해 주기로 하고, 나머지 판매대금은 30일 후 받기로 하였다.(3점)

답 __월 __일 유형:___, 공급가액_______, 세액_____, 거래처:_____, 전자: 여/부, 분개: 혼합
〈분개〉 (차) (대)

07 10월 11일 제품 제조과정에서 생긴 부산물 2,700,000원(부가가치세 별도)을 거래처 지물상사에 판매하고 전자세금계산서를 발급하였다. 대금은 전액 보통예금으로 수령하였다.(계정과목코드 420. 부산물매출, 구분 : 매출계정을 등록하여 회계처리할 것)(3점)

답 __월 __일 유형:___, 공급가액_______, 세액_____, 거래처:_____, 전자: 여/부, 분개: 혼합
〈분개〉 (차) (대)

08 8월 10일 원재료 운송용 트럭(취득가액 28,000,000원, 처분 시 감가상각누계액 16,500,000원)을 거래처 여름전자에 10,000,000원(부가가치세 별도)에 처분하고 전자세금계산서를 발급하였다. 대금은 한 달 후에 받기로 하였다.(3점)(71회)(55회)

답 __월 __일 유형:___, 공급가액_______, 세액_____, 거래처:_____, 전자: 여/부, 분개: 혼합
〈분개〉 (차) (대)

09 10월 15일 업무용 비품으로 사용하던 냉장고(취득가액 2,800,000원, 처분 시 감가상각누계액 1,650,000원)를 ㈜대전에 1,000,000원(부가가치세 별도)에 처분하고 전자세금계산서를 발급하였다. 대금은 현금으로 받았다.(3점)(67회)(63회)(57회)

답 __월 __일 유형:___, 공급가액_______, 세액_____, 거래처:_____, 전자: 여/부, 분개: 혼합
〈분개〉 (차) (대)

10 11월 14일 ㈜부산에 기계장치를 16,500,000원(부가가치세 포함)에 매각하고 전자세금계산서를 발행하였다. 대금 중 10,000,000원은 보통예금계좌에 입금되었으며, 잔액은 외상으로 하였다. 기계장치의 취득원가는 20,000,000원이며, 매각일 현재 감가상각누계액은 4,500,000원이다.(3점)**(70회)(61회)**

답 __월 __일 유형:___, 공급가액_______, 세액_____, 거래처:_____, 전자: 여/부, 분개: 혼합
〈분개〉 (차) (대)

11 12월 22일 공장에서 사용하던 기계장치를 ㈜대구에 20,000,000원(부가가치세 별도)에 매각하고 전자세금계산서를 발급하였다. 대금 중 15,000,000원은 자기앞수표로 받고 잔액은 1달 후에 받기로 하였으며, 기계장치의 취득원가는 25,000,000원, 감가상각누계액은 5,000,000원이었다.(3점)**(60회)**

답 __월 __일 유형:___, 공급가액_______, 세액_____, 거래처:_____, 전자: 여/부, 분개: 혼합
〈분개〉 (차) (대)

12 10월 11일 다음 거래내역을 보고 적절한 회계처리를 하시오.(단, 차량운반구의 취득원가 5,000,000원, 감가상각누계액 3,200,000원이며, 매각년도의 감가상각비계산은 생략한다)(3점)**(81회)**

전자세금계산서(공급자 보관용)					승인번호	20181011-15454645-58844486		
공급자	사업자 등록번호	315-81-04019	종사업장 번호		공급받는자	사업자 등록번호	137-81-30988	종사업장 번호
	상호 (법인명)	㈜용인전자	성명 (대표자)	김국진		상호 (법인명)	매직상사	성명 (대표자): 문상사
	사업장 주소	충청북도 청주시 흥덕구 덕암로 6번길 15				사업장 주소	서울 영등포구 국회대로 50길 9	
	업태	제조, 판매	종목	스포츠용품		업태	도소매	종목: 차량
	이메일					이메일		

작성일자	공급가액	세액	수정사유
20 . 10. 11.	1,000,000	100,000	
비고			

월	일	품목	규격	수량	단가	공급가액	세액	비고
10	11	차량 매각대금				1,000,000	100,000	

합계금액	현금	수표	어음	외상미수금	이 금액을 (청구) 함
1,100,000				1,100,000	

답 __월 __일 유형:___, 공급가액_______, 세액_____, 거래처:_____, 전자: 여/부, 분개: 혼합
〈분개〉 (차) (대)

13 7월 26일 다음은 판매한 제품이 불량으로 반품되어 발급한 수정전자세금계산서이다. 수정전자세금계산서 발급과 동시에 현금으로 지급하였다.(3점)(73회)

수정전자세금계산서(공급자 보관용)						승인번호			
공급자	사업자 등록번호	110-81-02129	종사업장 번호		공급받는자	사업자 등록번호	105-86-40937	종사업장 번호	
	상호 (법인명)	㈜용인전자	성명 (대표자)	김홍도		상호 (법인명)	㈜한결	성명 (대표자)	한세미
	사업장 주소	경기도 안산시 단원구 광덕서로 100				사업장 주소	경기도 안산시 단원구 와동 129 501호		
	업태	제조	종목	전자제품		업태	도소매	종목	전자제품
	이메일					이메일			

작성일자	공급가액	세액	수정사유
20 . 7. 26.	−90,000	−9,000	일부 불량
비고			

월	일	품목	규격	수량	단가	공급가액	세액	비고
7	26	주변기기		−3	30,000	−90,000	−9,000	

합계금액	현금	수표	어음	외상미수금	이 금액을 영수/청구 함
−99,000	−99,000				

답 __월 __일 유형:___, 공급가액_______, 세액_____, 거래처:_____, 전자: 여/부, 분개: 혼합
〈분개〉 (차) (대)

14 9월 10일 다음은 판매한 제품이 하자가 있어 반품되어 발급한 수정전자세금계산서이다. 수정전자세금계산서 발급과 동시에 외상매출금과 상계처리하였다.(3점)(82회)(68회)

수정전자세금계산서(공급자 보관용)						승인번호	20180910-15454645-58844486		
공급자	사업자 등록번호	880-86-00128	종사업장 번호		공급받는자	사업자 등록번호	137-81-30988	종사업장 번호	
	상호 (법인명)	㈜용인전자	성명 (대표자)	유상수		상호 (법인명)	㈜부산	성명 (대표자)	문만용
	사업장 주소	경기도 수원시 권선구 오목천로 152번길 68				사업장 주소	서울 영등포구 국회대로 120		
	업태	제조, 도소매	종목	스포츠용품		업태	도소매	종목	컴퓨터
	이메일					이메일			

작성일자	공급가액	세액	수정사유
20 . 9. 10.	−1,000,000	−100,000	
비고			

월	일	품목	규격	수량	단가	공급가액	세액	비고
9	10	스포츠용품		−50	20,000	−1,000,000	−100,000	

합계금액	현금	수표	어음	외상미수금	이 금액을 영수/청구 함
−1,100,000				−1,100,000	

답 __월 __일 유형:___, 공급가액_______, 세액_____, 거래처:_____, 전자: 여/부, 분개: 혼합
〈분개〉 (차) (대)

15 7월 8일 한국전자㈜와 제품판매계약을 하고 7월 1일 전자세금계산서를 발급하였으나, 계약해지로 인해 수정전자세금계산서를 발급하였다. 계약서상 판매계약내용은 다음과 같다.(4점)(전산세무 2급 67회 특별)

• 제품수량 : 5,000단위	• 단위당 판매단가 : 10,000원(부가가치세 별도)	
• 납품일 : 20 . 7. 10.	• 대금청구일 : 20 . 7. 10.	• 대금지급일 : 20 . 7. 15.

답 __월 __일 유형:___, 공급가액_______, 세액_____, 거래처:_____, 전자: 여/부, 분개: 혼합
〈분개〉 (차) (대)

12. 영세

※ 매입전표 '52. 영세'와 번갈아 가며 나오기 때문에 매입, 매출 구분 확실히 하며 연습 必

키워드(Keyword) : '영세율, 구매확인서, 내국신용장(Local L/C)'

01 10월 5일 ㈜유원에 구매확인서에 의하여 제품 5,000,000원을 외상으로 공급하고 영세율 전자세금계산서를 교부하다.(3점)(63회)

답 __월 __일 유형:___, 공급가액_______, 세액_____, 거래처:_____, 전자: 여/부, 분개: 혼합
〈분개〉 (차) (대)

02 10월 15일 해외수출대행업체 새로상회에 Local L/C에 의하여 제품 600개를 4,200,000원에 납품하고, 영세율전자세금계산서를 발행하였다. 대금 중 2,100,000원은 동사발행 당좌수표로 받고 잔액은 2개월 후에 받기로 하였다.(3점)(76회)(65회)(57회)

답 __월 __일 유형:___, 공급가액_______, 세액_____, 거래처:_____, 전자: 여/부, 분개: 혼합
〈분개〉 (차) (대)

03 11월 8일 수출대행업체인 거래처 왕자상회의 구매확인서에 의하여 제품 100개를 1개당 500,000원에 납품하고 영세율전자세금계산서를 발행하였다. 대금 중 10%는 자기앞수표로 받고 잔액은 외상으로 하다.(3점)(69회)

답 __월 __일 유형:___, 공급가액_______, 세액_____, 거래처:_____, 전자: 여/부, 분개: 혼합
〈분개〉 (차) (대)

★04 11월 18일 구매확인서에 의하여 수출대행업체인 ㈜인앤에 제품(외화 $20,000, 환율 1,000원/$)을 공급하고 영세율전자세금계산서를 발행하였다. 대금 중 10,000,000원은 동사발행 약속어음으로 수취하고, 나머지 잔액은 외상으로 하였다.(3점)(61회)(59회)

답 __월 __일 유형:___, 공급가액_______, 세액_____, 거래처:_____, 전자: 여/부, 분개: 혼합
〈분개〉 (차) (대)

05 7월 20일 송광상회에 내국신용장(Local L/C)에 의하여 제품 50,000,000원을 납품하고 영세율전자세금계산서를 발급하였다. 대금은 내국신용장 개설은행에 곧 청구할 예정이다.(3점)(81회)(75회)

답 __월 __일 유형:___, 공급가액_______, 세액_____, 거래처:_____, 전자: 여/부, 분개: 혼합
〈분개〉 (차) (대)

06 10월 20일 유니온상사에 구매확인서에 의하여 제품 40,000,000원을 납품하고 영세율전자세금계산서를 발행하였다. 대금 중 40%는 현금으로 받고, 나머지는 동사발행 6개월 만기 약속어음을 수령하였다.(3점)(67회)

답 __월 __일 유형:___, 공급가액_______, 세액_____, 거래처:_____, 전자: 여/부, 분개: 혼합
〈분개〉 (차) (대)

★07 10월 1일 매직상사로부터 내국신용장을 발급받고, 제품 2,000개를 20,000,000원에 납품하고, 영세율전자세금계산서를 발행하였다. 대금 중 6,000,000원은 보통예금으로 계좌이체받고, 나머지는 ㈜정우가 발행한 약속어음을 배서받았다.(3점)(79회)(65회 특별)

답 __월 __일 유형:___, 공급가액_______, 세액_____, 거래처:_____, 전자: 여/부, 분개: 혼합
〈분개〉 (차) (대)

13. 면세

※ 면세관련 문제는 매입전표의 53. 면세에서 주로 출제

14. 건별

키워드(Keyword) : ‘간이**영수증**, 거래명세서’

★01 10월 23일 한서전기에게 제품을 770,000원(공급대가)에 매출하고, 대금은 현금으로 받고 간이영수증을 발급하여 주었다.(3점)(64회)(63회 특별)(56회)

답 __월 __일 유형:___, 공급가액_______, 세액_____, 거래처:_____, 전자: 여/부, 분개: 혼합
〈분개〉 (차) (대)

02 11월 27일 소비자인 상원상사에게 제품을 330,000원(공급대가)에 현금판매하고 거래명세서를 발급해 주었다.(거래명세서 이외의 어떠한 법정증빙서류를 발급하지 않았으며, 거래처는 입력하지 않아도 무방함)(3점)(71회)(60회)

답 __월 __일 유형:___, 공급가액_______, 세액_____, 거래처:_____, 전자: 여/부, 분개: 혼합
〈분개〉 (차) (대)

● **추가문제** ※ 전산세무 2급

01 6월 25일 매입한 원재료 중 원가 600,000원(판매가 880,000원)을 매출처인 약수나라에 접대용으로 제공하였다. 단, 매입 원재료는 적법하게 매입세액공제를 받았다.(3점)(59회)

답 __월 __일 유형:___, 공급가액_______, 세액_____, 거래처:_____, 전자: 여/부, 분개: 혼합
〈분개〉 (차) (대)

15. 간이

※ 출제된 적 없음

키워드(Keyword) : '간이**과세**'

16. 수출

키워드(Keyword) : '직수출'

01 2월 27일 미국 아웃전자에 제품 1,000개(@$200)를 직수출(선적일 2월 27일)하고, 대금은 3개월 후에 받기로 하였다. 단, 선적일 기준환율은 $1당 1,100원, 대고객매입율은 $1당 1,200원이었다.(3점)(82회)(78회)(77회)(70회)(63회 특별)(62회)(56회)

답 __월 __일 유형:___, 공급가액_______, 세액_____, 거래처:_____, 전자: 여/부, 분개: 혼합
〈분개〉 (차) (대)

02 11월 22일 성신전자에 수출신고필증에 의하여 제품 100개($200/개)를 선적하여 외상으로 공급하였다. 선적일 시점에 환율은 $1당 1,200원이다.(3점)(66회)

답 __월 __일 유형:___, 공급가액_______, 세액_____, 거래처:_____, 전자: 여/부, 분개: 혼합
〈분개〉 (차) (대)

03 9월 30일 일본의 세븐전자에 제품 B를 300,000¥에 직접 수출하고, 대금은 외상으로 하였다. 선적일(9월 30일) 환율은 1,000원/100¥이다.(3점)(68회)

답 __월 __일 유형:___, 공급가액_______, 세액_____, 거래처:_____, 전자: 여/부, 분개: 혼합
〈분개〉 (차) (대)

04 7월 17일 일본 구르메전자에 제품 1,000개(@2,000엔)를 직수출하고, 대금은 외상으로 하였다. 단, 선적일 시점의 환율은 100엔당 1,200원이었다.(3점)(55회)

답 __월 __일 유형:___, 공급가액_______, 세액_____, 거래처:_____, 전자: 여/부, 분개: 혼합
〈분개〉 (차) (대)

05 7월 25일 중국 라이라이회사에 제품 1,000개(단가 $100)를 직접 수출하고 대금은 외상으로 하였다.(단, 선적일인 7월 25일의 적용환율은 1,200원/$이다)(3점)(83회)(64회)

답 __월 __일 유형:___, 공급가액_______, 세액_____, 거래처:_____, 전자: 여/부, 분개: 혼합
〈분개〉 (차) (대)

06 9월 15일 태국 소재의 회사인 무에타이(Muaythai.com)에게 20,000,000원의 제품을 직수출하고 대금 중 10,000,000원은 당일에 보통예금으로 받고 나머지는 다음 달에 받기로 하였다.(3점)(74회)

답 __월 __일 유형:___, 공급가액_______, 세액_____, 거래처:_____, 전자: 여/부, 분개: 혼합
〈분개〉 (차) (대)

07 12월 10일 영국 브리티시에 제품을 $50,000에 직수출하면서 제품의 선적은 12월 10일에 이루어졌다. 대금은 다음과 같이 나누어 받기로 하였는데, 12월 10일 $30,000은 원화로 환전되어 당사 보통예금계좌에 입금되었다. 기업회계기준에 따라 12월 10일의 제품매출 인식에 대한 회계처리를 하시오.(3점)(80회)

판매대금	대금수령일	결제방법	비고
$30,000	12월 10일	외화통장으로 입금	선적일
$20,000	12월 15일	외화통장으로 입금	잔금청산일

단, 이와 관련하여 적용된 환율은 다음과 같다.(기준환율과 원화로 환전된 환율은 같다고 가정한다)
- 12월 10일 : 1$당 1,080원

답 __월 __일 유형:___, 공급가액_______, 세액_____, 거래처:_____, 전자: 여/부, 분개: 혼합
〈분개〉 (차) (대)

08 10월 11일 아라전자에 제품을 다음과 같이 수출(선적)하고 나머지 대금은 10일 후에 받기로 하였다.(3점)(71회)

거래일자	외화	환율	환가한 금액(원)	비고
9월 20일(계약금)	$2,000	1,100원/$(환산환율)*	2,200,000	원화로 환가함
10월 11일(선적일)	$20,000	1,100원/$(기준환율)		10일 후에 수취할 예정임
10월 21일		1,150원/$(기준환율)	23,000,000	외상대금 전액을 원화로 환가함

* 기준환율은 1,070원/$임

답 __월 __일 유형:___, 공급가액_______, 세액_____, 거래처:_____, 전자: 여/부, 분개: 혼합
〈분개〉 (차) (대)

17. 카과

※ 매입전표의 57. 카과와 번갈아 가며 출제됨.

키워드(Keyword) : '카드로 **수취**', '카드로 결제**받다**.'

01 9월 2일 ㈜부산에 제품을 판매하고 신용카드(비씨카드)로 결제를 받았다. 매출전표는 다음과 같다.(3점)(83회)(81회)(76회)(67회)

단말기번호 11213692 전표번호
카드종류 / 거래종류 / 결제방법
비씨카드 / 신용구매 / 일시불
회원번호(Card No.) / 취소 시 원거래일자
4140-0202-3245-9958
유효기간 / 거래일시 / 품명
/ / 20 . 9. 2. 14:20
전표제출 / 금 액/AMOUNT 2,000,000
부 가 세/VAT 200,000
전표매입사 / 봉 사 료/TIPS
합 계/TOTAL **2,200,000**
거래번호 / 승인번호/(Approval No.)
98421147
가맹점 ㈜용인전자
대표자 이혜란 TEL 032-2012-5462
가맹점번호 234567 사업자번호 130-81-10661
주소 경기도 부천시 오정구 벌말로 220
서명(Signature)
Busan

답 __월 __일 유형:___, 공급가액_______, 세액_____, 거래처:_____, 전자: 여/부, 분개: 혼합
〈분개〉 (차) (대)

02 10월 21일 어린상사에게 제품을 6,600,000원(부가가치세 포함)에 판매하고, 대금은 신용카드(국민카드)로 수취하였다. 외상매출금으로 회계처리하시오.(3점)

답 __월 __일 유형:___, 공급가액_______, 세액_____, 거래처:_____, 전자: 여/부, 분개: 혼합
〈분개〉 (차) (대)

● **추가문제** ※ 전산세무 2급

03 7월 9일 세븐전자에 제품을 30,000,000원(부가가치세 별도)에 판매하고 전자세금계산서를 교부하였다. 대금 33,000,000원은 비씨카드로 결제받았다.(카드수령분은 미수금으로 회계처리할 것)(3점)

답 __월 __일 유형:___, 공급가액_______, 세액_____, 거래처:_____, 전자: 여/부, 분개: 혼합
〈분개〉 (차) (대)

18. 카면

22. 현과

키워드(Keyword) : '현금영수증'

01 10월 12일 비사업자인 최하나에게 제품을 4,400,000원(부가가치세 포함)에 판매하였다. 대금은 현금으로 받고 현금영수증을 발행하였다.('최하나', 거래처등록, 거래처번호 : 4000)(3점)**(78회)**

답 __월 __일 유형:___, 공급가액_______, 세액_____, 거래처:_____, 전자: 여/부, 분개: 혼합
〈분개〉 (차) (대)

02 12월 26일 비사업자인 최하나에게 제품 A를 220,000원(부가가치세 포함)에 판매하였다. 판매대금은 전액 보통예금으로 이체받고, 현금영수증을 발급하였다. (3점)**(65회 특별)**

답 __월 __일 유형:___, 공급가액_______, 세액_____, 거래처:_____, 전자: 여/부, 분개: 혼합
〈분개〉 (차) (대)

03 9월 26일 개인인 소비자 최하나에게 전자제품을 5,500,000원(부가가치세 포함)에 현금판매하고 현금영수증(소비자 소득공제용)을 발급하였다.(3점)**(67회)(64**

회)(62회)(55회)

답 __월 __일 유형:___, 공급가액_______, 세액_____, 거래처:_____, 전자: 여/부, 분개: 혼합
〈분개〉 (차) (대)

04 10월 27일 비사업자인 개인 최하나 씨에게 제품을 판매하고 대금은 전액 현금으로 수취하고 다음과 같이 현금영수증을 발행하였다.(3점)(82회)(70회)

㈜용인전자

880-86-00128		유상수
경기도 수원시 권선구 오목천로 152번길 68		TEL : 3289-8085
홈페이지 : http://www.kacpta.or.kr		
현금(소득공제)		
구매 : 20 /10/27/12:06		거래번호 : 0027-0101
상품명	수량	금액
제품		220,000원
	-생략-	
	공급가액	200,000원
	부가가치세	20,000원
	받은 금액	220,000원

답 __월 __일 유형:___, 공급가액_______, 세액_____, 거래처:_____, 전자: 여/부, 분개: 혼합
〈분개〉 (차) (대)

23. 현면

2 매입전표입력

51. 과세 : 매회 1~2문제 나옴

키워드(Keyword) : '세금계산서'

01 7월 16일 반포상회로부터 스포츠용품 제조에 필요한 원재료를 매입하고 다음과 같이 전자세금계산서를 수취하였다. 대금은 다음 달에 결제할 예정이다.(3점)(75회)

전자세금계산서(공급받는 자 보관용)						승인번호	20170716-41050052-51746692		
공급자	사업자 등록번호	135-81-34111	종사업장 번호		공급받는 자	사업자 등록번호	305-86-12346	종사업장 번호	
	상호 (법인명)	반포상회	성명 (대표자)	이세로		상호 (법인명)	㈜용인전자	성명 (대표자)	강인주
	사업장 주소	서울 동작구 장승배기로 161				사업장 주소	대전 중구 선화로 81번길 85		
	업태	제조	종목	스포츠용품		업태	제조, 판매	종목	스포츠용품
	이메일					이메일			

작성일자	공급가액	세액	수정사유
20 . 7. 16.	20,000,000	2,000,000	
비고			

월	일	품목	규격	수량	단가	공급가액	세액	비고
7	16	고무창				20,000,000	2,000,000	

합계금액	현금	수표	어음	외상미수금	이 금액을 영수/청구 함
22,000,000				22,000,000	

답 __월 __일 유형:___, 공급가액_______, 세액_____, 거래처:_____, 전자: 여/부, 분개: 혼합
〈분개〉 (차) (대)

02 8월 25일 한서전기로부터 원재료를 2,000,000원(부가가치세 별도)에 현금으로 매입하고, 종이세금계산서를 수취하였다.(3점)**(78회)**

세금계산서						책번호	권		호
						일련번호			
공급자	사업자 등록번호	111-11-1119			공급받는 자	사업자 등록번호	305-81-65101		
	상호 (법인명)	한서전기	성명 (대표자)	최수영		상호 (법인명)	㈜용인전자	성명 (대표자)	최수지
	사업장 주소	대전광역시 중구 선화로 70번길				사업장 주소	대전광역시 중구 선화로 81번길 85		
	업태	제조	종목	스포츠용품		업태	제조	종목	스포츠용품

작성일자	공급가액	세액	수정사유
20 . 8. 25.	2,000,000	200,000	
비고			

월	일	품목	규격	수량	단가	공급가액	세액	비고
		원재료				2,000,000	200,000	

합계금액	현금	수표	어음	외상미수금	이 금액을 영수/청구 함
2,200,000	2,200,000				

답 __월 __일 유형:___, 공급가액_______, 세액_____, 거래처:_____, 전자: 여/부, 분개: 혼합
〈분개〉 (차) (대)

03 10월 20일 아라전자로부터 원재료(@4,000원, 10,000개, 부가가치세 별도)를 구입하고 전자세금계산서를 발급받았다. 대금 중 34,000,000원은 약속어음을 발행(만기 : 당기 12월 31일)했으며 나머지는 당좌수표를 발행하여 지급하였다.(3점)(77회)(73회)(62회)(57회)

답 __월 __일 유형:___, 공급가액_______, 세액_____, 거래처:_____, 전자: 여/부, 분개: 혼합
〈분개〉 (차) (대)

04 9월 26일 ㈜나눔부품으로부터 원재료를 7,700,000원(부가가치세 포함, 전자세금계산서 수취)에 매입하고, 대금의 50%는 현금으로 지급하고, 나머지는 다음 달에 지급하기로 하였다. 단, ㈜나눔부품을 거래처코드 400번으로 등록하여 사용할 것.(사업자번호 114-81-97201, 대표자 김나눔)(3점)(67회 특별)(61회)

답 __월 __일 유형:___, 공급가액_______, 세액_____, 거래처:_____, 전자: 여/부, 분개: 혼합
〈분개〉 (차) (대)

05 아래의 전자세금계산서를 보고 매입매출전표에 입력하시오.(3점)(69회)(63회)(60회)

<table>
<tr><th colspan="7">전자세금계산서</th><th>승인번호</th><th colspan="2">242428782128</th></tr>
<tr><td rowspan="5">공급자</td><td>사업자 등록번호</td><td>107-86-19954</td><td>종사업장 번호</td><td></td><td rowspan="5">공급받는자</td><td>사업자 등록번호</td><td>214-81-29167</td><td>종사업장 번호</td><td></td></tr>
<tr><td>상호 (법인명)</td><td>㈜부안</td><td>성명</td><td>김수성</td><td>상호 (법인명)</td><td>㈜용인전자</td><td>성명</td><td>장상규</td></tr>
<tr><td>사업장 주소</td><td colspan="3">경기도 부천시 오정구 오정동 129</td><td>사업장 주소</td><td colspan="3">서울특별시 강남구 논현동</td></tr>
<tr><td>업태</td><td>부동산</td><td>종목</td><td>임대</td><td>업태</td><td>제조업</td><td>종목</td><td>전자제품</td></tr>
<tr><td>이메일</td><td colspan="3"></td><td>이메일</td><td colspan="3"></td></tr>
</table>

<table>
<tr><th>작성일자</th><th>공급가액</th><th>세액</th><th>수정사유</th></tr>
<tr><td>20 . 7. 20.</td><td>3,000,000</td><td>300,000</td><td></td></tr>
<tr><td>비고</td><td colspan="3"></td></tr>
</table>

월	일	품목	규격	수량	단가	공급가액	세액	비고
7	20	7월 공장임대료				3,000,000	300,000	

합계금액	현금	수표	어음	외상미수금	이 금액을 영수/청구 함
3,300,000	300,000			3,000,000	

답 __월 __일 유형:___, 공급가액_______, 세액_____, 거래처:_____, 전자: 여/부, 분개: 혼합
〈분개〉 (차) (대)

06 7월 30일 ㈜정우로부터 당월의 영업부 사무실 임차료에 대한 공급가액 900,000원(VAT 별도)의 세금계산서를 교부받고, 대금은 다음 달에 지급하기로 하였다. ㈜정우의 건물주인은 전자세금계산서 발행대상이 아니다.(3점)**(79회)(72회)(55회)**

답 __월 __일 유형:___, 공급가액_______, 세액_____, 거래처:_____, 전자: 여/부, 분개: 혼합
〈분개〉 (차) (대)

07 11월 14일 영업부 사원의 업무활동을 지원하기 위하여 상원상사로부터 승용차(998cc)를 9,000,000원(부가가치세 별도)에 취득하고 전자세금계산서를 발급받았으며, 대금은 전액 외상으로 하였다. 단, 차량을 인수하는 시점에 취득세 620,000원, 번호판 부착 30,000원 및 수수료 50,000원은 현금으로 지급하였다.(하나의 전표로 입력하시오)(3점)**(71회)(56회)**

답 __월 __일 유형:___, 공급가액_______, 세액_____, 거래처:_____, 전자: 여/부, 분개: 혼합
〈분개〉 (차) (대)

08 10월 17일 제조공장에서 사용하는 화물용 차량인 포터를 ㈜천안으로부터 60,000,000원(부가가치세 별도)에 구입하고 전자세금계산서를 발급받았다. 대금 중 55,000,000원은 보통예금으로 지급하였고, 나머지는 이달 말에 지급하기로 하였다.(3점)**(77회)**

답 __월 __일 유형:___, 공급가액_______, 세액_____, 거래처:_____, 전자: 여/부, 분개: 혼합
〈분개〉 (차) (대)

09 11월 2일 본사 영업부에서 사용하던 4인승 소형승용차(999cc)의 고장으로 ㈜대구에서 수리하고, 수리비 200,000원(부가가치세 별도)을 현금으로 지급하고 전자세금계산서를 발급받았다. 차량유지비계정으로 처리할 것.(3점)

답 __월 __일 유형:___, 공급가액_______, 세액_____, 거래처:_____, 전자: 여/부, 분개: 혼합
〈분개〉 (차) (대)

10 11월 12일 공장용 화물차의 고장으로 ㈜대구에서 수리하고, 수리비 600,000원(부가가치세 별도)을 다음 달에 지급하기로 하고 전자세금계산서를 발급받았다. 차량유지비계정을 사용하며, 확정된 채무로서 미지급금으로 회계처리하기로 한다.(3점)

답 __월 __일 유형:___, 공급가액_______, 세액_____, 거래처:_____, 전자: 여/부, 분개: 혼합
〈분개〉 (차) (대)

11 11월 2일 당사 제조부는 어린상사에서 반도체 제조를 위한 기계장치를 130,000,000원(부가가치세 별도)에 10개월 할부로 구매하고 전자세금계산서를 발급받았다. 할부대금은 다음 달부터 지급한다.(3점)**(74회)(69회)**

답 __월 __일 유형:___, 공급가액_______, 세액_____, 거래처:_____, 전자: 여/부, 분개: 혼합
〈분개〉 (차) (대)

12 11월 20일 내년 여름을 대비하기 위하여 ㈜대구로부터 사무실용 에어컨(5대, 대당 1,500,000원, 부가가치세 별도)을 매입하고 전자세금계산서를 발급받았다. 대금은 당점발행 당좌수표로 지급하였다.(3점)

답 __월 __일 유형:___, 공급가액_______, 세액_____, 거래처:_____, 전자: 여/부, 분개: 혼합
〈분개〉 (차) (대)

13 11월 10일 ㈜장창로부터 비품인 업무용 빔프로젝터를 5,500,000원(부가가치세 포함)에 구입하고 전자세금계산서를 발급받았다. 대금 중 550,000원은 11월 1일 계약금으로 지급하였고, 2,000,000원은 보통예금으로 그리고 남은 잔액은 법인카드(우리카드)로 결제하였다.(3점)**(81회)(72회)**

답 __월 __일 유형:___, 공급가액_______, 세액_____, 거래처:_____, 전자: 여/부, 분개: 혼합
〈분개〉 (차) (대)

14 12월 15일 신제품에 대한 거리 홍보 시 증정할 목적으로 세븐전사에서 다음과 같이 기념품을 구매하고 전자세금계산서를 수취하였다.(전액 비용으로 처리할 것)(3점)

품목	수량	단가	공급가액	부가가치세	결제방법
USB 16G	100	10,000원	1,000,000원	100,000원	현금

답 __월 __일 유형:___, 공급가액_______, 세액_____, 거래처:_____, 전자: 여/부, 분개: 혼합
〈분개〉 (차) (대)

15 10월 15일 아웃전자에 임가공계약체결을 하고 제작을 의뢰하였던 제품을 납품받고, 임가공외주용역에 대한 전자세금계산서를 수취하였다. 임가공비 20,000,000원(부가가치세 별도) 중 50%는 보통예금으로 결제하였고 잔액은 다음 달에 지급하기로 하였다.(3점)**(64회)(58회)**

답 __월 __일 유형:___, 공급가액_______, 세액_____, 거래처:_____, 전자: 여/부, 분개: 혼합
〈분개〉 (차) (대)

16 9월 23일 생일을 맞이한 공장 직원에게 지급할 선물세트를 1,100,000원(부가가치세 포함)에 유니온상사에서 구입하고 전자세금계산서를 수취하고 대금은 당좌수표를 발행하여 지급하다.(3점)**(82회)(70회)**

답 __월 __일 유형:___, 공급가액_______, 세액_____, 거래처:_____, 전자: 여/부, 분개: 혼합
〈분개〉 (차) (대)

17 12월 10일 ㈜한빛으로부터 공장 제조설비의 안전대책을 위한 경영컨설팅을 받고 경영컨설팅 수수료 500,000원(부가가치세 별도)에 대한 전자세금계산서를 발급받았다. 경영컨설팅 수수료는 12월 1일에 지급한 계약금 100,000원을 제외한 나머지 금액은 현금으로 지급하였다.(단, 계약금은 선급금계정으로 이미 회계처리하였음)(3점)**(82회)(73회)**

답 __월 __일 유형:___, 공급가액_______, 세액_____, 거래처:_____, 전자: 여/부, 분개: 혼합
〈분개〉 (차) (대)

18 11월 30일 ㈜탑코리아에 사무직 신입사원 채용공고를 게재하고 수수료 200,000원(부가가치세 별도)을 보통예금으로 지급하고, 전자세금계산서를 발급받았다.(신규거래처 등록도 할 것, 거래처코드 : 3982, 거래처명 : ㈜탑코리아, 유형 : 동시, 사업자등록번호 : 130-42-32555, 계정과목은 판매비와 관리비 코드로 처리한다)(3점)**(66회)(65회 특별)(63회 특별)**

답 __월 __일 유형:___, 공급가액_______, 세액_____, 거래처:_____, 전자: 여/부, 분개: 혼합
〈분개〉 (차) (대)

19 11월 30일 제조부문의 공장건물 임대인 ㈜굿모닝빌딩으로부터 임차료 2,310,000원(부가가치세 포함)과 공장 전기요금 330,000원(부가가치세 포함)에 대한 전자세금계산서 1매를 교부받고 당좌수표를 발행하여 지급하였다.(임대차 계약서상 임차료는 매월 30일에 지급하기로 되어 있다)(3점)

답 __월 __일 유형:___, 공급가액_______, 세액_____, 거래처:_____, 전자: 여/부, 분개: 혼합
〈분개〉 (차) (대)

20 12월 27일 건물에 대한 청소를 위해 청소용역업체인 약수나라에 청소비 3,300,000원(부가가치세 포함)을 당사 보통예금에서 이체하여 지급하고, 전자세금계산서를 발급받았다. 단, 청소비는 판매비와 관리비의 '건물관리비'계정으로 처리한다.(3점)**(65회)**

답 __월 __일 유형:___, 공급가액_______, 세액_____, 거래처:_____, 전자: 여/부, 분개: 혼합
〈분개〉 (차) (대)

21 9월 2일 ㈜대전으로부터 공장의 시설보호 목적으로 CCTV를 설치완료하고 전자세금계산서를 발급받았다. 대금총액은 3,300,000원(부가가치세 포함)이며 당일에 현금으로 300,000원을 지급하였고 나머지는 10회에 걸쳐 매달 균등지급하기로 하였다.(계정과목은 설비장치과목을 사용하고 고정자산등록은 생략할 것)(3점)**(73회)**

답 __월 __일 유형:___, 공급가액_______, 세액_____, 거래처:_____, 전자: 여/부, 분개: 혼합
〈분개〉 (차) (대)

52. 영세

키워드(Keyword) : '영세율, 구매확인서, 내국신용장(Local L/C)'

01 12월 15일 수출용 제품에 대한 원재료 32,000,000원(공급가액)을 ㈜동그라미로부터 매입하고, 영세율전자세금계산서를 발급받았다. 구입대금 중 6,000,000원은 리츠전자로부터 받은 어음을 배서해 주고, 나머지는 외상으로 하였다.(3점)**(83회)(56회)**

답 __월 __일 유형:___, 공급가액_______, 세액_____, 거래처:_____, 전자: 여/부, 분개: 혼합
〈분개〉 (차) (대)

02 12월 2일 여름전자에서 수출용 제품의 원재료를 내국신용장에 의하여 1,500,000원에 구입하고 영세율전자세금계산서를 발급받았다. 대금은 아직 내국신용장 개설은행에서 지급되지 않았다.(3점)**(69회)(63회)**

답 __월 __일 유형:___, 공급가액_______, 세액_____, 거래처:_____, 전자: 여/부, 분개: 혼합
〈분개〉 (차) (대)

03 7월 1일 구매확인서에 의해 수출용 제품에 대한 원재료(공급가액 30,000,000원)를 ㈜엠상회로부터 매입하고 영세율전자세금계산서를 발급받았다. 매입대금 중 13,000,000원은 ㈜대전으로부터 받아 보관 중인 약속어음을 배서양도하고, 나머지 금액은 6개월 만기의 당사발행 약속어음으로 지급하였다.(3점)**(78회)(72회)(59회)**

답 __월 __일 유형:___, 공급가액_______, 세액_____, 거래처:_____, 전자: 여/부, 분개: 혼합
〈분개〉 (차) (대)

04 8월 31일 ㈜전주로부터 내국신용장(Local L/C)에 의하여 원재료 30,000,000원을 공급받고 영세율전자세금계산서를 발급받았으며, 대금 중 50%는 어음으로 지급하고 나머지 금액은 보통예금에서 이체하였다.(3점)**(60회)**

답 __월 __일 유형:___, 공급가액_______, 세액_____, 거래처:_____, 전자: 여/부, 분개: 혼합
〈분개〉 (차) (대)

53. 면세

키워드(Keyword) : '계산서'

01 8월 1일 본사 영업부에서 야유회 때 직원들 식사로 제공할 생고기를 직접 구매하고 전자계산서를 수취하였다.(3점)**(74회)**

전자계산서(공급받는 자 보관용)				승인번호	20170801-21058052-11726691		
공급자				**공급받는 자**			
사업자등록번호	106-90-52391	종사업장번호		사업자등록번호	229-81-28156	종사업장번호	
상호(법인명)	서초상회	성명(대표자)	채사장	상호(법인명)	㈜용인전자	성명(대표자)	박형식
사업장주소	서울 서초구 강남대로 465			사업장주소	서울 서초구 방배로 142, 동주빌딩 3층		
업태	도소매	종목	정육	업태	제조	종목	전자부품
이메일				이메일			

작성일자	공급가액	수정사유
20 . 8. 1.	1,800,000	
비고		

월	일	품목	규격	수량	단가	공급가액	비고
8	1	생고기				1,800,000	

합계금액	현금	수표	어음	외상미수금	이 금액을 영수/청구 함
1,800,000	1,800,000				

답 __월 __일 유형:___, 공급가액_______, 세액_____, 거래처:_____, 전자: 여/부, 분개: 혼합
〈분개〉 (차) (대)

02 8월 25일 당사의 영업부 과장인 김영철의 결혼식을 축하하기 위해 다음의 화환을 구입하고 전자계산서를 발급받았다. 대금은 다음 달에 주기로 하였다.(3점) **(76회)(63회 특별)**

<table>
<tr><td colspan="5">전자계산서(공급받는 자 보관용)</td><td colspan="2">승인번호</td><td colspan="3">20181205-21058052-11726691</td></tr>
<tr><td rowspan="5">공급자</td><td>사업자
등록번호</td><td>107-81-54150</td><td>종사업장
번호</td><td></td><td rowspan="5">공급받는자</td><td>사업자
등록번호</td><td>315-81-04019</td><td>종사업장
번호</td><td></td></tr>
<tr><td>상호
(법인명)</td><td>(주)천안</td><td>성명
(대표자)</td><td>김완두</td><td>상호
(법인명)</td><td>(주)용인전자</td><td>성명
(대표자)</td><td>김국진</td></tr>
<tr><td>사업장
주소</td><td colspan="3">서울 서초구 동광로 144</td><td>사업장
주소</td><td colspan="3">충청북도 청주시 흥덕구 덕암로 6번길 15</td></tr>
<tr><td>업태</td><td>도소매</td><td>종목</td><td>농산물</td><td>업태</td><td></td><td>종목</td><td></td></tr>
<tr><td>이메일</td><td colspan="3"></td><td>이메일</td><td colspan="3"></td></tr>
</table>

작성일자	공급가액	수정사유
20 .12. 5.	350,000	
비고		

월	일	품목	규격	수량	단가	공급가액	비고
12	5	쥐눈이콩				350,000	

합계금액	현금	수표	어음	외상미수금	이 금액을 영수/청구 함
350,000				350,000	

답 __월 __일 유형:___, 공급가액_______, 세액_____, 거래처:_____, 전자: 여/부, 분개: 혼합
〈분개〉 (차) (대)

03 12월 5일 생산부문 공장직원들에게 사내 식당에서 제공하는 식사에 필요한 잡곡을 직접 구입하면서 전자계산서를 수취하고 대금은 다음 달에 지급하기로 하였다.(단, 비용으로 회계처리하기로 한다)(3점)**(81회)(80회)**

답 __월 __일 유형:___, 공급가액_______, 세액_____, 거래처:_____, 전자: 여/부, 분개: 혼합
〈분개〉 (차) (대)

04 9월 27일 공장 기계장치에 대한 매뉴얼 책자를 ㈜인앤에서 구입하면서 다음과 같이 전자계산서를 수취하고, 대금은 당사발행 당좌수표로 결제하였다.(3점)**(70회)(64회)**

전자계산서								승인번호	
공급자	사업자 등록번호	807-82-74476	종사업장 번호		공급받는자	사업자 등록번호	130-81-10661	종사업장 번호	
	상호 (법인명)	㈜인앤	성명	신유일		상호 (법인명)	㈜용인전자	성명	유지화
	사업장 주소	서울 노원구 상계로 23				사업장 주소	서울 영등포구 영등포로 384		
	업태	소매	종목	서적		업태	제조/도소매	종목	전자부품
	이메일					이메일			

작성일자	공급가액	수정사유
20 . 9. 27.	70,000	
비고		

월	일	품목	규격	수량	단가	공급가액	비고
9	27	책자		1	70,000	70,000	

합계금액	현금	수표	어음	외상미수금	이 금액을 영수/청구 함
70,000		70,000			

답 __월 __일 유형:___, 공급가액_______, 세액_____, 거래처:_____, 전자: 여/부, 분개: 혼합
〈분개〉 (차) (대)

05 10월 5일 영업부서의 매출거래처에 접대하기 위하여 ㈜한상으로부터 영광굴비를 12,000,000원에 구입(전자계산서 수취)하고 대금 중 10,000,000원은 ㈜부산으로부터 받은 당좌수표로 지급하였고 잔액은 이달 말에 지급하기로 하였다.(3점)(72회)(67회 특별)(66회)

답 __월 __일 유형:___, 공급가액_______, 세액_____, 거래처:_____, 전자: 여/부, 분개: 혼합
〈분개〉 (차) (대)

06 7월 27일 회사 공장 건물을 신축하기 위하여 ㈜대전으로부터 토지를 100,000,000원에 매입하고 전자계산서를 발급받았다. 대금 중 70,000,000원은 당좌수표를 발행하여 지급하고, 나머지는 약속어음(만기 3개월)을 발행하여 지급하였다.(3점)(79회)(75회)(69회)(62회)

답 __월 __일 유형:___, 공급가액_______, 세액_____, 거래처:_____, 전자: 여/부, 분개: 혼합
〈분개〉 (차) (대)

07 10월 17일 직원들의 통근을 위해 ㈜한결로부터 시내버스 영업용으로 사용하던 중고버스를 8,000,000원에 구입하면서 계산서를 수취하고, 대금은 전액 당좌수표를 발행하여 지급하다.(3점)

답 __월 __일 유형:___, 공급가액_______, 세액_____, 거래처:_____, 전자: 여/부, 분개: 혼합
〈분개〉(차) (대)

08 7월 12일 영업부에서 사용할 실무서적을 미풍문고에서 250,000원에 구입하고 전자계산서를 수취하였다. 구매대금은 7월 31일에 지급하기로 하였다.(신규 거래처 등록할 것)(71회)(58회)

• 상호 : 미풍문고	• 코드 : 00555	
• 사업자등록번호 : 213-86-78224	• 대표자 : 김하나	• 거래처 유형 : 동시

답 __월 __일 유형:___, 공급가액_______, 세액_____, 거래처:_____, 전자: 여/부, 분개: 혼합
〈분개〉(차) (대)

09 9월 23일 영업직 직원들이 ㈜컴퍼니로부터 교육훈련특강을 받고, 수강료 2,000,000원에 대한 수기분 계산서를 교부받았다. 수강료는 선급금으로 회계처리되어 있던 계약금 200,000원을 제외한 나머지 1,800,000원을 현금으로 지급하였다.(3점)(76회)(60회)(57회)

답 __월 __일 유형:___, 공급가액_______, 세액_____, 거래처:_____, 전자: 여/부, 분개: 혼합
〈분개〉(차) (대)

54. 불공

※ 불공사유
사유 1. 필요적 기재사항 누락 등
사유 2. 사업과 직접 관련 없는 지출(대표이사 개인적 용도)
사유 3. 비영업용 소형승용차(1000cc 초과, 개별소비세 과세대상)
사유 4. 접대비
사유 5. 면세사업관련
사유 6. 토지의 자본적 지출관련
사유 9. 공통매입안분계산분(과세사업과 면세사업을 겸영)

01 10월 17일 대표이사의 자택에서 사용할 목적으로 ㈜하늘전자에서 냉난방기를 3,300,000원(부가가치세 별도)에 구입하고, 당사 명의로 전자세금계산서를 발급받았다. 대금은 당사발행 당좌수표로 지급하였으며, 대표이사의 가지급금으로 처리한다.(3점)(82회)(66회)

답 __월 __일 유형:___, 공급가액_______, 세액_____, 거래처:_____, 전자: 여/부, 분개: 혼합
〈분개〉 (차) (대)

02 11월 12일 대표이사 박대기(거래처코드 330번에 '박대기' 신규등록)의 가정집에서 사용하려고 냉장고 1대(5,500,000원, 부가가치세 포함)를 ㈜대박전자로부터 구입하고, 당사 명의로 전자세금계산서를 발급받았다. 대금은 당좌수표를 발행하여 지급하였다.(가지급금계정을 사용할 것)(3점)**(65회)**

답 __월 __일 유형:___, 공급가액_______, 세액_____, 거래처:_____, 전자: 여/부, 분개: 혼합
〈분개〉 (차) (대)

03 11월 25일 대표이사인 박대기가 자택에서 사용할 목적으로 ㈜아트전자에서 3D TV를 4,400,000원(부가가치세 별도)에 구입하고, 당사 명의로 전자세금계산서를 발급받았다. 대금은 당사 당좌수표를 발행하여 지급하였으며, 대표이사의 가지급금으로 처리한다.(3점)**(72회)**

답 __월 __일 유형:___, 공급가액_______, 세액_____, 거래처:_____, 전자: 여/부, 분개: 혼합
〈분개〉 (차) (대)

04 8월 10일 다음은 업무용 승용자동차(배기량 2,000cc)를 매입하고 발급받은 전자세금계산서이다. 차량대금결제는 다음 달 말일에 하기로 하였다.(3점)**(73회)**

전자세금계산서(공급받는 자 보관용)					승인번호			
공급자	사업자등록번호	105-87-51159	종사업장번호		공급받는자	사업자등록번호	110-81-02129	종사업장번호	
	상호(법인명)	아크릴상사	성명(대표자)	전기세		상호(법인명)	㈜용인전자	성명	김홍도
	사업장주소	경기도 시흥시 항송로 29번길 14				사업장주소	경기도 안산시 단원구 광덕서로 100		
	업태	도소매	종목	중고자동차		업태	제조	종목	전자제품
	이메일					이메일			

작성일자	공급가액	세액	수정사유
20 . 8. 10.	15,000,000	1,500,000	
비고			

월	일	품목	규격	수량	단가	공급가액	세액	비고
8	10	승용차				15,000,000	1,500,000	

합계금액	현금	수표	어음	외상미수금	이 금액을 영수/청구 함
16,500,000				16,500,000	

답 __월 __일 유형:___, 공급가액_______, 세액_____, 거래처:_____, 전자: 여/부, 분개: 혼합
〈분개〉 (차) (대)

05 10월 27일 영업부에서 사용할 업무용 승용차(2,000cc)를 ㈜부산으로부터 30,000,000원(부가가치세 별도)에 구입하고 전자세금계산서를 발급받았다. 대금 중 25,000,000원은 보통예금으로 지급하였고, 나머지는 이달 말에 지급하기로 하였다.(3점)(80회)(79회)(67회 특별)

답 __월 __일 유형:___, 공급가액_______, 세액_____, 거래처:_____, 전자: 여/부, 분개: 혼합
〈분개〉 (차) (대)

06 7월 8일 ㈜유리로부터 영업사원의 업무활동을 위하여 승용차(1,998cc) 16,000,000원(부가가치세 별도)을 취득하고 전자세금계산서를 교부받았으며, 대금은 당좌수표를 발행하여 지급하였다. 차량을 인수하는 시점에서 취득세, 번호판 부착, 수수료 등 400,000원을 현금으로 지급하였다. 매입매출 전표입력에 하나의 전표로 입력하시오.(3점)(62회)(55회)

답 __월 __일 유형:___, 공급가액_______, 세액_____, 거래처:_____, 전자: 여/부, 분개: 혼합
〈분개〉 (차) (대)

07 11월 12일 당사 비영업용 승용차(1,800cc)의 사고로 인해 ㈜팩토리에서 엔진을 교체하였다. 이는 자본적 지출에 해당하는 것으로 엔진교체비용 4,500,000원(부가가치세 별도)을 당사 당좌수표를 발행하여 지급하고 전자세금계산서를 발급받았다.(3점)(58회)

답 __월 __일 유형:___, 공급가액_______, 세액_____, 거래처:_____, 전자: 여/부, 분개: 혼합
〈분개〉 (차) (대)

08 9월 20일 영업부 업무용 승용차(개별소비세 과세대상)의 주유비 77,000원(공급대가)을 알뜰주유소에서 현금으로 결제하고 전자세금계산서를 수령하였다.(3점)(76회)(68회)

답 __월 __일 유형:___, 공급가액_______, 세액_____, 거래처:_____, 전자: 여/부, 분개: 혼합
〈분개〉 (차) (대)

09 8월 22일 대표이사 영업용으로 사용하는 법인소유 승용차(2,000cc)에 대한 부품을 ㈜유리에서 교환하고, 부품교환비(차량유지비) 880,000원(부가가치세 포함)은 전자세금계산서를 발급받고 전액 본사 국민카드로 결제하였다. (3점)(60회)

답 __월 __일 유형:___, 공급가액_______, 세액_____, 거래처:_____, 전자: 여/부, 분개: 혼합
〈분개〉 (차) (대)

★**10** 7월 2일 영업부에서 사용하는 업무용 승합차(3,000cc, 9인승)를 ㈜대구에서 수리하고 법인신용카드(현대카드)로 440,000원(부가가치세 포함) 결제하였다.(차량유지비로 회계처리할 것)(3점)(전산세무 2급 81회)

답 __월 __일 유형:___, 공급가액_______, 세액_____, 거래처:_____, 전자: 여/부, 분개: 혼합
〈분개〉 (차) (대)

★**11** 11월 23일 제조부는 협력업체에 선물용으로 지급하기 위하여 아라전자에서 LED TV 1대(40인치)를 1,500,000원(부가가치세 별도)에 구입하고 전자세금계산서를 발급받았으며, 대금은 법인카드인 현대카드로 결제하였다.(3점)(63회)(57회)

답 __월 __일 유형:___, 공급가액_______, 세액_____, 거래처:_____, 전자: 여/부, 분개: 혼합
〈분개〉 (차) (대)

12 10월 23일 영업부는 매출거래처 허과장의 아들 돌잔치 선물로 상원상사에서 유아용품을 100,000원(부가가치세 별도)에 현금으로 구입하고 전자세금계산서를 발급받았다.(3점)(77회)(61회)

답 __월 __일 유형:___, 공급가액_______, 세액_____, 거래처:_____, 전자: 여/부, 분개: 혼합
〈분개〉 (차) (대)

★**13** 10월 14일 영업부서의 매출거래처에 접대하기 위하여 ㈜유리로부터 치약・샴푸세트를 530,000원(부가가치세 별도)에 구입하고 전자세금계산서를 수취하였다. 대금은 보통예금으로 지급하였다.(3점)(78회)

답 __월 __일 유형:___, 공급가액_______, 세액_____, 거래처:_____, 전자: 여/부, 분개: 혼합
〈분개〉 (차) (대)

14 7월 27일 출판사업부에서 사용할 기계장치를 ㈜정우에게서 20,000,000원(부가가치세 별도)에 전액 외상으로 구입하고 전자세금계산서를 수취하였다. 당사의 출판사업부에서 발생한 매출액은 전액 면세매출이다.(3점)**(전산세무 2급 67회 특별)**

답 __월 __일 유형:___, 공급가액_______, 세액_____, 거래처:_____, 전자: 여/부, 분개: 혼합
〈분개〉 (차) (대)

15 11월 25일 공장 신축용 토지를 취득하기 위한 등기대행용역을 ㈜오성으로부터 제공받고 수수료 1,600,000원(부가가치세 별도)을 당사 당좌수표를 발행하여 지급하고 전자세금계산서를 발급받았다.(3점)**(59회)**

답 __월 __일 유형:___, 공급가액_______, 세액_____, 거래처:_____, 전자: 여/부, 분개: 혼합
〈분개〉 (차) (대)

16 11월 8일 공장 신축용 토지를 취득하고 ㈜인앤에게 중개수수료 15,000,000원(부가가치세 별도)을 당사 당좌수표를 발행하여 지급하고 전자세금계산서를 발급받았다.(3점)**(81회)**

답 __월 __일 유형:___, 공급가액_______, 세액_____, 거래처:_____, 전자: 여/부, 분개: 혼합
〈분개〉 (차) (대)

17 8월 25일 당사가 소유한 토지의 형질변경을 위해 약수나라에 1,500,000원(부가가치세 별도)의 수수료를 전액 보통예금으로 지급하고 전자세금계산서를 발급받았다.(3점)

답 __월 __일 유형:___, 공급가액_______, 세액_____, 거래처:_____, 전자: 여/부, 분개: 혼합
〈분개〉 (차) (대)

18 11월 20일 ㈜굿모닝빌딩으로부터 총무부 사무실 11월분 임차료 5,000,000원(부가가치세 별도)에 대하여 전자세금계산서를 발급받고, 그 대금은 11월 30일 지급할 예정이다. 단, 본 문제에 있어 당사는 과세사업과 면세사업을 겸영하는 사업자로서, 면세비율이 10% 이상으로 가정한다.(3점)**(65회 특별)**

답 __월 __일 유형:___, 공급가액_______, 세액_____, 거래처:_____, 전자: 여/부, 분개: 혼합
〈분개〉 (차) (대)

55. 수입 : 출제빈도 17%

키워드(Keyword) : '수입세금계산서'

01 9월 17일 호주에서 원재료를 공급가액 70,000,000원(부가가치세 별도)에 수입하고 수입전자세금계산서를 부산세관장으로부터 발급받았으며, 부가가치세를 보통예금계좌에서 이체 납부하였다.(부가가치세액에 대한 회계처리만 할 것)(거래처등록할 것, 3010번)(3점)(80회)

수입전자세금계산서						승인번호	20180917-111254645-557786		
세관명	등록번호	601-83-00048	종사업장 번호		공급받는자	사업자 등록번호	214-81-29167	종사업장 번호	
	세관명	부산세관	성명	부산세관장		상호 (법인명)	㈜용인전자	성명	김용범
	세관주소	부산 중구 충장대로 20				사업장 주소	서울시 강남구 압구정로 28길 11		
	수입신고번호 또는 일괄발급기간 (총건)	1325874487				업태	제조	종목	전자제품

작성일자	과세표준	세액	수정사유
20 . 9. 17.	70,000,000	7,000,000	해당 없음

월	일	품목	규격	수량	단가	과세표준	세액	비고
9	17	1325874487				70,000,000	7,000,000	
합계금액	77,000,000원							

답 __월 __일 유형:___, 공급가액_______, 세액_____, 거래처:_____, 전자: 여/부, 분개: 혼합

〈분개〉 (차) (대)

02 9월 16일 부품제작에 필요한 원재료를 수입하고, 부산세관으로부터 수입전자세금계산서를 발급받았다. 부가가치세는 현금으로 지급하였다.(미착품에 대한 회계처리는 생략한다)(3점)**(67회)**

<table>
<tr><td colspan="7">전자수입세금계산서(공급받는 자 보관용)</td><td>승인번호</td><td colspan="2">20160108-41000042-55746692</td></tr>
<tr><td rowspan="5">공급자</td><td>사업자 등록번호</td><td>603-42-33561</td><td>종사업장 번호</td><td></td><td rowspan="5">공급받는자</td><td>사업자 등록번호</td><td>130-81-10661</td><td>종사업장 번호</td><td></td></tr>
<tr><td>상호 (법인명)</td><td>부산세관</td><td>성명 (대표자)</td><td>이세관</td><td>상호 (법인명)</td><td>㈜용인전자</td><td>성명 (대표자)</td><td>이혜란</td></tr>
<tr><td>사업장 주소</td><td colspan="3">부산광역시 강서구 공항진입로 108</td><td>사업장 주소</td><td colspan="3">경기도 부천시 오정구 벌말로 220</td></tr>
<tr><td>업태</td><td>관공서</td><td>종목</td><td></td><td>업태</td><td>제조업</td><td>종목</td><td>전자부품</td></tr>
<tr><td>이메일</td><td colspan="3"></td><td>이메일</td><td colspan="3"></td></tr>
<tr><td colspan="2">작성일자</td><td colspan="2">공급가액</td><td>세액</td><td colspan="5">수정사유</td></tr>
<tr><td colspan="2">20 . 9. 16.</td><td colspan="2">22,000,000</td><td>2,200,000</td><td colspan="5"></td></tr>
<tr><td colspan="2">비고</td><td colspan="8"></td></tr>
</table>

월	일	품목	규격	수량	단가	공급가액	세액	비고
9	16	전자부품 원재료				22,000,000	2,200,000	

합계금액	현금	수표	어음	외상미수금	이 금액을 영수/청구 함
24,200,000	24,200,000				

답 __월 __일 유형:___, 공급가액_______, 세액_____, 거래처:_____, 전자: 여/부, 분개: 혼합
〈분개〉 (차) (대)

03 10월 12일 지난 5월 10일 미국 굿타임상사에서 구입한 원재료 B와 관련하여 부산세관으로부터 전자수입세금계산서(공급가액 $10,000, 환율 1,100원/$)를 수취하였고 부가가치세 1,100,000원은 즉시 현금으로 납부하였다.(3점)**(67회 특별)**

답 __월 __일 유형:___, 공급가액_______, 세액_____, 거래처:_____, 전자: 여/부, 분개: 혼합
〈분개〉 (차) (대)

04 7월 25일 해외거래처로부터 수입한 원재료와 관련하여 부산세관에 부가가치세 2,100,000원(공급가액 21,000,000원)을 현금으로 납부하고 전자수입세금계산서를 교부받았다.(3점)**(70회)(65회)(61회)(55회)**

답 __월 __일 유형:___, 공급가액_______, 세액_____, 거래처:_____, 전자: 여/부, 분개: 혼합
〈분개〉 (차) (대)

05 9월 12일 중국 라이라이로부터 수입한 원재료와 관련하여 부산세관으로부터 전자수입세금계산서(공급가액 12,000,000원, 부가가치세 1,200,000원)를 수취하였다. 부가가치세는 즉시 현금으로 납부하였다.(3점)(76회)(71회)

답 __월 __일 유형:___, 공급가액_______, 세액_____, 거래처:_____, 전자: 여/부, 분개: 혼합
〈분개〉 (차) (대)

57. 카과 : 출제빈도 17%

키워드(Keyword) : '카드로 결제**하였다.**'

01 10월 29일 공장에서 사용하는 기계장치의 원상회복을 위한 수선을 하고 수선비 110,000원을 전액 국민카드로 결제하고 다음의 매출전표를 수취하였다.(3점)(74회)

매출전표

단말기번호	11213692	전표번호	234568
카드종류		거래종류	결제방법
국민카드		신용구매	일시불
회원번호(Card No.)		취소 시 원거래일자	
4140-0202-3245-9958			
유효기간	거래일시		품명
	20 . 10. 29.		기계수선
전표제출	금 액/AMOUNT		100,000
	부 가 세/VAT		10,000
전표매입사	봉 사 료/TIPS		
	합 계/TOTAL		110,000
거래번호	승인번호/(Approval No.) 98421147		
가맹점	상원상사		
대표자	김주민	TEL	
가맹점번호		사업자번호	204-19-76690
주소	경기 성남시 수정구 고등동 525-5		
		서명(Signature)	

답 __월 __일 유형:___, 공급가액_______, 세액_____, 거래처:_____, 전자: 여/부, 분개: 혼합
〈분개〉 (차) (대)

02 10월 25일 공장에서 사용하는 화물차에 넣을 경유를 알뜰주유소에서 주유하고, 165,000원(부가가치세 포함)을 국민카드로 결제하였다.(3점)**(67회)**

답 __월 __일 유형:___, 공급가액_______, 세액_____, 거래처:_____, 전자: 여/부, 분개: 혼합
〈분개〉 (차) (대)

03 9월 3일 공장에서 사용하는 화물용 차량인 포터의 접촉사고로 ㈜천안에서 수리하고, 2,200,000원(부가가치세 포함)을 법인카드(우리카드)로 결제하였다. 지출비용은 차량유지비계정을 사용한다.(3점)**(74회)**

답 __월 __일 유형:___, 공급가액_______, 세액_____, 거래처:_____, 전자: 여/부, 분개: 혼합
〈분개〉 (차) (대)

04 10월 26일 일반과세자인 ㈜한빛으로부터 영업부서에서 사용할 문구류를 구입하고, 구매대금인 90,200원(부가가치세 포함)을 국민카드로 결제하였다.(문구류는 비용과목으로 처리한다)(3점)**(65회 특별)**

답 __월 __일 유형:___, 공급가액_______, 세액_____, 거래처:_____, 전자: 여/부, 분개: 혼합
〈분개〉 (차) (대)

05 11월 26일 강남전자로부터 비품인 업무용 노트북 2대를 5,500,000원(부가가치세 포함)에 구입하고 법인카드인 국민카드로 결제하였다.(신용카드 매입세액공제요건을 모두 충족함)(단, 컴퓨터는 유형자산계정으로 처리할 것)(3점)
(80회)(78회)(75회)(68회)(63회)

답 __월 __일 유형:___, 공급가액_______, 세액_____, 거래처:_____, 전자: 여/부, 분개: 혼합
〈분개〉 (차) (대)

06 11월 11일 제조부 직원들의 단합을 위해 ㈜오성에서 회식을 하고 회식비 550,000원은 비씨카드(체크카드)로 결제하였다.(음식점은 매입세액공제요건을 갖추고 있고, 비씨카드는 결제 즉시 카드발급은행 보통예금계좌에서 인출되었다)(3점)**(56회)**

답 __월 __일 유형:___, 공급가액_______, 세액_____, 거래처:_____, 전자: 여/부, 분개: 혼합
〈분개〉 (차) (대)

58. 카면

키워드(Keyword) : '카드매입+면세'

01 6월 12일 영업부서에서 거래처에 접대하기 위하여 ㈜유통상회로부터 한우갈비세트를 8,000,000원에 면세로 구입하고 법인카드(비씨카드)로 결제하였다.(3점)(63회 특별)

답 __월 __일 유형:___, 공급가액_______, 세액_____, 거래처:_____, 전자: 여/부, 분개: 혼합
〈분개〉 (차) (대)

02 9월 8일 원재료 매입처인 ㈜부산의 창립기념일을 맞아 ㈜동그라미에서 화환(50,000원)을 구입하여 증정하고 대금은 비씨카드로 결제하였다.(3점)(77회)

신용카드매출전표
CREDIT CARD SALES SLIP
인터뱅크(주) 전표번호( ) BILL NO

카드발급처 CREDIT CARD CO	비씨카드		
일련번호 CARD NUMBER	ISP*****		
유효기간 EXPRY	**/5/9	판매일자 TRANSE. DATE	2 /09/08
일반 PURCHASE		품명 / DESCRIPTION	
할부 INSTALL MENT	00개월	금액 AMOUNT	50000
매장명 CORNER		세금 TAXES	
판매원 CASHIER		봉사료 S/C	
		합계	50000
대표자/MANAGER		TOTAL	
가맹점명/MERCHANT NAME	㈜동그라미	승인번호/APPROVAL CODE	1112233
가맹점번호/MERCHANT NO		사업자등록번호/BUSINESS NO	111-22-33333
가맹점주소/ADDRESS	서울 광진구 구의동 123		

답 __월 __일 유형:___, 공급가액_______, 세액_____, 거래처:_____, 전자: 여/부, 분개: 혼합
〈분개〉 (차) (대)

61. 현과

키워드(Keyword) : '현금영수증, 발급받다'

01 9월 14일 지물상사로부터 원재료를 전액 보통예금으로 매입하고, 다음의 지출증빙용 현금영수증을 수령하였다.(3점)**(75회)**

현금영수증

가맹점명 지물상사 114-81-81238 신동기

서울 송파구 동남로 123 TEL : 02-500-5566

홈페이지 http://www.ssamssung.co.kr

현금(지출증빙용)

구매 20 /9/14/15:20 거래번호 : 4512-1020

상품명	수량	금액
원재료	10	24,200,000
123-ADC-456		
	과세공급가액	22,000,000
	부가가치세	2,200,000
	합계	24,200,000

답 __월 __일 유형:___, 공급가액_______, 세액_____, 거래처:_____, 전자: 여/부, 분개: 혼합
〈분개〉 (차) (대)

02 10월 26일 제품제조에 사용할 원재료를 여름전자로부터 다음과 같이 구입하고, 증빙으로 현금영수증을 수령하였다.(3점)**(66회)**

품목	공급가액	부가가치세	결제방법
원재료 A	5,000,000원	500,000원	현금지급

답 __월 __일 유형:___, 공급가액_______, 세액_____, 거래처:_____, 전자: 여/부, 분개: 혼합
〈분개〉 (차) (대)

03 11월 25일 거래처 ㈜대전으로부터 생산부서의 원재료로 사용할 자재를 27,500,000원(부가가치세 포함)에 구입하였다. 대금은 현금으로 지급하였고 관련증빙으로 현금영수증(지출증빙용)을 수령하였다.(3점)**(65회)(58회)**

답 __월 __일 유형:___, 공급가액_______, 세액_____, 거래처:_____, 전자: 여/부, 분개: 혼합
〈분개〉 (차) (대)

04 9월 20일 서서상회에서 원재료를 현금으로 매입하고, 현금영수증을 받다.(3점)**(67회 특별)**

현금영수증

가맹점명 서서상회 603-42-65480 강대식

부사 사하구 다대로 32 TEL : 051-468-8521

홈페이지 http://www.dadae.co.kr

현금(지출증빙용)

구매 20 /9/20/14:00 거래번호 : 0015-0055

상품명	수량	금액
전자제품 원재료	10	66,000
2043655000009		
	과세공급가액	60,000
	부가가치세	6,000
	합계	66,000

답 __월 __일 유형:___, 공급가액_______, 세액_____, 거래처:_____, 전자: 여/부, 분개: 혼합
〈분개〉 (차) (대)

05 10월 20일 당사는 판매부문에서 사용하기 위하여 ㈜전주에서 복사기를 임차하여 사용하고 있다. 10월분 사용료로 330,000원(부가가치세 포함)을 현금으로 지급하면서 지출증빙용 현금영수증을 발급받았다.(회사는 임차료계정을 사용한다)(3점)**(69회)**

답 __월 __일 유형:___, 공급가액_______, 세액_____, 거래처:_____, 전자: 여/부, 분개: 혼합
〈분개〉 (차) (대)

06 11월 28일 본사 관리동 사옥을 청소하고 청소용역업체 ㈜컴퍼니에 청소비 1,100,000원(부가가치세 포함)을 현금으로 지급하고 현금영수증을 발급받았다. 단, 청소비는 '건물관리비'계정으로 처리한다.(현금영수증번호 생략)(3점)**(57회)**

답 __월 __일 유형:___, 공급가액_______, 세액_____, 거래처:_____, 전자: 여/부, 분개: 혼합
〈분개〉 (차) (대)

07 9월 5일 영업부에서 사용하는 업무용 승용차(998cc)의 주유비 110,000원(부가가치세 포함)을 알뜰주유소에서 현금결제하고 현금영수증(지출증빙용)을 발급받았다.(알뜰주유소는 일반과세사업자이다)(3점)(83회)(61회)(59회)

답 __월 __일 유형:___, 공급가액_______, 세액_____, 거래처:_____, 전자: 여/부, 분개: 혼합
〈분개〉 (차) (대)

08 11월 28일 생산부서 직원용으로 사용하기 위하여 ㈜엠상회에서 생수를 500,000원(부가가치세 별도)에 구입하였다. 대금은 현금으로 결제하였으며 현금영수증(지출증빙용)을 교부받다.(3점)(68회)

답 __월 __일 유형:___, 공급가액_______, 세액_____, 거래처:_____, 전자: 여/부, 분개: 혼합
〈분개〉 (차) (대)

09 11월 1일 ㈜유통상회에서 영업부서 직원의 복리후생목적으로 물품을 현금으로 구입하고 다음의 현금영수증을 발급받았다.(3점)(72회)

㈜유통상회

114-81-80641 남원두
서울 송파구 문정동 101-2 TEL : 3289-8085
홈페이지 http://www.kacpta.or.kr

현금영수증(지출증빙용)

구매 2017/11/01/17:06 거래번호 : 0026-0107

상품명	수량	단가	금액
고급원두커피	3	220,000	660,000
2043655000009			
	과세물품가액		600,000
	부가세		60,000
	합계		660,000

답 __월 __일 유형:___, 공급가액_______, 세액_____, 거래처:_____, 전자: 여/부, 분개: 혼합
〈분개〉 (차) (대)

10 12월 8일 일반과세자인 ㈜유원에서 영업부서에 사용할 문구류를 현금으로 구입하고, 다음의 현금영수증(지출증빙)을 수령하였다.(문구류는 사무용품비로 처리한다)(3점)**(79회)**

㈜유원		
208-81-56451		최미라
서울 송파구 문정동 99-2		TEL : 3489-8076
홈페이지 http://www.kacpta.or.kr		
현금(지출증빙)		
구매 20 /12/08/14:06		거래번호 : 0029-0177
상품명	수량	금액
문구	10	22,000원
	과세물품가액	20,000원
	부가세	2,000원
	합계	22,000원
	받은금액	22,000원

답 __월 __일 유형:___, 공급가액_______, 세액_____, 거래처:_____, 전자: 여/부, 분개: 혼합
〈분개〉 (차) (대)

62. 현면

키워드(Keyword) : '현금영수증+면세'

CHAPTER 04

오류정정

[문제 4]

일반전표입력 및 매입매출전표입력메뉴에 입력된 내용 중 다음과 같은 오류가 발견되었다. 입력된 내용을 확인하여 정정하시오.

1 일반전표 정정

01 11월 29일 이자수익 1,000,000원 중 원천징수세액(원천징수세율은 15.4%로 가정)을 제외한 나머지 금액이 보통예금으로 입금되어 입금된 금액에 대해서만 회계처리하였다.(단, 기업에서는 원천징수세액을 자산으로 처리하고 있다)(3점)(83회)

답 (11월 29일 일반전표 수정(원천징수세액에 대해 '선납세금'으로 처리)

	(차)		(대)	
수정전 :	보통예금	846,000원	이자수익	846,000원
수정후 :	보통예금	846,000원	이자수익	1,000,000원
	선납세금	154,000원		

대체전표로 (차) 선납세금 154,000원 (대) 이자수익 154,000원을 추가로 입력하는 것도 정답으로 인정한다.

02 8월 15일 영업부사원 김기덕의 지방출장비에 대한 분개가 누락된 것이 발견되었다. 출장비 사용내용은 다음과 같으며, 비용은 보통예금계좌에서 개인계좌로 이체하여 지급하였다.(3점)(82회)

〈출장비 사용내역〉

-KTX 기차요금	120,000원
-숙박비	100,000원
-기타 제비용	80,000원
지출합계	300,000원

답 8월 15일 일반전표입력

(차) 여비교통비(판) 300,000원 (대) 보통예금 300,000원

03 8월 9일 ㈜진주에서 보통예금계좌로 입금된 4,500,000원을 외상매출금 회수로 회계처리하였으나, 실제내용은 제품매출에 따른 계약금으로 밝혀졌다.(3점)**(81회)**

답 8월 9일 일반전표 수정(계정과목 수정)

수정전 : (차) 보통예금 4,500,000원 (대) 외상매출금(㈜진주) 4,500,000원

수정후 : (차) 보통예금 4,500,000원 (대) 선수금(㈜진주) 4,500,000원

04 9월 10일 국민건강보험공단에 생산직 사원에 대한 건강보험료 540,000원을 보통예금으로 이체하고 회사부담분과 종업원부담분(급여지급 시 원천징수함) 전액을 복리후생비(제)로 회계처리하였는데, 회사부담분과 종업원부담분의 비율은 50:50이다.(3점)**(81회)**

답 9월 10일 일반전표 수정

수정전 : (차) 복리후생비(제) 540,000원 (대) 현금 540,000원

수정후 : (차) 복리후생비(제) 270,000원 (대) 보통예금 540,000원

예수금 270,000원

05 7월 25일 2018년 제1기 확정신고기간에 대한 부가가치세를 보통예금계좌에서 이체하여 납부하였다.(6월 30일자에 부가가치세예수금과 부가가치세대급금을 정리하는 회계처리는 이미 이루어졌다)(3점)**(80회)**

답 7월 25일 일반전표 수정

수정전 : (차) 세금과공과(판) 9,274,100원 (대) 현금 9,274,100원

수정후 : (차) 미지급세금 9,274,100원 (대) 보통예금 9,274,100원

06 9월 20일 영업부 직원들에 대해 확정기여형 퇴직연금에 가입하고 8,000,000원을 보통예금계좌에서 이체하여 납부하였으나 확정급여형 퇴직연금으로 잘못 회계처리하였다.(3점)**(80회)**

답 9월 20일 일반전표 수정

수정전 : (차) 퇴직연금운용자산 8,000,000원 (대) 보통예금 8,000,000원

수정후 : (차) 퇴직급여(판) 8,000,000원 (대) 보통예금 8,000,000원

07 8월 20일 일반전표에 입력된 명선상사의 외상매출금 15,000,000원 중 10,000,000원은 동사발행 약속어음(만기 : 2018년 11월 20일)으로 받고, 잔액은 현금으로 회수된 것으로 회계처리가 되었으나, 이 어음의 발행인은 명선상사가 아니라 ㈜동서유통인 것으로 밝혀졌다.(3점)**(79회)**

답 8월 20일 일반전표입력 수정

수정전 :	(차) 받을어음(명선상사)	10,000,000원	(대) 외상매출금(명선상사)	15,000,000원
	현 금	5,000,000원		
수정후 :	(차) 받을어음(㈜동서유통)	10,000,000원	(대) 외상매출금(명선상사)	15,000,000원
	현 금	5,000,000원		

08 10월 10일 당사 생산부 직원의 결혼축하금 100,000원을 현금지급한 것으로 처리한 거래는 매출거래처 직원의 결혼축하금인 것으로 확인되었다.(3점)**(79회)**

답 10월 10일 일반전표입력메뉴 수정

수정전 :	(차)복리후생비(제)	100,000원	(대) 현금	100,000원
수정후 :	(차)접대비(판)	100,000원	(대) 현금	100,000원

09 8월 10일 세금과공과로 처리한 금액은 임직원들에게 7월 25일에 급여를 지급하면서 원천징수한 소득세를 납부한 것으로 확인되었다.(3점)**(78회)**

답 8월 10일 일반전표입력 수정

수정전 :	(차) 세금과공과(판)	536,000원	(대) 현금	536,000원
수정후 :	(차) 예수금	536,000원	(대) 현금	536,000원

10 7월 25일자 회계처리한 세금과공과금은 2018년 1기 확정신고기간에 대한 부가가치세를 보통예금에서 인터넷뱅킹을 통해 납부한 것이다.(회사는 6월 30일자로 부가가치세와 관련한 회계처리를 이미 하였다)(3점)**(77회)**

답 6월 30일 부가가치세에 대한 회계처리를 조회하여 미지급세금 9,724,000원을 확인한 뒤일반전표입력 7월 25일에서 수정

수정전 :	(차)세금과공과(판)	9,724,000원	(대)보통예금	9,724,000원
수정후 :	(차)미지급세금	9,724,000원	(대)보통예금	9,724,000원

11 10월 27일 일반전표에 한국유통의 외상매출금 30,000,000원 전액이 보통예금입금된 것으로 회계처리하였으나, 10,000,000원만 보통예금으로 회수되었고 나머지는 한국유통이 발행한 약속어음(만기 : 2017년 12월 31일)으로 받았음이 확인되었다.(3점)**(76회)**

답 10월 27일 일반전표입력 수정

수정전 : (차) 보통예금 30,000,000원 (대) 외상매출금(한국유통) 30,000,000원

수정후 : (차) 받을어음(한국유통) 20,000,000원 (대) 외상매출금(한국유통) 30,000,000원

보통예금 10,000,000원

12 10월 10일 보통예금계좌로 입금된 5,000,000원을 매출거래처 ㈜대흥의 외상매출금 회수로 회계처리하였으나, ㈜대흥에 사무실을 임대하고 받은 임대보증금이 입금된 것으로 확인되었다.(3점)**(74회)**

답 10월 10일 일반전표 수정

수정전 : (차) 보통예금 5,000,000원 (대) 외상매출금(㈜대흥) 5,000,000원

수정후 : (차) 보통예금 5,000,000원 (대) 임대보증금(㈜대흥) 5,000,000원

13 10월 9일 국민건강보험공단에 영업부서 사원에 대한 건강보험료 560,000원을 현금으로 납부하고 회사부담분과 종업원부담분(급여지급 시 원천징수함) 전액을 복리후생비로 회계처리하였다. 회사부담분과 종업원부담분의 비율은 50:50이다.(3점)**(73회)**

답 10월 9일 일반전표 수정

수정전 : (차) 복리후생비(판) 560,000원 (대) 현금 560,000원

수정후 : (차) 복리후생비(판) 280,000원 (대) 현금 560,000원

예수금 280,000원

14 7월 13일 영업부서에서 사용할 차량취득세 300,000원을 현금으로 납부하고 세금과공과로 처리하였다.(3점)**(72회)**

답 7월 13일 일반전표입력

수정전 : (차) 세금과공과(판) 300,000원 (대) 현금 300,000원

수정후 : (차) 차량운반구 300,000원 (대) 현금 300,000원

15 8월 10일 공장의 생산부 직원들에 대하여 확정급여형 퇴직연금에 가입하고 15,600,000원을 보통예금계좌에서 이체하였으나 계정과목이 잘못 입력되었다.(3점) **(71회)**

답 8월 10일 일반전표 수정

수정전 : (차) 퇴직급여(제) 15,600,000원 (대) 보통예금 15,600,000원

수정후 : (차) 퇴직연금운용자산 15,600,000원 (대) 보통예금 15,600,000원

2 매입매출전표 정정

01 9월 15일 비품을 현금 3,300,000원(부가가치세 포함)을 받고 전자세금계산서를 발급하여 ㈜여수에 처분하면서 감가상각누계액을 고려하지 않고 회계처리하였다. 비품 취득가액은 6,000,000원이고 감가상각누계액은 3,500,000원이다.(3점)(82회)

답 9월 15일 매입매출전표 수정

유형: 11. 매출과세, 거래처: ㈜여수, 전자세금: 여, 분개: 혼합

수정전 :	(차) 현금	3,300,000원	(대)	비품	6,000,000원
	유형자산처분손실	3,000,000원		부가가치세예수금	300,000원
수정후 :	(차) 현금	3,300,000원	(대)	비품	6,000,000원
	감가상각누계액(213)	3,500,000원		부가가치세예수금	300,000원
				유형자산처분이익	500,000원

02 10월 12일 ㈜쌍두컴퓨터에 컴퓨터 50대(판매단가 500,000원, 부가가치세 별도)를 공급하고 상품매출로 회계처리하였으나 확인한 결과 제품매출로 확인되었다.(3점)(77회)

답 10월 12일 매입매출전표입력

수정전 : 유형: 11. 과세, 공급가액: 25,000,000원, 부가세: 2,500,000원, 거래처: ㈜쌍두컴퓨터, 전자: 여, 분개: 외상

(차) 외상매출금	27,500,000원	(대)	상품매출	25,000,000원
			부가세예수금	2,500,000원

수정후 : 유형: 11. 과세, 공급가액: 25,000,000원, 부가세: 2,500,000원, 거래처: ㈜쌍두컴퓨터, 전자: 여, 분개: 외상

(차) 외상매출금	27,500,000원	(대)	제품매출	25,000,000원
			부가세예수금	2,500,000원

03 11월 9일 공장기계 수선비로 3,000,000원(부가가치세 300,000원 별도)을 전액 현금으로 지출하고 엘에스산전으로부터 수취한 전자세금계산서에 대하여 수익적 지출로 전부 회계처리하였으나 이 중 2,000,000원은 자본적 지출임이 확인되었다.(3점)(76회)

답 11월 9일 매입매출전표입력 수정

수정전 :	(차) 수선비(제)	3,000,000원	(대)	현금	3,300,000원
	부가세대급금	300,000원			

수정후 : (차)	기계장치	2,000,000원	(대) 현금	3,300,000원
	수선비(제)	1,000,000원		
	부가세대급금	300,000원		

04 10월 15일 비품을 ㈜흥국재생에 5,500,000원(부가가치세 포함)에 현금처분하고 전자세금계산서를 발급하였으나, 회계처리 시 감가상각누계액을 고려하지 않았다.(처분일 현재 비품 취득가액은 8,000,000원이고 감가상각누계액은 3,500,000원이다)(3점)**(75회)**

답 10월 15일 매입매출전표 수정
유형: 11. 과세, 공급가액: 5,000,000원, 부가세: 500,000원, 거래처: ㈜흥국재생, 전자: 여, 분개: 혼합

수정전 : (차)	현금	5,500,000원	(대) 비품	8,000,000원
	유형자산처분손실	3,000,000원	부가세예수금	500,000원
수정후 : (차)	현금	5,500,000원	(대) 비품	8,000,000원
	감가상각누계액(비품)	3,500,000원	부가세예수금	500,000원
	유형자산처분이익	500,000원		

05 2월 10일 낡은 공장건물 외벽을 새로 페인트칠한 후 5,000,000원(부가가치세 별도)을 ㈜강산페인트에 당좌수표로 지급하고 전자세금계산서를 발급받았다. 본 공사는 수익적 지출에 해당하지만 자본적 지출로 잘못 처리하였다.(3점)**(72회)**

답 매입매출전표입력에서 수정 : 2월 10일자 분개를 조회하여 잘못 입력된 계정과목 등을 수정입력

수정전 : (차)	건물	5,000,000원	(대) 당좌예금	5,500,000원
	부가세대급금	500,000원		
수정후 : (차)	수선비(제)	5,000,000원	(대) 당좌예금	5,500,000원
	부가세대급금	500,000원		

3 일반전표 ⇄ 매입매출전표

01 10월 24일 영업부서에서 사용할 마우스 등을 해신컴퓨터에서 현금 55,000원(부가가치세 포함)에 구입하고 일반전표에 입력하였으나, 지출증빙용 현금영수증을 발급받았음이 확인되었다.(단, 계정과목은 소모품으로 할 것)(3점)**(83회)**

답 10월 24일 일반전표 삭제 후, 10월 24일 매입매출전표입력

수정전 : 10월 24일 일반전표 삭제

(삭제) (차) 소모품 55,000원 (대) 현금 55,000원

수정후 : 10월 24일 매입매출전표입력

10월 24일 유형: 61. 현과, 공급가액: 50,000원, 세액: 5,000원, 거래처: 해신컴퓨터, 분개: 혼합 또는 현금

(차) 소모품 50,000원 (대) 현금 55,000원
부가세대급금 5,000원

02 7월 11일 제조 공장건물 내 냉난방시설을 수리(수익적 지출)하고 대한설비에 법인 현대카드로 결제하고 일반전표에 입력하였다. 이 거래는 매입세액공제요건을 갖추었다.(3점)(78회)

답 7월 11일 일반전표입력에서 삭제하고 매입매출전표입력에 추가입력

수정전 : 일반전표 (차) 수선비(판) 220,000원 (대) 미지급금(현대카드) 220,000원

수정후 : 매입매출전표

유형: 57. 카과, 공급가액: 200,000, 부가세: 20,000, 거래처: 대한설비,신용카드사: 현대카드, 분개: 혼합(또는 카드)

(차) 수선비(제) 200,000원 (대) 미지급금(또는 미지급비용)(현대카드) 220,000원
부가세대급금 20,000원

03 12월 5일 영업부가 둘리유통에서 소모품 33,000원(부가가치세 포함)을 현금으로 구매한 것을 일반전표에 입력하였으나, 적격증빙으로 전자세금계산서를 발급받은 것이 확인되었다.(소모품비계정으로 처리할 것)(3점)(75회)

답 12월 5일 일반전표

수정전 : (차) 소모품비(판) 33,000원 (대) 현금 33,000원

수정후 : 일반전표 삭제 후 12월 5일 매입매출전표입력

유형: 51. 과세, 공급가액: 30,000원, 부가세: 3,000원, 거래처: ㈜둘리유통, 전자: 여, 분개: 현금 또는 혼합

(차) 소모품비(판) 30,000원 (대) 현금 33,000원
부가세대급금 3,000원

04 12월 24일 영업부서에서 사용할 키보드 등을 신도컴퓨터에서 현금 132,000원(부가가치세 포함)에 구입하고 일반전표에 입력하였으나, 거래증빙으로 종이세금계산서를 발급받았음이 확인되었다.(계정과목은 소모품으로 할 것)(3점)(74회)

답 수정전 : 12월 24일 일반전표 삭제하고, 수정후 : 12월 24일 매입매출전표 입력

12월 24일 유형: 51. 과세, 공급가액: 120,000, 세액: 12,000 거래처: 신도컴퓨터, 전자: 부, 분개: 현금

(차) 소모품 120,000원 (대) 현금 132,000원
부가세대급금 12,000원

05 9월 20일 대구전자(일반과세자)로부터 부품을 매입하고 82,500원(부가가치세 포함)을 현금으로 지급하고 현금영수증(사업자지출증빙용)을 수취하였으나 이를 분실하여 지출결의서로 일반전표에 회계처리하였다. 회사는 추후에 국세청 홈택스를 통하여 현금영수증 발급분임을 확인하였다. 이를 수정하시오.(3점)**(73회)**

답 1. 일반전표 9월 20일 (차) 원재료 82,500원 (대) 현금 82,500원 삭제 후
2. 매입매출전표 9월 20일
유형: 61. 현과, 공급가액: 75,000원, 부가세: 7,500원, 거래처: 대구전자, 전자: 부, 분개: 현금
(차) 원재료 75,000원 (대) 현금 82,500원
부가세대급금 7,500원

06 10월 10일 현금으로 지급한 운반비 55,000원(부가가치세 포함)은 원재료 매입 시 운송비용으로 대박용달(일반과세자)로부터 수기로 작성된 세금계산서를 발급받아 일반전표에 입력하였다.(3점)**(71회)**

답 일반전표입력에서 전표를 삭제한 후 매입매출전표입력
수정전 : 10월 10일 일반전표입력
(차) 운반비(판) 55,000원 (대) 현금 55,000원
수정후 : 10월 10일 매입매출전표입력
유형: 51. 과세, 공급가액: 50,000 세액: 5,000, 거래처: 대박용달, 전자: 부, 분개: 현금(혼합)
(차) 원재료 50,000원 (대) 현금 55,000원
부가세대급금 5,000원

07 8월 17일 상품으로 회계처리한 330,000원(부가가치세 포함)은 ㈜링코로부터 프린터를 현금구매하고 일반전표에서 회계처리하였으나, 실제는 사무실에서 사용할 프린터를 현금구매하고 지출증빙용 현금영수증을 발급받은 것이 확인되었다. 회사는 이를 비품으로 처리하고 매입세액공제를 받고자 한다.(3점)**(70회)**

답 일반전표 삭제 후 매입매출전표입력
수정전 : (차) 상품 330,000 (대) 현금 330,000
수정후 : 유형: 61. 현과, 거래처: 주식회사 링코, 분개: 혼합(현금)
(차) 비품 300,000 (대) 현금 330,000
부가세대급금 30,000

● 고난도 유형

01 10월 2일 330,000원(부가가치세 포함)을 현금지급하고 복리후생비로 일반전표에 입력하였으나, 이는 고성식당(일반과세사업자)에서 매출거래처 접대회식비를 지출하고 아래 현금영수증(지출증빙용)으로 수령한 것이다.(3점)**(69회)**

고성식당

114-01-80641 남재안
서울 송파구 송파대로길 1011길 2 TEL : 3289-8085
홈페이지 http://www.kacpta.or.kr

현금(지출증빙)

구매 2016/10/02/19:06 거래번호 : 0026-0107

상품명	수량	금액
식대	1	330,000
2043655000009		
	과세물품가액	300,000
	부가세	30,000
	합계	330,000
	받은 금액	330,000

답 10월 2일 일반전표 수정

수정전 일반전표 삭제 : (차) 복리후생비(판) 330,000원 (대) 현금 330,000원
수정후 일반전표입력 : (차) 접대비(판) 330,000원 (대) 현금 330,000원

CHAPTER

05 결산

※ 결산문제 푸는 순서
- 해당 문제가 자동결산(결산자료입력)문제인지 확인
- 없으면 '수동결산'

[문제 5]

결산정리사항은 다음과 같다. 해당 메뉴에 입력하시오. 결산자료입력메뉴를 통해 입력한 내용은 반드시 전표추가를 통해 전표를 발행하시오.(9점)

1 수동결산 : 12/31 일반전표입력

① 현금과부족
② 유가증권의 평가(~평가손익)
③ 가지급금, 가수금 정리
④ 선급비용, 선수수익, 미지급비용, 미수수익
⑤ 기타(소모품비, 유동성대체, 마이너스통장, 외화환산손익, 기타)

1) 현금과부족

01 결산일 현재 장부상 현금잔액은 16,500,000원이나 실제 현금잔액은 15,900,000원인 것으로 나타나, 차이의 원인을 조사해 본 결과 정산은 완료되었으나 회계처리되지 않은 영업부 직원의 출장비인 것으로 판명되었다.(관련 회계처리 날짜는 결산일로 할 것)(3점)(61회)

02 현금과부족으로 인식된 200,000원은 매출 거래처 직원의 결혼식 청첩장을 첨부하여 지출한 축의금 200,000원이 회계처리되지 않은 것으로 확인되었다.(관련 회계처리 날짜는 결산일로 하며 기중에 인식된 현금과부족은 적절히 회계처리하였다고 가정한다)(3점)(73회)

03 기말현재 합계잔액시산표상의 현금과부족잔액 100,800원에 대하여 원인을 파악할 수 없다.(3점)(74회)

04 장부상 현금잔액은 35,245,450원이나, 실제 보유하고 있는 현금잔액은 35,232,780원으로 현금부족액에 대한 원인이 밝혀지지 아니하였다. 영업외비용 중 적절한 계정과목에 의하여 회계처리하시오.(3점)(72회)(70회 : 잡이익)

05 기말현재 실제 현금 보유액은 85,500원, 장부상 금액은 70,000원으로 가정한다. 기말현재 차이금액의 원인을 알 수 없다.(3점)(77회)

2) 유가증권의 평가(~평가손익)

★**01** 다음은 결산일 현재 단기매매차익을 목적으로 보유하고 있는 주식의 내역이다. 당사는 단기매매증권의 평가손익을 통산하여 회계처리하고 있다.(3점)(80회)(72회)

주식명	취득원가	전년도말 공정가액	당해연도말 공정가액
㈜인천 보통주	32,000,000원	34,000,000원	30,500,000원
㈜울산 보통주	8,000,000원	9,000,000원	10,400,000원
㈜광주 보통주	10,000,000원	12,000,000원	10,600,000원
합계	50,000,000원	55,000,000원	51,500,000원

02 기말현재 당사가 단기매매차익을 목적으로 보유하고 있는 주식현황과 기말현재 공정가치는 다음과 같다.(3점)

주식명	보유주식수	주당 취득원가	기말 공정가치
㈜한성 보통주	2,000주	10,000원	주당 12,000원
㈜강화 보통주	1,500주	8,000원	주당 10,000원
㈜도전 보통주	100주	15,000원	주당 15,000원

3) 가지급금, 가수금 정리

01 결산일 현재 12월 19일자 가수금 3,000,000원의 내역이 다음과 같이 확인되었다.(3점)

- ㈜금산에 대한 거래로 제품매출을 위한 계약금을 받은 금액 : 500,000원
- ㈜금산에 대한 외상대금 중 일부를 회수한 금액 : 2,500,000원

4) 선급비용, 선수수익, 미지급비용, 미수수익

01 구입 당시 전액 선급비용으로 자산처리했던 영업부의 광고홍보물(공급가액 5,000,000원) 중 기말잔액이 1,500,000원이다. 소비된 광고홍보물은 광고선전비로 대체한다.(3점)**(69회)**

02 7월 1일 영업부문의 자동차보험료 720,000원(1년분)을 현금으로 납부하면서 모두 자산으로 처리하였다. 단, 보험료는 월할계산하는 것으로 가정한다.(3점)**(55회)**

03 당기 9월 1일 보험료 1년분(당기 9월 1일~차기 8월 31일) 2,400,000원(제조부문 : 1,800,000원, 본사관리부문 : 600,000원)을 현금으로 납부하면서 모두 자산으로 회계처리하였다.(단, 보험료는 월할계산함)(3점)**(82회)**

04 10월 13일에 드림보험에 지급한 영업부서 자동차보험료 2,500,000원 중 당기보험료는 1,200,000원이다.(3점)**(64회)**

05 6월 1일 전액 비용으로 회계처리된 보험료(제조부문 1,320,000원, 본사 관리부문 1,440,000원)는 1년분에 해당하므로 차년도분에 대한 회계처리를 하시오. 당기분과 차기분에 대한 계산은 월단위로 계산한다.(3점)**(62회)(56회)**

06 당기 7월 1일 사무실을 임대(임대기간 당기 7월 1일~차기 6월 30일)하면서 1년분 임대료 12,000,000원을 자기앞수표로 받고 전액 선수수익으로 회계처리하였다. 월할계산하여 기말수정분개를 하시오.(3점)

07 12월 31일 현재 임대료(영업외수익)관련 기간 경과분이 있다. 5월 1일 ㈜전주로부터 1년분(당기 5월 1일~차기 4월 30일) 임대료 7,200,000원을 수취하면서 전부 부채로 처리하였으며, 월할계산하시오.(3점)**(83회)**

08 우리은행의 정기예금에 대한 기간 경과분 이자를 인식하다.(3점)**(74회)**

• 예금금액 : 100,000,000원	• 예금기간 : 당기 4월 1일~차차기 3월 31일
• 연이자율 : 2%, 월할로 계산할 것	• 이자지급일 : 연 1회(매년 3월 31일)

09 당기 7월 1일 ㈜삼성산유통에 20,000,000원을 대여하고 연 10%의 이자를 상환일인 차기 6월 30일에 수취하기로 약정하였다. 기간경과분에 대한 이자(월할계산할 것)를 반영하시오.(3점)**(75회)**

10 기말현재 장부에 반영되지 않은 장기대여금에 대한 미수이자는 500,000원이다.(3점) **(63회 특별)**

11 2017년 10월 1일에 영업부서의 사무실을 임차(임차기간 당기 10월 1일~차차기 9월 30일, 매 6개월마다 후불로 6,000,000원을 지급하기로 함)하였으나, 회계담당자가 기말까지 아무런 회계처리를 하지 않았다.(월할계산할 것)(3점)**(65회)**

12 당기 7월 1일에 회사운영자금으로 대대전자로부터 50,000,000원을 차기 6월 30일에 갚기로 하고 차입하였다. 이자는 최초 차입한 원금에 월 0.3% 이율로, 원금을 상환하는 차기 6월 30일에 지급하기로 한 거래에 대해 기말현재 당기분 이자액이 미계상되어 있음을 확인하다.(거래처 코드를 기재한다)(3점)**(66회)**

13 제2기 확정 부가가치세신고에 대한 부가세예수금 28,600,000과 부가세대급금 16,485,000원을 상계하여 납부세액은 미지급세금계정으로 한다.(3점)**(67회 특별)(55회)**

14 당기 2기 확정 부가가치세에 대한 부가가치세예수금과 부가가치세대급금잔액은 다음과 같다. 관련 회계처리를 하시오.(단, 원단위는 납입하지 아니하므로 잡이익 또는 잡손실로 처리하고 부가가치세예수금과 부가가치세대급금의 상계 후 잔액에 대하여 미지급세금 또는 미수금으로 처리하며 거래처입력은 생략할 것)(3점)**(72회)**

• 부가세대급금잔액 : 245,155원	• 부가세예수금잔액 : 458,721원

5) 기타(소모품비, 유동성대체, 마이너스통장, 외화환산손익, 기타)

01 기말시점 영업부에서 보관 중인 소모품은 430,000원이다. 기중에 소모품을 구입하면서 모두 비용으로 처리하였다.(3점)(77회)

02 결산일 현재 영업부서에서 구입 시 전액 비용(소모품비)으로 처리한 소모품 중 미사용액이 1,400,000원이다.(미사용액을 자산으로 처리하고, 음수로 입력하지 말 것)(3점)(67회 특별)(63회)(59회)

03 결산일 현재 장부상 소모품의 잔액은 16,500,000원이나, 실제 소모품의 잔액은 15,900,000원인 것으로 확인되었다. 장부상 소모품과 실제 소모품잔액의 차액은 공장제조부분에서 사용된 것으로 판명되었다.(관련 회계처리 날짜는 결산일로 하며 음수로 입력하지 말 것)(3점)(65회 특별)

04 구입 당시에 자산으로 회계처리한 본사 관리부 소모품(단가 @20,000원, 10개) 중 기말현재 2개가 재고로 남아 있다.(사용분에 대해 비용처리할 것)(3점)(71회)

05 기말현재 국민은행 차입금(3년 만기) 중 5,000,000원의 상환기간이 1년 이내로 도래하였다.(단, 유동성대체를 위한 요건은 모두 충족되었다고 가정한다)(3점)(76회)(68회)(56회)

06 당사는 원활한 입출금거래를 위해 마이너스통장을 개설하여 사용하고 있다. 결산일 현재 기업은행에 당사의 보통예금계좌의 잔고를 확인한 결과 −3,000,000원인 것으로 나타나 이를 단기차입금으로 대체하고자 한다.(3점)(69회)(58회)

07 기말외상매출금 중에는 영국 브리티시기업의 외화로 계상된 외상매출금 130,000,000원($100,000)이 포함되어 있다.(결산일 현재 적용환율 : 1,280원/$)(3점)(83회)

08 외상매입금계정에는 중국 거래처 헤이바오에 대한 외화외상매입금 2,970,000원(위안화 1CNY 165원)이 계상되어 있다.(회계기간 종료일 현재 적용환율 : 위안화 1CNY당 170원)(3점)(81회)(79회)(75회)(69회)(65회 특별)(63회)(단기차입금, 장기차입금)

09 기말외상매입금계정 중에는 미국 코메리사의 외상매입금 6,000,000원(미화 $5,000)이 포함되어 있다.(결산일 현재 적용환율 : 1,100원/$)(3점)**(82회)(78회)(76회)**

10 기말단기부채 중에는 미국 시스타전자에 대한 단기차입금 12,500,000원(미화 $10,000)이 포함되어 있다.(결산일 현재 적용환율 : 1,100원/$)(3점)**(67회)(58회)**

11 기말재고조사 결과 제품재고 1,200,000원이 부족하여 확인한 결과 영업부의 가을체육대회에서 경품으로 제공된 것이 발견되었다.(적요 중 타계정으로 대체액을 사용할 것)(3점)**(73회)**

12 기말재고조사 결과 제품재고 2,000,000원이 부족하여 확인한 결과 매출거래처에 접대비로 제공된 것이다.(적요 중 타계정으로 대체액을 사용할 것)(3점)**(59회)**

13 기말재고조사 결과 제품 3,000,000원이 부족하여 확인한 결과 대한적십자사에 불우이웃돕기 물품으로 기부한 것으로 확인되었다.(결산일자로 회계처리하시오)(3점)**(81회)**

2 자동결산 : 결산자료입력

① 기말재고액(재고자산)
② 감가상각비(유형자산, 무형자산)
③ 퇴직급여충당부채, 퇴직보험충당부채
④ 대손상각비(대손충당금, 대손충당금환입)
⑤ 법인세비용(선납세금)

83회 기출설치(전산회계 1급) | 수험번호 : 21111111 | 감독관번호 : 8341

1) 기말재고액(재고자산)

01 결산일 현재 재고자산의 기말재고액은 다음과 같다.(3점)(80회)(79회)(77회)(76회)(71회)(68회)(67회)(65회)(63회)(61회)(60회)(55회)

- 상품 : 500,000원
- 원재료 : 3,300,000원
- 재공품 : 2,800,000원
- 제품 : 15,000,000원

2) 감가상각비(유형자산, 무형자산)

01 영업부 비품에 대한 감가상각비는 3,670,000원이며, 공장 기계장치에 대한 감가상각비는 2,330,000원이었다.(3점)

02 당기의 감가상각비는 다음과 같이 계상하기로 하였다.(3점)(83회)(81회)(78회)(74회)(68회)(66회)(58회)

- 본사영입부 건물 : 14,600,000원
- 생산공장 건물 : 3,300,000원
- 생산공장 기계장치 : 5,000,000원
- 영업부서 차량운반구 : 3,000,000원
- 제조부서 차량운반구 : 11,000,000원

★**03** 기말현재 보유하고 있는 감가상각대상자산은 다음과 같다. 회사는 고정자산등록메뉴를 이용하여 계산된 '상각범위액'을 감가상각비로 반영하시오.(3점)(71회)

- 계정과목 : 기계장치
- 취득연월일 : 2018년 2월 27일
- 코드번호 : 101
- 취득원가 : 24,000,000원
- 전기말감가상각누계액 : 9,000,000원
- 경비구분 : 제조
- 내용연수 : 5년
- 감가상각방법 : 정률법

04 무형자산에 대한 당기 상각비는 다음과 같다.(3점)(63회 특별)

- 개발비 : 1,800,000원

05 개발비는 전기 1월 1일 20,000,000원에 취득하여 사용해 왔다. 회사는 무형자산의 내용연수를 5년으로 하고 있다.(3점)(79회)(70회)

06 결산일 현재 무형자산인 개발비(취득가액 : ?, 내용연수 : 5년, 상각방법 : 정액법)의 전기말 상각 후 미상각잔액은 15,000,000원이다. 영업권은 전전기 1월 1일에 취득하였으며 매년 법정상각범위액을 전부 무형자산상각비로 인식하였다. 당해연도 개발비의 무형자산상각비를 인식하시오.(단, 무형자산은 직접 상각하고, 판매비와 관리비로 처리함)(3점)**(73회)(64회)**

3) 퇴직급여충당부채, 퇴직보험충당부채

01 당기말 영업부 본사 총무부서 직원에 대한 퇴직급여충당부채 전입액은 32,000,000원이다.(3점)

02 12월 31일 결산 시 총무부 직원에 대해 15,000,000원, 생산부 직원에 대해 10,800,000원의 퇴직급여충당부채를 설정한다. 단, 결산자료입력을 통해 처리한다.(3점)**(82회)(61회)**

03 당사는 기업회계기준에 의하여 퇴직급여충당부채를 설정하고 있으며, 기말현재 퇴직급여추계액 및 당기 퇴직급여충당부채 설정 전의 퇴직급여충당부채잔액은 다음과 같다. 결산 시 회계처리하시오.(3점)**(67회 특별)(59회)**

부서	설정 전 퇴직급여충당부채잔액	기말현재 퇴직급여추계액
영업부	22,000,000원	24,000,000원
제조부	28,000,000원	31,000,000원

04 당사는 일반기업회계기준에 의하여 퇴직급여충당부채를 설정하고 있으며, 관련자료는 다음과 같다.(3점)**(78회)**

구분	기초금액	기중 감소(사용)금액	기말금액(퇴직금 추계액)
생산부	25,000,000원	5,000,000원	28,000,000원
영업부	14,000,000원	4,000,000원	17,000,000원

4) 대손상각비(대손충당금, 대손충당금환입)

01 매출채권(외상매출금, 받을어음)잔액에 대하여 1%의 대손충당금을 보충법으로 설정하다.(3점)**(80회)(70회)(66회)(65회 특별)(64회)(62회)(57회)**

02 외상매출금과 받을어음 및 미수금에 대하여 다음 금액을 대손충당금으로 추가설정하시오. 회사는 미수금에 대한 대손상각비는 영업외비용으로 처리하고 있다.(3점)

• 외상매출금 : 5,694,200원	• 받을어음 : 415,500원	• 미수금 : 20,000원

5) 법인세비용(선납세금)

※ 12/1 선납세금 5,000,000/미지급금 5,000,000 입력 후, 아래의 문제를 푸시오.

01 당기법인세비용은 10,500,000원이다. 선납세금을 반영하여 추가로 납부하게 될 금액을 미지급세금으로 대체하시오.(단, 선납세금은 조회하여 사용할 것)(3점)**(75회)(67회)(65회)(60회)**

CHAPTER 06

조회

83회 기출설치(전산회계 1급) | 수험번호 : 21111111 | 감독관번호 : 8341

[문제 6]

다음 사항을 조회하여 답안을 저장메뉴에 입력하시오.(9점)

1 부가가치세신고서

01 1기 확정 부가가치세신고기간 중에 발행된 영세율매출세금계산서상 공급가액 합계액은 얼마인가?(3점)**(83회)(80회)**

02 제1기 부가가치세 예정신고기간(1월~3월)의 영세율세금계산서 과세표준금액은 얼마인가?(3점)**(69회)(64회)**

03 1기 확정신고기간(4월~6월)의 부가가치세신고 시 예정신고누락분 영세율세금계산서 매출액은 얼마인가?(3점)**(60회)**

04 제1기 확정신고기간(4월~6월)의 매출액 중 세금계산서 발급분의 공급가액은 모두 얼마인가?(3점)**(82회)**

05 부가가치세 1기 확정신고(4월 1일부터 6월 30일까지)에 대한 과세표준은 얼마인가?(3점)**(81회)(77회)(73회)(67회 특별)**

06 제1기 확정신고기간(4월~6월)의 부가가치세 매출세액은 얼마인가?(3점)

07 제1기 부가가치세 예정신고기간(1월~3월)의 세금계산서 수취분 중 고정자산의 매입세액은 얼마인가?(3점)**(79회)**

08 제1기 예정신고기간(1월~3월)의 기타공제매입세액의 공급가액과 세액은 얼마인가?(3점)

09 부가가치세 제1기 예정신고기간 중 공제받지 못할 매입세액은 얼마인가?(3점)**(78회)(71회)(70회)(67회)**

10 제1기 부가가치세 예정신고기간(1월~3월)의 매입세액이 불공제되는 세금계산서의 공급가액은 얼마인가?(3점)

11 제1기 부가가치세 확정신고기간(4월~6월)에 대한 부가가치세신고서상 납부(환급)세액을 조회하면 얼마인가?(3점)

12 제1기 예정신고기간의 차가감 납부할 부가가치세액은 얼마인가?(3점)**(68회)**

2 일계표(월계표)

01 4월부터 6월까지의 원재료매입액은 얼마인가?(3점)**(70회)**

02 상반기(1월~6월) 중 원재료매입액이 가장 많은 월의 금액은 얼마인가?(3점)**(75회)(66회)**

03 1월부터 6월까지 외상매출 발생액이 가장 큰 월과 그 월의 외상매출 발생액 총액은 얼마인가?(3점)

04 1월부터 6월까지 외상매출금 회수가 가장 많은 달은 몇 월인가?(3점)**(65회)**

05 상반기(1월~6월) 중 제품매출액이 가장 많은 달과 그 금액은 얼마인가?(3점)**(71회)(68회)**

06 11월 중 발생한 총제조원가는 10월 중 발생한 총제조원가에 비해 얼마가 증가하였나?(3점)**(63회 특별)**

07 4월부터 6월까지 제조원가가 가장 큰 월과 금액은 얼마인가?(3점)**(60회)**

08 1월부터 6월까지 투입된 제조원가의 노무비는 얼마인가?(3점)

09 당기 1월부터 6월까지 제조에 소요된 제조경비총액은 얼마인가?(3점)**(67회)**

10 3월부터 5월까지 제품제조에 투입한 제조경비가 가장 큰 월과 그 금액은 얼마인가?(3점)

11 1월부터 3월까지의 제조경비 중 가장 많은 비용이 계상된 계정과목 코드번호를 입력하시오.(3점)**(63회 특별)**

12 상반기에 발생한 보험료 중 제조경비에 해당되는 금액은 얼마인가?(3점)**(82회)**

13 4월부터 6월까지 제조경비에 해당되는 복리후생비 발생액은 얼마인가?(3점)

14 6월 한 달 동안 판매관리비 발생액은 총 얼마인가?(3점)**(69회)**

15 1월부터 6월까지 판매비와 관리비로 지출한 소모품비는 얼마인가?(3점)**(81회)**

16 상반기(1월~6월)에 접대비(판매비와 관리비)가 가장 많이 발생한 월은?(3점)**(72회)**

17 1월에서 6월 중 수수료비용(판)이 가장 크게 발생한 월과 금액은 얼마인가?(3점)**(83회)**

18 상반기 중 차량유지비(판)가 가장 적게 발생한 월은?(3점)**(80회 수정)**

19 판매비와 관리비의 5월 발생분과 6월 발생분의 차이금액은 얼마인가?(3점)**(79회)**

20 5월 중 현금으로 지급한 판매비와 관리비는 얼마인가?(3점)**(62회)**

21 2월 중 현금으로 지급한 판매비와 관리비로 분류되는 복리후생비의 금액은 얼마인가?(3점)**(74회)**

22 6월 중 현금으로 지급한 판매비와 관리비로 분류되는 여비교통비의 금액은 얼마인가?(3점)**(78회)**

23 1월부터 3월까지 현금으로 지출한 복리후생비는 모두 얼마인가?(3점)

24 1월부터 4월까지 판매비와 관리비 현금지급액이 가장 큰 월과 금액은 얼마인가?(3점)**(76회)**

25 5월에 지출된 판매비와 일반관리비 계정과목 중 가장 많이 지출한 계정과목명은?(3점)**(77회)(67회 특별)(65회 특별)**

26 2월의 판매비와 관리비 중 비용계상이 두 번째로 큰 계정과목명과 금액과 코드번호는?(3점)**(61회)**

3 기타(세금계산서합계표, 매입매출장, 현금출납장, 거래처원장, 재무상태표)

1) 세금계산서합계표

01 제1기 부가가치세 예정신고기간(1월~3월)의 매출세금계산서 총 발급매수와 공급가액은 각각 얼마인가?(3점)**(61회)**

02 제1기 예정신고기간(1월~3월)과 확정신고기간(4월~6월)의 매출세금계산서 발급매수의 차이는 얼마인가?(3점)**(71회)**

03 제1기 예정신고기간(1월~3월) 동안 청우전자로 발행한 매출세금계산서의 매수와 공급가액, 그리고 매출세액은 얼마인가?(3점)**(76회)(65회)**

04 1월부터 3월까지 매입세금계산서 매수가 가장 많은 거래처의 거래처코드와 거래처명을 입력하시오.**(73회)(62회)**

05 부가가치세 제1기 예정신고기간(1월~3월)의 세금계산서에 의한 매입관련 공급가액은 얼마인가?(3점)**(63회)**

06 제1기 부가가치세 예정신고기간(1월~3월)에 송광상회로부터 발급받은 매입세금계산서의 매수(건)와 공급가액은 각각 얼마인가?(3점)**(65회 특별)**

07 부가가치세 제1기 과세기간 최종 3월(4월~6월)에 매직상사로부터 전자세금계산서를 교부받은 거래의 공급가액은 모두 얼마인가?(3점)

2) 매입매출장

01 제1기 예정신고기간 중 신용카드 사용에 따른 매입세액공제액은 얼마인가?(3점)

02 제1기 부가가치세 확정신고기간(4월~6월) 중 계산서(전자계산서 포함)를 수취하여 매입한 금액은 얼마인가?(3점)**(66회)**

03 제1기 부가가치세 예정신고기간(1월~3월) 매입거래 중 현금영수증을 발급받은 공급대가는 얼마인가?(3점)

04 제1기 부가가치세 예정신고기간(1월~3월) 중 현금영수증을 발급받고 매입한 과세 공급가액과 건수는?(3점)**(63회 특별)**

3) 현금출납장

01 2분기말 현금잔액은 1분기말 현금잔액에 비해 얼마나 증가하였나?(3점)

02 5월과 6월 두 달 동안의 총현금유입액은 얼마인가?(3점)

03 1월 중 현금유입액과 현금유출액의 차이는 얼마인가?(3점)**(72회)(63회)**

04 5월 20일 현재 현금잔액은 얼마인가?(3점)(75회)

4) 거래처원장

01 5월 31일 현재 외상매출금잔액이 가장 많은(큰) 거래처 코드, 거래처명, 그리고 금액은 얼마인가?(3점)(82회)(75회)(64회)(63회)

02 6월말 현재 외상매입금잔액이 가장 큰 거래처명과 그 금액은 얼마인가?(3점)(76회)

03 6월 30일 현재 외상매입금이 있는 거래처 중 잔액이 가장 작은 거래처의 금액은 얼마인가?(3점)(65회 특별)

04 6월말 현재 외상매출금 미회수액이 가장 큰 거래처명과 그 금액은 얼마인가?(3점)(67회)

05 아웃전자에 대한 외상매출금 중 상반기(1월~6월)에 회수한 금액의 합계액은 얼마인가?(3점)(83회)(74회)(72회)(69회)(67회 특별)(61회)

06 6월 30일 현재 ㈜부안의 단기차입금잔액은 얼마안가?(3점)(68회)

07 6월 중 ㈜문정유통에게 외상매입금을 지급한 금액은 얼마인가?(3점)

5) 재무상태표

01 현금 및 현금성자산의 3월말 현재 금액은 얼마인가?(3점)(73회)

02 3월 31일 현재 유동자산과 유동부채 간의 금액 차이는 얼마인가?(단, 양수로 입력할 것)(3점)(74회)(64회)

03 6월 30일 현재 비유동자산과 비유동부채의 금액 차이는 얼마인가?(3점)(79회)

04 전기말과 비교하여 3월 31일 현재 유동자산의 증가액은 얼마인가?(3점)(81회)(66회)(65회)(60회)

05 3월 31일 현재 투자자산은 전기말 대비 얼마가 증가되었는가?(3점)(80회)(77회)

06 6월말 현재 현금잔액은 얼마인가?(3점)(70회)

07 6월 30일 현재 유동부채의 잔액은 얼마인가?(3점)(78회)

3 PART

실무편 (전산세무 2급)

CHAPTER 01

전산세무 2급 실무 3

● **전산세무 2급 대비 기출분석(실무, 문제 3)**

구분	부가가치세 신고서	공제받지 못할 매입세액 명세서	의제 매입세액 공제신청서	대손세액 공제신고서	부동산임대 공급가액 명세서	수출실적 명세서	신용카드 매출전표등 수령명세서 (갑)(을)	신용카드 매출전표등 발행금액 집계표	재활용 폐자원 세액공제 신고서	비고
86회										
85회										
84회	②		①							
83회	②	① (정산)								
82회	②					①				
81회	②				①					
80회	②						①			
79회	②						①			
78회	②	① (재계산)								
77회	②		① (매입매출전표)							
76회	②		①							
75회	②	① (정산)								
74회	②			①						
73회	②	①								
72회	①				②					
71회	②								①(53회)	
70회	②						①			
69회	①, ②(수정)				①					
68회	②			① 모두 정답						
특별	②(수정)	①								
67회	②					①				

1 부가가치세신고서

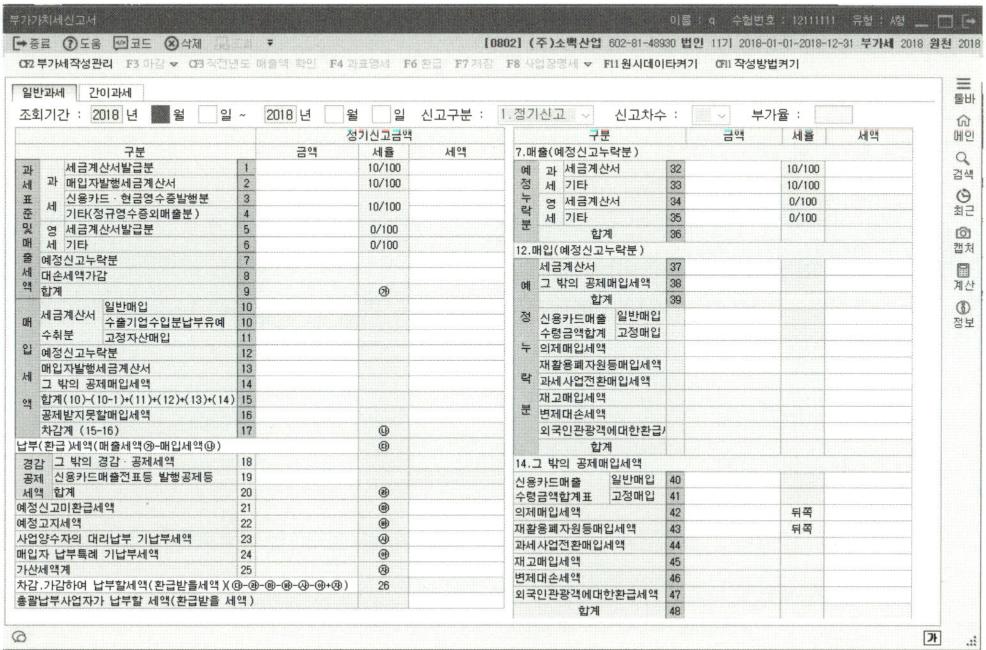

부가가치세신고서

종료 도움 코드 삭제 조회 [0802] (주)소백산업 602-81-48930 법인 11기 2018-01-01-2018-12-31 부가세 2018 원천 2018

이름 : q 수험번호 : 12111111 유형 : A형

CF2 부가세작성관리 F3 마감 CF3 직전년도 매출액 확인 F4 과표명세 F6 환급 F7 저장 F8 사업장명세 F11 원시데이타켜기 CF11 작성방법켜기

일반과세 | 간이과세

조회기간 : 2018 년 월 일 ~ 2018 년 월 일 신고구분 : 1.정기신고 신고차수 : 부가율 :

구분				정기신고금액 금액	세율	세액
과세표준및매출세액	과세	세금계산서발급분	1		10/100	
		매입자발행세금계산서	2		10/100	
		신용카드 · 현금영수증발행분	3		10/100	
		기타(정규영수증외매출분)	4			
	영세	세금계산서발급분	5		0/100	
		기타	6		0/100	
	예정신고누락분		7			
	대손세액가감		8			
	합계		9		㉮	
매입세액	세금계산서수취분	일반매입	10			
		수출기업수입분납부유예	10			
		고정자산매입	11			
	예정신고누락분		12			
	매입자발행세금계산서		13			
	그 밖의 공제매입세액		14			
	합계(10)-(10-1)+(11)+(12)+(13)+(14)		15			
	공제받지못할매입세액		16			
	차감계 (15-16)		17		㉯	
납부(환급)세액(매출세액㉮-매입세액㉯)					㉰	
경감공제세액	그 밖의 경감 · 공제세액		18			
	신용카드매출전표등 발행공제등		19			
	합계		20		㉱	
예정신고미환급세액			21		㉲	
예정고지세액			22		㉳	
사업양수자의 대리납부 기납부세액			23		㉴	
매입자 납부특례 기납부세액			24		㉵	
가산세액계			25		㉶	
차감.가감하여 납부할세액(환급받을세액)(㉰-㉱-㉲-㉳-㉴-㉵+㉶)					26	
총괄납부사업자가 납부할 세액(환급받을 세액)						

구분				금액	세율	세액
7.매출(예정신고누락분)						
예정누락분	과세	세금계산서	32		10/100	
		기타	33		10/100	
	영세	세금계산서	34		0/100	
		기타	35		0/100	
	합계		36			
12.매입(예정신고누락분)						
예정누락분	세금계산서		37			
	그 밖의 공제매입세액		38			
	합계		39			
	신용카드매출수령금액합계	일반매입				
		고정매입				
	의제매입세액					
	재활용폐자원등매입세액					
	과세사업전환매입세액					
	재고매입세액					
	변제대손세액					
	외국인관광객에대한환급/					
	합계					
14.그 밖의 공제매입세액						
신용카드매출수령금액합계표		일반매입	40			
		고정매입	41			
의제매입세액			42		뒤쪽	
재활용폐자원등매입세액			43		뒤쪽	
과세사업전환매입세액			44			
재고매입세액			45			
변제대손세액			46			
외국인관광객에대한환급세액			47			
합계			48			

툴바 메인 검색 최근 캡처 계산 정보

구분		금액	세율	세액
16.공제받지못할매입세액				
공제받지못할 매입세액	49			
공통매입세액면세등사업분	50			
대손처분받은세액	51			
합계	52			
18.그 밖의 경감·공제세액				
전자신고세액공제	53			
전자세금계산서발급세액공제	54			
택시운송사업자경감세액	55			
현금영수증사업자세액공제	56			
기타	57			
합계	58			

25.가산세명세					
사업자미등록등		59		1/100	
세금계산서	지연발급 등	60		1/100	
	지연수취	61		5/1,000	
	미발급 등	62		2/100	
전자세금발급명세	지연전송	63		5/1,000	
	미전송	64		1/100	
세금계산서합계표	제출불성실	65		5/1,000	
	지연제출	66		3/1,000	
신고불성실	무신고(일반)	67		뒤쪽	
	무신고(부당)	68		뒤쪽	
	과소·초과환급(일반)	69		뒤쪽	
	과소·초과환급(부당)	70		뒤쪽	
납부불성실		71		뒤쪽	
영세율과세표준신고불성실		72		5/1,000	
현금매출명세서불성실		73		1/100	
부동산임대공급가액명세서		74		1/100	
매입자납부특례	거래계좌 미사용	75		뒤쪽	
	거래계좌 지연입금	76		뒤쪽	
합계		77			

● **가산세 등 관련 내용정리**

1) 세금계산서

① 지연발급(62번) : '경과하여~', '종이세금계산서발급'

② 미발급(64번) : '미발급'

2) 세금계산서합계표

① 제출불성실(67번) : '전송누락'

cf 세금계산서합계표 제출불성실가산세(67번)가 적용되는 부분은 전자세금계산서 미전송가산세(66번)가 중복 적용되지 아니한다.

② 지연제출(68번) : '전자세금계산서는 적법하게 발급', '신고기한 내에 미전송, 예정신고서에 누락'

3) 예정신고누락분

① 신고불성실(71번) : 세액×10%(×50%)

400,000×10%×50%=20,000

cf 영세율과세표준신고불성실(72번) : 공급가액×5/1,000(×50%)

② 납부불성실(73번) : 세액×일수×25/100,000

400,000×90일×25/100,000=9,000

● **전자신고세액공제(54번) :** 10,000원

83회 기출설치(전산세무 2급) | 수험번호 : 12111111 | 감독관번호 : 9652

01 다음의 자료를 이용하여 제조업을 영위하는 ㈜문경전자의 2019년 제2기 확정 부가가치세신고서를 작성하시오.(단, 부가가치세신고서 이외의 부속서류 등의 작성은 생략하고, 기존에 입력된 자료는 무시할 것)(7점)**(84회)**

구분	자료
매출	• 전자세금계산서 발급 제품매출액 : 250,000,000원(부가가치세 별도) • 신용카드로 결제한 제품매출액 : 55,000,000원(부가가치세 포함) • 내국신용장에 의한 제품매출액(영세율세금계산서 발급) : 공급가액 30,000,000원 • 수출신고필증 및 선하증권에서 확인된 수출액(직수출) : 3,500,000원(원화 환산액)
매입	• 세금계산서 수취분 일반매입 : 공급가액 150,000,000원, 세액 15,000,000원 • 세금계산서 수취분 9인승 업무용 차량 매입(위 1번 항과 별개) : 공급가액 35,000,000원, 세액 3,500,000원 • 법인신용카드매출전표 수취분 중 공제대상 일반매입 : 공급가액 30,000,000원, 세액 3,000,000원 • 2기 예정신고 시 누락된 세금계산서 매입 : 공급가액 10,000,000원, 세액 1,000,000원 • 2기 예정신고 시 미환급된 세액 : 1,000,000원
기타	당사는 홈택스로 직접 전자신고하여 전자신고세액공제를 적용받기로 함

02 기존의 입력된 자료는 무시하고 다음 자료(10월 1일~12월 31일 : 거래자료)를 토대로 2019년 2기 확정 부가가치세신고서를 직접 작성하시오.(단, 세부담 최소화를 가정하고 부가가치세신고서 이외의 과세표준명세 등 기타 부속서류의 작성과 전자신고세액공제는 생략한다. 제시된 자료 이외의 거래는 없는 것으로 가정하며, 당사는 사업자단위사업자・총괄납부사업자가 아니다)(7점)(83회)

구분	거래내용		공급가액	부가가치세	비고
매출자료	세금계산서 발급 과세 매출액		500,000,000원	50,000,000원	간주공급분 제외
	현금영수증 과세 매출액		100,000,000원	10,000,000원	
	간주공급에 해당하는 판매목적 타사업장 반출금액		7,000,000원	700,000원	시가 : 10,000,000원 원가 : 7,000,000원, (원가로 전자세금계산서 정상발급)
	수출분 매출액	직접 수출분	30,000,000원	0원	원화환산액임
		세금계산서 발행분	10,000,000원	0원	영세율세금계산서 정상발급
매입자료	2,000cc(5인승) 소형승용자동차 구입액(영업사용목적)		30,000,000원	3,000,000원	세금계산서 정상수취
	원재료를 구입		490,000,000원	49,000,000원	세금계산서 정상수취
	영업사원의 영업활동 지원을 위해 국내항공료를 법인카드로 결제한 금액		5,000,000원	500,000원	

03 다음 자료를 이용하여 ㈜팔영산업의 2018년 2기 확정신고기간 부가가치세신고서를 작성하시오.(부가가치세신고서 외의 기타 신고서류는 작성을 생략하고, 불러오는 데이터 값은 무시하며 새로 입력할 것)(7점)(82회)

매출자료	• 전자세금계산서 과세 매출액(공급가액 : 220,000,000원, 세액 : 22,000,000원) • 직수출액(공급가액 : 88,000,000원, 세액 : 0원)
매입자료	• 전자세금계산서 과세 매입액(공급가액 : 132,000,000원, 세액 : 13,200,000원) : 이 중 접대비관련 매입액(공급가액 : 5,500,000원, 세액 : 550,000원) 이외에 나머지는 위 매출자료의 과세매출관련 상품 매입액임 • 법인카드 매입액(공급가액 : 11,000,000원, 세액 : 1,100,000원) : 전액 직원 복리후생관련 매입액임
예정신고 누락분	• 전자세금계산서 과세 매출액(공급가액 : 20,000,000원, 세액 : 2,000,000원) • 전자세금계산서 과세 매입액(공급가액 : 10,000,000원, 세액 : 1,000,000원)
기타	• 부가가치세신고서는 회사가 직접 국세청 홈택스를 통해 전자신고하여 전자신고세액공제를 받기로 함 • 신고불성실가산세는 과소 · 초과환급(일반)란에 입력할 것 • 납부불성실가산세 계산 시 미납일수는 91일을 적용할 것 • 전자세금계산서의 발급 및 국세청 전송은 정상적으로 이루어짐

04 당사는 제조업을 영위하는 중소기업(법인)이고 다음의 자료는 2018년 제2기 부가가치세 확정신고기간 귀속자료이다. 이에 대한 부가가치세신고서를 작성하시오.(단, 부가가치세신고서 이외의 부속서류 및 과세표준명세입력은 생략하기로 한다)(7점)(81회)

구분	자료
매출	• 전자세금계산서 발급분 : 공급가액 870,000,000원(영세율 없음) • 임대보증금에 대한 간주임대료 : 619,045원 • 일본 도쿄상사 제품 직수출 : 선적일의 환율에 의한 대금 4,500,000원이 선적일에 보통예금으로 입금
매입	• 세금계산서 수취분 일반매입 : 공급가액 810,000,000원, 세액 81,000,000원(공급시기가 2018년 10월 5일이지만 2019년 1월 24일 전자세금계산서 수취분 공급가액 45,000,000원, 세액 4,500,000원이 포함되어 있다) • 세금계산서 수취분 고정자산 매입(위 1번 항과 별개) : 공급가액 100,000,000원, 세액 10,000,000원, 9인승 업무용 차량 • 법인신용카드매출전표 수취분 중 공제대상 일반매입 : 9,900,000원(부가가치세 포함)

05 다음의 자료를 이용하여 2018년도 1기 예정신고기간 부가가치세신고서를 작성하시오. 당사는 현금영수증 의무발행 업종이 아닌 제조업을 영위하고 있으며, 부가가치세신고서 이외에 과세표준명세 등 기타 부속서류의 작성 및 전표입력을 생략한다. 기 입력된 자료는 무시하며 제시된 자료 이외의 거래는 없는 것으로 가정한다.(7점)**(80회)**

1. 매출관련 자료

구분	공급가액(원)	부가가치세액(원)
전자세금계산서 발급 매출액(1월~3월)*	110,000,000	11,000,000
신용카드 과세 매출액(1월~3월)	8,000,000	800,000
현금영수증 과세 매출액(1월~3월)	500,000	50,000
현금영수증 미발급 과세 매출액(1월~3월)	100,000	10,000

* 전자세금계산서 발급 매출액 중 지연발급분으로 공급가액 10,000,000원, 부가가치세 1,000,000원이 있다.

2. 매입관련 자료

구분	공급가액(원)	부가가치세액(원)
세금계산서 수령한 원재료구입액	30,000,000	3,000,000
세금계산서 수령한 사무실 인테리어(고정자산)대금	10,000,000	1,000,000
세금계산서 수령한 공장에서 사용할 트럭구입대금	20,000,000	2,000,000
법인신용카드 매입세액공제가능액(일반매입)	5,500,000	550,000
현금영수증 매입세액공제가능액(일반매입)	1,000,000	100,000

06 다음 자료를 이용하여 2018년 2기 확정신고기간(10월~12월)에 대한 부가가치세신고서를 작성하시오.(단, 주어진 자료 외에는 고려하지 말 것)(7점)**(79회)**

① 매출처별세금계산서 합계표상의 금액은 공급가액 100,000,000원(VAT 별도)이다.
② 위 ① 외에 카드매출 4,400,000원, 현금영수증매출 1,100,000원, 현금매출 440,000원이 발생하였다.(동 금액은 모두 부가가치세가 포함된 금액이다)
③ 상가임대관련 확정신고기간 동안의 간주임대료는 1,600,000원이다.
④ 선적된 필리핀 수출액은 $10,000(수출신고일 1,100원/$, 선적일 1,000원/$)이다.
⑤ 대손세액공제를 적용받았던 외상매출금 1,540,000원(공급대가)이 회수되었다.
⑥ 매입처별 세금계산서 합계표상의 금액(일반매입분)은 공급가액 70,000,000원(VAT 별도)이다.
⑦ 위 ⑥에는 접대비관련 공급가액 10,000,000원(VAT 별도)이 포함되어 있다.
⑧ 예정신고미환급세액 500,000원이 있다.

07 다음 자료와 유의사항을 토대로 2018년 2기 확정 신고기간의 부가가치세신고서를 작성하시오.(7점)**(78회)**

구분	내용
매출자료	• 전자세금계산서 과세 매출액 : 1,243,000,000원(부가가치세 별도) • 매출처에 접대목적으로 제품(원가 10,000,000원, 시가 12,000,000원)을 제공함 (단, 제품제조에 사용된 재화는 모두 매입세액공제를 받았음) • 2017년 2기 확정신고 시 대손세액공제를 받았던 외상매출금 27,500,000원(부가가치세 포함) 중 50%를 회수함
매입자료	다음은 2018년 2기 확정신고기간에 발생한 전자세금계산서 수취분 과세 매입액 800,000,000원(부가가치세 별도)에 대한 내용이다.(단, 아래의 기계장치 이외에는 고정자산 매입은 없음) – 제품생산용으로 구입한 기계장치 : 235,000,000원 – 접대목적으로 구입한 물품 : 5,000,000원 – 제조관련 원재료 일반매입액 : 560,000,000원 (원재료 매입액에는 지연수취분 20,000,000원이 포함되어 있음)
기타자료	2018년 2기 예정신고 미환급세액은 11,500,000원이다.
유의사항	• 불러오는 자료는 무시하고 직접 입력할 것 • 세부담 최소화를 가정하고 전자신고세액공제는 생략함 • 부가가치세신고서 이외의 과세표준명세 등 기타 부속서류의 작성은 생략함

08 다음은 2018년 2기 부가가치세 확정신고기간(2018년 10월 1일~2018년 12월 31일)에 대한 관련 자료이다. 이를 반영하여 2018년 2기 확정 신고기간분 부가가치세신고서를 작성하시오.(부가가치세신고서 이외의 부속서류 등의 작성은 생략하고, 기존에 입력된 자료는 무시할 것)(7점)**(77회)**

구분	내용
매출자료	• 세금계산서 과세 매출액 : 980,000,000원(부가가치세 별도) → 전자세금계산서 발급분 : 970,000,000원, 종이세금계산서 발급분 : 10,000,000원 • 신용카드 과세 매출액 : 22,000,000원(부가가치세 포함) • 현금 과세 매출액 : 11,550,000원(부가가치세 포함) → 현금영수증 발급분 : 11,000,000원, 현금영수증 미발급분 : 550,000원 • 직수출액 : 50,000,000원 • 부가가치세법상 대손세액공제 요건을 충족하는 대손금액 : 44,000,000원(부가가치세 포함)
매입자료	• 전자세금계산서 과세 매입액 : 720,000,000원(부가가치세 별도) → 원재료 매입분 : 620,000,000원, 업무용 기계장치 매입분 : 90,000,000원, 거래처 접대목적 매입분 : 10,000,000원 • 2기 예정신고 시 미환급된 세액 : 3,000,000원
기타	• 당사는 부가가치세법상 현금영수증 의무발행 업종이 아님(현금영수증 미발급 가산세 없음) • 당사는 홈택스로 직접 전자신고하여 전자신고세액공제를 적용받기로 함

09 2017년 1기 예정 부가가치세신고 시 다음의 내용이 누락되었다. 2017년 1기 확정 부가가치세신고 시 예정신고 누락분을 모두 반영하여 신고서를 작성하시오.(부당과소신고가 아니며, 예정신고누락과 관련된 가산세 계산 시 미납일수는 90일이고, 전자신고세액공제는 적용하지 않기로 하며, 예정신고누락분에 대해서는 부가가치세신고서에 직접 반영하시오)(6점)**(76회)**

1. 매출자료
   - 당사의 제품을 ㈜태흥무역에 매출하고 구매확인서를 정상적으로 발급받아 영세율전자세금계산서 1건(공급가액 6,000,000원, 부가가치세 0원)을 정상적으로 발급하고 전송하였다.
   - 당사에서 사용하던 트럭을 ㈜한우에게 매각하고 전자세금계산서 1건(공급가액 10,000,000원, 부가가치세 1,000,000원)을 정상적으로 발급하고 전송하였다.
   - 당사의 제품 4,400,000원(부가가치세 포함)을 비사업자에게 신용카드매출전표를 발행하고 매출하였다.
2. 매입자료
   - ㈜정상에서 1월에 원재료를 공급받았으나 전자세금계산서 1건(공급가액 8,000,000원, 세액 800,000원)을 2월 20일에 지연수취하였다.

10 다음 자료만를 이용하여 2017년 2기 확정신고기간의 부가가치세신고서를 작성하시오.(단, 부가가치세신고서 이외의 부속서류와 과세표준명세는 생략하고, 불러오는 데이터 값은 무시하며 새로 입력하시오)(6점)**(75회)**

매출자료	• 전자세금계산서 과세 매출액 : 450,000,000원(부가가치세 별도) • 신용카드 과세 매출액 : 30,000,000원(부가가치세 별도) • 직수출액 : 100,000,000원 • 예정신고누락분 : 2017년 2기 예정신고기간에 발행된 카드매출을 예정신고 시 신고누락하고 2기 확정신고 시 신고하였는데 그 금액은 11,000,000원(부가가치세 포함)이었다.(가산세 계산 시 부정행위가 아니고 미납일수는 92일로 가정한다)
매입자료	• 전자세금계산서 과세 매입액 : 공급가액 270,000,000원,[*1, 2] 부가가치세 27,000,000원 *1) 2,500cc 5인승 승용차구입 : 공급가액 50,000,000원, 부가가치세 5,000,000원 *2) 나머지 공급가액 220,000,000원, 부가가치세 22,000,000원은 고정자산이 아닌 일반매입액으로 매입세액공제대상임 • 현금영수증 과세 매입액 : 공급가액 10,000,000원,[*3] 부가가치세 1,000,000원 *3) 전부 고정자산이 아닌 일반매입액으로 매입세액공제대상임
기타	부가가치세신고는 서류로 제출하였음

● 부가가치세 수정신고서

01 ㈜대흥은 2016년 2기 확정신고(10월~12월)를 한 후 다음과 같은 오류를 발견하였다. 2017년 2월 28일에 수정신고하는 경우 부가가치세수정신고서(1차)를 작성하시오. 본 문제에서 과소신고한 것은 부당과소신고가 아니며, 기존신고내용을 적색으로 기입하는 것은 생략한다.(7점)**(69회)**

가정	• 발견된 오류는 아직 신고서에 반영되지 않았으며, 오류내용에 대한 전표입력은 생략한다. • 가산세 계산 시 일수는 30일로 한다. • 아래 오류사항 이외에 추가적으로 반영할 사항은 없으며, 각종 세액공제는 모두 생략한다.
오류사항	• 10월 1일 ㈜영동상사에 제품을 5,000,000원(부가가치세 별도)에 판매하고, 즉시 전자세금계산서를 발급한 1건에 대한 국세청 전송을 누락하여 2017년 2월 20일 국세청에 전송하였는데 부가가치세신고서에 반영되지 않았다. • 원재료를 소매로 3,000,000원(부가가치세 별도)에 매입하고 카드로 결제한 내역 1건을 누락하였다.(원재료 판매처는 일반과세자이다) • ㈜대박상사로부터 원재료를 1,000,000원(부가가치세 별도)에 매입하고 세금계산서 수취 1건을 누락하였다.

02 2016년 1기 확정신고(4월~6월)를 7월 25일에 하였는데, 이에 대하여 다음과 같은 오류내용을 발견하고 2016년 11월 10일에 1차로 수정신고 및 납부하였다. 다음의 오류내용이 반영된 부가가치세수정신고서(과세표준명세 포함)를 작성하시오. 단, 미납일수는 85일로 가정하고, 매입매출전표에 입력은 생략한다.(7점)**(67회 특별)**

- 직수출 50,000,000원에 대한 매출누락(부정행위 아님)이 발생하였다.
- 사업자인 ㈜감귤에게 현재 사용하고 있지 않는 중고기계를 13,200,000원(부가가치세 포함)에 현금판매한 것을 누락하였다.(세금계산서 미발급분이다)
- 당초 부가가치세신고서에 반영하지 못한 제품 타계정대체액 명세는 다음과 같다. 제품제조에 사용된 재화는 모두 매입세액공제분이다.
  - 매출치에 접대목적으로 제공 : 원가 3,000,000원, 시가 4,500,000원(부가가치세 별도)
  - 불특정다수인에게 홍보용 제품 제공 : 원가 2,000,000원, 시가 2,500,000원(부가가치세 별도)

03 2015년 1기 확정신고(4월~6월)를 7월 25일에 하였는데, 이에 대한 오류내용이 발견되어 처음으로 2015년 10월 23일 수정신고 및 납부를 하였다. 부가가치세수정신고서(과세표준명세 포함)를 작성하시오. 단, 미납일수는 90일로 하고, 매입매출전표에 입력하지 마시오.(8점)**(65회)**

오류 사항	• 직수출 50,000,000원에 대한 매출누락(부정행위 아님)이 발생하였다. • 비사업자인 최현에게 제품운반용 중고트럭을 22,000,000원에 현금판매한 것을 누락하였다.(세금계산서 미발급분이다) • 당초 부가가치세신고서에 반영하지 못한 제품 타계정대체액 명세는 다음과 같다. 제품제조에 사용된 재화는 모두 매입세액공제분이다. －매출처에 접대목적으로 제공 : 원가 2,000,000원, 시가 2,500,000원 －불특정다수인에게 홍보용 제품 제공 : 원가 1,000,000원, 시가 1,200,000원

2 공제받지 못할 매입세액명세서

① 공제받지 못할 매입세액내역
② 공통매입세액 안분계산
③ 공통매입세액 정산내역
④ 납부세액 또는 환급세액 재계산

1) 공제받지 못할 매입세액내역

01 다음은 2016년 2기 확정 부가가치세신고기간(2016년 10월 1일~2016년 12월 31일)에 대한 매입세금계산서 관련자료이다. 동 자료만을 사용하여 공제받지 못할 매입세액명세서에 반영하시오.(3점)**(67회 특별)**

작성일자	매수	내역	공급가액(원)	VAT(원)	특이사항
2016. 10. 2.	1	2,000cc 업무용 승용차구입	21,000,000	2,100,000	
2016. 10. 4.	1	건물철거비용	18,000,000	1,800,000	주차장으로 사용하기 위해 구입한 토지 위에 있던 노후된 건축물을 취득 즉시 철거한 비용이다.
2016. 10. 29.	1	영업부서 사무용 책상구입	480,000	48,000	전자세금계산서를 발급받은 날은 2016년 11월 15일이다.
2016. 11. 5.	1	㈜미래에게서 구입한 제품	8,200,000	820,000	전자세금계산서가 아닌 종이세금계산서를 2016년 12월 5일 교부받았다.

2016. 11. 8.	1	거래처에 선물하기 위해 구입한 복합기	410,000	41,000	
2016. 11. 29.	1	㈜하머니상회에서 구입한 제품	7,500,000	750,000	전자세금계산서를 발급받은 날은 2016년 12월 12일이다.

02 다음은 2013년 2기 예정신고기간(2013년 7월 1일~2013년 9월 30일)에 발생한 매입자료이다. 기존에 입력된 자료는 무시하고 다음의 자료를 토대로 부가가치세신고서의 부속서류인 '공제받지 못할 매입세액명세서'를 작성하시오.(3점)**(55회)**

- 상품(공급가액 3,000,000원, 부가가치세 300,000원)을 구입하고 세금계산서를 수취하였으나, 세금계산서에 공급받는 자의 상호 및 공급받는 자의 대표자 성명이 누락되는 오류가 있었다.
- 대표이사가 사업과 상관없이 개인적으로 사용할 노트북을 1,000,000원(부가가치세 별도)에 구입하고 ㈜세원을 공급받는 자로 하여 세금계산서를 교부받았다.
- 회사의 업무용으로 사용하기 위하여 차량(배기량 2,500cc, 5인용, 승용)을 21,500,000원(부가가치세 별도)에 구입하고 세금계산서를 받았다.
- 매출 거래처에 선물용으로 공급하기 위해서 우산(단가 10,000원, 수량 200개, 부가가치세 별도)을 구입하고 세금계산서를 교부받았다.

2) 공통매입세액 안분계산

1) 일반 : 공급가액기준으로 안분
2) 전액 공제되는 경우 : ① 면세공급가액의 비율이 5%미만**(but, 공통매입세액이 5백만원 이상인 경우 : 무조건 안분계산)**
② 공통매입세액이 5만원 미만
③ 신규사업자가 당기매입 후 당기매각

01 ㈜인천기업은 과세사업과 면세사업을 겸영하고 있다. 다음 자료를 토대로 2012년 제1기 부가가치세 예정신고 시 매입세액 불공제내역 서식을 작성하시오. 단, 기존의 입력된 자료는 무시하고 주어진 자료 외의 매입세액 불공제내역은 없다고 가정한다.(3점)**(50회)**

- 공통매입세액 : 28,000,000원
- 공통매입가액 : 280,000,000원
- 기타자료

구분	과세	면세
매입가액	1,404,000,000원	120,000,000원
공급가액	1,921,000,000원	339,000,000원
예정사용면적	720㎡	180㎡

3) 공통매입세액 정산내역

02 다음의 자료를 이용하여 1기 확정신고기간에 공제받지 못할 매입세액명세서 중 [공통매입세액의 정산내역] 탭을 작성하시오.(단, 기존에 입력된 데이터는 무시할 것)(3점) **(83회)**

- 당사는 과세 및 면세사업을 영위하는 겸영사업자이고, 아래 제시된 자료만 있는 것으로 가정한다.
- 1기 예정신고 시 반영된 공통매입세액 불공제분은 3,750,000원이며, 예정신고는 적법하게 신고되었다.
- 1기 과세기간에 대한 공급가액은 다음과 같으며, 공통매입세액 안분계산은 공급가액기준으로 한다.

구분		1기 예정신고기간(1월~3월)		1기 확정신고기간(4월~6월)	
		공급가액	부가가치세	공급가액	부가가치세
공통매입세액		100,000,000원	10,000,000원	80,000,000원	8,000,000원
매출	과세	250,000,000원	25,000,000원	200,000,000원	20,000,000원
	면세	150,000,000원	–	150,000,000원	–

03 다음 자료를 이용하여 과세 및 면세사업을 영위하는 겸영사업자인 당사의 2017년도 1기 부가가치세 확정신고기간에 대한 공제받지 못할 매입세액명세서 중 공통매입세액의 정산내역 탭을 입력하시오.(단, 1기 예정신고서에 반영된 공통매입세액 불공제분은 200,000원이고, 공급가액기준으로 안분계산하며, 제시된 자료 이외의 거래는 없는 것으로 가정한다)(4점)**(75회)**

(단위 : 원)

구분		1기 예정		1기 확정		1기 전체	
		공급가액	세액	공급가액	세액	공급가액	세액
매출	과세	5,000,000	500,000	28,000,000	2,800,000	33,000,000	3,300,000
	면세	5,000,000		5,000,000		10,000,000	
공통매입세액		4,000,000	400,000	8,000,000	800,000	12,000,000	1,200,000

04 당사는 과세 및 면세사업을 영위하는 겸영사업자이다. 다음 자료를 이용하여 2017년 1기 확정신고기간에 공제받지 못할 매입세액명세서 중 [공통매입세액의 정산내역] 탭을 이용하여 아래의 내역을 반영하시오.(단, 입력된 전표데이타는 무시할 것)(3점) **(73회)**

- 예정신고 시 반영된 공통매입세액 불공제분은 1,250,000원이며, 예정신고는 세법에 따라 적정하게 신고되었다.
- 1기 과세기간에 대한 공급가액은 다음과 같으며, 공통매입세액 안분은 공급가액기준으로 한다.

구분		전체(1월~6월)	
		공급가액 합계	세액 합계
매출	과세	250,000,000원	25,000,000원
	면세	150,000,000원	–
공통매입세액		60,000,000원	6,000,000원

4) 납부세액 또는 환급세액 재계산 ※감가상각자산에 한하여 재계산

01 당 회사는 과세사업과 면세사업을 영위하는 겸업사업자이다. 다음 자료를 보고 2018년 1기 확정 부가가치세신고기간에 대한 공제받지 못할 매입세액명세서 중 납부세액 또는 환급세액 재계산 탭을 작성하시오.(단, 제시된 자료 이외에 공통으로 사용되는 자산은 없고, 각 과세기간마다 명세서를 적절히 작성했다고 가정하며, 기장된 자료는 무시하고 자료를 새로 입력할 것)(3점)**(78회)**

〈2017년 과세사업과 면세사업에 공통으로 사용되는 자산의 취득내역〉

자산내역	취득일자	공급가액	세액
건물	2017. 2. 8.	200,000,000원	20,000,000원
원재료	2017. 5. 24.	3,000,000원	300,000원

〈2017년 1기~2018년 1기의 공급가액내역〉

구분	2017년 1기	2017년 2기	2018년 1기
과세사업	300,000,000원	300,000,000원	600,000,000원
면세사업	200,000,000원	300,000,000원	200,000,000원
합계액	500,000,000원	600,000,000원	800,000,000원

02 신문사 및 광고업을 겸영하는 당사는 신문사 및 광고업에 공통으로 사용할 목적으로 2011년 9월 5일 신문용지(원재료) 10,000,000원(세액 1,000,000원) 및 윤전기(유형자산)를 40,000,000원(세액 4,000,000원)에 구입하였다. 이와 관련하여 제1기 부가가치세 확정신고 시에 반영할 공통매입세액 재계산내역을 '공제받지 못할 매입세액 명세서'에 반영하시오.(3점)**(51회)**

〈관련자료〉 신문사 및 광고업의 매출내역

기별	구독료수입	광고수입	총공급가액
2011년 2기	10,000,000원	40,000,000원	50,000,000원
2012년 1기	24,000,000원	36,000,000원	60,000,000원

[참고] 윤전기 : 인쇄용 기계장치임
(단, 이 문제에 한하여 당사는 신문사와 광고업만을 운영한다고 가정한다)

3 수출실적명세서

● **환율**
① 원칙 : 선적일기준
② 예외 : 공급시기(선적일) 이전에 환가한 경우 : 환가일기준

83회 기출설치(전산세무 2급) | 수험번호 : 12111111 | 감독관번호 : 9652

01 다음 자료를 보고 2019년 1기 확정신고기간의 수출실적명세서를 작성하시오.(단, 거래처코드와 거래처명은 입력하지 말 것)(3점)**(82회)**

상대국	수출신고번호	선적일	환가일	통화	수출액	기준환율	
						선적일	환가일
일본	13041-20-044589X	2019. 4. 6.	2019. 4. 15.	JPY	¥300,000	₩994/¥100	₩997/¥100
미국	13055-10-011460X	2019. 5. 18.	2019. 5. 12.	USD	$60,000	₩1,040/$	₩1,080/$
영국	13064-25-147041X	2019. 6. 30.	2019. 7. 8.	USD	$75,000	₩1,110/$	₩1,090/$

02 다음 자료를 보고 2016년 2기 예정신고기간의 수출실적명세서를 작성하시오.(3점)(67회)

거래처	수출신고번호	선적일	환가일	통화	수출액	기준환율	
						선적일	환가일
대원상사	016-10-09-0115714-2	2019. 8. 20.	2019. 8. 15.	USD	$200,000	₩950/$	₩900/$
㈜모두상사	010-15-15-0466141-3	2019. 8. 22.	2019. 8. 25.	USD	$100,000	₩1,050/$	₩1,060/$
㈜주아상사	010-15-15-0613515-0	2019. 9. 17.	–	USD	$200,000	₩1,100/$	–

4 의제매입세액공제신청서

● **의제매입세액공제**(전산세무 2급)

1) 의미

과세사업자가 ① 면세로 농산물 등을 구입하여 제조 · 가공한 재화 · 용역의 공급이 ② 과세되는 경우(면세를 포기하여 영세율이 적용되는 경우는 제외)에는 매입액에 소정의 비율을 곱한 금액을 매입세액으로서 공제함(누적효과를 완화하기 위한 제도임)

2) 공제요건

① 공제대상일 것

– 공급받은 농산물 · 축산물 · 수산물 · 임산물과 소금(면세되는 1차 가공과정의 부산물, 미가공식료품의 단순혼합, 단순가공식료품인 김치 · 두부 등도 가능)

② 공제서류를 제출할 것(매입처별 계산서합계표, 신용카드매출전표 등 수령명세서)

– 예정 · 확정신고 시 아래의 서식을 제출해야 함. 단, 제조업을 영위하는 사업자가 (증빙발급이 곤란한) 농 · 어민으로부터 면세농산물 등을 직접 공급받은 경우에는 의제매입세액공제신고서만 제출해도 (구입증빙 없이) 적용가능

3) 계산방식

① 세액계산

의제매입세액＝면세농산물 등의 매입가액×%*

② 매입가액

– 원재료의 매입가액 : 운임 등의 부대비용을 제외

– 사업자가 직접 제조 · 채취 등을 한 경우 : 법인세법 · 소득세법에 의한 취득가액
– 수입되는 면세농산물 등 : 관세의 과세가격(관세는 제외)

4) 공제시기

면세농산물 등의 구입일(not 사용일)이 속하는 예정 또는 확정신고 시

* 의제매입세액 공제율

업종		공제율
음식점	개인사업자	8/108 (단, 과세표준 2억원 이하인 경우, 2019년까지 9/109)
	법인사업자	6/106
	과세유흥장소	4/104
제조업	중소기업, 개인사업자	4/104
	법인사업자	2/102
	과자점업, 도정업, 제분업 및 떡방앗간 경영하는 개인사업자	6/106
기타 사업자		2/102

01 이 문제에 한해서 당사는 음식업을 영위하는 법인기업이라고 가정한다. 다음의 자료를 이용하여 2019년 1기 확정 부가가치세 과세기간의 '의제매입세액공제신고서'를 작성하시오.(단, 의제매입세액공제대상이 되는 거래는 다음 거래뿐이며 불러오는 자료는 무시하고 직접 입력한다)(3점)**(84회)**

1. 매입자료

공급자	사업자번호	취득일자	물품명	수량(kg)	매입가액	증빙	건수
㈜명동물산	130-91-14968	4월 5일	농산물	200	106,000,000원	계산서	1
㈜현우물산	134-86-50317	5월 6일	농산물	50	42,400,000원	신용카드	1

2. 추가자료

- 1기 예정 과세표준은 140,000,000원이며, 1기 확정 과세표준은 200,000,000원이다.
- 1기 예정신고(1월 1일~3월 31일)까지는 면세품목에 대한 매입이 없어 의제매입세액 공제를 받지 않았다.

02 당사는 요식업을 영위하는 법인으로 가정한다. 다음 중 의제매입세액공제대상이 되는 매입자료만을 의제매입세액공제신고서에 자동반영되도록 매입매출전표에 입력하여 2019년 1기 확정신고기간의 의제매입세액공제신고서를 작성하시오.(1기 확정 신고기

간의 매출 공급가액은 330,000,000원이고 예정분은 없는 것으로 하며 매입가격은 거래일에 현금지급하였다)(3점)**(77회)**

일자	품목	상호	사업자번호	수량	총매입가격	증빙
6월 30일	마늘	우리식당(농민)	123-05-54328	50kg	600,000원	계약서
6월 30일	음식물쓰레기봉투	㈜주아상사	122-81-07995	10장	10,000원	현금영수증
6월 30일	사과	㈜바른유통	1168115020	20kg	212,000원	전자계산서

03 당사는 제조업을 영위하는 법인 중소기업이다. 다음의 자료를 이용하여 2019년 2기 확정(10월 1일~12월 31일) 의제매입세액공제신고서를 작성하시오. 의제매입세액공제 대상이 되는 거래는 다음 거래뿐이며 불러오는 자료는 무시하고 직접 입력한다.(4점)**(76회)**

1. 매입자료

공급자	사업자번호 (또는 주민번호)	매입일자	물품명	수량 (kg)	매입가격 (원)	증빙	건수
㈜프라임	211-86-78437	2019. 10. 9.	농산물	100	120,000,000	계산서	1
우리식당	123-05-54328	2019. 11. 12.	야채	50	5,000,000	현금 (농민으로부터 직접 매입함)	1

2. 추가자료
- 2기 예정 과세표준은 140,000,000원이며, 2기 확정 과세표준은 180,000,000원이다.
- 2기예정신고(7월 1일~9월 30일)까지는 면세품목에 대한 매입이 없어 의제매입세액공제를 받지 않았다.

5 대손세액공제신고서

● **대손세액공제 적용요건**

1) 채권요건

재화 및 용역과 관련 있는 과세대상 물건이어야 함.(대여금 제외)
외상매출금, 받을어음, 미수금

2) 사유요건

① 파산(회생)
② 강제집행
③ 사망, 실종
④ 정리계획
⑤ 부도(6개월 경과)
⑥ 소멸시효 완성

3) 기간요건

공급일로부터 5년이 지난 날이 속하는 과세기간에 대한 **확정신고기한**까지 인정

4) 신고요건

확정신고와 함께 대손금액이 발생한 사실을 **증명하는 서류**를 제출하여야 함

83회 기출설치(전산세무 2급) | 수험번호 : 12111111 | 감독관번호 : 9652

01 다음 자료를 이용하여 ㈜대흥의 2019년 1기 부가가치세 확정신고 시 대손세액공제신고서를 작성하시오.(4점)**(74회)**

- 당사는 2019년 1월 5일 ㈜대신(대표자 : 박예가, 211-86-78437)에 부가가치세가 과세되는 제품을 공급하고 그 대가로 받은 약속어음 13,200,000원(부가가치세 포함)이 2017년 5월 8일에 부도가 발생하였다. 당사는 ㈜대신의 재산에 대하여 저당권을 설정하고 있지 않다.
- 외상매출금 중 55,000,000원(부가가치세 포함)은 2016년 2월 9일 ㈜모두상사(대표자 : 박철우, 211-81-01234)에 대한 것이다. 이 외상매출금의 회수를 위해 당사는 법률상 회수노력을 다하였으나, 결국 회수를 못하였고, 2019년 2월 9일자로 동 외상매출금의 소멸시효가 완성되었다.
- 2017년 6월에 파산으로 대손처리했던 ㈜한국(대표자 : 정선채, 130-81-55668)에 대한 외상매출금 16,500,000원(부가가치세 포함) 중 60%에 상당하는 금액인 9,900,000원(부가가치세 포함)을 2019년 6월 17일 현금으로 회수하였다. 당사는 동 채권액에 대하여 2017년 1기 부가가치세 확정신고 시 대손세액공제를 적용받았다.(단, 대손사유는 '7. 대손채권 일부회수'로 직접 입력할 것)
- 2018년 3월 16일 당사 공장에서 사용하던 기계장치를 대원상사(130-04-89702)에 7,700,000원(부가가치세 포함)에 외상으로 매각하였다. 2019년 5월 20일 현재 대원상사의 대표자가 사망하여 기계장치 판매대금을 회수할 수 없음이 객관적으로 입증되었다.

02 다음 자료를 이용하여 2019년 제2기 확정분 대손세액공제(변제)신고서를 작성하시오.(6점)(64회)

- 2018년 8월 1일 ㈜대신(대표자 : 박예가, 211-86-78437)에 제품을 매출하고, 대금 11,000,000원(VAT 포함)은 현대산업에서 발행한 약속어음으로 수령하였다. 동 어음은 거래일로부터 6개월이 지난 2019년 5월 5일에 주거래은행으로부터 부도확인을 받았다. 당사는 ㈜대신 소유의 건물에 대하여 저당권을 설정하고 있다.
- 외상매출금 중 33,000,000원(VAT 포함)은 2016년 10월 21일 ㈜모두상사(대표자 : 박철우, 211-81-01234)에 대한 것이다. 당사는 외상매출금 회수를 위하여 최선을 다하였으나, 결국 이 외상매출금을 회수하지 못하여 2019년 10월 21일에 소멸시효가 완성되었다.
- 2012년 1월 3일자로 ㈜한국(대표자 : 정선채, 130-81-55668)에 재화를 공급하면서 발생한 외상매출금 2,200,000원(VAT 포함)을 회수하지 못하고 있다가, 결국 2019년 8월 27일에 법원의 ㈜한국에 대한 회생계획인가 결정에 따라 회수할 수 없게 되었다.

03 다음은 ㈜소망의 2014년 제1기 부가가치세 확정신고기간(2019년 4월 1일~2019년 6월 30일)에 반영을 고려 중인 내용이다. 다음의 자료를 토대로 대손세액공제신고서를 작성하시오.(3점)(61회)

날짜	검토자료	공급받는자	사업자등록번호	대표자	대손금액 (부가가치세 포함)
2019. 4. 10.	파산법에 의한 파산으로 채권배분계산서의 통지를 받음	㈜대신	211-86-78437	박예가	12,100,000원
2019. 2. 28.	전년도 매출에 대한 어음이 당일 부도 발생함	㈜모두상사	211-81-01234	박철우	16,500,000원
2019. 6. 20.	대표자의 사망으로 채권을 회수할 수 없음이 입증됨	㈜한국	130-81-55668	정선채	22,000,000원

04 다음 자료를 이용하여 2019년 제2기 확정분 대손세액공제신고서를 작성하시오.(3점)(56회)

대손일	대손채권	대손금(원)	거래상대방				대손사유
			상호	성명	등록번호	주소	
10/5	외상매출금	1,100,000	㈜대신	박예가	211-86-78437	서울 강남구 대치동 100	소멸시효 완성
11/3	받을어음	550,000	㈜모두상사	박철우	211-81-01234	서울 서초구 잠원동 30	부도발생
12/1	장기대여금	1,320,000	㈜한국	정선채	130-81-55668	서울 동대문구 장안동 52	파산

6 부동산임대공급가액명세서

● **부동산 임대용역을 제공하는 사업자**

부동산임대공급가액명세서를 작성+부가가치세신고서

83회 기출설치(전산세무 2급) | 수험번호 : 12111111 | 감독관번호 : 9652

01 다음은 부동산임대에 관련된 자료이다. 2019년 1기 예정 부가가치세신고기간의 부동산임대공급가액명세서를 작성하시오. ㈜서언산업 계약갱신일은 2019년 2월 1일이다.(3점)(81회)

임차인	동/층/호	사업자등록번호	면적	용도	임대기간	보증금(원)	월세(원)
대원상사	1/1/101	130-04-89702	100㎡	상가	2019. 1. 1.(신규) ~2020. 12. 31.	50,000,000	2,000,000
㈜서언산업	1/2/201	122-81-13880	90㎡	사무실	2017. 2. 1. ~2019. 1. 31.	20,000,000	1,000,000
					2019. 2. 1.(갱신) ~2021. 1. 31.	40,000,000	1,000,000

02 다음 자료는 2019년 1기 확정 부가가치세신고기간(4월~6월)의 부동산임대내역이다. 부동산임대공급가액명세서를 작성하시오.(계약갱신일 2019년 5월 1일이다)(3점)(72회)

거래처명/사업자등록번호	층/호수	면적	용도	임대기간	보증금	월세	관리비
현대산업 109-10-22616	1층 101호	87㎡	사무실	2017. 5. 1.~ 2019. 4. 30.	10,000,000원	1,500,000원	200,000원
				2019. 5. 1.~ 2021. 4. 30.	20,000,000원	1,800,000원	200,000원

03 다음의 부동산임대차계약서를 토대로 2019년 1기 확정신고 시 부동산임대공급가액명세서를 작성하고, 이를 부가가치세신고서에 반영하시오. 단, 본 문항에 한하여 수원산업㈜의 주업종을 부동산임대업으로 가정하며, 임대료수익에 대하여 매월 말일자로 전

자세금계산서를 발급하였고, 전표입력은 생략한다.(3점)(69회)

부동산임대차계약서

■월세 □전세

임대인과 임차인 쌍방은 표기 부동산에 관하여 다음계약내용과 같이 임대차계약을 체결한다.

1. 부동산의 표시

소재지	서울시 강남구 삼성동 251-3 1동 2층 202호					
토지	지목	대			면적	
건물	구조	철근콘크리트조	용 도	사무실	면적	33㎡
임대할 부분	전체				면적	

2. 계약내용

제1조 (목적) 위 부동산의 임대차에 한하여 임대인과 임차인은 합의에 의하여 임차보증금 및 차임을 아래와 같이 지불하기로 한다.

보증금	金 10,000,000원정	
계약금	金 1,000,000원정은 계약 시에 지불하고 영수함 영수자( )	(인)
중도금	金 원정은 년 월 일에 지불하며	
잔금	金 9,000,000원정은 2019년 6월 1일에 지불한다.	
차임	金 1,000,000(VAT 별도)원정은 매월 말일(선불, 후불)에 지불한다.	

제2조 (존속기간) 임대인은 위 부동산을 임대차목적대로 사용할 수 있는 상태로 2016년 6월 1일까지 임차인에게 인도하며 임대차기간은 인도일로부터 2021년 5월 31일(24개월)까지로 한다.

제3조 (용도변경 및 전대 등) 임차인은 임대인의 동의 없이 위 부동산의 용도나 구조를 변경하거나 전대, 임차권 양도 또는 담보제공을 하지 못하며 임대차목적 이외의 용도로 사용할 수 없다.

제4조 (계약의 해지) 임차인이 2기 이상 차임의 지급을 연체하거나 제3조를 위반하였을 때 임대인은 즉시 본 계약을 해지할 수 있다.

제5조 (계약의 종료) 임대차계약이 종료된 경우에 임차인은 위 부동산을 원상으로 회복하여 임대인에게 반환한다. 이러한 경우 임대인은 보증금을 임차인에게 반환하고, 연체임대료 또는 손해배상금이 있을 때는 이들을 제하고 그 잔액을 반환한다.

제6조 (계약의 해제) 임차인이 임대인에게 중도금(중도금이 없을 때는 잔금)을 지불하기 전까지, 임대인은 계약금의 배액을 상환하고 임차인은 계약금을 포기하고 이 계약을 해제할 수 있다.

제7조 (채무불이행과 손해배상) 임대인 또는 임차인이 본 계약상의 내용에 대하여 불이행이 있을 경우 그 상대방은 불이행한 자에 대하여 서면을 최고하고 계약을 해제할 수 있다. 그리고 계약 당사자는 계약해제에 따른 손해배상을 각각 상대방에 대하여 청구할 수 있으며, 손해배상에 대하여 별도의 약정이 없는 한 계약금을 손해배상의 기준으로 본다.

2019. 5. 1.

임대인	주소	서울시 강남구 삼성동 251-3 2101호					(인)
	법인등록번호	602-81-48930	전화		성명	수원산업㈜	
	대리인		전화		성명		
임차인	주소	서울시 강남구 역삼동 351-2 1-202					(인)
	사업자등록번호	109-10-22616	전화		성명	현대산업	
	대리인		전화		성명		

04 다음 자료를 이용하여 2019년 제2기 예정신고기간의 부동산임대공급가액명세서를 작성하고 부가가치세신고서에 반영하시오.(월세와 관리비는 부가가치세 별도금액이며, 적법하게 세금계산서를 교부하였다. 이자율은 KcLep에 등록되어 있는 이자율을 사용한다. 부가가치세신고서 작성 시 기존자료는 삭제하고, 월세 등 부동산임대공급가액명세서의 내용을 반영하며, 전표입력은 생략한다)(4점)**(62회)**

- 거래처명 : 솔부션상사(거래처코드 150)
- 사업자등록번호 : 120-88-00767
- 용도 : 점포(면적 155m^2)
- 동, 층, 호수 : 1동, 1층, 101호
- 임대기간별 임대료 및 관리비

임대기간	보증금(원)	월세(원)	월 관리비(원)
2018. 8. 1.~2019. 7. 31.	10,000,000	1,000,000	50,000
2019. 8. 1.~2020. 7. 31.	20,000,000	1,100,000	50,000

7 신용카드매출전표 등 수령명세서(갑)(을)

● 신용카드 등 공제 ×(≒세금계산서 발급 면제)

① 간이과세자
② 업종(미용, 이발, 운수업 : 항공권, KTX, 택시 등)
  cf 전세버스 제외
③ 불공사유
④ 세금계산서+카드명세서 → 세금계산서만 공제

83회 기출설치(전산세무 2급) | 수험번호 : 12111111 | 감독관번호 : 9652

01 부가가치세신고와 관련하여 다음의 자료를 보고 제2기 예정신고기간분 신용카드매출전표 등 수령명세서를 작성하시오.(3점)**(80회)**

- 사업용 신용카드는 서울카드(1111-1111-1111-1111)를 사용하였고, 자료입력 시 '3. 거래내역입력'의 기재사항을 모두 입력하되 매입매출전표입력은 생략할 것
- 아래의 거래처 모두가 일반과세자로서 매입세액공제의 가능여부를 판단하여 처리할 것

일자	내역	상호	사업자번호	공급가액	세액	증빙
7월 30일	택시비용	㈜프라임	211-86-78437	20,000원	2,000원	사업용 신용카드
8월 3일	사무실 탕비실 음료수	지투상사	139-39-00216	227,273원	22,727원	사업용 신용카드
9월 5일	프린터 토너구입	㈜바른유통	116-81-15020	800,000원	80,000원	현금영수증

02 다음 자료를 이용하여 2019년 제2기 부가가치세 예정신고기간(7월~9월)의 신용카드매출전표 등 수령명세서(갑)를 작성하시오. 당사는 신한(법인, 사업용)카드를 사용하고 있으며, 현금지출의 경우에는 사업자등록번호를 기재한 현금영수증을 수령한다. 상대거래처는 모두 일반과세자라고 가정하며, 매입매출전표입력은 생략한다.(3점)**(79회)**

일자	내역	공급가액	부가가치세	상호	사업자 등록번호	증빙
7월 15일	원재료구입 시 법인카드 결제(세금계산서 수취함)	5,000,000원	500,000원	㈜영동기업	211-88-64091	신용카드
8월 10일	사무실 복합기 토너구입	75,000원	7,500원	㈜나라	239-88-00023	현금영수증
9월 14일	옴니버스 입장권구입 (접대목적임)	1,000,000원	100,000원	㈜옴니버스	132-86-35848	신용카드
9월 25일	대표이사 부산 출장 KTX요금	100,000원	10,000원	㈜모두상사	211-81-01234	현금영수증

03 아래의 자료를 바탕으로 2019년 1기 부가가치세 확정신고기간(4월 1일~6월 30일)의 신용카드매출전표 등 수령명세서(갑)를 작성하시오. 카드는 현대카드(법인, 사업용) 1111- 2222-3333-4444를 사용하였고, 거래처는 모두 일반과세자이다.(매입세액공제 가능한 거래만 반영하고 매입매출전표입력은 생략한다)(5점)(70회)

일자	내역	공급가액(원)	부가가치세(원)	상호	사업자등록번호	증빙
4월 1일	본사 회의 시 커피	40,000	4,000	㈜뉴라이프	138-86-01157	신용카드
4월 4일	신입사원 명함제작	20,000	2,000	스피드전산㈜	264-81-36493	현금영수증
5월 10일	거래처 직원과의 식사비	250,000	25,000	우리식당	123-05-54328	신용카드
5월 14일	사무실 프린터 토너 교체	75,000	7,500	명가전자	130-39-97510	현금영수증
6월 19일	거래처 방문 택시비	13,000	1,300	㈜프라임	211-86-78437	신용카드

04 다음 자료를 이용하여 제1기 확정신고기간의 신용카드매출전표수령 등 금액합계표(갑)를 작성하시오. 단, ① 모든 거래처는 일반과세자이며, 매입세액공제가 가능한 사항만 반영할 것, ② 전표입력은 생략하고 법인카드번호는 1234-5678-1234-5678(하나카드)이다.(4점)(59회)

거래일자	거래내용	거래처명(사업자등록번호)	대표자 성명	공급대가(VAT 포함)	거래처 업종	증빙자료
4월 3일	출장목적 항공권	㈜뉴라이프	김우주	2,200,000원	여객운송 등	사업용 신용카드
4월 15일	사무용품 구입	우리식당	김사장	110,000원	소매/문구	사업용 신용카드
5월 20일	거래처 접대	명가전자	홍길동	440,000원	음식업	사업용 신용카드
6월 20일	업무용 컴퓨터구입	㈜프라임	박영웅	6,600,000원	도소매/컴퓨터 등	사업용 신용카드

05 다음 자료를 토대로 제1기 확정분 신용카드매출전표 등 수령금액합계표(갑)를 작성하시오. 단, 매입매출전표입력은 생략하되, 사용한 법인카드번호는 국민카드 1112-3456-7000-8000이며 매입세액공제가 가능한 사항만 반영하시오.(4점)**(57회)**

매입일자	매입내역	공급가액	세액	사용처(모두 일반과세자)		증빙
				상호	사업자등록번호	
6월 3일	출장목적의 KTX승차권	80,000	8,000	㈜뉴라이프	138-86-01157	신용카드
6월 4일	사업장 난방용 석유구입	50,000	5,000	스피드전산㈜	264-81-36493	신용카드
6월 5일	비영업용 소형승용차 임차료	200,000	20,000	명가전자	130-39-97510	현금영수증
6월 6일	직원회의 시 커피구입비	30,000	3,000	㈜프라임	211-86-78437	현금영수증

8 신용카드매출전표 등 발행금액집계표(공급대가입력 주의)

● 신용카드, 현금영수증을 발행

01 다음 자료를 보고 2기 예정신고기간의 신용카드매출전표 등 발행금액집계표를 작성하시오.(매입매출전표입력은 생략한다)(3점)**(56회)**

- 7월 19일 비사업자인 나철수 씨에게 제품 5,500,000원(부가가치세 포함)을 판매하고 현금영수증을 발급하였다.
- 8월 6일 ㈜거소에게 제품 9,900,000원(부가가치세 포함)을 판매하고 전자세금계산서를 발급하였으며, 대금 중 5,000,000원은 현금으로, 4,900,000원은 9월 18일 국민법인카드로 결제받았다.
- 9월 27일 ㈜설원에게 제품 8,800,000원(부가가치세 포함)을 판매하고 국민법인카드로 대금결제를 받았다.

9 재활용폐자원 세액공제신고서

재활용자원 및 중고자동차를 수집하는 사업자가 세금계산서를 발급할 수 없는 자(간이과세자, 면세사업자, 비사업자인 개인)로부터 재활용폐자원 또는 중고자동차를 취득하여 제조 또는 가공하거나 이를 공급하는 경우에는 취득가액의 일부를 매출세액에서 매입세액으로 공제할 수 있다.
(누적효과 제거)
① 재활용폐자원수집업자 : 3/103(2021년 12월 31일까지)
② 중고자동차매매업자 : ~~9/109~~→ 10/110(2019년 12월 31일까지)

83회 기출설치(전산세무 2급) | 수험번호 : 12111111 | 감독관번호 : 9652

01 당사는 재활용폐자원을 수집하는 사업자이다. 다음 자료에 의하여 2기 확정신고기간의 재활용폐자원 세액공제신고서를 작성하시오. 단, 공제(납부)할 세액까지 정확한 금액을 입력할 것(4점)(71회)

	공급자	사업자번호	거래일자	품명	수량(KG)	취득금액	증빙	건수
거래자료	현대산업	109-10-22616	2019. 10. 6.	고철	200	4,650,000원	영수증	1

추가자료
- 현대산업은 간이과세사업자이다.
- 매입매출전표입력은 생략하며, 예정신고기간 중의 재활용폐자원 신고내역은 없다.
- 2기 과세기간 중 재활용관련 매출액과 세금계산서 매입액은 다음과 같다.

구분	매출액	매입공급가액(세금계산서)
예정분	58,000,000원	43,000,000원
확정분	63,000,000원	52,000,000원

02 다음 자료를 이용하여 2019년 제2기 예정신고기간(2019년 7월 1일~2019년 9월 30일)에 대한 재활용폐자원 세액공제신고서를 작성하되 아래 가정에 따르시오.(3점) (53회)

거래일자	공급처명	품명	공급가액(원)	관련증빙
7월 15일	현대산업	고철	3,498,000	계산서
7월 22일	화승물산	비철	1,590,000	세금계산서
8월 26일	명가전자	고철	795,000	영수증

상호	사업자번호(주민등록번호)	대표자
현대산업	109-10-22616	
화승물산	217-10-18617	
명가전자	130-39-97510	

[가정] • 재활용폐자원 세액공제신고서 작성대상이 되는 거래만을 매입매출전표에 적요번호를 포함하여 입력하되, 모두 현금거래로 간주하고 계정과목은 원재료를 사용한다.
• 재활용폐자원 세액공제신고서는 매입매출전표입력에서 재활용폐자원 매입세액 적요 설정 후 자동 불러오기로 한다.

10 기타

① 영세율첨부서류제출명세서
② 영세율매출명세서
③ 건물등감가상각취득명세서

CHAPTER 02

전산세무 2급 실무 5

● **전산세무 2급 대비 기출분석(실무, 문제 5)**

구 분	사원등록(부양가족명세)	급여자료입력	연말정산추가자료입력
86회			
85회			
84회			
83회		○ (원천징수이행신고서)	○
82회		○	○
81회	○		○ (소득명세, 연금저축 등)
80회		○	○ (부양가족소득공제)
79회		○	○ (부양가족소득공제, 연금저축 등)
78회		○ (원천징수이행신고서)	○ (월세, 주택임차차입)
77회		○	○ (연금저축 등)
76회	○	○	○
75회		○ (원천징수이행신고서)	○
74회	○		○ (소득명세, 월세주택임차)
73회		○ (원천징수이행신고서)	○
72회		○	○
71회		○	○
70회	○	○	○ (연금저축 등)
69회	○		○ (월세, 주택임차차입)
68회		○ (중도퇴사자 정산)	○
특별		○	○ (소득명세)

1 급여자료입력(비과세요건)

1) 시간외근무수당(연장근로, 야간근로, 휴일근로)

생산직 근로자(일용근로자 포함)

+

월정액급여가 210만원 이하, 직전년도 총급여액이 2,500만원 이하인 자

cf not 190만원, 150만원(개정됨)

2) 식대

- 별도의 식사 제공 시(구내 식당) : 비과세
- 식대 제공 시 : 비과세(10만원 한도)
- 식사제공+식대 제공 시 : 식사제공－비과세
식대제공－과세

3) 자가운전보조금

- 본인 소유차량을 본인이 직접 운전하여 업무수행에 이용(출퇴근용은 업무용 아님)하고 지급받는 실비변상적인 성질의 금액 : 비과세
- 종업원이 시내 출장 등에 따른 (실제)여비를 별도로 지급받으면서 자가운전보조금을 지급받는 경우 : (실제)여비－비과세(실비변상적인 급여로)
자가운전보조금－과세

4) 육아수당

근로자 또는 그 배우자의 출산이나 6세 이하 자녀의 보육과 관련하여 지급받는 급여 － 10만원 한도 비과세처리(초 · 중 · 고등학생 자녀보육비 지급액은 과세)

5) 연구보조비/취재수당

월 20만원 한도 비과세

01 다음 자료를 이용하여 수원산업㈜의 생산직 근로자인 정희석(사번 : 101)의 5월분 '급여자료입력'과 '원천징수이행상황신고서'를 작성하시오.(단, 전월미환급세액은 150,000원이며, 급여지급일은 매월 말일이다)(5점)(83회)

※ 수당등록 및 공제항목은 불러온 자료는 무시하고 아래 자료에 따라 입력하며, 사용하는 수당 이외의 항목은 '부'로 체크하기로 한다.

※ 원천징수이행상황신고서는 매월 작성하며, 정희석 씨의 급여내역만 반영하고 환급신청은 하지 않기로 한다.

5월 급여내역

이름	정희석	지급일	5월 31일
기본급	1,500,000원	소득세	17,180원
식대	100,000원	지방소득세	1,710원
자가운전보조금	300,000원	국민연금	85,500원
야간근로수당	200,000원	건강보험	59,280원
교육보조금	200,000원	장기요양보험	5,040원
		고용보험	12,350원
		공제합계	181,060원
급여계	2,300,000원	지급총액	2,118,940원

- 식대 : 당 회사는 현물 식사를 별도로 제공하고 있다.
- 자가운전보조금 : 당사는 본인 명의의 차량을 업무목적으로 사용한 직원에게만 자가운전보조금을 지급하고 있으며, 실제 발생된 교통비를 별도로 지급하지 않는다.
- 야간근로수당 : 올해 들어 5월부터 업무시간 외 추가로 근무를 하는 경우 야근수당을 지급하고 있으며, 생산직근로자가 받는 시간외근무수당으로서 비과세요건을 충족하고 있다.
- 사규에 따라 자녀교육비에 대하여 교육보조금을 지급하고 있다.

02 다음 자료를 이용하여 회계부 사원 서주원(코드 101)의 필요한 수당등록과 12월분 급여자료입력을 하시오.(단, 수당등록 및 공제항목은 불러온 자료는 무시하고 아래 자료에 따라 입력하며, 수당등록 시 월정액은 체크하지 말고, 사용하는 수당 이외의 항목은 '부'로 체크할 것)(6점)(82회)

㈜팔영산업 2018년 12월 급여내역

이름	서주원	지급일	12월 31일
기본급여	2,000,000원	소득세	25,180원
식대	180,000원	지방소득세	2,510원
야간근로수당	300,000원	국민연금	90,000원
육아수당	200,000원	건강보험	62,400원
자가운전보조금	100,000원	장기요양보험	4,600원
교육지원금	220,000원	고용보험	18,200원
급여계	3,000,000원	가불금	1,000,000원
		공제합계	1,202,890원
노고에 감사드립니다.		**지급총액**	1,797,110원

〈추가자료〉

- 회사는 구내식당을 운영하지 않고 있으며 별도의 식사 제공은 하지 않는다.
- 서주원은 만 6세의 자녀가 있으며, 회사 정책상 자녀 1인당 20만원씩 육아수당을 지급받고 있다. 현재 서주원의 배우자는 근무하고 있는 직장에서 비과세 육아수당을 지급받고 있다.
- 서주원은 본인명의 차량을 업무용으로 사용함에 따른 실제 여비를 받고, 자가운전보조금도 별도로 지급받고 있다.
- 서주원은 사설어학원에서 외부교육을 받고 있으며, 이에 따른 교육비를 지원받고 있다.
- 서주원은 12월초에 개인사정으로 인하여 가불금을 지급받았으며, 회사 정책상 가불금은 그 달 월급에서 공제하고 있다.

03 다음 자료를 이용하여 개발 2팀 홍수현 팀장(사원코드 101)의 수당등록 및 10월분 급여자료를 입력한 후, 원천징수이행상황신고서를 작성하시오.(5점)**(80회)**

2018년 10월 급여명세서

성명	홍수현	지급일	2018년 10월 31일
기본급여	3,000,000원	국민연금	135,000원
상여	500,000원	건강보험	93,600원
직책수당	300,000원	장기요양보험	6,900원
식대	100,000원	고용보험	25,350원
자가운전보조금	200,000원	소득세(100%)	84,850원
		지방소득세	8,480원
급여합계	4,100,000원	**공제합계**	354,180원
노고에 감사드립니다.		**지급총액**	3,745,820원

- 수당등록 시 불러오는 항목은 그대로 두되, 급여명세서에 적용된 항목 이외의 항목은 사용여부를 '부'로 체크하시오.
- 당사는 모든 임직원에게 식사제공과 함께 매월 식대 100,000원을 지급하고 있다.
- 당사는 본인명의의 차량을 업무목적으로 사용한 직원에게 자가운전보조금 200,000원을 지급하고 있으며, 실제 발생된 교통비를 별도로 지급하지는 않는다.
- 원천징수이행상황신고서 작성관련하여 전월미환급세액은 54,000원으로 가정한다.

04 현재 대표이사 박지성의 급여는 매월 기본급 5,000,000원으로 책정되어 있는데, 당사는 근로소득 비과세대상을 검토 후 다음과 같이 대표이사의 급여체계를 수정・보완하고자 한다. 아래에 제시된 급여체계로 구분하여 대표이사의 수당등록과 1월분 급여자료입력(급여 : 말일지급)사항을 반영하라.(단, 관련수당 등은 별도의 언급이 없는 경우 비과세요건을 충족한 것으로 가정하고 공제항목은 입력하지 않으며 수당등록에 해당 사항 없는 것은 '부'로 한다)(5점)**(79회)**

급여체계	금액
기본급	3,750,000원
직책수당	500,000원
식대	150,000원
자가운전보조금	300,000원
육아수당	100,000원
연구보조비(기업부설연구소)	200,000원
합계	5,000,000원

05 다음 자료를 이용하여 사무직 이종석 사원(코드 102)에 대해 수당공제 등록 후 급여자료를 입력하고, 원천징수이행상황신고서를 작성하시오.(불러온 자료는 무시하고 아래 자료를 입력하며 급여자료에 해당 없는 수당은 '부'로 표시한다)(5점)**(78회)**

2018년 1월 급여명세서

급여내역	금액	공제내역	금액
기본급	2,000,000원	국민연금	176,400원
식대	120,000원	건강보험	122,300원
자가운전보조금	200,000원	장기요양보험	9,020원
		고용보험	13,130원
		소득세(100%)	20,170원
		지방소득세	2,010원

- 급여지급일은 매달 말일이다.
- 식대와 자가운전보조금은 소득세법상 비과세요건을 충족한다.
- 전월미환급세액은 15,000원이다.
- 원천징수이행상황신고서는 매월 작성하고, 이종석 씨의 급여내역만 반영한다.

06 다음 자료를 이용하여 영업직 사원 조인호(코드 103)의 필요한 수당등록과 1월분 급여자료입력을 하시오.(단, 수당등록 및 공제항목은 불러온 자료는 무시하고 아래 자료에 따라 입력하며, 사용하는 수당 이외의 항목은 '부'로 체크할 것)(5점)(77회)

2018년 1월 급여명세서

지급내역	기본급	1,800,000원
	상여	250,000원
	식대	120,000원
	자가운전보조금	150,000원
	야간근로수당	200,000원
	자격수당	50,000원
	육아수당	200,000원
	지급액	2,770,000원
공제내역	국민연금	81,000원
	건강보험	55,080원
	장기요양보험	4,060원
	고용보험	16,700원
	소득세	47,620원
	지방소득세	4,760원
	공제계	209,220원
지급총액		2,560,780원
귀하의 노고에 감사드립니다.		

〈추가자료〉

- 급여지급일은 매달 말일이다.
- 회사는 구내식당을 운영하지 않고 별도의 식사 제공은 하지 않는다.
- 조인호 씨는 전산세무 2급 국가공인 자격증을 보유하고 있어 자격수당을 지급받고 있다.
- 조인호 씨는 배우자명의의 차량을 업무용으로 사용하고 실제 여비를 받는 대신 자가운전보조금을 지급받고 있다.
- 조인호 씨는 만 2세, 만 5세 두 명의 자녀가 있으며, 자녀 1인당 10만원씩 육아수당을 지급받고 있다.

07 다음 자료를 보고 영업사원 김대호(직급 : 대리)의 필요한 수당등록과 11월분 급여자료 입력을 하시오.(5점)**(76회)**

1. 급여명세서

2017년 11월 급여명세서

급여내역			공제내역		
급여내역	기본급	3,000,000원	공제내역	소득세	147,110원
	식대	100,000원		지방소득세	14,710원
	야간근로수당	250,000원		국민연금	135,000원
	자가운전보조금	200,000원		건강보험	91,800원
	육아수당	100,000원		장기요양보험	6,010원
	직무수당	200,000원		고용보험	21,770원
	급여총액	3,850,000원		사내 대출금	500,000원
				공제총액	916,400원
			지급총액		2,933,600원

귀하의 노고에 감사드립니다.

2. 추가자료 및 요청사항

① 급여지급일은 매월 말일이다.

② 수당내역

- 식대 : 당 회사는 구내식당에서 식사를 별도로 제공하고 있다.
- 야간근로수당 : 업무시간 외 추가로 근무를 하는 경우 야근수당을 지급하고 있다.
- 자가운전보조금 : 직원명의의 차량을 소유하고 있고, 그 차량을 업무수행에 이용하는 경우 자가운전보조금을 200,000원 지급하고 있다.
- 육아수당 : 6세 이하의 자녀가 있는 경우 자녀 1인당 100,000원의 육아수당을 지급하고 있다
- 직무수당 : 직급에 따른 차등지급액으로 대리급은 200,000원을 지급하고 있다.
- 자가운전보조금을 제외한 모든 수당은 월정액에 해당한다.

③ 공제내역

- 국민연금, 건강보험, 장기요양보험 및 고용보험은 당월에 고지된 내역을 반영하였다.
- 사내 대출금은 주택구입대출금에 대한 상환액이다.

④ 급여대장 작성 시 과세여부를 판단하여 필요한 수당은 추가등록하고, 사용하지 않는 수당은 사용여부를 모두 부로 변경하며, 급여명세서에 제시된 항목 및 금액이 표시될 수 있도록 작성한다.

08 다음 자료를 이용하여 사원 김한국 씨(사번 : 101)의 필요한 수당등록과 7월분 급여자료입력(수당등록 및 공제항목은 불러온 자료는 무시하고 아래 자료에 따라 입력하며, 사용하는 수당 이외의 항목은 부로 체크할 것)을 하고, 원천징수이행상황신고서를 작성하시오.(단, 급여지급일은 매월 말일이며, 전월미환급세액 210,000원이 있다. 원천징수이행상황신고서는 매월 작성하며, 김한국 씨의 급여내역만 반영할 것)(5점)**(75회)**

㈜한결테크 2017년 7월 급여내역

이름	김한국	지급일	2017년 7월 31일
기본급	2,200,000원	소득세	80,140원
월차수당	400,000원	지방소득세	8,010원
식대	150,000원	국민연금	99,000원
육아수당	200,000원	건강보험	67,320원
출퇴근수당	200,000원	장기요양보험	4,400원
상여	0원	고용보험	19,170원
급여계	3,150,000원	**공제합계**	278,040원
노고에 감사드립니다.		**지급총액**	2,871,960원

※ 식대, 육아수당은 비과세요건을 충족하지만 출퇴근수당은 비과세요건을 충족하지 않는다.

09 다음은 ㈜소망의 급여대장(귀속월 : 1월, 지급일 : 1월 31일)내용이다. 주어진 자료를 이용하여 1월분 급여자료입력하고 원천징수이행상황신고서(1. 정기신고)에 반영하시오.(식대와 차량유지비[비과세유형 : 자가운전보조금]는 비과세요건을 충족하며, 신고일 현재 전월이월된 미환급세액 30,000원이 있다)(5점)**(73회)**

2017년 1월 급여대장

(지급연월일 : 2017년 1월 31일) (단위 : 원)

성명	지급내용					공제내용						차감 수령액
	기본급	상여금	차량 유지비	식대	급여계	소득세	지방 소득세	국민 연금	건강 보험	장기 요양	고용 보험	
김갑돌	3,000,000	500,000	200,000	100,000	3,800,000	142,220	14,220	135,000	91,800	6,010	22,750	3,388,000
김갑순	2,500,000	500,000	-	100,000	3,100,000	84,850	8,480	112,500	76,500	5,010	19,500	2,793,160
합계	5,500,000	1,000,000	200,000	200,000	6,900,000	227,070	22,700	247,500	168,300	11,020	42,250	6,181,160

10 관리부 소속인 김수당(사번 : 101) 사원이 2016년 7월 31일 퇴사하여, 7월 급여 지급시 중도퇴사에 대한 연말정산을 실시하였다. 김수당 씨의 2016년 7월분의 급여대장을

아래의 내용대로 수당등록 및 공제항목을 추가하여 7월분 급여자료입력을 하고, 7월 급여대장 작성 시 중도퇴사에 대한 연말정산금액을 급여대장에 반영하시오.(9점)**(68회)**

① 김수당의 급여지급일은 매월 말일이다.
② 7월에 지급할 내역은 다음과 같으며 모두 월정액이다. 비과세로 인정받을 수 있는 항목은 최대한 반영하기로 한다.

- 기본급 : 3,000,000원
- 식대 : 100,000원(별도의 식사를 제공함)
- 자격수당 : 200,000원
- 야간근로수당 : 100,000원
- 육아수당 : 100,000원(만 9세의 자녀가 있음)
- 출근수당 : 50,000원(원거리 출·퇴근자에게 지급함)

③ 7월 공제할 항목은 다음과 같다.

- 국민연금 : 180,000원
- 건강보험료 : 121,400원
- 장기요양보험료 : 7,950원
- 고용보험료 : 23,070원
- 주차비 : 100,000원(공제소득 유형 : 기타)

2 사원등록

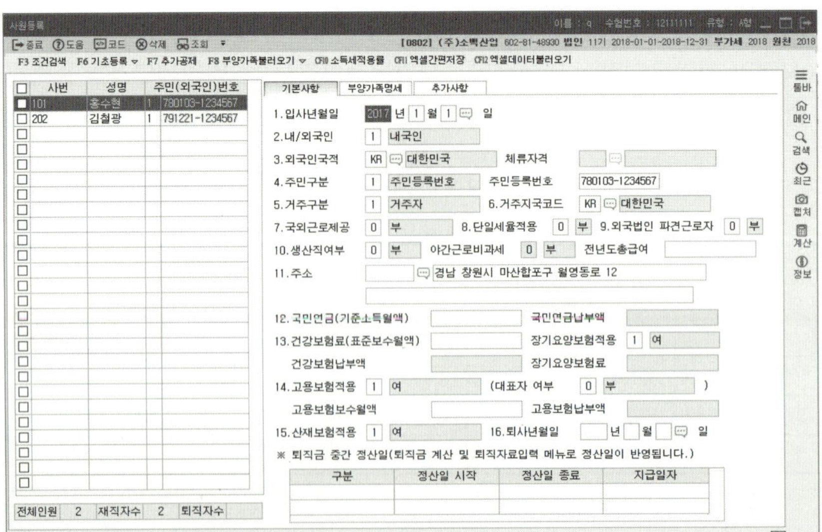

※ 8. **단일세율적용** : 외국인 근로자+근로소득에 19% 단일세율적용가능(2018년 7월 1일 이후 적용)

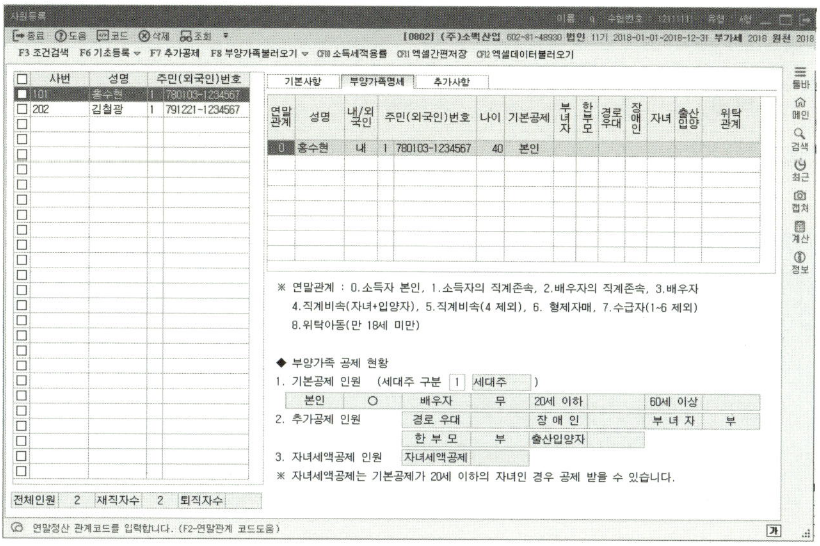

① 연말관계, 성명, 내/외국인, 주민번호, 나이입력
② 기본공제 대상자인지 판단 후 입력
③ 추가공제 대상자인지 판단 후 입력

※ 다음의 경우는 동거하지 않아도 생계를 같이하는 것으로 본다.

① 배우자 및 직계비속, 입양자(항상 생계를 같이 하는 것으로 본다) ② 이외의 동거가족의 경우: 취학, 질병의 요양, 근무상·사업상 형편 등으로 본래의 주소에서 일시 퇴거한 경우 ③ 주거의 형편에 따라 별거하고 있는 직계존속

※ **나이요건** : 만 20세 이하, 만 60세 이상
※ **소득요건** : 연간 소득금액 합계액 100만원 이하(근로소득만 있는 자는 총급여액 500만원 이하)

● 인적공제(기본공제, 추가공제)

구분	설명
연말관계	0. 소득자 본인, 1. 소득자의 직계존속, 2. 배우자의 직계존속, 3. 배우자, 4. 직계비속(자녀·입양자), 5. 직계비속(자녀·입양자 외), 6. 형제자매, 7. 수급자(1~6 제외), 8. 위탁아동

구분		내용
기본공제 (150만원/1명)		0 : 부, 1 : 본인(무조건), 2 : 배우자, 3 : 직계비속(20세 이하), 4 : 직계존속(60세 이상), 5 : 장애인, 6 : 기초생활수급대상 7 : 자녀장려금 **단, 1~2/5~6 : 나이요건 X, 2~7 : 소득금액 100만원 이하***
추가공제(기본공제대상)	부녀자 (50만원)	거주자 **본인**이 여성인 경우(주민등록상 세대주인 경우) 단, 종합소득금액이 **3천만원** 이하
	한부모 (100만원)	거주자 **본인**이 배우자가 없고, 직계비속 또는 입양자가 있는 경우 but 부녀자공제와 동시에 해당되는 경우 한부모공제를 적용
	경로우대 (100만원)	본인, 배우자, 부양가족이 **70세 이상**인 경우 cf 의료비공제에서 경로 : 65세 이상
	장애인 (200만원)	본인, 배우자, 부양가족이 **장애인**인 경우
	출산입양	해당 과세기간에 **출생, 입양신고**된 경우
	자녀	7세 이상 20세 이하의 자녀(단, 7세 미만 취학아동은 선택가능
	~~6세 이하~~	~~**6세 이하인** 직계비속, 입양자 및 위탁아동~~
	위탁관계	위탁아동

* 소득금액 100만원 이하?
→ **종합(이자, 배당, 사업, 근로, 연금, 기타)+퇴직+양도소득금액의 합계액**이 기준

기준		
단, '근로소득' 만 있는 경우 **(주의!!!)**	상용근로자	**총급여액이 500만원 이하인 경우,** 소득금액요건을 충족한 것으로 함(기본공제가능)
	일용근로자	**무조건** 기본공제가능
금융소득(이자, 배당)	국내예금이자 등	**2천만원 이하**일 경우 기본공제가능
기타소득	복권 등	무조건 기본공제가능
	뇌물 등	불가
	기타소득금액	**500만원 이하**(기타소득공제율 80%)→100만원 이하

01 다음 자료를 보고 내국인이며 거주자인 사무직 사원 김미소(여성, 입사일자 2019년 6월 1일, 국내근무)를 사원등록(코드번호 105)하고, 김미소의 부양가족을 모두 부양가족명세에 등록 후 세부담이 최소화되도록 공제여부를 입력하시오.(단, 기본공제 대상자가 아닌 경우 기본공제여부에 '부'로 표시할 것)(5점)**(84회)**

성명	관계	주민등록번호	내/외국인	동거여부	비고
김미소	본인	750123-2548753	내국인	–	연간 총급여액 2,850만원
박재민	배우자	690420-1434567	내국인	동거	사업소득금액 300만원
김성호	본인의 아버지	450324-1354875	내국인	영국 거주	소득 없음
유미영	본인의 어머니	470520-2324875	내국인	영국 거주	복권당첨소득 800만원
박예슬	딸	020705-4123456	내국인	미국 유학 중	소득 없음
박호식	아들	080103-3143578	내국인	동거	소득 없음
김미정	언니	730112-2454528	내국인	동거	퇴직소득금액 100만원

※ 본인 및 부양가족의 소득은 위의 소득이 전부이며, 위의 주민등록번호는 정확한 것으로 가정한다.

02 다음은 생산직 직원 신나라 씨(입사일 2018년 8월 1일)와 생계를 같이하고 있는 부양가족(내국인)에 대한 자료이다. 신나라 씨를 사원등록(코드번호 201번)하고, 기본사항입력은 생략하되 세부담이 최소화되도록 부양가족명세에 입력하시오.(단, 부양가족 모두 부양가족명세에 등록 후 기본공제 대상자가 아닌 경우 '부'로 표시하시오)(5점)**(81회)**

관계	이름	주민등록번호	비고
본인	신나라	750420-1234567	세대주
배우자	오연지	750320-2951351	복권당첨금 100,000,000원
본인의 어머니	박순례	481228-2346418	총급여 3,000,000원, 양도소득금액 200,000원
동생	신기해	781124-2514614	장애인, 퇴직소득금액 40,000,000원
자녀	신아름	980508-2145188	일용근로소득금액 10,000,000원
자녀	신보름	180120-4665154	2018년 출생(둘째)

03 다음 자료를 보고 내국인이며 거주자인 사무직 사원 한마음(여성, 세대주, 입사일자 2015년 4월 1일, 국내근무)을 사원등록(코드번호 105)하고, 한마음의 부양가족을 모두 부양가족명세에 등록 후 세부담이 최소화되도록 공제여부를 입력하시오.(기본공제 대상자가 아닌 경우 '부'로 표시하시오)(5점)**(74회)**

성명	관계	주민등록번호	내/외국인	동거여부	비고
한마음	본인	710630-2434567	내국인	–	연간 총급여액 2,900만원
김태우	배우자	700420-1434567	내국인	2017.3.3. 사망	일용근로소득 600만원
유지인	모	460730-2445678	내국인	미국 거주	복권당첨소득 500만원
김성유	딸	020805-4123456	내국인	일본 유학 중	소득 없음
김호식	아들	060505-3123456	내국인	동거	소득 없음
한다정	언니	670112-2434528	내국인	동거	퇴직소득금액 100만원

※ 본인 및 부양가족의 소득은 위의 소득이 전부이며, 위의 주민등록번호는 정확한 것으로 가정한다.

04 2016년 5월 1일자로 입사한 사원 황진이(750128-2436807, 세대원, 총급여 28,000,000원)와 생계를 같이하는 주민등록표상의 부양가족사항은 다음과 같다. 황진이 씨의 세부담이 최소화되도록 사원등록에서 부양가족명세서를 작성하시오.(본인 포함 부양가족 전원을 반영하되, 기본공제 대상자가 아닌 경우에는 기본공제항목에 '부'로 입력하며, 아래 주민등록번호는 모두 정확한 것으로 가정한다)(5점)**(69회)**

관계	이름	주민등록번호	비고
배우자	홍길동	730826-1476711	일용근로소득자(총급여 12,000,000원), 모두 분리과세하였음
모	사임당	320310-2412811	부동산임대소득금액 1,200,000원, 장애인
자녀	홍순아	981130-2035224	2016년 3월 학업을 위하여 주소를 타지로 이전함
동생	황매화	780427-1412312	장애인, 2016년 증여받은 재산가액 50,000,000원

05 2016년 5월 1일 입사한 사원 심인경(750128-2436807, 세대원, 총급여 45,000,000원)의 부양가족사항은 다음과 같다. 심인경의 세부담이 최소화되도록 사원등록에서 부양가족명세서를 작성하시오.(단, 본인 포함 부양가족 전원을 반영하되, 기본공제 대상자가 아닌 경우에는 기본공제항목에 '부'로 입력할 것)(5점)**(67회)**

관계	이름	주민등록번호	비고
배우자	조태오	730826-1476711	근로소득자, 총급여 24,000,000원
시부	조진수	420806-1173915	2016년 4월 25일 사망, 소득 없음
시모	하지수	500914-2535224	항시 치료를 요하는 중증환자로서 치료목적으로 별거중이며, 소득 없음
자	조상아	981130-2035224	모델전속계약금(기간 2016년 1월~2016년 6월, 기타소득) 50,000,000원
자	조상혁	000228-3078514	소득 없음

※ 위 주민등록번호는 모두 정확한 것으로 가정한다.

06 다음은 여성사원인 박예승(사번 101)의 생계를 같이하고 있는 가족사항에 대한 내용이다. 다음 사항을 참조하여 사원등록메뉴에 연말정산에 필요한 소득공제사항(인적사항)을 사원등록의 부양가족명세 탭에 입력하시오. 단, 기본공제 대상자가 아닌 경우에는 반영하지 아니한다.(6점)**(64회)**

기본정보	• 아래에서 제시하는 소득이 없는 경우에는 별도의 소득이 발생하지 않은 것으로 가정한다. • 박예승 씨의 경우에는 종합소득과세표준을 계산할 때 합산되는 종합소득금액이 3,000만원 이하인 것으로 가정한다. • 부양가족들은 소득세법상 소득공제요건을 충족한 경우, 모두 박예승 씨가 소득 및 세액공제를 받는 것으로 한다.
본인정보	• 입사일 : 2015년 8월 11일 • 주민등록번호 : 860215-2101412 • 주소 : 서울 영등포구 신길동 24-1 • 직종 : 사무직 • 세대주여부 : 여
가족사항	• (친할머니) 김지연 : (주민등록번호 : 440201-1220001), 주거형편상 별거 중임 • (배우자) 이진욱 : (주민등록번호 : 880404-1068116), 근로소득금액 5,200만원 • (장남) 이민호 : (주민등록번호 : 130521-3010110) • (차남) 이민우 : (주민등록번호 : 150101-3010110) • (친동생) 박시후 : (주민등록번호 : 920101-1234567)

07 다음은 김예림(사번 101, 여성, 세대주)의 부양가족내역이다. 사원등록메뉴에서 연말정산 시 세부담 최소화를 할 수 있도록 부양가족명세를 입력하시오. 본인 포함 부양가족 전원을 반영하되, 기본공제 대상자가 아닌 경우에는 기본공제항목에 '부'로 입력한다.(5점)**(63회)**

성명	관계	주민등록번호	연령(만)	내/외국인	동거여부	비고
김예림	본인	800530-2134567	35세	내국인	–	연간 총급여액 2,400만원
최 영	배우자	750420-1234567	40세	내국인	근무형편상 별거	연간 총급여액 550만원
김진훈	부	370330-1345678	78세	내국인	주거형편상 별거	복권당첨소득 500만원
유지유	모	360730-2345678	79세	내국인	주거형편상 별거	소득 없음
최유선	딸	070805-4123456	8세	내국인	취학상 별거	소득 없음, 장애인임
최상욱	아들	080505-3123456	7세	내국인	동거	소득 없음

※ 본인 및 부양가족의 소득은 위의 소득이 전부이며, 위의 주민등록번호는 정확한 것으로 가정한다.

3 원천징수(연말정산입력)

● **종합소득금액**

− 종합소득공제 (★ 인적공제(기본, 추가), ★ 특별공제(신용카드 등))

과세표준

× 기본세율

산출세액

− 세액공제 (★ 특별세액공제 : 보험료, 의료비, 교육비, 기부금 공제)

결정세액

★ 특별공제(신용카드 등 소득공제)
+
★ 특별세액공제(보험료, 의료비, 교육비, 기부금 세액공제)

★ 특별공제(신용카드 등 소득공제)

● **42. 신용카드 등 사용액**(나이 X, 소득 O)

근로소득이 있는 거주자가 법인 또는 개인사업자로부터 재화나 용역을 제공받고 신용카드 등을 사용한 경우

1) **본인, 배우자, 직계존비속 등**

2) **형제자매의 신용카드 사용액은 공제불가**(단, 세대주 명의 신용카드일 경우 공제가능)

3) **신용카드범위**

신용카드, 현금영수증, 직불카드, 기명식 선불카드, 기명식 선불전자지급수단 또는 전자화폐

4) **신용카드 소득공제 제외대상**

① 보험료(의료비특별세액공제와 중복가능, 성형수술도 가능)

② 교육비 : 어린이집, 유치원, 초·중·고·대학교, 대학원 등
(사설학원비, 취학 전 아동의 학원비 및 체육시설 수강료, 중·고등학교 교복구입비용과 중복가능)

③ 정부 또는 지방자치단체에 납부하는 국세·지방세

④ 전기료, 수도료, 가스료, 전화료(인터넷 포함), 아파트관리비, 텔레비전시청료, 고속도로통행료

⑤ 상품권 등 유가증권구입비와 리스료

⑥ 사업소득과 관련된 비용 또는 법인의 비용

⑦ 신규로 출고되는 자동차구입비용
↔ 중고자동차를 신용카드로 구입하는 경우 : **구입금액의 10%**(2017년 개정)
⑧ (지방세법에 의하여)취득세, 등록면허세가 부과되는 재산의 구입비용
ex) 부동산, 골프장회원권 ↔ 중고자동차는 제외
⑨ **국외사용분**
⑩ 세액공제를 적용받은 정치자금 ↔ 세액공제를 적용받지 않았을 경우 신용카드 소득공제대상
- 전통시장 사용분과 대중교통비 사용분은 40% 공제(입력 시 따로 입력함)
- **총급여액 7천만원 이하일 경우 : 도서공연비 30% 공제 ; 박물관미술관비 30% (2019년 7월 1일 이후 적용)**

★ 특별세액공제(보험료, 의료비, 교육비, 기부금 세액공제)

● **60. 보험료**(나이 ○ : 만 20세 이하 · 만 60세 이상,
소득 ○ : 소득금액 합계액 100만원 이하/장애인 : 연령 X, 소득 ○)

1) 기본공제대상자의 보험료만 공제가능
2) 저축성보험료는 공제대상 아님(**보장성**보험만 가능)
3) 태아보험료는 공제대상 아님(출생 전이므로 기본공제대상자 아님)

● **의료비**(나이 X, 소득 X)

1) 공제대상 의료비

① **전액**공제의료비 : 본인, 장애인, 경로우대자(65세 이상)/(2018년 개정), 중증질환자 · 희귀난치성질환자 · 결핵환자
② **일반**의료비 : 전액공제 대상자를 제외한 **기본공제대상자**의 의료비 지출액
※ 기본공제대상자가 아닌 자의 의료비를, 거주자 본인의 **신용카드**로 결제한 경우 : **공제가능**
③ 안경 및 콘택트렌즈 : 1인당 **50만원 한도**
④ 스케일링비, 임신 · 출산관련, 예방접종, 건강검진비 등
⑤ 산후조리원(2019년 개정, 총급여 7천만원 이하 근로자, 한도 200만원)

2) 대상 제외 의료비

① 국외 의료기관은 공제 불가능
② 미용, 성형수술은 공제 불가능
③ 건강증진을 위한 의약품구입비(↔ **치료, 요양용**은 가능)
④ ~~산후조리원(의료법상 의료기관 아님)~~, 간병인에게 지급된 비용은 공제 불가능

● **62. 교육비**(나이 X, 소득 ○/장애인 : 나이 X, 소득 X)

1) 본인

① 대학원교육비 : 본인만 가능

2) 기본공제 대상자

① 직계존속의 교육비는 공제 불가능
② 학교, 보육시설 등에 지급한 교육비(대학원 제외)
③ 학원비 : 취학 전 아동(유치원생)만 가능
④ 급식비, 방과 후 수업료(교재비 포함, 2013년 7월 1일부터), 유치원 · 어린이집의 방과 후 특별활동비(교재비 포함), 학교(초 · 중 · 고)에서 구입한 교재구입비 공제가능
⑤ 교복구입비(중 · 고) : 1인당 **50만원 한도**, 체험학습비 : **30만원 한도**
⑥ **국외**교육기관(초 · 중 · 고) **가능**

3) 장애인특수교육비

직계존속도 가능

● 63. 기부금(나이 X, 소득 O)

1) 기본공제대상자의 기부금만 가능

2) 정치자금 : 본인만, 10만원 한도(초과금액 : 법정기부금)

3) 법정기부금(2천만원까지 : 15%, 2천만원 초과분 : 30%)

① 국가 또는 지방단체에 무상으로 기증
② 국방헌금과 위문금품(군인에게)
③ 이재민에게(천재, 지변)
④ '세법에서 정한~'
⑤ 사회복지모금**회**, 독립기념관, 대한적십자사, 사립학교 등

4) 우리사주조합기부금(30%) : 본인만 가능

5) 지정기부금

① 종교단체 외
- 노동조합에 납부한 회비
- 무료 · 실비 사회복지시설, 불우이웃돕기 결연기관 기부금

② 종교단체 기부금

※ 청약저축 · 연금저축의 경우, 세대주 **본인의 명의로 불입한 것만** 공제가능

● 비교정리

요건		나이요건	소득요건
특별공제	42. 신용카드 등 사용액	×	○

특별세액 공제	60. 보험료 • 일반보장성보험료 • 장애인전용보장성보험료	 ○ ×	 ○ ○
	61. 의료비	×	×
	62. 교육비 • 일반교육비 • 장애인특수교육비	 × ×	 ○ ×
	63. 기부금	×	○

01 김영철 사원(코드 700번)의 부양가족 및 연말정산과 관련된 자료는 다음과 같다. 이를 바탕으로 연말정산추가자료입력메뉴의 [연말정산입력] 탭을 작성하시오.(단, 세부담이 최소화되도록 하고, 부양가족은 모두 현실적으로 생계를 같이하며, 제시된 자료 이외의 타소득은 없다고 가정한다)(10점)**(84회)**

성명	관계	나이	내역
김영철	본인	37	2019년의 월세액 4,200,000원 현금결제(12. 31.기준 무주택자)
김희미	배우자	37	계약자와 피보험자 모두 배우자로 하여 가입한 보장성보험료 700,000원 현금으로 결제, 소득 없음
박주희	모	69	현금으로 절에 시주한 기부금 2,000,000원, 소득 없음
김장훈	장인	64	장애(장애인등록증)가 있으신 장인어른의 질병치료비 4,000,000원 신용카드결제, 소득 없음
김경민	자	23	대학교 등록금 2,500,000원 현금결제, 소득 없음
김상민	자	22	논술학원비 1,000,000원 신용카드결제, 소득 없음

〈김영철 기타 지출내역〉
- 총급여액은 55,000,000원이고, 부양가족의 주민등록번호는 맞는 것으로 가정한다.
- 신용카드 사용액 20,000,000원(장인 치료비 미포함)
- 현금영수증, 전통시장, 대중교통, 도서공연비 사용액 없음
- 연금저축 2,000,000원 납입(2015년도 가입, ㈜국민은행, 212-902367-62791 계좌)

〈임차내역〉
- 임대인 : 여운혁(780103-1234567)
- 소재지 : 서울 종로구 효자동(아파트, 계약면적 85㎡)
- 임대기간 : 2019년 6월 1일~2021년 5월 31일
- 세대주 : 김영철(전입신고 완료)

02 다음은 박세돌(사번 130, 세대주)과 부양가족의 국세청 홈택스에서 수집한 연말정산자료이다. 아래 자료와 연말정산추가자료입력메뉴의 [부양가족소득명세] 탭을 참고하여 [연말정산입력] 탭을 입력하시오.(단, 본인의 세부담이 최소화되도록 적용하기로 한다)(10점)(83회)

• 연말정산자료(국세청 홈택스에서 수집)

구분	내용
신용카드 등 사용액	• 본인 : 신용카드 25,000,000원[자녀(박하늘) 영어학원비 2,500,000원, 자녀(박세희) 장애인전용보장성보험료 1,200,000원, 대중교통 이용액 500,000원 포함됨] • 배우자 : 현금영수증 3,000,000원[자녀(박세희) 음악학원비 1,500,000원, 자녀(박세희) 한약구입비 300,000원, 전통시장 사용액 350,000원 포함됨]
보험료	• 본인 : 생명보험료 600,000원 • 자녀(박하늘) : 저축성보험료 500,000원 • 자녀(박세희) : 장애인전용보장성보험료 1,200,000원
의료비	• 부친 : 건강증진목적 의약품비 1,000,000원 • 본인 : 콘택트렌즈구입비 700,000원 • 자녀(박세희) : 질병예방의료비 1,300,000원(최미소의 현금영수증으로 지출한 한약구입비 300,000원 포함)
교육비	• 배우자 : 대학교 교육비 5,000,000원 • 자녀(박하늘) : 초등학교 수업료 3,200,000원(체험학습비 300,000원 포함), 영어학원비 2,500,000원(박세돌의 신용카드 사용액에 포함됨) • 자녀(박세희) : 음악학원비 1,500,000원(주 1회, 월단위, 최미소의 현금영수증 사용액에 포함됨)
기부금	• 본인 : 대한적십자사 기부금 360,000원

03 다음의 연말정산 관련자료를 보고 영업직 사원 유재호(730403-1234567, 코드 : 103, 입사일 : 2017년 12월 14일, 세대주, 총급여액 : 45,000,000원으로 가정한다)의 세부담 최소화를 위한 연말정산추가자료입력메뉴의 연말정산입력 탭을 입력하시오.(단, 부양가족소득공제 탭은 무시할 것)(9점)**(82회)**

항목	내용
보험료	• 본인 자동차보험료 : 750,000원 • 배우자 보장성보험료 : 1,000,000원 • 자녀 보장성보험료 : 250,000원
의료비	• 모친 질병치료목적 병원비 : 5,000,000원(유재호 신용카드 결제됨) • 모친 보약구입(건강증진목적) : 700,000원 • 배우자 라식수술비(시력보정용) : 1,200,000원
교육비	• 자녀 유치원비 : 1,000,000원
기부금	• 본인 종교단체 기부금 : 1,000,000원
신용카드 등 사용액	• 본인 신용카드 : 12,000,000원(의료비항목 중 신용카드로 결제한 모친 병원비 5,000,000원이 신용카드 사용액에 포함, 대중교통 이용분 1,000,000원 포함) • 배우자 신용카드 : 5,000,000원(대중교통 이용분 300,000원 포함)
주택자금	• 장기주택저당차입금 이자상환액 : 2,000,000원

〈추가자료〉

1. 부양가족
   - 배우자 소득 없음
   - 자녀 만 5세(유치원), 소득 없음
   - 모친(생계를 같이함) 부동산 임대소득금액 12,000,000원, 만 65세
2. 주택은 국민주택규모이며, 1주택을 소유하고 있으며 세대주이다. 상환기간은 15년(고정금리)이며, 주택명의는 배우자와 공동명의이며, 주택대출금은 유재호의 명의이다. 주택취득시점(2014년 5월 6일) 기준시가는 3억 5천만원이었으며, 취득 시 잔금을 대출금으로 대체하였고, 근저당권이 설정되어 있다.(그 외 장기주택저당차입금 이자상환액공제의 요건을 충족한 것으로 본다)

04 2018년 7월 1일 입사한 김강남의 연말정산자료는 다음과 같다. 연말정산추가입력에 전근무지를 반영한 소득명세, 연금저축 등 연말정산입력 탭을 작성하시오.(10점)(81회)

1. 2018년 6월말까지 다니던 직장(㈜강남상사)에서 받은 근로소득원천징수영수증 자료를 입력하시오.
2. 2018년 7월에 직장 근처로 이사하면서 전세자금대출을 받았다.
   - 해당 주택은 국민주택규모의 주택이며 민국은행으로부터 대출받았다.
3. 김강남 씨는 과세기간 종료일 현재 주택을 소유하지 아니한 세대의 세대주이며 부양가족은 없다.

〈김강남의 전근무지 근로소득원천징수영수증〉

	구분		주(현)	종(전)	⑯-1 납세조합	합계
Ⅰ. 근무처별 소득명세	⑨ 근무처명		㈜강남상사			
	⑩ 사업자등록번호		111-86-11111			
	⑪ 근무기간		2018. 1. 1.~2018. 6. 30.	~	~	~
	⑫ 감면기간		~	~	~	~
	⑬ 급여		18,000,000			
	⑭ 상여		9,000,000			
	⑮ 인정상여					
	⑮-1 주식매수선택권 행사이익					
	⑮-2 우리사주조합인출금					
	⑮-3 임원 퇴직소득금액 한도초과액					
	⑯ 계		27,000,000			
Ⅱ. 비과세 및 감면소득명세	⑱ 국외근로	M0X				
	⑱-1 야간근로수당	O0X				
	⑱-2 출산·보육수당	Q0X				
	⑱-4 연구보조비	H0X				
	~					
	⑱-29					
	⑲ 수련보조수당	Y22				
	⑳ 비과세소득 계					
	⑳-1 감면소득 계					

<table>
<tr><td rowspan="8">Ⅲ. 세액명세</td><td colspan="4">구분</td><td>(78) 소득세</td><td>(79) 지방소득세</td><td>(80) 농어촌특별세</td></tr>
<tr><td colspan="4">(72) 결정세액</td><td>420,000</td><td>42,000</td><td></td></tr>
<tr><td rowspan="4">기납부세액</td><td rowspan="3">(73) 종(전)근무지 (결정세액란의 세액을 적습니다)</td><td rowspan="3">사업자 등록 번호</td><td></td><td></td><td></td><td></td></tr>
<tr><td></td><td></td><td></td><td></td></tr>
<tr><td></td><td></td><td></td><td></td></tr>
<tr><td colspan="3">(74) 주(현)근무시</td><td>1,660,000</td><td>166,000</td><td></td></tr>
<tr><td colspan="4">(75) 납부특례세액</td><td></td><td></td><td></td></tr>
<tr><td colspan="4">(76) 차감징수세액((72)－(73)－(74)－(75))</td><td>△1,240,000</td><td>△124,000</td><td></td></tr>
</table>

(국민연금 810,000원, 건강보험 824,400원, 장기요양보험 62,000원, 고용보험 175,500원)

위의 원천징수액(근로소득)을 정히 영수(지급)합니다.

〈김강남의 2018년 연말정산자료〉

항목	내용
보험료	• 자동차보험료 : 540,000원 • 저축성보험료 : 600,000원
교육비	• 본인 야간대학원 등록금 : 5,000,000원
의료비	• 시력보정용 안경구입비 : 500,000원(본인 신용카드결제) • 본인 질병치료비 : 3,000,000원
신용카드 등 사용액	• 신용카드 사용액 : 11,200,000원(안경구입비 포함) • 직불카드 사용액 : 1,300,000원 • 현금영수증 사용액 : 200,000원
주택차입금 원리금상환액	• 이자상환액 : 300,000원 • 원금상환액 : 3,000,000원(주택임차 차입금원리금 상환액 공제요건을 충족한다고 가정한다)
퇴직연금	• 퇴직연금 본인불입액 : 1,200,000원(㈜신한은행, 계좌번호 110-110-110)

05 다음은 김철광 씨(사원코드 : 202)의 연말정산자료이다. 부양가족은 모두 생계를 같이 하고 있고, 신용카드 사용액은 모두 김철광 씨의 신용카드를 사용한 것이며 제시된 자료 외에 소득금액은 없다. 연말정산추가자료입력메뉴의 [부양가족소득공제] 탭을 공제요건에 맞게 수정하고, [연말정산입력] 탭을 입력하시오. 세부담이 최소화되도록 할 것(10점)**(80회)**

이름	관계	주민등록번호	비고
김철광	본인	791221-1234567	• 자동차보험료 신용카드 사용액 : 750,000원 • 정치자금기부금 : 200,000원(현금지급) • 대중교통 신용카드 사용액 : 350,000원 • 도서공연비지출액 신용카드 사용액(2018년 7월 2일 사용) : 1,000,000원
황영인	배우자	781120-2345678	• 수술비 : 1,000,000원(현금지급) • 신용카드 사용액 : 15,000,000원(시력보정용 안경구입 500,000원, 전통시장 2,500,000원, 아파트관리비 2,400,000원 포함)
현혜자	본인의 어머니	520806-2345123	• 의료비 신용카드 사용액 : 1,250,000원 • 양도소득금액 : 100,000,000원 • 종교단체 기부금 : 1,200,000원(현금지급)
김민철	자녀	030514-3456787	• 중학교 교복구입비 500,000원 및 체험학습비 300,000원(현금지급)
김민욱	자녀	120405-3401235	• 취학 전 아동, 미술학원비 신용카드 사용액 : 1,200,000원

06 다음은 이상철(사원코드 102)의 부양가족 및 연말정산자료이다. 기본공제 및 추가공제는 [부양가족소득공제] 탭에서, 연금저축자료는 [연금저축등] 탭에서, 기타연말정산자료는 [연말정산입력] 탭에서 연말정산추가자료입력을 하시오.(단, 부양가족 등록은 이상철의 세부담이 최소화되도록 하고 부양가족은 모두 이상철과 생계를 같이한다고 가정하며 기본공제 대상자가 아닌 경우 '부'로 표시한다)(10점)**(79회)**

〈부양가족 현황〉

관계	성명	주민등록번호	비고
모친	김영자	470125-2088712	사업소득금액 500만원이 있음
본인(세대주)	이상철	780212-1145214	총급여 6,500만원이며, 전년도에 배우자와 사별하였음
자녀	이믿음	080512-3088711	장애인복지법상 장애인이며 소득 없음
자녀	이사랑	120812-4088712	소득 없음

〈연말정산 관련자료 : 모두 국세청자료임〉

항목	내용
보험료	• 본인의 자동차보험료 : 700,000원 • 자녀(이믿음)의 장애인전용보장성보험료 : 1,200,000원 • 자녀(이사랑)의 생명보험료 : 1,500,000원
의료비	• 모친의료비 : 2,000,000원(건강증진목적 의료비 500,000원 포함) • 자녀(이믿음) 질병치료비 : 5,000,000원
교육비	• 본인의 사이버대학 등록금 6,000,000원과 영어학원비 1,000,000원 • 자녀(이믿음) 초등학교 수업료 : 2,500,000원(체험학습비 500,000원 포함) • 자녀(이사랑) 미술학원비 : 2,000,000원(주 1회, 월 단위)
기부금	• 본인 기부금 : 특별재난지역의 수재의연금 1,000,000원
연금저축	• 연금저축 불입액 : 2,000,000원[금융회사 : ㈜우리은행, 계좌번호 : 620-163771-120]
신용카드 등 사용액	• 신용카드 : 20,000,000원(전통시장 사용액과 대중교통 이용분은 제외) • 현금영수증 : 3,000,000원(전통시장 사용액과 대중교통 이용분은 제외) • 전통시장 사용액 : 800,000원 • 대중교통 이용분 : 300,000원 • 상기 사용분은 모두 본인이 지출한 것임

07 다음 자료와 유의사항을 토대로 김한방(사번 105)의 연말정산과 관련된 자료를 연말정산추가자료입력메뉴의 ① 월세, 주택임차차입 탭과 ② 연말정산입력 탭을 입력하시오.(10점)**(78회)**

〈부양가족 현황〉

성명	관계	연령(만)	비고
김한방	본인	46세	세대주, 총급여 6,600만원
김종손	아버지	69세	양도소득금액 500만원
이예지	어머니	59세	장애인, 일용근로소득 900만원
신한나	배우자	42세	소득 없음
신한슬	처제	22세	소득 없음
김가연	자녀	14세	소득 없음
김나연	자녀	6세	소득 없음

〈연말정산 관련자료〉

항목	내용
보험료	• 아버지 : 보장성보험료(피보험자 : 김종손, 계약자 : 김한방) 60만원 • 자녀(김가연) : 보장성보험료(피보험자 : 김가연, 계약자 : 김한방) 100만원
의료비	• 어머니 : 백내장 수술비 80만원, 질병치료목적 한약구입비 30만원 • 배우자 : 건강진단비 100만원
교육비	• 처제 : 대학교 교육비 500만원(김한방이 납입) • 자녀(김가연) : 현장체험학습비 50만원, 방과후학교 수업비 30만원 • 자녀(김나연) : 유치원 수업료 240만원(방과후 과정의 특별활동비 20만원 포함), 태권도장 수업료(월단위 실시, 1주 5일 수업) 60만원
기부금	• 본인 : 정치자금기부금 20만원 • 처제 : 이재민 구호금품 50만원
월세, 주택임차차입	• 임대인 : 임대세(560105-1234567) • 임차인 : 김한방 • 주택 유형 : 단독주택 • 주택계약면적 : 80.00m^2 • 임대차계약서상 주소지(주민등록표 등본의 주소지) : 서울시 서초구 효령로 309 • 임대차계약기간 : 2017년 6월 1일~2019년 5월 31일 • 매월 월세액 : 80만원(2018년 총지급액 960만원)
신용카드 등 사용액	• 신용카드 : 2,000만원(전통시장 사용분 50만원, 회사경비 사용금액 200만원 포함) • 현금영수증 : 중고자동차구입비 800만원, 태권도장 수업료 60만원(위 자녀 김나연 교육비 지출액임) • 위 신용카드 등 사용액은 모두 본인이 지출한 것임

〈유의사항〉
- 인적공제(기본공제, 추가공제)와 자녀세액공제 관련된 사항은 생략하고 작성할 것
- 부양가족의 소득 · 세액공제내용 중 김한방이 공제받을 수 있는 내역은 모두 김한방이 공제받는 것으로 함
- 월세, 주택임차차입 탭은 월세액 세액공제대상이 아니면 작성하지 말 것

08 다음의 연말정산 관련자료를 보고 생산직 사원 장필주(코드 105, 입사일 : 2017년 2월 4일 세대주, 총급여액 55,000,000원으로 가정한다)의 세부담 최소화를 위한 연말정산추가자료입력메뉴의 연금저축 등 탭 및 연말정산입력 탭을 입력하시오.(10점)**(77회)**

〈부양가족자료〉

관계	이름	주민번호	비고
배우자	나모현	830506-2245140	총급여 5,000,000원
부	장국환	491129-1125416	소득 없음
자	장부천	040511-3148745	소득 없음, 중학생
자	장여천	130820-3154841	소득 없음, 미취학아동

〈연말정산자료〉

지출내역		지출액	대상자	비고
보험료	자동차보험료	600,000원	나모현	직불카드로 결제
	상해보험료	200,000원	장필주	
	저축성보험료	300,000원	장부천	
의료비	위암수술비	4,000,000원	장국환	
	한약구입비	500,000원	장여천	치료목적용
	라식수술비	800,000원	장필주	신용카드로 결제
	치아미백수술비	300,000원	나모현	
교육비	대학교 등록금	5,000,000원	장국환	
	영어학원비	1,200,000원	장부천	
	교복구입비	700,000원	장부천	
	태권도학원비	600,000원	장여천	
기부금	사찰 기부금	200,000원	장국환	
	정치자금기부금	250,000원	장필주	
신용카드 등 사용액	신용카드	22,000,000원	장필주	라식수술비 800,000원 포함
	직불카드	6,000,000원	나모현	자동차보험료 600,000원 포함
	현금영수증	550,000원	장부천	전통시장 사용분 300,000원 포함
연금저축	㈜우리은행 연금저축	3,000,000원	장필주	계좌번호 123-4567-89000
	㈜국민은행 연금저축	2,000,000원	나모현	계좌번호 123-1234-56789

09 다음 자료를 이용하여 사원코드 110번인 정영희(여자)의 사원등록메뉴의 부양가족명세 탭과 연말정산추가자료입력메뉴의 연말정산입력 탭에 입력하시오. 정영희가 공제받을 수 있는 공제는 모두 공제받도록 하고 세부담이 최소화되도록 한다.(단, 기본공제 대상자가 아닌 경우에도 반드시 입력하시오)(10점)**(76회)**

1. 부양가족사항(모두 생계를 같이하고 있으며, 아래 주민등록번호는 모두 정확한 것으로 가정한다)

이름	관계	연령(만)	주민등록번호	비고
정영희	본인	43세	741111-2111111	소득자 본인(2017년 총급여 6,600만원), 세대주
차민수	배우자	46세	711111-1111111	2017년 총급여 3,000,000원
차태영	아들	15세	021111-3311111	중학생, 소득 없음
차태희	딸	6세	111111-4211111	취학 전 아동, 소득 없음
정호영	아버지	73세	441111-1211111	장애인복지법에 따른 장애인, 2017년 양도소득금액 1,000,000원
차민영	시누이	42세	751111-2222222	배우자의 여동생, 소득 없음

2. 연말정산 추가자료

항목	내용
보험료	• 본인 생명보험료 : 1,200,000원 • 본인 저축성변액보험료 : 7,200,000원 • 아버지(정호영) 장애인전용보장성보험료 : 1,500,000원
의료비	• 본인 건강검진비 : 500,000원 • 본인 시력보정용 콘택트렌즈구입비 : 600,000원 • 아들(차태영) 질병치료목적의 병원 진료비 : 2,000,000원 • 아버지(정호영) 질병치료목적의 병원 입원비 : 6,500,000원 ※ 의료비는 전액 본인(정영희)이 결제하였다.
교육비	• 아들(차태영) 중학교 등록금 : 700,000원, 현장체험학습비 : 500,000원, 교복구입비 : 500,000원 • 딸(차태희) 미술학원(월단위 실시, 1주 2일 수업) 수강료 : 300,000원 • 아버지(정호영) 방송통신대학 수업료 : 2,000,000원
기부금	• 본인 정치자금으로 정당에 기부 : 300,000원 • 아버지(정호영) 교회헌금(지정기부금) : 2,000,000원
신용카드 등	• 본인 신용카드 사용액 : 20,000,000원(자동차리스료 3,000,000원 포함) • 배우자(차민수) 직불카드 사용액 : 15,000,000원(전통시장 사용액 5,000,000원 포함) • 시누이(차민영) 현금영수증 사용액 : 1,500,000원

10 계속근무자인 맞벌이부부 김강남(사번 102) 씨의 연말정산 관련자료이다. 연말정산 추가자료입력메뉴에서 세부담 최소화를 가정하여 보험료, 의료비, 교육비, 기부금, 신용카드공제와 관련한 연말정산입력을 하시오. 부양가족은 모두 생계를 같이하고 있으며, 인적공제(기본공제, 추가공제) 관련된 사항은 생략하고 작성하며, 부양가족의 소득공제내용 중 김강남(본인)이 공제받을 수 있는 내역은 모두 김강남이 공제받는 것으로 한다.(10점)**(75회)**

관계	성명	나이	소득 구분	소득공제내용
아버지	김신	70세	사업소득금액 200만원	• 질병치료비 300만원을 김강남의 신용카드로 결제하였다. • 보장성보험료(계약자 김강남) 110만원 지출
어머니	최경자	69세	없음	• 하늘교회 십일조 헌금 120만원 지출(기부금단체요건을 충족하고 있다)
본인	김강남	45세	근로소득 총급여 5,600만원	• 세대주이다. • 질병치료목적의 본인의료비 200만원을 신용카드로 결제하였다. • 하늘교회 헌금 160만원(기부금단체요건을 충족하고 있다) • 공제대상 직불카드 사용액 2,700만원(해외사용액 300만원 포함)
배우자	이예림	42세	근로소득 총급여 2,000만원	• 본인 보장성보험료 불입액이 120만원이다. • 질병치료비 100만원을 김강남의 신용카드로 결제하였다.
자녀	김대한	21세	없음	• 대학등록금 1,000만원을 지출하였다.
자녀	김민국	6세	없음	• 유치원수업료 360만원을 지출하였다.

11 2017년 8월 1일 입사한 최용재의 전근무지 근로소득원천징수영수증 자료와 연말정산 자료는 다음과 같다. 연말정산추가자료입력메뉴의 소득명세, 월세주택임차차입명세 및 연말정산입력 탭을 입력하시오.(단, 최용재는 무주택 세대주이며 부양가족은 없다)(10점)**(74회)**

〈전근무지 근로소득원천징수영수증 자료〉

	구분		주(현)	종(전)	⑯-1 납세조합	합계
Ⅰ. 근무처별 소득명세	⑨ 근무처명		㈜민음상사			
	⑩ 사업자등록번호		506-85-23245			
	⑪ 근무기간		2017. 1. 1.~2017. 7. 30.	~	~	~
	⑫ 감면기간		~	~	~	~
	⑬ 급여		25,000,000			
	⑭ 상여		3,000,000			
	⑮ 인정상여					
	⑮-1 주식매수선택권 행사이익					
	⑮-2 우리사주조합인출금					
	⑮-3 임원 퇴직소득금액 한도 초과액					
	⑯ 계		28,000,000			
Ⅱ. 비과세 및 감면소득명세	⑱ 국외근로	M0X				
	⑱-1 야간근로수당	O0X				
	⑱-2 출산·보육수당	Q0X				
	⑱-4 연구보조비	H0X				
	~					
	⑱-29					
	⑲ 수련보조수당	Y22				
	⑳ 비과세소득 계					
	⑳-1 감면소득 계					

	구분			⑦⑧ 소득세	⑦⑨ 지방소득세	⑧⓪ 농어촌특별세
III. 세액명세	⑦② 결정세액			382,325	38,232	
	기납부세액	⑦③ 종(전)근무지 (결정세액란의 세액을 적습니다)	사업자등록번호			
		⑦④ 주(현)근무지		1,478,120	147,810	
	⑦⑤ 납부특례세액					
	⑦⑥ 차감징수세액(⑦②-⑦③-⑦④-⑦⑤)			△1,095,795	△109,578	

(국민연금 1,260,000원, 건강보험 856,800원, 장기요양보험 56,070원, 고용보험 182,000원)

위의 원천징수액(근로소득)을 정히 영수(지급)합니다.

〈연말정산 관련자료〉

항목	내용
보험료	• 자동차보험료 : 800,000원, 저축성보험료 : 500,000원
의료비	• 상해수술비 : 5,000,000원(본인 신용카드로 결제됨) • 건강증진목적의 한약구입비 : 1,200,000원 • 콘택트렌즈구입비 : 700,000원
교육비	• 대학원 등록금 : 10,000,000원 • 영어학원비(업무관련성 있음) : 2,000,000원
기부금	• 종교단체 기부금 : 3,000,000원
신용카드 등 사용액	• 신용카드 : 18,000,000원(해외사용분 3,000,000원과 및 상기 의료비 항목 중 신용카드로 결제한 상해수술비 5,000,000원이 신용카드 사용액에 포함됨) • 현금영수증 : 2,500,000원 (대중교통 이용분 300,000원 포함)
월세 자료	• 임대인 : 이소영 • 주민등록번호 : 770811-2105948 • 주택 유형 : 단독주택 • 주택계약면적 : 45.00m^2 • 임대차계약서상 주소지 : 서울시 강서구 화곡동 한일하이빌 • 임대차계약기간 : 2017년 1월 1일~2017년 12월 31일 • 매월 월세액 : 500,000원(2017년 총지급액 6,000,000원)

12 다음 자료를 이용하여 대표이사 이재영(사번 101) 씨의 연말정산추가자료입력메뉴에서 연말정산입력 탭을 작성하시오.(10점)(73회)

1. 부양가족 인적사항

• 배우자 신소희 : 1987년 3월 25일생	• 모 김을숙 : 1950년 1월 21일생(장애인)
• 자녀 이아랑 : 2010년 9월 9일생	• 자녀 이세랑 : 2013년 10월 10일생

※ 자녀 이아랑은 어린이모델로 활동하여 발생한 사업소득금액 5,000,000원이 있고, 배우자 신소희는 근로소득 총급여액 5,000,000원이며, 모 김을숙은 소득이 없다.

보험료	• 배우자 보장성보험료 : 900,000원 • 모 김을숙 장애인전용보험료 : 1,200,000원 • 본인 자동차보험료 : 300,000원
의료비	• 본인 의료비 : 1,000,000원 • 김을숙 의료비 : 3,000,000원 • 이아랑 의료비 : 2,000,000원
교육비	• 아래 교육비 납입증명서 참조
기부금	• 아래 기부금영수증 참조

교육비 납입증명서

<table>
<tr><td colspan="2">성명</td><td>이재영</td><td>주민등록번호</td><td>790909-1111111</td></tr>
<tr><td colspan="2">주소</td><td colspan="3"></td></tr>
<tr><td rowspan="3">대상
원아</td><td>성명</td><td>이아랑</td><td>납부자와의관계</td><td>자녀</td></tr>
<tr><td>주민등록번호</td><td></td><td>인가번호</td><td>제 2012-3</td></tr>
<tr><td>상호</td><td>자연유치원</td><td>고유번호증</td><td>135-89-02352</td></tr>
<tr><td colspan="5">교육비 납입증명서</td></tr>
<tr><td colspan="2">납부년월일</td><td>기분</td><td>금액</td><td>비고</td></tr>
<tr><td colspan="2">2017. 8. 21.</td><td>1학기 수업료</td><td>432,000원</td><td></td></tr>
<tr><td colspan="2">2017. 12. 2.</td><td>2학기 수업료</td><td>288,000원</td><td></td></tr>
<tr><td colspan="2">2017. 8. 21.</td><td>1학기 수익자부담금</td><td>788,600원</td><td></td></tr>
<tr><td colspan="2">2017. 12. 2.</td><td>2학기 수익자부담금</td><td>542,400원</td><td></td></tr>
<tr><td colspan="2">2017. 8. 21.</td><td>1학기 기타납입금</td><td>850,000원</td><td>방과후</td></tr>
<tr><td colspan="2">2017. 12. 2.</td><td>2학기 기타납입금</td><td>600,000원</td><td>방과후</td></tr>
<tr><td colspan="2">2017. 12. 14.</td><td>기타납입금</td><td>1,100,000원</td><td>체육수업비</td></tr>
<tr><td colspan="3">합계</td><td colspan="2">4,601,000원</td></tr>
<tr><td colspan="2">용도</td><td colspan="3">교육비 공제 신청용</td></tr>
<tr><td colspan="5">위와 같이 교육비를 납부하였음을 확인하여 주시기 바랍니다.

2018년 1월 28일

신청인 (서명 또는 인)</td></tr>
<tr><td colspan="5">위와 같이 교육비를 납입하였음을 확인합니다.

2018년 1월 28일

자연유치원</td></tr>
</table>

기부금 영수증

1. 기부자

성명	이재영	주민등록번호 사업자등록번호	790909-1111111
주소	서울특별시 강남구 청담동 321-1		

2. 기부금단체

단체명	대한예수교장로회 참평화교회	주민등록번호 사업자등록번호	500710-1******
소재지	경기도 광주시 초월읍 쌍둥2리 253-49		

3. 기부금 모집처(언론기관 등)

단체명		사업자등록번호	
소재지			

4. 기부내용

유형	코드	년월	내용	금액
십일조	41	2017. 1.~12.	500,000×12	6,000,000
합계				6,000,000

소득세법 제 34조, 조세특례제한법 제73조, 제76조 및 제88조의4에 따른 기부금을 위와 같이 기부하였음을 증명하여 주시기 바랍니다.

2017년 12월 25일

신청인 이재영 (서명 또는 인)

이와 같이 기부금을 기부하였음을 증명합니다.

2017년 12월 25일

기부금수령인 지난천 (서명 또는 인)

작성방법

1. '3. 기부금모집처(언론기관 등)'는 방송사 신문사, 통신회사 등 기부금을 대신 접수하여 기부금단체에 전달하는 기관을 말합니다.
2. '4. 기부내용'란에 적는 유형 코드는 다음과 같습니다.

가. 소득세법 제34조제2항에 따른 기부금 : 법정기부금, 코드 10
나. 조세특례제한법 제76조에 따른 기부금 : 조특법 76, 코드 20
다. 조세특례제한법 제73조제1항제1호에 따른 기부금 : 진흥기금출연, 코드 21
라. 조세특례제한법 제73조제1항(제1호 및 제15호 제외)에 따른 기부금 : 조특법 73, 코드 30
마. 조세특례제한법 제73조제1항제1호제15호에 따른 공익법인신탁기부금 : 조특법 73, 코드 31
바. 소득세법 제34조제1항(종교단체 기부금제외)에 따른 기부금 : 지정기부금, 코드 40
사. 소득세법 제34조제1항에 따른 기부금 중 종교단체기부금 : 종교단체기부금, 코드 41
아. 조세특례제한법 제88조의4에 따른 기부금 : 우리사주조합기부금, 코드 42
자. 기타기부금 : 기타기부금, 코드 50

13 다음은 김갑돌(사원코드 102)의 부양가족 및 연말정산자료이다. 기본공제 및 추가공제는 [부양가족소득공제] 탭에서, 기타연말정산자료는 [연말정산입력] 탭에서 연말정산 추가자료입력을 하시오. 단, 세부담 최소화 및 부양가족은 모두 사원 김갑돌과 생계를 같이한다고 가정함.(기본공제 대상자가 아닌 경우 '부'로 표시)(10점)(72회)

1. 사원 김갑돌의 부양가족 및 소득자료

성명	관계	연령	소득
김갑서 (장애인)	부친	68세	연간 총급여 3,500,000원/장애인복지법에 의한 장애인
이선수	장인 (배우자의 부친)	72세	㈜한국의 사외이사 연간 근로소득금액 30,000,000원
김갑돌	본인	37세	㈜청용의 사원 연간 근로소득금액 55,000,000원
이도미	배우자	32세	소득 없음
김이리	자녀	5세	소득 없음

2. 사원 김갑돌의 연말정산추가자료

성명	지출내역
김갑서 (장애인)	김갑서의 질병치료비 5,000,000원과 장애인전용보장성보험 1,500,000원을 모두 갑돌 신용카드로 결제하였다.
이선수	이선수의 평생교육원 등록비 5,000,000원을 김갑돌이 현금지급하였다.
김갑돌	보장성보험료 2,000,000원과 본인의 대학원 등록금 10,000,000원을 모두 본인의 신용카드로 결제하였다.
이도미	미용 성형의료비 1,000,000원을 본인의 신용카드로 결제하였다.
김이리	세하유치원 원비 7,000,000원을 현금으로 지급하였다.(현금영수증은 미수취함)

14 다음 자료는 홍길동(사번 102)과 생계를 같이하고 있는 가족에 대한 자료이다. 연말정산추가자료입력메뉴의 [연말정산입력] 탭을 이용하여 추가자료를 반영하시오.(단, 홍길동의 세부담 최소화를 위해 모든 가능한 공제는 홍길동이 받기로 한다)(8점)(71회)

- 본인 : 연간 총급여 56,000,000원, 야간대학원 학비 6,000,000원, 질병치료비 9,000,000원, 자동차보험료 900,000원
- 아버지(홍영민) : 질병치료비(경로자) 3,000,000원
- 어머니(김미순) : 상가임대소득금액 15,000,000원, 대학교학비 1,500,000원
- 배우자(이순임) : 연간 총급여 15,000,000원, 시력보정용 안경구입비 600,000원, 야간대학교 교육비 5,000,000원
- 자녀(홍미순) : 고등학교 학비 3,000,000원, 학업상의 이유로 타지에서 생활
- 동생(홍영희) : 연간 일용근로소득 5,000,000원, 장애인, 장애인특수교육비 5,000,000원

15 다음의 자료를 참고하여 생산직 계속근로자인 이상민 씨(2016년 총급여액 50,000,000원, 2012년 7월 1일 입사, 해당 근로소득 외 다른 소득금액 없음)의 세부담 최소화를 위한 사원등록메뉴의 [부양가족명세] 탭을 입력하고, 연말정산추가자료입력메뉴의 [연금저축등] 탭과 [연말정산입력] 탭을 입력하시오. 단, 배우자는 부동산임대에 의한 사업소득금액 12,000,000원이 있고 자녀와 부모님은 모두 소득이 없으며, 신용카드 등 사용액 소득공제 시 추가사용공제는 없는 것으로 하고, 제시된 주민등록번호는 모두 정확한 것으로 간주한다.(주어진 자료 외의 상황은 고려하지 않는다)(10점)(70회)

가족관계증명서

등록기준지	경상남도 진주시 상평동 1288번지

구분	성명	출생연월일	주민등록번호	성별	본
본인	이상민	1974년 2월 8일	740208-1436807	남	慶州

가족사항

구분	성명	출생연월일	주민등록번호	성별	본
부	이수봉	1947년 10월 20일	471020-1845286	남	慶州
모	김춘자	1951년 12월 11일	511211-2854621	여	金海
배우자	박미선	1981년 3월 30일	810330-2525326	여	密陽
자녀	이애기	2006년 11월 11일	061111-3845859	남	慶州
자녀	이간난	2007년 12월 30일	071230-4845286	여	慶州

2016년 귀속 소득공제증명서류 : 기본(지출처별)내역
[보장성보험, 장애인전용보장성보험]

• 계약자 인적사항

성명	이상민	주민등록번호	740208-1436807

• 보장성보험(장애인전용보장성보험) 납입내역 (단위 : 원)

종류	상호	보험종류			납입금액 계
	사업자번호	증권번호	주피보험자		
	종피보험자 1	종피보험자 2	종피보험자 3		
보장성	형대해상				500,000
	102-81-45476		740208-1436807	이상민	
보장성	삼송생명				300,000
	104-01-25467		810330-2525326	박미선	
인별 합계금액					800,000

2016년 귀속 소득공제증명서류 : 기본(지출처별)내역 [의료비]

• 환자 인적사항

성명	박미선	주민등록번호	810330-2525326

• 의료비 지출내역 (단위 : 원)

사업자번호	상호	종류	납입금액 계
4-10-42*	강****	일반	3,000,000
4-96-05*	이****	일반	2,000,000
9-07-35*	나****	일반	500,000
의료비 인별 합계금액			
안경구입비 인별 합계금액			
인별 합계금액			5,500,000

2016년 귀속 소득공제증명서류 : 기본(지출처별)내역 [의료비]

• 환자 인적사항

성명	이수봉	주민등록번호	471020-1845286

• 의료비 지출내역 (단위 : 원)

사업자번호	상호	종류	납입금액 계
4-10-42*	최****	일반	500,000
4-96-05*	로****	일반	350,000
9-07-35*	미****	일반	50,000
의료비 인별 합계금액			
안경구입비 인별 합계금액			
인별 합계금액			900,000

2016년 귀속 소득공제증명서류 : 기본(지출처별)내역 [의료비]

• 환자 인적사항

성명	김춘자	주민등록번호	511211-2854621

• 의료비 지출내역 (단위 : 원)

사업자번호	상호	종류	납입금액 계
4-10-42*	제****	일반	100,000
4-96-05*	이****	일반	200,000
9-07-35*	하****	일반	135,000
의료비 인별 합계금액			
안경구입비 인별 합계금액			
인별 합계금액			435,000

2016년 귀속 소득공제증명서류 : 기본(지출처별)내역 [교육비]

• 인적사항

성명	이애기	주민등록번호	061111-3845859

• 교육비 지출내역 (단위 : 원)

교육비 종류	학교명	사업자번호	납입금액 계
초등학교	일진초등학교	**5-82-*****	1,200,000
인별 합계금액			1,200,000

2016년 귀속 소득공제증명서류 : 기본(사용처별)내역 [신용카드]

• 사용자 인적사항

성명	박미선	주민등록번호	810330-2525326

• 신용카드 사용내역 (단위 : 원)

사업자번호	상호	종류	공제대상금액합계
120-81-*****	높데카드㈜	일반	2,535,000
202-81-*****	㈜KED한아은행	전통시장	1,325,000
202-14-*****	심한카드㈜	일반	535,0000
214-81-*****	혐대카드㈜	전통시장	22,000
213-86-*****	빗이카드㈜	일반	333,000
일반 인별 합계금액			3,403,000
전통시장 인별 합계금액			1,347,000
인별 합계금액			4,750,000

2016년 귀속 소득공제증명서류 : 기본(지출처별)내역 [기부금]

• 기부자 인적사항

성명	이상민	주민등록번호	740208-1436807

• 기부금 지출내역 (단위 : 원)

사업자번호	단체명	기부 유형	기부금액 계
120-81-*****	***선교회	종교단체기부금	800,000
인별 합계금액			800,000

2016년 귀속 소득공제증명서류 : 기본(취급기관별)내역 [연금저축]

• 가입자 인적사항

성명	이상민	주민등록번호	740208-1436807

• 연금저축 납입내역 (단위 : 원)

취급기관	사업자번호	계좌/증권번호	계약시작일	계약종료일	납입금액 계
동부화재 해상보험	201-81-*****	2531242855	2010. 10. 10.	2030. 10. 10.	6,000,000
합계					6,000,000

4 PART
기출문제

제1장 전산회계 1급 기출문제

제2장 전산세무 2급 기출문제

CHAPTER 01

전산회계 1급 기출문제

전산회계 1급 84회

다음 문제를 보고 알맞은 것을 골라 이론문제 답안작성 메뉴에 입력하시오.(객관식 문항당 2점)

〈기본전제〉

문제에서 한국채택국제회계기준을 적용하도록 하는 전제조건이 없는 경우, 일반기업회계기준을 적용한다.

01 다음 중 재무상태표에 관한 설명으로 가장 적절한 것은?

① 일정기간 동안 기업의 경영성과에 대한 정보를 제공하는 재무보고서이다.
② 일정기간 동안 기업의 현금유입과 현금유출에 대한 정보를 제공하는 재무보고서이다.
③ 일정시점 현재 기업이 보유하고 있는 자산과 부채, 그리고 자본에 대한 정보를 제공하는 재무보고서이다.
④ 기업 자본의 크기와 그 변동에 대한 정보를 제공하는 재무보고서이다.

02 다음은 유형자산의 감가상각과 관련한 설명이다. 가장 옳지 않은 것은?

① 정액법은 자산의 내용연수 동안 일정액의 감가상각액을 인식하는 방법이다.
② 감가상각의 주목적은 취득원가의 배분에 있다.
③ 감가상각비는 손익계산서의 당기비용인 판매비와 관리비로만 회계처리한다.
④ 감가상각방법은 해당 자산으로부터 예상되는 미래 경제적 효익의 소멸형태에 따라 선택하고, 소멸형태가 변하지 않는 한 매기 계속 적용한다.

03 일반기업회계기준에 의한 단기매매증권과 관련된 설명 중 옳지 않은 것은?

① 보유 중에 수취하는 배당금과 이자는 영업외수익으로 처리한다.

② 취득과 처분과정에서 발생하는 수수료는 모두 영업외비용으로 처리한다.
③ 결산시점에 취득원가보다 공정가치가 하락한 경우에는 영업외비용으로 처리한다.
④ 취득 후 보유과정에서 시장성을 상실하는 경우에는 다른 계정과목으로 재분류하여야 한다.

04 다음 중 무형자산에 속하지 않는 것은?

① 영업권　　② 임차권리금
③ 산업재산권　　④ 임차보증금

05 다음은 퇴직급여충당부채와 결산정리사항이다. 2019년말 재무상태표에 계상할 퇴직급여충당부채와 손익계산서에 인식되는 퇴직급여는 얼마인가?

퇴직급여충당부채

7/15 현금	1,000,000원	1/1 전기이월	2,000,000원

〈결산정리사항〉
• 2019년말 현재 전 종업원이 일시에 퇴직할 경우 지급하여야 할 퇴직금은 4,000,000원이다.

	퇴직급여충당부채	퇴직급여
①	4,000,000원	3,000,000원
②	4,000,000원	2,000,000원
③	6,000,000원	3,000,000원
④	6,000,000원	2,000,000원

06 다음 중 일반기업회계기준에서 분류되는 계정과목 중 성격이 다른 것은?

① 단기매매증권처분이익　　② 단기매매증권평가이익
③ 매도가능증권처분이익　　④ 자기주식처분이익

07 다음 자료를 이용하여 매출총이익을 계산하면 얼마인가?

• 총매출액 : 500,000원
• 매출에누리 : 5,000원
• 매입할인 : 5,000원
• 매입환출 : 5,000원
• 기말상품재고액 : 110,000원
• 매출할인 : 20,000원
• 총매입액 : 200,000원
• 기초상품재고액 : 100,000원

① 300,000원 ② 295,000원
③ 290,000원 ④ 280,000원

08 다음 중 충당부채, 우발부채 및 우발자산에 관련된 내용으로 틀린 것은?

① 충당부채를 인식하기 위해서는 과거사건이나 거래의 결과로 현재의무가 존재하여야 한다.
② 충당부채를 인식하기 위해서는 당해 의무를 이행하기 위하여 자원이 유출될 가능성이 매우 높고, 그 의무의 이행에 소요되는 금액을 신뢰성 있게 추정할 수 있어야 한다.
③ 우발자산은 자산으로 인식하지 아니하고 자원의 유입가능성이 매우 높은 경우에만 주석에 기재한다.
④ 우발부채도 충당부채와 동일하게 재무상태표에 부채로 인식한다.

09 다음 중 제조원가명세서의 당기제품제조원가에 영향을 미치지 않는 거래는?

① 당기에 투입된 원재료를 과대계상하였다.
② 공장 직원의 복리후생비를 과대계상하였다.
③ 당기의 기말재공품을 과대계상하였다.
④ 기초제품을 과대계상하였다.

10 원가계산의 일반원칙에 대한 설명으로 틀린 것은?

① 제조원가는 일정한 제품의 생산량과 관련시켜 집계하고 계산한다.
② 제조원가는 신뢰할 수 있는 객관적인 자료와 증거에 의하여 계산한다.
③ 제조원가는 직접원가와 판매비와 관리비를 더한 것을 말한다.
④ 제조원가는 그 발생의 경제적 효익 또는 인과관계에 비례하여 관련제품 또는 원가부문에 직접부과하고, 직접부과가 곤란한 경우에는 합리적인 배부기준을 설정하여 배부한다.

11 다음 자료를 참고하여 당기총제조원가를 구하시오.

• 직접재료비 : 500,000원	• 직접노무비 : 400,000원
• 직접제조경비 : 100,000원	• 제조간접비 : 200,000원
• 광고선전비 : 300,000원	

① 1,000,000원 ② 1,200,000원
③ 1,500,000원 ④ 1,800,000원

12 다음 중 종합원가계산에 대한 설명으로 옳지 않은 것은?

① 동종 제품의 연속 대량생산에 적합한 원가계산방식이다.

② 선입선출법에 의한 원가계산은 평균법에 의한 원가계산보다 간단하여 정확성이 떨어진다.

③ 원가흐름 또는 물량흐름의 가정을 어떻게 하느냐에 따라 완성품환산량은 다르게 계산된다.

④ 기초재공품이 없는 경우 제조원가는 평균법과 선입선출법 중 어느 것을 적용해도 동일하다.

13 다음 자료에서 세금계산서의 필요적 기재사항이 아닌 것은?

① 공급연월일

② 공급하는 사업자의 등록번호와 성명 또는 명칭

③ 작성연월일

④ 공급가액과 부가가치세액

14 다음 중 재화의 공급시기로 옳지 않은 것은?

① 상품권 등을 현금으로 판매하고 그 후 그 상품권이 현물과 교환되는 경우 : 상품권을 판매하는 때

② 현금판매, 외상판매의 경우 : 재화가 인도되거나 이용가능하게 되는 때

③ 재화의 공급으로 보는 가공의 경우 : 가공된 재화를 인도하는 때

④ 반환조건부 판매, 동의조건부 판매, 그밖의 조건부 판매의 경우 : 그 조건이 성취되거나 기한이 지나 판매가 확정되는 때

15 다음 중 부가가치세법상 과세표준에 포함되는 항목은 무엇인가?

① 공급받는 자에게 도달하기 전에 파손되거나 훼손되거나 멸실한 재화의 가액

② 환입된 재화의 가액

③ 재화 또는 용역의 공급과 직접 관련된 국고보조금과 공공보조금

④ 공급에 대한 대가를 약정기일 전에 받았다는 이유로 사업자가 당초의 공급가액에서 할인해 준 금액

실무시험

㈜구미산업(회사코드 : 0843)은 전자제품을 제조하여 판매하는 중소기업이며, 당기(제7기) 회계기간은 2019년 1월 1일~2019년 12월 31일이다. 전산세무회계 수험용 프로그램을 이용하여 다음 물음에 답하시오.

〈기본전제〉

문제에서 한국채택국제회계기준을 적용하도록 하는 전제조건이 없는 경우, 일반기업회계기준을 적용한다.

[문제 1]

다음은 기초정보관리에 대한 자료이다. 각각의 요구사항에 대하여 답하시오.(10점)

01 전기 재무제표를 검토한 결과 다음과 같은 오류를 확인하였다. 관련된 재무제표를 적절히 수정하시오.(4점)

- 접대비(제조) 2,500,000원이 누락된 것으로 밝혀졌다.

02 거래처별 초기이월자료를 검토하여 수정 또는 추가입력하시오.(3점)

계정과목	거래처	금액
외상매출금	㈜한빛실업	18,000,000원
	오진기업	12,000,000원
외상매입금	지유기업	7,000,000원
	시원기업	3,500,000원

03 다음 자료를 계정과목 및 적요등록에 반영하시오.(3점)

- 코드 : 855
- 성격 : 3. 경비
- 계정과목 : 프리랜서비
- 대체적요 1번 : 프리랜서 외주용역비 지급

[문제 2]

다음 거래자료를 일반전표입력메뉴에 추가입력하시오.(일반전표입력의 모든 거래는 부가가치세를 고려하지 말 것)(18점)

〈입력 시 유의사항〉

- 일반적인 적요의 입력은 생략하지만, 타계정 대체거래는 적요번호를 선택하여 입력한다.
- 채권・채무와 관련된 거래는 별도의 요구가 없는 한 반드시 기 등록되어 있는 거래처코드를 선택하는 방법으로 거래처명을 입력한다.
- 제조경비는 500번대 계정코드를, 판매비와 관리비는 800번대 계정코드를 사용한다.
- 회계처리 시 계정과목은 별도 제시가 없는 한 등록되어 있는 계정과목 중 가장 적절한 과목으로 한다.

01 8월 9일 국민은행의 이자수익 중 원천징수세액 9,240원을 제외한 나머지 금액인 50,760원이 보통예금으로 입금되었음을 확인하였다.(단, 원천징수세액은 자산으로 처리할 것)(3점)

02 9월 7일 영업부 직원의 업무역량 향상 교육을 위해 외부강사를 초청하여 교육하고 강사료 1,000,000원 중 원천징수세액 33,000원을 제외한 나머지 금액은 보통예금계좌로 지급하였다.(3점)

03 10월 1일 기부목적으로 학교법인 세훈학원에 3,000,000원을 보통예금계좌에서 이체하였다.(3점)

04 10월 20일 수입한 원재료에 대해 관세 2,000,000원, 통관수수료 300,000원을 현금으로 지출하였다.(3점)

05 10월 31일 다음은 영업팀에서 거래처 임원과의 식사비용을 법인카드(비씨카드)로 결제하고 수취한 신용카드매출전표이다. 일반전표에 입력하시오.(3점)

매출전표

단말기번호 11213692 전표번호

카드종류 비씨카드 회원번호(Card No.) 4140-0202-3245-9958		거래종류 결제방법 신용구매 일시불 취소 시 원거래일자
유효기간	거래일시 2019. 10. 31.	품명
전표제출	금 액/AMOUNT	155,455
	부 가 세/VAT	15,545
전표매입사	봉 사 료/TIPS	
	합 계/TOTAL	171,000
거래번호	승인번호/(Approval No.) 98421147	
가맹점	맛나일식	
대표자	김성수	TEL
가맹점번호	사업자번호	126-25-65948
주소	경기 성남시 수정구 고등동 525-5	
		서명(Signature) Semusa

06 11월 17일 ㈜광주로부터 원재료 7,000,000원(100개, @70,000원)을 구입하기로 계약하고, 계약금 700,000원을 당좌수표를 발행하여 지급하였다.(3점)

[문제 3]

다음 거래자료를 매입매출전표입력메뉴에 입력하시오.(18점)

〈입력 시 유의사항〉

- 일반적인 적요의 입력은 생략하지만, 타계정 대체거래는 적요번호를 선택하여 입력한다.
- 별도의 요구가 없는 한 반드시 기 등록되어 있는 거래처코드를 선택하는 방법으로 거래처명을 입력한다.
- 제조경비는 500번대 계정코드를, 판매비와 관리비는 800번대 계정코드를 사용한다.
- 회계처리 시 계정과목은 별도 제시가 없는 한 등록되어 있는 계정과목 중 가장 적절한 과목으로 한다.
- 입력화면 하단의 분개까지 처리하고, 전자세금계산서 및 전자계산서는 전자입력으로 반영한다.

01 7월 29일 본사 영업직원이 업무에 사용할 개별소비세 과세대상 자동차(2,000CC)를 ㈜울산자동차에서 20,000,000원(부가가치세 별도)에 구입하고, 전자세금계산서를 수취하였으며 대금결제는 다음 달에 하기로 하였다.(3점)

02 8월 16일 본사 영업부서에서 사용할 책상을 ㈜순옥가구에서 구입하고 대금 2,200,000원(부가가치세 포함)은 현금으로 지급함과 동시에 현금영수증(지출증빙용, 매입세액 공제요건을 충족함)을 수령하였다.(단, 책상은 비품으로 회계처리할 것)(3점)

03 9월 23일 비사업자인 황정숙에게 제품을 88,000원(부가가치세 포함)에 현금매출하고, 간이영수증을 발급하여 주었다.(3점)

04 10월 21일 해피상사에 제품을 판매하고 다음과 같이 전자세금계산서를 발급하였다.(3점)

전자세금계산서(공급자 보관용)						승인번호	20191021-21058052-11726645		
공급자	사업자등록번호	206-81-95706	종사업장번호		공급받는자	사업자등록번호	110-16-95028	종사업장번호	
	상호(법인명)	㈜구미산업	성명(대표자)	이수로		상호(법인명)	해피상사	성명	김수은
	사업장주소	서울시 영등포구 경인로 702				사업장주소	서울시 마포구 상암동 331		
	업태	제조업, 도소매	종목	전자제품		업태	도매업	종목	컴퓨터
	이메일					이메일			

작성일자	공급가액	세액	수정사유
2019. 10. 21.	10,000,000원	1,000,000원	
비고			

월	일	품목	규격	수량	단가	공급가액	세액	비고
10	21	전자부품		200개	50,000원	10,000,000원	1,000,000원	

합계금액	현금	수표	어음	외상미수금	이 금액을 영수/청구 함
11,000,000원				11,000,000원	

05 11월 9일 ㈜천마에서 원재료 1,000개(공급가액 @25,000원, 부가가치세 별도)를 구입하고 전자세금계산서를 교부받았으며, 대금 중 10,000,000원은 제품을 판매하고 받아 보관 중인 ㈜개포의 약속어음을 배서하여 지급하고 잔액은 30일 후 주기로 하였다.(3점)

06 11월 17일 미국 소재한 엘에이상사에 제품을 $4,000에 직수출하기로 하고, 제품을 선적 완료하였다. 수출대금은 차후에 받기로 하였으며, 선적일 시점 기준 환율은 $1 = 1,150원이다.(3점)

[문제 4]

일반전표입력 및 매입매출전표입력메뉴에 입력된 내용 중 다음과 같은 오류가 발견되었다. 입력된 내용을 확인하여 정정하시오.(6점)

01 9월 25일 일반전표입력에 세금과공과로 처리한 것은 2019년 1기 확정 부가가치세를 가산세 25,000원 포함하여 보통예금으로 납부한 것이다.(단, 6월 30일자 부가가치세 회계처리를 확인하고, 가산세는 세금과공과(판)로 처리하시오)(3점)

02 10월 5일 거래처 직원의 결혼축하금 100,000원을 현금으로 지급한 것으로 회계처리가 되었으나, 해당 내용은 당사 생산부 직원의 결혼축하금으로 확인되었다.(3점)

[문제 5]

결산정리사항은 다음과 같다. 해당 메뉴에 입력하시오.(9점)

01 기말 현재 우리은행 차입금(3년 만기) 중 3,000,000원의 상환기간이 1년 이내로 도래하였다.(단, 유동성대체를 위한 요건은 모두 충족되었다고 가정한다)(3점)

02 결산일 현재 영업부서가 보유하고 있는 유형자산은 다음과 같다.(3점)

취득일	유형자산	취득원가	잔존가치	내용연수	상각방법
2018. 1. 1.	건물	50,000,000원	0	50년	정액법

03 매출채권(외상매출금, 받을어음)잔액에 대하여 1%의 대손충당금을 보충법으로 설정하시오.(3점)

[문제 6]

다음 사항을 조회하여 답안을 이론문제 답안작성 메뉴에 입력하시오.(9점)

01 1기 확정(4월~6월) 부가가치세신고기간 중 과세표준과 납부세액은 각각 얼마인가?(3점)

02 5월 중 현금으로 지급한 판매비와 관리비로 분류되는 소모품비의 금액은 얼마인가?(3점)

03 3월 31일 현재 유동자산에서 유동부채를 차감한 차이금액은 얼마인가?(3점)

이론과 실무문제의 답을 모두 입력한 후 「답안저장(USB로 저장)」을 클릭하여 저장하고, USB 메모리를 제출하시기 바랍니다.

전산회계 1급 83회

다음 문제를 보고 알맞은 것을 골라 [이론문제 답안작성] 메뉴에 입력하시오.(객관식 문항당 2점)

〈기본전제〉

문제에서 한국채택국제회계기준을 적용하도록 하는 전제조건이 없는 경우, 일반기업회계기준을 적용한다.

01 다음 중 재무상태표의 명칭과 함께 기재해야 하는 사항이 아닌 것은?

① 기업명 ② 보고기간종료일

③ 금액단위 ④ 회계기간

02 다음 중 현금 및 현금성자산으로 분류되는 금액은?

• 수입인지 : 50,000원	• 우표 : 50,000원
• 배당금지급통지표 : 50,000원	• 만기 120일 양도성예금증서 : 200,000원
• 선일자수표 : 100,000원	• 타인발행 자기앞수표 : 100,000원

① 100,000원 ② 150,000원

③ 200,000원 ④ 250,000원

03 다음 중 자본조정항목이 아닌 것은?

① 자기주식처분손실 ② 감자차손

③ 주식발행초과금 ④ 자기주식

04 다음 중 무형자산에 대한 설명으로 옳지 않은 것은?

① 무형자산을 최초로 인식할 때에는 원가로 측정한다.

② 내부적으로 창출한 무형자산의 창출과정은 연구단계와 개발단계로 구분한다.

③ 무형자산의 상각기간은 독점적, 배타적인 권리를 부여하고 있는 관계법령이나 계약에 정해진 경우를 제외하고는 20년을 초과할 수 없다.

④ 무형자산을 창출하기 위한 과정을 연구단계와 개발단계로 구분할 수 없는 경우에는 모두 개발단계에서 발생한 것으로 본다.

05 다음 자료를 이용하여 외상매입금의 기초잔액을 계산하면 얼마인가?

• 외상매입금 지급액 : 5,000,000원	• 기말외상매입금 : 1,400,000원
• 외상매입금 순매입액 : 4,000,000원	• 외상매입금 총매입액 : 4,200,000원

① 1,200,000원　② 1,400,000원
③ 1,500,000원　④ 2,400,000원

06 다음 거래를 분개할 때 사용되지 않은 계정과목은?

> 비업무용 토지를 7,000,000원에 구입하였다. 먼저 지급한 계약금 700,000원을 차감한 잔액 중 50%는 타사가 발행한 당좌수표로, 나머지는 약속어음을 발행하여 지급하다.

① 선급금　② 지급어음
③ 미지급금　④ 현금

07 다음의 회계거래 중에서 자본총액에 변동이 없는 것은?

① 유상증자를 실시하다.
② 현금배당을 주주총회에서 결의하다.
③ 발행주식 중 일부를 유상으로 소각하다.
④ 결의했던 현금배당을 지급하다.

08 다음은 ㈜한국이 당기(1기)에 구입하여 보유하고 있는 단기매매증권이다. 당기(1기)말에 단기매매증권 평가가 당기손익에 미치는 영향은 얼마인가?

종류	액면가액	취득가액	공정가액
㈜한강	100,000원	200,000원	150,000원
㈜금강	200,000원	150,000원	200,000원

① 없음　② 이익 50,000원
③ 손실 50,000원　④ 이익 100,000원

09 다음에서 설명하고 있는 원가행태는 무엇인가?

> 특정범위의 조업도수준(관련범위)에서는 일정한 금액이 발생하지만, 관련범위를 벗어나면 원가총액이 일정액만큼 증가 또는 감소하는 원가를 말한다.

① 준변동비(준변동원가)　② 변동비(변동원가)
③ 고정비(고정원가)　④ 준고정비(준고정원가)

10 다음은 보조부문원가를 제조부문에 배부하는 내용이다. 무엇에 대한 설명인가?

> 보조부문원가를 보조부문의 배부순서를 정하여 한 번만 다른 보조부문과 제조부문에 배부한다.

① 직접배부법　　② 단계배부법
③ 상호배분법　　④ 개별배부법

11 종합원가계산방법과 개별원가계산방법에 대한 내용으로 가장 올바르지 않은 것은?

구분	종합원가계산방법	개별원가계산방법
① 핵심과제	완성품환산량 계산	제조간접비 배분
② 업종	식품, 제조업 등	조선업 등
③ 원가집계	개별작업별 집계	공정 및 부문별 집계
④ 장점	경제성 및 편리함	정확한 원가계산

12 다음 자료를 활용하여 평균법에 의한 재료비와 가공비의 완성품환산량을 계산하면 얼마인가?

> • 기초재공품 : 700개(완성도 30%)　　• 당기착수량 : 1,500개
> • 당기완성품 : 1,700개　　• 기말재공품 : 500개(완성도 50%)
> • 재료는 공정초에 전량 투입되고, 가공비는 공정 전반에 걸쳐 균등하게 투입된다.

① 재료비 2,200개, 가공비 1,950개
② 재료비 2,200개, 가공비 1,990개
③ 재료비 1,740개, 가공비 1,950개
④ 재료비 1,740개, 가공비 1,990개

13 다음 중 부가가치세법상 재화공급의 특례에 해당하는 간주공급으로 볼 수 없는 것은?

① 폐업 시 잔존재화
② 사업을 위한 거래처에 대한 증여
③ 사업용 기계장치의 양도
④ 과세사업과 관련하여 취득한 재화를 면세사업에 전용하는 재화

14 다음 중 부가가치세 면세대상이 아닌 것은?

① 항공법에 따른 항공기에 의한 여객운송용역의 공급
② 수돗물의 공급
③ 토지의 공급
④ 연탄의 공급

15 다음 중 부가가치세법상 세금계산서에 대한 설명으로 가장 옳지 않은 것은?

① 법인사업자 및 개인사업자는 반드시 전자세금계산서를 발급하여야 한다.
② 전자세금계산서의 발급기한은 다음 달 10일까지 가능하다.
③ 전자세금계산서는 발급일의 다음 날까지 전자세금계산서 발급명세를 국세청장에게 전송하여야 한다.
④ 수입세금계산서는 세관장이 수입자에게 발급한다.

실무시험

㈜용인전자(회사코드 : 0833)는 전자제품을 제조하여 판매하는 중소기업이며, 당기(제8기) 회계기간은 2019년 1월 1일~2019년 12월 31일이다. 전산세무회계 수험용 프로그램을 이용하여 다음 물음에 답하시오.

〈기본전제〉

문제에서 한국채택국제회계기준을 적용하도록 하는 전제조건이 없는 경우, 일반기업회계기준을 적용한다.

[문제 1]

다음은 기초정보관리에 대한 자료이다. 각각의 요구사항에 대하여 답하시오.(10점)

01 다음 자료를 보고 거래처등록메뉴에서 등록하시오.(3점)

- 거래처명 : ㈜한국식품(거래처코드 : 03022)
- 대표자 : 김한국
- 유형 : 동시
- 사업자등록번호 : 610-85-20213
- 업태 : 제조
- 종목 : 라면류
- 사업장주소 : 서울특별시 서초구 명달로 105

※ 주소입력 시 우편번호입력은 생략해도 무방함.

02 거래처별 초기이월채권과 채무잔액에 있어서 다음과 같은 차액이 발생하였다. 적절하게 수정하시오.(3점)

계정과목	거래처	수정 전 잔액	수정 후 잔액
단기대여금	㈜대구	4,540,000원	5,450,000원
선급금	㈜천안	8,500,000원	5,800,000원
단기차입금	㈜부안	13,500,000원	15,300,000원

03 전기분 결산사항을 검토한 결과 다음과 같은 입력누락이 발견되었다. 전기분 손익계산서, 전기분 잉여금처분계산서, 전기분 재무상태표 중 관련된 부분을 수정하시오.(4점)

차변		대변	
계정과목	금액	계정과목	금액
선급비용	1,100,000원	보험료(판)	1,100,000원

[문제 2]

다음 거래자료를 일반전표입력메뉴에 추가입력하시오.(일반전표입력의 모든 거래는 부가가치세를 고려하지 말 것)(18점)

〈입력 시 유의사항〉

- 일반적인 적요의 입력은 생략하지만, 타계정 대체거래는 적요번호를 선택하여 입력한다.
- 채권·채무와 관련된 거래는 별도의 요구가 없는 한 반드시 기 등록되어 있는 거래처코드를 선택하는 방법으로 거래처명을 입력한다.
- 제조경비는 500번대 계정코드를, 판매비와 관리비는 800번대 계정코드를 사용한다.
- 회계처리 시 계정과목은 별도 제시가 없는 한 등록되어 있는 계정과목 중 가장 적절한 과목으로 한다.

01 7월 19일 매출거래처 ㈜대도상사의 외상매출금 22,000,000원이 당사의 보통예금 계좌에 입금되었다.(3점)

02 8월 10일 영업관리직 사원에 대한 확정급여형(DB형) 퇴직연금에 가입하고, 8월분 퇴직연금 9,800,000원을 당사 보통예금에서 이체하여 납부하였다.(3점)

03 9월 25일 ㈜참길무역에서 발행한 채권(만기는 2021년 5월 31일이고, 시장성은 없다)을 만기까지 보유할 목적으로 당좌수표를 발행하여 20,000,000원에 취득하였다. 또한 채권을 취득하는 과정에서 발생한 수수료 100,000원은 보통예금에서 지급하였다.(단, 하나의 전표로 입력할 것)(3점)

04 10월 5일 지난 달 급여지급 시 원천징수했던 소득세 153,870원을 보통예금에서 이체 납부하였다.(3점)

05 11월 12일 제품을 판매하고 ㈜대전으로부터 받은 약속어음 5,000,000원을 만기 전

에 광주은행에 할인하고 할인료 50,000원을 차감한 후 보통예금계좌로 이체받았다.(단, 매각거래로 처리한다)(3점)

06 11월 15일 창고에 보관 중인 제품 1대(원가 1,000,000원)를 판매직 직원의 복리후생 목적으로 무상 제공하다.(3점)

[문제 3]

다음 거래자료를 매입매출전표입력메뉴에 입력하시오.(18점)

〈입력 시 유의사항〉

- 일반적인 적요의 입력은 생략하지만, 타계정 대체거래는 적요번호를 선택하여 입력한다.
- 별도의 요구가 없는 한 반드시 기 등록되어 있는 거래처코드를 선택하는 방법으로 거래처명을 입력한다.
- 제조경비는 500번대 계정코드를, 판매비와 관리비는 800번대 계정코드를 사용한다.
- 회계처리 시 계정과목은 별도 제시가 없는 한 등록되어 있는 계정과목 중 가장 적절한 과목으로 한다.
- 입력화면 하단의 분개까지 처리하고, 전자세금계산서 및 전자계산서는 전자입력으로 반영한다.

01 7월 15일 상원상사에 제품을 판매하고 다음과 같이 전자세금계산서를 발급하였다. (단, 상원상사가 발행한 어음의 만기일은 3개월 내이다)(3점)

<table>
<tr><td colspan="7">전자세금계산서(공급자 보관용)</td><td>승인번호</td><td colspan="2">20190715-51050067-62367242</td></tr>
<tr><td rowspan="5">공급자</td><td>사업자 등록번호</td><td>141-81-08831</td><td>종사업장 번호</td><td></td><td rowspan="5">공급받는자</td><td>사업자 등록번호</td><td>203-01-23142</td><td>종사업장 번호</td><td></td></tr>
<tr><td>상호 (법인명)</td><td>㈜용인전자</td><td>성명 (대표자)</td><td>이현지</td><td>상호 (법인명)</td><td>상원상사</td><td>성명</td><td>김서니</td></tr>
<tr><td>사업장 주소</td><td colspan="3">서울시 송파구 법원로 11길 11</td><td>사업장 주소</td><td colspan="3">서울시 영등포구 양평로 5, 성원빌딩</td></tr>
<tr><td>업태</td><td>제조, 도소매</td><td>종목</td><td>전자제품</td><td>업태</td><td>도매업</td><td>종목</td><td>컴퓨터</td></tr>
<tr><td>이메일</td><td colspan="3"></td><td>이메일</td><td colspan="3"></td></tr>
</table>

작성일자	공급가액	세액	수정사유
2019. 7. 15.	12,000,000원	1,200,000원	
비고			

월	일	품목	규격	수량	단가	공급가액	세액	비고
7	15	전자부품				12,000,000원	1,200,000원	

합계금액	현금	수표	어음	외상미수금	이 금액을 영수/청구 함
13,200,000원	1,200,000원		12,000,000원		

02 7월 25일 중국 라이라이회사에 제품 1,000개(단가 $100)를 직접 수출하고 대금은 외상으로하였다. (단, 선적일인 7월 25일의 적용환율은 1,200원/$이다)(3점)

03 8월 25일 당사가 소유한 토지의 형질변경을 위해 은희건축사사무소에 1,500,000원(부가가치세 별도)의 수수료를 전액 보통예금으로 지급하고 전자세금계산서를 발급받았다.(3점)

04 9월 5일 영업부에서 사용하는 업무용 승용차(998cc)의 주유비 110,000원(부가가치세 포함)을 알뜰주유소에서 현금결제하고 현금영수증(지출증빙용)을 발급받았다.(알뜰주유소는 일반과세사업자이다)(3점)

05 10월 2일 약수나라에 제품을 비씨카드로 판매하고 다음과 같이 신용카드매출전표를 발행하였다.(3점)

카드종류		거래종류	결제방법
비씨카드		신용구매	일시불
회원번호(Card No.)		취소 시 원거래일자	
6250-0304-4156-5955			
유효기간	거래일시	품명	
/	2019. 10. 2. 12:33		
전표제출	금　　액	1,500,000원	
	부 가 세	150,000원	
전표매입사　비씨카드	봉 사 료		
	합　　계	**1,650,000원**	
거래번호	승인번호/(Approval No.)		
	30017218		
가맹점	㈜용인전자		
대표자	이현지	TEL	02-3456-7890
가맹점번호	234567	사업자번호	141-81-08831
주소	서울시 송파구 법원로 11길 11		
		서명(Signature)	약수

06 11월 22일 수출용 제품생산에 필요한 원재료(공급가액 23,000,000원)를 ㈜부산으로부터 내국신용장에 의하여 외상매입하고 영세율전자세금계산서를 발급받았다.(3점)

[문제 4]

일반전표입력 및 매입매출전표입력 메뉴에 입력된 내용 중 다음과 같은 오류가 발견되었다. 입력된 내용을 확인하여 정정하시오.(6점)

01 10월 24일 영업부서에서 사용할 마우스 등을 해신컴퓨터에서 현금 55,000원(부가가치세 포함)에 구입하고 일반전표에 입력하였으나, 지출증빙용 현금영수증을 발급받았음이 확인되었다.(단, 계정과목은 소모품으로 할 것)(3점)

02 11월 29일 이자수익 1,000,000원 중 원천징수세액(원천징수세율은 15.4%로 가정)을 제외한 나머지 금액이 보통예금으로 입금되어 입금된 금액에 대해서만 회계처리하였다.(단, 기업에서는 원천징수세액을 자산으로 처리하고 있다)(3점)

[문제 5]

결산정리사항은 다음과 같다. 해당 메뉴에 입력하시오.(9점)

01 12월 31일 현재 임대료(영업외 수익)관련 기간 경과분이 있다. 5월 1일 ㈜전주로부터 1년분(2019년 5월 1일~2020년 4월 30일) 임대료 7,200,000원을 수취하면서 전부 부채로 처리하였으며, 월할계산하시오.(3점)

02 기말외상매출금 중에는 영국 브리티시기업의 외화로 계상된 외상매출금 130,000,000원($100,000)이 포함되어 있다.(결산일 현재 적용환율 : 1,280원/$)(3점)

03 결산일 현재 다음과 같이 판매비와 관리비에 반영할 감가상각비를 각각 계상하고자 한다.(3점)

• 건물 : 3,500,000원	• 차량운반구 : 12,000,000원	• 비품 : 3,300,000원

[문제 6]

다음 사항을 조회하여 답안을 이론문제 답안작성 메뉴에 입력하시오.(9점)

01 ㈜문정유통에 대한 외상매출금 중 상반기(1월~6월)에 회수한 금액의 합계액은 얼마인가?(3점)

02 1월에서 6월 중 수수료비용(판)이 가장 크게 발생한 월과 금액은 얼마인가?(3점)

03 2019년 1기 확정 부가가치세신고기간(4월~6월) 매출 중 영세율세금계산서 공급가액의 합계액은 얼마인가?(3점)

이론과 실무문제의 답을 모두 입력한 후 「답안저장(USB로 저장)」을 클릭하여 저장하고, USB 메모리를 제출하시기 바랍니다.

전산회계 1급 82회

다음 문제를 보고 알맞은 것을 골라 [이론문제 답안작성] 메뉴에 입력하시오.(객관식 문항당 2점)

〈기본전제〉

문제에서 한국채택국제회계기준을 적용하도록 하는 전제조건이 없는 경우, 일반기업회계기준을 적용한다.

01 다음 거래내용을 보고 12월 31일 결산 수정분개 시 차변계정과목과 차변금액으로 적절한 것은?

- 2018년 8월 1일 소모품 600,000원을 현금으로 구입하고 자산으로 처리하였다.
- 2018년 12월 31일 결산 시 소모품 미사용액은 250,000원이다

① 소모품 250,000원
② 소모품 350,000원
③ 소모품비 250,000원
④ 소모품비 350,000원

02 다음 중 현금 및 현금성자산으로 구분할 수 없는 것은?

① 보통예금
② 우편환증서
③ 자기앞수표
④ 정기적금

03 현행 일반기업회계기준서상 유가증권에 대한 설명 중 틀린 것은?

① 채무증권은 취득할 경우 만기보유증권, 단기매매증권 및 매도가능증권으로 분류한다.
② 단기매매증권 및 만기보유증권은 원칙적으로 공정가치로 평가한다.
③ 단기매매증권이 시장성을 상실한 경우에는 매도가능증권으로 분류하여야 한다.
④ 채무증권을 만기까지 보유할 적극적인 의도와 능력이 있는 경우에는 만기보유증권으로 분류한다.

04 재고자산의 수량을 파악하는 방법으로만 짝지어진 것은?

㉠ 개별법	㉡ 선입선출법	㉢ 계속기록법
㉣ 후입선출법	㉤ 실지재고조사법	

① ㉠, ㉢
② ㉡, ㉣
③ ㉢, ㉤
④ ㉠, ㉡, ㉣

05 다음 자료에 의한 당기말 재무제표에 표시할 유동부채금액은 얼마인가?

- 매입채무 : 1,300,000원
- 예수금 : 240,000원
- 단기차입금 : 6,000,000원
- 장기미지급금 : 1,200,000원

① 6,240,000원
② 7,300,000원
③ 7,540,000원
④ 8,740,000원

06 다음 내역이 손익계산서에 미치는 영향으로 옳지 않은 것은?

㉠ 영업사원 핸드폰요금 : 600,000원
㉡ 영업부 사무실 감가상각비 : 700,000원
㉢ 장애인단체 기부금 : 300,000원

① 영업이익에 영향을 주지 않는 ㉢은 당기순이익에만 영향을 준다.
② 영업외비용은 ㉡과 ㉢의 합계액인 1,000,000원이다.
③ ㉠과 ㉡의 합계액인 1,300,000원은 판매비와 관리비로 계상된다.
④ ㉠과 ㉡의 합계액은 영업이익과 당기순이익에 모두 영향을 준다.

07 다음 유형자산 중 감가상각 회계처리대상에 해당하지 않는 것은?

① 업무에 사용하고 있는 토지
② 관리사무실에서 사용하고 있는 세단기
③ 업무관련 회사소유 주차장 건물
④ 생산직원 전용휴게실에 비치되어 있는 안마기

08 자본에 대한 설명 중 잘못된 것은?

① 자본금은 우선주자본금과 보통주자본금으로 구분하며, 발행주식수×주당 발행가액으로 표시된다.
② 잉여금은 자본잉여금과 이익잉여금으로 구분 표시한다.

③ 주식의 발행은 할증발행, 액면발행 및 할인발행이 있으며, 어떠한 발행을 하여도 자본금은 동일하다.
④ 자본은 자본금 · 자본잉여금 · 이익잉여금 · 자본조정 및 기타포괄손익누계액으로 구분 표시한다.

09 원가에 대한 다음의 설명 중 틀린 것은?

① 원가의 추적가능성에 따라 통제가능원가와 통제불능원가로 분류된다.
② 조업도(제품생산량)가 증가함에 따라 단위당 변동비는 일정하고 단위당 고정비는 감소한다.
③ 직접노무비, 제조간접비는 모두 가공원가에 해당한다.
④ 매몰원가는 이미 발생한 원가로 현재의 의사결정에 아무런 영향을 미치지 못하는 원가이다.

10 직접 노무비의 70%를 제조간접비로 배부하는 경우, 만일 특정작업에 배부된 제조간접비가 35,000원이라면 그 작업에 소요된 직접노무비는 얼마인가?

① 40,000원 ② 45,000원
③ 50,000원 ④ 55,000원

11 다음 중 제조원가계산을 위한 재공품계정에 표시될 수 없는 것은?

① 당기총제조원가 ② 기초재공품재고액
③ 당기제품제조원가 ④ 기말원재료재고액

12 다음 중 보조부문원가를 제조부문에 배부하는 방법에 속하지 않는 것은?

① 단계배부법 ② 직접배부법
③ 간접배부법 ④ 상호배부법

13 다음 자료에서 세금계산서의 필요적 기재사항이 아닌 것은?

① 공급하는 사업자의 등록번호 ② 공급연월일
③ 공급받는 자의 등록번호 ④ 공급가액과 부가가치세액

14 다음 중 부가가치세 영세율과 관련된 설명 중 틀린 것은?

① 영세율은 수출하는 재화에 적용된다.
② 영세율은 완전면세에 해당한다.

③ 직수출하는 재화의 경우에도 세금계산서를 발행, 교부하여야 한다.
④ 영세율은 소비지국 과세원칙을 구현하기 위한 제도이다.

15 ㈜성실은 2018년 3월 5일 폐업하였다. 폐업 시 자산보유내역은 다음과 같다. 부가가치세신고 시의 과세표준은 얼마인가?

• 재고자산 : 원가 7,000,000원(시가 8,000,000원)

① 0원
② 1,000,000원
③ 7,000,000원
④ 8,000,000원

실무시험

㈜한강(코드번호 : 0823)는 스포츠용품을 판매하는 법인기업이다. 당기(제5기) 회계기간은 2018년 1월 1일~2018년 12월 31일이다. 전산세무회계 수험용 프로그램을 이용하여 다음 물음에 답하시오.

〈기본전제〉

문제에서 한국채택국제회계기준을 적용하도록 하는 전제조건이 없는 경우, 일반기업회계기준을 적용한다.

[문제 1]

다음은 기초정보관리에 대한 자료이다. 각각의 요구사항에 대하여 답하시오.(10점)

01 전자제품 매출을 위해 한국카드와 신용카드가맹점계약을 하였다. 다음의 내용을 거래처등록메뉴에 등록하시오.(3점)

- 코드 : 99902
- 거래처명 : 한국카드
- 가맹점번호 : 5640023147
- 유형 : 매출

02 전기말 거래처별 채권·채무에 대하여 거래처누락이 발생하였다. 이를 추가입력하시오.(3점)

채권·채무	구분	거래처	금액
외상매출금	누락	㈜진도	15,000,000원
단기차입금	누락	㈜완도	20,000,000원

03 다음은 전기분 원재료, 재공품, 제품의 기말재고액이다. 주어진 자료로 추가수정입력하여 관련 전기분 재무제표를 수정하시오.(4점)

- 원재료 : 5,000,000원
- 재공품 : 9,000,000원
- 제품 : 15,000,000원

[문제 2]

다음 거래자료를 일반전표입력메뉴에 추가입력하시오.(일반전표입력의 모든 거래는 부가가치세를 고려하지 말 것)(18점)

〈입력 시 유의사항〉

- 일반적인 적요의 입력은 생략하지만, 타계정 대체거래는 적요번호를 선택하여 입력한다.
- 채권·채무와 관련된 거래는 별도의 요구가 없는 한 반드시 기 등록되어 있는 거래처코드를 선택하는 방법으로 거래처명을 입력한다.
- 제조경비는 500번대 계정코드를, 판매비와 관리비는 800번대 계정코드를 사용한다.
- 회계처리 시 계정과목은 별도 제시가 없는 한 등록되어 있는 계정과목 중 가장 적절한 과목으로 한다.

01 7월 10일 국민은행에서 장기 차입한 운전자금 20,000,000원이 만기도래되어 이자 120,000원과 원금을 당좌수표를 발행하여 상환하였다.(3점)

02 8월 10일 매출처인 ㈜똑똑상사로부터 받아 보관 중인 약속어음 3,500,000원을 만기 이전에 거래은행인 국민은행에 할인하고 할인료 150,000원을 제외한 금액은 보통예금통장에 입금되었다.(매각거래로 처리할 것)(3점)

03 9월 9일 한부자 씨로부터 공장용 토지를 200,000,000원에 취득하면서 토지대금은 전액 미지급하였다. 취득세 등 공과금 9,530,000원은 현금으로 지출하였다.(3점)

04 9월 10일 다음과 같이 8월분 국민연금보험료를 보통예금으로 납부하였다.(3점)

- 회사부담분 : 400,000원(영업부 직원), 600,000원(생산부 직원)
- 종업원부담분 : 1,000,000원(급여지급 시 이 금액을 차감하고 지급함)
- 회사부담분 국민연금보험료는 세금과공과로 회계처리한다.

05 9월 20일 2017년도에 대손이 확정되어 대손충당금과 상계처리한 외상매출금 400,000원이 당사의 보통예금에 입금되었다.(단, 부가가치세법상 대손세액은 고려하지 말 것)(3점)

06 11월 12일 당사에서 생산한 제품(개당 원가 2,000원) 1,000개를 실버복지재단에 현물기부하였다.(3점)

[문제 3]

다음 거래자료를 매입매출전표입력메뉴에 입력하시오.(18점)

〈입력 시 유의사항〉

- 일반적인 적요의 입력은 생략하지만, 타계정 대체거래는 적요번호를 선택하여 입력한다.
- 별도의 요구가 없는 한 반드시 기 등록되어 있는 거래처코드를 선택하는 방법으로 거래처명을 입력한다.
- 제조경비는 500번대 계정코드를, 판매비와 관리비는 800번대 계정코드를 사용한다.
- 회계처리 시 계정과목은 별도 제시가 없는 한 등록되어 있는 계정과목 중 가장 적절한 과목으로 한다.
- 입력화면 하단의 분개까지 처리하고, 전자세금계산서 및 전자계산서는 전자입력으로 반영한다.

01 8월 3일 미국 미토리 Co.에 제품 500개(제품 개당 $400)를 직수출(선적일 8월 3일)하고 대금은 외상으로 하였다. 선적일의 적용환율은 1,100원/$이다.(3점)

02 9월 10일 다음은 판매한 제품이 하자가 있어 반품되어 발급한 수정전자세금계산서이다. 수정전자세금계산서 발급과 동시에 외상매출금과 상계처리하였다.(3점)

수정전자세금계산서(공급자 보관용)		승인번호	20180910-15454645-58844486

	항목	내용	항목	내용		항목	내용	항목	내용
공급자	사업자 등록번호	880-86-00128	종사업장 번호		공급받는자	사업자 등록번호	137-81-30988	종사업장 번호	
	상호 (법인명)	㈜한강	성명(대표자)	유상수		상호 (법인명)	㈜서울	성명	문만용
	사업장 주소	경기도 수원시 권선구 오목천로 152번길 68				사업장 주소	서울 영등포구 국회대로 120		
	업태	제조, 도소매	종목	스포츠용품		업태	도소매	종목	컴퓨터
	이메일					이메일			

작성일자	공급가액	세액	수정사유
2018. 9. 10.	−1,000,000	−100,000	
비고			

월	일	품목	규격	수량	단가	공급가액	세액	비고
9	10	스포츠용품		−50	20,000	−1,000,000	−100,000	

합계금액	현금	수표	어음	외상미수금	이 금액을 영수/청구 함
−1,100,000				−1,100,000	

03 9월 23일 생일을 맞이한 공장 직원에게 지급할 선물세트를 1,100,000원(부가가치세 포함)에 다모아백화점에서 구입하고 전자세금계산서를 수취하고 대금은 당좌수표를 발행하여 지급하다.(3점)

04 10월 17일 대표이사의 자택에서 사용할 목적으로 ㈜전자마트에서 냉난방기를 3,300,000원(부가가치세 별도)에 구입하고, 당사 면의로 전자세금계산서를 발급받았다. 대금은 당사발행 당좌수표로 지급하였으며, 대표이사의 가지급금으로 처리한다.(3점)

05 10월 27일 비사업자인 개인 이슬비 씨에게 제품을 판매하고 대금은 전액 현금으로 수취하고 다음과 같이 현금영수증을 발행하였다.(3점)

㈜한강		
880-86-00128		유상수
경기도 수원시 권선구 오목천로 152번길 68		TEL : 3289-8085
홈페이지 http://www.kacpta.or.kr		
현금(소득공제)		
구매 2018/10/27/12:06		거래번호 : 0027-0101
상품명	수량	금액
제품		220,000원
	–생략–	
	공급가액	200,000원
	부가가치세	20,000원
	받은 금액	220,000원

06 12월 10일 ㈜서울컨설팅으로부터 공장 제조설비의 안전대책을 위한 경영컨설팅을 받고 경영컨설팅 수수료 500,000원(부가가치세 별도)에 대한 전자세금계산서를 발급받았다. 경영컨설팅 수수료는 12월 1일에 지급한 계약금 100,000원을 제외한 나머지 금액은 현금으로 지급하였다.(단, 계약금은 선급금계정으로 이미 회계처리하였음)(3점)

[문제 4]

일반전표입력 및 매입매출전표입력메뉴에 입력된 내용 중 다음과 같은 오류가 발견되었다. 입력된 내용을 확인하여 정정하시오.(6점)

01 8월 15일 영업부 사원 김기덕의 지방출장비에 대한 분개가 누락된 것이 발견되었다. 출장비 사용내용은 다음과 같으며, 비용은 보통예금계좌에서 개인계좌로 이체하여 지급하였다.(3점)

〈출장비 사용내역 〉

-KTX 기차요금	120,000원
-숙박비	100,000원
-기타 제비용	80,000원
지출합계	300,000원

02 9월 15일 비품을 현금 3,300,000원(부가가치세 포함)을 받고 전자세금계산서를 발급하여 ㈜여수에 처분하면서 감가상각누계액을 고려하지 않고 회계처리하였다. 비품 취득가액은 6,000,000원이고 감가상각누계액은 3,500,000원이다.(3점)

[문제 5]

결산정리사항은 다음과 같다. 해당 메뉴에 입력하시오.(9점)

01 기말외상매입금계정 중에는 미국 코메리사의 외상매입금 6,000,000원(미화 $5,000)이 포함되어 있다.(결산일 현재 적용환율 : 1,100원/$)(3점)

02 2018년 9월 1일 보험료 1년분(2018년 9월 1일~2019년 8월 31일) 2,400,000원(제조부문 : 1,800,000원, 본사관리부문 : 600,000원)을 현금으로 납부하면서 모두 자산으로 회계처리하였다.(단, 보험료는 월할계산함)(3점)

03 12월 31일 결산 시 총무부 직원에 대해 15,000,000원, 생산부 직원에 대해 10,800,000원의 퇴직급여충당부채를 설정한다. 단, 결산자료입력을 통해 처리한다.(3점)

[문제 6]

다음 사항을 조회하여 답안을 [이론문제 답안작성] 메뉴에 입력하시오.(9점)

01 4월말 현재 외상매출금잔액이 가장 큰 거래처명과 그 금액은 얼마인가?(3점)

02 상반기에 발생한 보험료 중 제조경비에 해당되는 금액은 얼마인가?(3점)

03 제1기 확정신고기간(4월~6월)의 매출액 중 세금계산서 발급분의 공급가액은 모두 얼마인가?(3점)

이론과 실무문제의 답을 모두 입력한 후 「답안저장(USB로 저장)」을 클릭하여 저장하고, USB 메모리를 제출하시기 바랍니다.

전산회계 1급 81회

다음 문제를 보고 알맞은 것을 골라 이론문제 답안작성 메뉴에 입력하시오.(객관식 문항당 2점)

〈기본전제〉

문제에서 한국채택국제회계기준을 적용하도록 하는 전제조건이 없는 경우, 일반기업회계기준을 적용한다.

01 다음 내용과 같은 기준으로 분류되는 계정과목은 무엇인가?

> 자본거래에서 발생하며, 자본금이나 자본잉여금으로 분류할 수 없는 항목으로 감자차손, 자기주식, 자기주식처분손실 등이 여기에 해당한다.

① 주식할인발행차금　② 임의적립금
③ 주식발행초과금　④ 이익준비금

02 ㈜한세의 기말재무상태표 일부이다. 당기손익계산서에 기록될 대손상각비는 얼마인가?

> • 2018년 기초대손충당금 73,000원, 기중 대손발생액 30,000원이다.
> • 2018년 기말재무상태표 매출채권은 5,000,000원, 대손충당금은 110,000원이다.

① 30,000원　② 43,000원
③ 67,000원　④ 80,000원

03 다음 중 주주총회에서 현금배당이 결의된 이후 실제 현금으로 현금배당이 지급된 시점의 거래요소 결합관계로 옳은 것은?

① (차) 자본의 감소　(대) 자본의 증가
② (차) 부채의 감소　(대) 자산의 감소
③ (차) 자산의 증가　(대) 수익의 발생
④ (차) 자본의 감소　(대) 자산의 감소

04 다음 중 일반기업회계기준에서 현금 및 현금성자산은 얼마인가?

- 통화대용증권 : 200,000원
- 우표 및 수입인지 : 100,000원
- 보통예금 : 300,000원
- 정기예금 : 400,000원
- 취득 당시에 만기가 100일 남아있는 단기금융상품 : 500,000원

① 500,000원　② 600,000원
③ 900,000원　④ 1,000,000원

05 다음 중 회계상 거래가 아닌 것은?

① 은행에 현금 600,000원을 예입하다.
② 자동차 종합보험료 700,000원을 현금으로 지급하다.
③ 은행에서 현금 1,000,000원을 차입하기로 결정하다.
④ 회계기말 현재 보유 중인 상장주식의 가격이 150,000원만큼 하락하다.

06 회사의 자산과 부채가 다음과 같을 때 회사의 자본(순자산)은 얼마인가?

- 상품 : 100,000원
- 대여금 : 40,000원
- 매입채무 : 70,000원
- 현금 : 10,000원
- 비품 : 80,000원
- 미지급금 : 20,000원

① 110,000원　② 120,000원
③ 130,000원　④ 140,000원

07 ㈜파랑상사의 총평균법에 의한 기말상품재고액은 얼마인가?

- 기초상품 : 100개(@2,000원)
- 당기상품매입 : 900개(@3,000원)
- 당기상품판매 : 800개(@4,000원)

① 300,000원　② 460,000원
③ 580,000원　④ 600,000원

08 "주주나 제3자 등으로부터 현금이나 기타재산을 무상으로 증여받을 경우 생기는 이익"이 설명하고 있는 계정과목은?

① 자산수증이익　② 이익잉여금
③ 채무면제이익　④ 임차보증금

09 다음 자료를 보고 노무비의 당월발생액을 계산하면 얼마인가?

• 노무비 전월선급액 : 100,000원	• 노무비 당월지급액(현금) : 400,000원

① 220,000원 ② 300,000원
③ 400,000원 ④ 500,000원

10 다음 중 제조원가명세서를 작성하기 위하여 필요하지 않은 것은?

① 당기직접노무원가발생액 ② 당기기말제품재고액
③ 당기직접재료구입액 ④ 당기직접재료사용액

11 다음의 자료에서 당기총제조원가는 얼마인가?

- 당기에 직접재료를 5,000,000원에 구입하였다.
- 당기에 발생한 직접노무원가는 3,500,000원이다.
- 제조간접원가는 2,000,000원이 발생하였다.
- 기초원재료재고는 500,000원이고 기말원재료재고는 2,000,000원이다.

① 7,000,000원 ② 9,000,000원
③ 10,500,000원 ④ 12,000,000원

12 재료비는 공정 초기에 모두 발생되고 가공비는 공정이 진행됨에 따라 균등하게 발생할 경우, 다음 자료에 의한 재료비의 완성품 환산량은?

- 기초재공품 : 2,000개(완성도 : 30%)
- 기말재공품 : 1,000개(완성도 : 40%)
- 당기완성품 수량 : 4,000개
- 회사는 평균법을 적용하여 기말재공품을 평가한다.

① 3,600개 ② 4,200개
③ 5,000개 ④ 6,000개

13 다음 자료를 이용하여 부가가치세 과세표준을 계산하면 얼마인가?

• 매출액 : 70,000,000원	• 대손금액 : 1,100,000원
• 매출에누리 : 5,000,000원	• 매입에누리 : 5,000,000원

① 60,000,000원 ② 65,000,000원
③ 68,900,000원 ④ 70,000,000원

14 다음 중 부가가치세신고 시 제출하는 서류가 아닌 것은?

① 부가가치세신고서와 건물 등 감가상각자산취득명세서
② 매출처별 세금계산서 합계표와 매입처별 세금계산서 합계표
③ 공제받지 못할 매입세액명세서와 대손세액공제신고서
④ 총수입금액조정명세서와 조정 후 총수입금액명세서

15 다음 중 현행 부가가치세법의 특징에 대한 설명으로 옳은 것은?

① 전단계거래액공제법이다.
② 비례세율로 역진성이 발생한다.
③ 개별소비세이다.
④ 지방세이다.

실무시험

㈜동강(코드번호 : 0813)는 스포츠용품을 판매하는 법인기업이다. 당기(제5기) 회계기간은 2018년 1월 1일~2018년 12월 31일이다. 전산세무회계 수험용 프로그램을 이용하여 다음 물음에 답하시오.

〈기본전제〉

문제에서 한국채택국제회계기준을 적용하도록 하는 전제조건이 없는 경우, 일반기업회계기준을 적용한다.

[문제 1]

다음은 기초정보관리에 대한 자료이다. 각각의 요구사항에 대하여 답하시오.(10점)

01 소미은행은 신규 거래처이다. 거래처등록메뉴에 추가등록하시오.(3점)

- 거래처코드 : 98004
- 거래처명 : 소미은행
- 계좌번호 : 9-71718989-52
- 유형 : 보통예금

02 거래처별 초기이월 채권과 채무잔액은 다음과 같다. 자료에 맞게 추가입력이나 정정 및 삭제하시오.(4점)

계정과목	거래처	잔액	합계
외상매출금	그림전자	7,500,000원	9,800,000원
	㈜하늘상사	2,300,000원	
선급금	연못상회	5,200,000원	5,200,000원
미지급금	누림전자	3,500,000원	5,750,000원
	㈜나눌상사	2,250,000원	

03 전기분 손익계산서의 복리후생비 3,000,000원은 제조공장 종업원의 회식비로 판명되었다. 전기분 원가명세서 및 전기분 손익계산서를 수정하시오.(3점)

[문제 2]

다음 거래자료를 일반전표입력메뉴에 추가입력하시오.(일반전표입력의 모든 거래는 부가가치세를 고려하지 말 것)(18점)

〈입력 시 유의사항〉

- 일반적인 적요의 입력은 생략하지만, 타계정 대체거래는 적요번호를 선택하여 입력한다.
- 채권 · 채무와 관련된 거래는 별도의 요구가 없는 한 반드시 기 등록되어 있는 거래처코드를 선택하는 방법으로 거래처명을 입력한다.
- 제조경비는 500번대 계정코드를, 판매비와 관리비는 800번대 계정코드를 사용한다.
- 회계처리 시 계정과목은 별도 제시가 없는 한 등록되어 있는 계정과목 중 가장 적절한 과목으로 한다.

01 8월 30일 창립기념일 사내 행사로 영업부 대회의실을 청소한 빌딩청소원 김갑수에게 청소비 100,000원을 현금으로 지급하였다. 원천징수세액은 무시하며 일용직 소득자료원천징수신고를 다음 달 9월 10일에 하기로 한다.(3점)

02 9월 30일 제2기 예정 부가가치세신고를 부가세예수금 13,450,000원, 부가세대급금 17,640,000원으로 확정하고 환급받을 부가가치세 4,190,000원에 대하여는 미수금계정으로 회계처리하였다.(단, 기존 입력된 자료는 무시한다)(3점)

03 11월 15일 신제품을 개발하고 특허권을 취득하기 위한 수수료 2,200,000원을 보통예금으로 지급하였다.(무형자산으로 처리할 것)(3점)

04 11월 24일 제품매출처인 수미마트의 외상매출금 15,000,000원이 조기 회수되어 매출대금의 2%를 할인해 주고 나머지는 보통예금으로 송금받았다.(3점)

05 12월 24일 당사는 전 임직원의 퇴직금에 대해 확정기여형(DC형) 퇴직연금에 가입하고 있으며, 10월분 퇴직연금 14,000,000원(영업부 직원 6,000,000원, 제조부 직원 8,000,000원)을 당사 보통예금에서 이체하여 납부하였다.(3점)

06 12월 30일 국민은행에 받을어음의 추심을 의뢰하고 수수료비용 4,500원을 현금으로 지급하다.(3점)

[문제 3]

다음 거래자료를 매입매출전표입력메뉴에 입력하시오.(18점)

〈입력 시 유의사항〉

- 일반적인 적요의 입력은 생략하지만, 타계정 대체거래는 적요번호를 선택하여 입력한다.
- 별도의 요구가 없는 한 반드시 기 등록되어 있는 거래처코드를 선택하는 방법으로 거래처명을 입력한다.
- 제조경비는 500번대 계정코드를, 판매비와 관리비는 800번대 계정코드를 사용한다.
- 회계처리 시 계정과목은 별도 제시가 없는 한 등록되어 있는 계정과목 중 가장 적절한 과목으로 한다.
- 입력화면 하단의 분개까지 처리하고, 전자세금계산서 및 전자계산서는 전자입력으로 반영한다.

01 7월 13일 ㈜핀인터내셔널에 내국신용장(Local L/C)에 의하여 제품 13,000,000원을 납품하고 영세율전자세금계산서를 발급하였다. 대금은 내국신용장 개설은행에 곧 청구할 예정이다.(3점)

02 7월 15일 알리다광고에 회사 건물에 부착할 간판제작대금 4,400,000원(부가세 포함)을 당사의 약속어음을 발행하여 지급하고 전자세금계산서를 수취하였다.(자산계정으로 회계처리함)(3점)

03 10월 11일 다음 거래내역을 보고 적절한 회계처리를 하시오.(단, 차량운반구의 취득원가 5,000,000원, 감가상각누계액 3,200,000원이며, 매각연도의 감가상각비계산은 생략한다)(3점)

<table>
<tr><td colspan="8">전자세금계산서(공급자 보관용)</td><td>승인번호</td><td>20181011-15454645-58844486</td></tr>
<tr><td rowspan="5">공급자</td><td>사업자 등록번호</td><td>315-81-04019</td><td>종사업장 번호</td><td></td><td rowspan="5">공급받는자</td><td>사업자 등록번호</td><td>137-81-30988</td><td>종사업장 번호</td><td></td></tr>
<tr><td>상호 (법인명)</td><td>㈜동강</td><td>성명 (대표자)</td><td>김국진</td><td>상호 (법인명)</td><td>K오토스 중고차상사</td><td>성명</td><td>문상사</td></tr>
<tr><td>사업장 주소</td><td colspan="3">충청북도 청주시 흥덕구 덕암로 6번길 15</td><td>사업장 주소</td><td colspan="3">서울 영등포구 국회대로 50길 9</td></tr>
<tr><td>업태</td><td>제조, 판매</td><td>종목</td><td>스포츠용품</td><td>업태</td><td>도소매</td><td>종목</td><td>차량</td></tr>
<tr><td>이메일</td><td colspan="3"></td><td>이메일</td><td colspan="3"></td></tr>
<tr><td colspan="2">작성일자</td><td colspan="2">공급가액</td><td>세액</td><td colspan="5">수정사유</td></tr>
<tr><td colspan="2">2018. 10. 11.</td><td colspan="2">1,000,000</td><td>100,000</td><td colspan="5"></td></tr>
<tr><td colspan="2">비고</td><td colspan="8"></td></tr>
<tr><td>월</td><td>일</td><td colspan="2">품목</td><td>규격</td><td>수량</td><td>단가</td><td>공급가액</td><td>세액</td><td>비고</td></tr>
<tr><td>10</td><td>11</td><td colspan="2">차량 매각대금</td><td></td><td></td><td></td><td>1,000,000</td><td>100,000</td><td></td></tr>
<tr><td></td><td></td><td colspan="2"></td><td></td><td></td><td></td><td></td><td></td><td></td></tr>
<tr><td colspan="2">합계금액</td><td colspan="2">현금</td><td colspan="2">수표</td><td>어음</td><td colspan="2">외상미수금</td><td rowspan="2">이 금액을 (청구)함</td></tr>
<tr><td colspan="2">1,100,000</td><td colspan="2"></td><td colspan="2"></td><td></td><td colspan="2">1,100,000</td></tr>
</table>

04 11월 8일 공장 신축용 토지를 취득하고 ㈜부동산컨설팅에게 중개수수료 15,000,000원(부가가치세 별도)을 당사 당좌수표를 발행하여 지급하고 전자세금계산서를 발급받았다.(3점)

05 11월 12일 ㈜부산에 제품을 판매하고 신용카드(비씨카드)로 결제를 받았다. 매출전표는 다음과 같다.(3점)

카드종류 **비씨카드**		거래종류 신용구매	결제방법 일시불
회원번호(Card No.) 6250-0304-4156-5955		취소 시 원거래일자	
유효기간 **/**	거래일시 2018. 11. 12. 11:33	품명	
전표제출		금 액	1,500,000
		부 가 세	150,000
전표매입사	비씨카드	봉 사 료	
		합 계	**1,650,000**
거래번호		승인번호/(Approval No.) 30017218	
가맹점	㈜동강		
대표자	김국진	TEL	043-276-1234
가맹점번호	123345678	사업자번호	315-81-04019
주소	충청북도 청주시 흥덕구 덕암로 6번길 15		
		서명(Signature) ㈜부산	

06 12월 5일 생산부문 공장직원들에게 사내 식당에서 제공하는 식사에 필요한 잡곡을 직접 구입하면서 전자계산서를 수취하고 대금은 다음 달에 지급하기로 하였다.(단, 비용으로 회계처리하기로 한다)(3점)

<table>
<tr><td colspan="8">전자계산서(공급받는 자 보관용)</td><td>승인번호</td><td>20181205-21058052-11726691</td></tr>
<tr><td rowspan="5">공급자</td><td>사업자 등록번호</td><td>107-81-54150</td><td>종사업장 번호</td><td></td><td rowspan="5">공급받는자</td><td>사업자 등록번호</td><td>315-81-04019</td><td>종사업장 번호</td><td></td></tr>
<tr><td>상호 (법인명)</td><td>㈜콩콩세상</td><td>성명 (대표자)</td><td>김완두</td><td>상호 (법인명)</td><td>㈜동강</td><td>성명 (대표자)</td><td>김국진</td></tr>
<tr><td>사업장 주소</td><td colspan="3">서울 서초구 동광로 144</td><td>사업장 주소</td><td colspan="3">충청북도 청주시 흥덕구 덕암로 6번길 15</td></tr>
<tr><td>업태</td><td>도소매</td><td>종목</td><td>농산물</td><td>업태</td><td></td><td>종목</td><td></td></tr>
<tr><td>이메일</td><td colspan="3"></td><td>이메일</td><td colspan="3"></td></tr>
<tr><td colspan="2">작성일자</td><td colspan="3">공급가액</td><td colspan="5">수정사유</td></tr>
<tr><td colspan="2">2018. 12. 5.</td><td colspan="3">350,000</td><td colspan="5"></td></tr>
<tr><td colspan="2">비고</td><td colspan="8"></td></tr>
</table>

<table>
<tr><td>월</td><td>일</td><td>품목</td><td>규격</td><td>수량</td><td>단가</td><td>공급가액</td><td>비고</td></tr>
<tr><td>12</td><td>5</td><td>쥐눈이콩</td><td></td><td></td><td></td><td>350,000</td><td></td></tr>
<tr><td></td><td></td><td></td><td></td><td></td><td></td><td></td><td></td></tr>
</table>

<table>
<tr><td>합계금액</td><td>현금</td><td>수표</td><td>어음</td><td>외상미수금</td><td rowspan="2">이 금액을 영수
청구 함</td></tr>
<tr><td>350,000</td><td></td><td></td><td></td><td>350,000</td></tr>
</table>

[문제 4]

일반전표입력 및 매입매출전표입력메뉴에 입력된 내용 중 다음과 같은 오류가 발견되었다. 입력된 내용을 확인하여 정정하시오.(6점)

01 8월 9일 ㈜진주에서 보통예금계좌로 입금된 4,500,000원을 외상매출금 회수로 회계처리하였으나, 실제내용은 제품매출에 따른 계약금으로 밝혀졌다.(3점)

02 9월 10일 국민건강보험공단에 생산직 사원에 대한 건강보험료 540,000원을 보통예금으로 이체하고 회사부담분과 종업원부담분(급여지급 시 원천징수함) 전액을 복리후생비(제)로 회계처리하였는데, 회사부담분과 종업원부담분의 비율은 50:50이다.(3점)

[문제 5]

결산정리사항은 다음과 같다. 해당 메뉴에 입력하시오.(9점)

01 기말재고조사 결과 제품 3,000,000원이 부족하여 확인한 결과 대한적십자사에 불우이웃돕기 물품으로 기부한 것으로 확인되었다.(결산일자로 회계처리하시오)(3점)

02 외상매입금계정에는 중국 거래처 헤이바오에 대한 외화외상매입금 2,970,000원(위안화 1CNY 165원)이 계상되어 있다.(회계기간 종료일 현재 적용환율 : 위안화 1CNY당 170원)(3점)

03 결산일 현재 당기에 계상 될 유형자산별 감가상각비는 다음과 같다.(3점)

- 기계장치 : 4,500,000원
- 차량운반구(영업부) : 3,750,000원
- 비품(영업부) : 960,000원

[문제 6]

다음 사항을 조회하여 답안을 [이론문제 답안작성] 메뉴에 입력하시오.(9점)

01 1월부터 6월까지 판매비와 관리비로 지출한 소모품비는 얼마인가?(3점)

02 3월말 현재 유동자산은 전기말 유동자산보다 얼마나 더 증가하였는가?(3점)

03 제1기 부가가치세 확정신고기간(4월~6월)의 과세표준금액은 얼마인가?(3점)

이론과 실무문제의 답을 모두 입력한 후 「답안저장(USB로 저장)」을 클릭하여 저장하고, USB 메모리를 제출하시기 바랍니다.

전산회계 1급 80회

다음 문제를 보고 알맞은 것을 골라 [이론문제 답안작성] 메뉴에 입력하시오.(객관식 문항당 2점)

〈기본전제〉

문제에서 한국채택국제회계기준을 적용하도록 하는 전제조건이 없는 경우, 일반기업회계기준을 적용한다.

01 다음 내용을 보고 결산시점 수정분개로 적절한 것은?

- 9월 1일 본사 건물에 대한 화재보험료 1,500,000원을 보통예금계좌에서 이체하였다.
- 경리부에서는 이를 전액 비용처리하였다.
- 12월 31일 결산시점에 화재보험료 미경과분은 1,000,000원이다.

① (차) 보험료 500,000원 (대) 미지급비용 500,000원
② (차) 보험료 1,000,000원 (대) 선급비용 1,000,000원
③ (차) 미지급비용 500,000원 (대) 보험료 500,000원
④ (차) 선급비용 1,000,000원 (대) 보험료 1,000,000원

02 다음 거래를 분개할 때 거래의 8요소 중 잘못된 것은?

㈜한세는 기계장치 17,000,000원을 ㈜서울에서 구입하고, 먼저 지급하였던 계약금 1,700,000원을 차감한 나머지는 1개월 후에 지급하기로 하였다.

① 자산의 증가 ② 자산의 감소
③ 부채의 증가 ④ 부채의 감소

03 다음은 재무회계개념체계에 대한 설명이다. 회계정보의 질적 특성인 목적적합성과 신뢰성 중 목적적합성을 갖기 위해서 필요한 요건이 아닌 것은?

① 예측가치 ② 피드백가치
③ 적시성 ④ 중립성

04 다음 중 계정의 성격이 올바르게 설명되지 않은 것은?

	계정명	분개방식	결산 시 계정잔액
①	급여계정	증가 시 차변에 기록	차변
②	소모품계정	감소 시 대변에 기록	대변
③	매입채무계정	증가 시 대변에 기록	대변
④	매출채권계정	감소 시 대변에 기록	차변

05 ㈜미래는 8월에 영업을 개시하여 다음과 같이 거래를 하였다. 8월말 현재 회수할 수 있는 매출채권잔액은 얼마인가?

〈거래내역〉
8/2 ㈜우리에게 제품 5,000,000원을 외상으로 납품하다.
8/4 납품한 제품 중 하자가 발견되어 100,000원이 반품되다.
8/20 ㈜우리의 외상대금 중 3,000,000원을 회수 시 조기 자금 결제로 인하여 약정대로 50,000원을 할인한 후 잔액을 현금으로 받다.

① 2,000,000원
② 1,900,000원
③ 1,950,000원
④ 2,050,000원

06 무형자산과 관련된 다음의 설명 중 옳지 않은 것은?

① 개발비는 개발단계에서 발생하여 미래 경제적 효익을 창출할 것이 기대되는 자산이다.
② 무형자산의 취득원가는 매입금액에 직접부대비용을 가산한다.
③ 무형자산을 직접 차감하여 상각하는 경우 무형자산상각비계정을 사용한다.
④ 영업활동에 사용할 목적으로 보유하는 자산으로 물리적 실체가 있는 경우 무형자산으로 분류된다.

07 다음 자료를 기초로 매출총이익을 계산하면 얼마인가?

- 매출액 : 2,600,000원
- 당기총매입액 : 1,200,000원
- 기초상품재고액 : 700,000원
- 기말상품재고액 : 400,000원
- 상품 매입 시 운반비 : 20,000원
- 매입환출 및 에누리 : 150,000원

① 1,230,000원
② 1,370,000원
③ 2,450,000원
④ 2,600,000원

08 다음 중 일반기업회계기준에서 자본잉여금으로 분류되는 계정과목은?

① 자기주식 ② 감자차익
③ 단기매매증권평가이익 ④ 매도가능증권평가이익

09 다음 중 보조부문의 원가를 배부하는 방법과 관련된 내용으로 틀린 것은?

① 직접배부법은 보조부문 상호 간의 용역제공관계를 무시하므로 계산이 가장 복잡한 방법이다.
② 단계배부법과 상호배부법은 보조부문 상호 간의 용역제공관계를 고려한다.
③ 어떤 방법을 사용하더라도 보조부문비총액은 모두 제조부문에 배부된다.
④ 보조부문 배부방법에 따라 제품별 이익이 달라지나 회사 총이익은 같다.

10 다음 중 개별원가계산을 주로 사용하는 업종이 아닌 것은?

① 항공기제조업 ② 건설업
③ 화학공업 ④ 조선업

11 다음 자료를 이용하여 매출원가를 계산하면 얼마인가?

• 기초재공품재고액 : 450,000원	• 기말재공품재고액 : 600,000원
• 기초제품재고액 : 300,000원	• 기말제품재고액 : 550,000원
• 당기총제조원가 : 800,000원	

① 400,000원 ② 450,000원
③ 650,000원 ④ 800,000원

12 다음 원가에 관한 설명 중 틀린 것은?

① 제조원가는 직접재료원가, 직접노무원가, 제조간접원가를 말한다.
② 직접재료원가는 기초원재료재고액과 당기원재료매입액의 합계액에서 기말원재료재고액을 차감한 금액을 말한다.
③ 직접노무원가와 제조간접원가의 합계액을 기본원가라고 한다.
④ 제조활동 이외의 판매활동과 관리활동에서 발생하는 원가를 비제조원가라 한다.

13 다음 자료를 보고 2018년 제2기 부가가치세 확정신고기한으로 옳은 것은?

> • 2018년 4월 25일 1기 부가가치세 예정신고 및 납부함
> • 2018년 7월 25일 1기 부가가치세 확정신고 및 납부함
> • 2018년 8월 20일 자금상황의 악화로 폐업함

① 2018년 7월 25일 ② 2018년 8월 31일
③ 2018년 9월 25일 ④ 2019년 1월 25일

14 다음의 부가가치세 과세표준에 관한 설명 중 옳지 않은 것은?

① 일반과세자의 과세표준은 공급대가의 금액으로 한다.
② 대손금은 과세표준에 포함하였다가 대손세액으로 공제한다.
③ 매출에누리와 환입은 과세표준에 포함되지 않는다.
④ 공급받는 자에게 도달하기 전에 파손, 멸실된 재화의 가액은 과세표준에 포함되지 않는다.

15 다음 중 부가가치세법상 면세대상거래에 해당하는 것은?

① 운전면허학원의 시내연수
② 프리미엄고속버스 운행
③ 일반의약품에 해당하는 종합비타민 판매
④ 예술 및 문화행사

실무시험

㈜남한강(코드번호 : 0803)는 전자제품을 판매하는 법인기업이다. 당기(제6기) 회계기간은 2018년 1월 1일~2018년 12월 31일이다. 전산세무회계 수험용 프로그램을 이용하여 다음 물음에 답하시오.

〈기본전제〉

문제에서 한국채택국제회계기준을 적용하도록 하는 전제조건이 없는 경우, 일반기업회계기준을 적용한다.

[문제 1]

다음은 기초정보관리에 대한 자료이다. 각각의 요구사항에 대하여 답하시오.(10점)

01 전기분 손익계산서 금액을 검토한 결과 다음과 같은 오류가 발견되었다. 전기분 손익계산서, 전기분 이익잉여금처분계산서, 전기분 재무상태표와 관련된 부분을 수정하시오.(4점)

- 제품매출원가의 기말제품재고액 17,000,000원이 반영되지 않았다.
- 복리후생비계정(판관비)금액이 5,500,000원인데 500,000원으로 입력된 것을 확인하였다.

02 다음 거래처를 거래처등록메뉴에 추가로 입력하시오.(3점)

코드	상호	사업자등록번호	유형	대표자	업태	종목	사업장소재지
4200	㈜진주전자	513-81-53773	동시	김진주	도소매	컴퓨터	경남 진주시 평거로 115번길 5 (신안동)

03 미수금과 미지급금의 초기이월은 다음과 같다. 거래처별 초기이월메뉴에서 수정 또는 추가입력하시오.(3점)

구분	거래처	금액(원)	구분	거래처	금액(원)
미수금	㈜경기	1,500,000	미지급금	㈜전라	1,600,000
	㈜강원	3,000,000		㈜제주	2,100,000
	㈜충청	1,200,000		㈜경상	1,200,000

[문제 2]

다음 거래자료를 일반전표입력메뉴에 추가입력하시오.(일반전표입력의 모든 거래는 부가가치세를 고려하지 말 것)(18점)

〈입력 시 유의사항〉

- 일반적인 적요의 입력은 생략하지만, 타계정 대체거래는 적요번호를 선택하여 입력한다.
- 채권·채무와 관련된 거래는 별도의 요구가 없는 한 반드시 기 등록되어 있는 거래처코드를 선택하는 방법으로 거래처명을 입력한다.
- 제조경비는 500번대 계정코드를, 판매비와 관리비는 800번대 계정코드를 사용한다.
- 회계처리 시 계정과목은 별도 제시가 없는 한 등록되어 있는 계정과목 중 가장 적절한 과목으로 한다.

01 7월 18일 기계장치를 추가설치하기 위하여 보통주 5,000주를 주당 15,000원(주당 액면가 10,000원)에 신주발행하여 보통예금통장으로 75,000,000원이 입금되었음을 확인하였다.(3점)

02 7월 20일 직원의 여름휴가를 위하여 상여금을 다음과 같이 지급하고, 보통예금계좌에서 개인급여계좌로 이체하였다.(상여금계정 사용)(3점)

2018년 7월 상여금대장

성명	부서	상여금(원)	공제액(원)			차인지급액(원)
			근로소득세	지방소득세	공제계	
이미자	생산부	1,500,000	150,000	15,000	165,000	1,335,000
박철순	영업부	3,000,000	300,000	30,000	330,000	2,670,000
계		4,500,000	450,000	45,000	495,000	4,005,000

03 8월 1일 ㈜청주에 제품 A를 7,500,000원(10개, @750,000원)에 판매하기로 계약하고, 판매대금 중 10%를 당좌예금계좌로 받았다.(3점)

04 8월 30일 공장을 신축하기 위하여 소요될 총금액 400,000,000원 중 50,000,000원의 지출이 발생되어 보통예금에서 이체하였다.(3점)

05 9월 12일 ㈜국제자동차로부터 업무용 승용차를 구입하는 과정에서 관련법령에 따라 공채(액면가 650,000원)를 650,000원에 구입하고 현금으로 지급하였다. 기업회계기준에 의해 평가한 공채의 현재가치는 550,000원이며, 단기매매증권으로 회계처리한다.(3점)

06 9월 25일 이자수익 600,000원에 대하여 원천징수세액을 제외한 나머지 금액이 보통예금으로 입금되었으며, 원천징수세액은 자산으로 처리한다.(원천징수세율은 15.4%로 가정)(3점)

[문제 3]

다음 거래자료를 매입매출전표입력메뉴에 입력하시오.(18점)

〈입력 시 유의사항〉

- 일반적인 적요의 입력은 생략하지만, 타계정 대체거래는 적요번호를 선택하여 입력한다.
- 별도의 요구가 없는 한 반드시 기 등록되어 있는 거래처코드를 선택하는 방법으로 거래처명을 입력한다.
- 제조경비는 500번대 계정코드를, 판매비와 관리비는 800번대 계정코드를 사용한다.
- 회계처리 시 계정과목은 별도 제시가 없는 한 등록되어 있는 계정과목 중 가장 적절한 과목으로 한다.
- 입력화면 하단의 분개까지 처리하고, 전자세금계산서 및 전자계산서는 전자입력으로 반영한다.

01 8월 20일 공장에서 운영하고 있는 직원식당에서 사용할 쌀을 하나로마트에서 200,000원에 구입하고 전자계산서를 발급받고 현금으로 지급하였다.(3점)

02 9월 17일 호주에서 원재료를 공급가액 70,000,000원(부가가치세 별도)에 수입하고 수입전자세금계산서를 부산세관장으로부터 발급받았으며, 부가가치세를 보통예금계좌에서 이체 납부하였다.(부가가치세액에 대한 회계처리만 할 것)(3점)

<table>
<tr><td colspan="7">수입전자세금계산서</td><td>승인번호</td><td colspan="2">20180917-111254645-557786</td></tr>
<tr><td rowspan="4">세관명</td><td>등록번호</td><td>601-83-00048</td><td>종사업상
번호</td><td></td><td rowspan="4">공급받는자</td><td>사업자
등록번호</td><td>214-81-29167</td><td>종사업장
번호</td><td></td></tr>
<tr><td>세관명</td><td>부산세관</td><td>성명</td><td>부산세관장</td><td>상호
(법인명)</td><td>㈜남한강</td><td>성명</td><td>김용범</td></tr>
<tr><td>세관주소</td><td colspan="3">부산 중구 충장대로 20</td><td>사업장
주소</td><td colspan="3">서울시 강남구 압구정로 28길 11</td></tr>
<tr><td>수입신고번호
또는
일괄발급기간
(총건)</td><td colspan="3">1325874487</td><td>업태</td><td>제조</td><td>종목</td><td>전자제품</td></tr>
</table>

작성일자	과세표준	세액	수정사유
2018. 9. 17.	70,000,000	7,000,000	해당 없음

월	일	품목	규격	수량	단가	과세표준	세액	비고
9	17	1325874487				70,000,000	7,000,000	

합계금액	77,000,000원

03 10월 8일 ㈜인별전자로부터 영업부서에서 사용할 컴퓨터를 구입하고 대금 1,760,000원(부가가치세 포함)을 하나카드로 결제하였다.(단, 컴퓨터는 유형자산계정으로 처리할 것)(3점)

04 10월 27일 영업부에서 사용할 업무용 승용차(2,000cc)를 ㈜달리는자동차로부터 30,000,000원(부가가치세 별도)에 구입하고 전자세금계산서를 발급받았다. 대금 중 25,000,000원은 보통예금으로 지급하였고, 나머지는 이달 말에 지급하기로 하였다.(3점)

05 11월 22일 빠른유통상사에게 다음과 같은 제품을 판매하고 전자세금계산서를 발급하였다.(3점)

전자세금계산서(공급자 보관용)					승인번호	20181122-51050067-62367242			
공급자	사업자 등록번호	214-81-29167	종사업장 번호		공급받는자	사업자 등록번호	113-01-86067	종사업장 번호	
	상호 (법인명)	㈜남한강	성명 (대표자)	김용범		상호 (법인명)	빠른유통상사	성명	장차닉
	사업장 주소	서울시 강남구 압구정로 28길 11				사업장 주소	경기도 오산시 경기동로 8번길		
	업태	제조, 도소매	종목	전자제품		업태	도매	종목	자동차용품
	이메일					이메일			

작성일자	공급가액	세액	수정사유
2018. 11. 22.	6,800,000	680,000	
비고			

월	일	품목	규격	수량	단가	공급가액	세액	비고
11	22	전자제품				6,800,000	680,000	

합계금액	현금	수표	어음	외상미수금	이 금액을 영수함
7,480,000	7,480,000				

06 12월 10일 미국의 뉴욕사에 제품을 $50,000에 직수출하면서 제품의 선적은 12월 10일에 이루어졌다. 대금은 다음과 같이 나누어 받기로 하였는데, 12월 10일 $30,000은 원화로 환전되어 당사 보통예금계좌에 입금되었다. 기업회계기준에 따라 12월 10일의 제품매출인식에 대한 회계처리를 하시오.(3점)

판매대금	대금수령일	결제방법	비고
$30,000	12월 10일	외화통장으로 입금	선적일
$20,000	12월 15일	외화통장으로 입금	잔금청산일

단, 이와 관련하여 적용된 환율은 다음과 같다.(기준환율과 원화로 환전된 환율은 같다고 가정한다)

- 12월 10일 : 1$당 1,080원

[문제 4]

일반전표입력 및 매입매출전표입력메뉴에 입력된 내용 중 다음과 같은 오류가 발견되었다. 입력된 내용을 확인하여 정정하시오.(6점)

01 7월 25일 2018년 제1기 확정신고기간에 대한 부가가치세를 보통예금계좌에서 이체하여 납부하였다.(6월 30일자에 부가가치세예수금과 부가가치세대급금을 정리하는 회계처리는 이미 이루어졌다)(3점)

02 9월 20일 영업부 직원들에 대해 확정기여형 퇴직연금에 가입하고 8,000,000원을 보통예금계좌에서 이체하여 납부하였으나 확정급여형 퇴직연금으로 잘못 회계처리하였다.(3점)

[문제 5]

결산정리사항은 다음과 같다. 해당 메뉴에 입력하시오.(9점)

01 기말현재 당사가 단기매매차익을 목적으로 보유하고 있는 ㈜광주 주식의 취득원가, 전년도말 및 당해연도말 공정가액은 다음과 같다.(3점)

주식명	취득원가	2017. 12. 31. 공정가액	2018. 12. 31. 공정가액
㈜광주 보통주	10,000,000원	12,000,000원	11,600,000원

02 12월 31일 결산일 현재 재고자산의 기말재고액은 다음과 같다.(3점)

• 원재료 : 3,500,000원	• 재공품 : 9,000,000원	• 제품 : 22,000,000원

03 매출채권(외상매출금, 받을어음) 잔액에 대하여 1%의 대손충당금을 보충법으로 설정하다.(3점)

[문제 6]

다음 사항을 조회하여 답안을 이론문제 답안작성 메뉴에 입력하시오.(9점)

01 1기 확정 부가가치세신고기간 중에 발행된 영세율매출세금계산서상 공급가액 합계액은 얼마인가?(3점)

02 5월 31일 현재 투자자산은 전기말 대비 얼마가 증가되었는가?(3점)

03 2018년 상반기 중 세금과공과금(판)이 가장 적게 발생한 월은?(3점)

이론과 실무문제의 답을 모두 입력한 후 「답안저장(USB로 저장)」을 클릭하여 저장하고, USB 메모리를 제출하시기 바랍니다.

CHAPTER
02 전산세무 2급 기출문제

전산세무 2급 84회

다음 문제를 보고 알맞은 것을 골라 이론문제 답안작성 메뉴에 입력하시오.(객관식 문항당 2점)

〈기본전제〉

문제에서 한국채택국제회계기준을 적용하도록 하는 전제조건이 없는 경우, 일반기업회계기준을 적용한다.

01 다음 중 재고자산에 대한 설명으로 옳은 것은?

① 평균법은 기초재고와 기중에 매입 또는 생산한 재고가 별도의 구분 없이 판매 또는 사용된다고 가정하는 원가의 흐름이다.
② 제품의 기말재고가 과소계상되면 이익잉여금이 과대계상된다.
③ 재고자산의 수량결정방법에는 실지재고조사법, 개별법, 계속기록법이 있다.
④ 정상적인 재고자산감모손실이 발생한 경우 영업외비용으로 처리한다.

02 다음 중 자본에 대한 설명으로 틀린 것은?

① 자본은 자본금, 자본잉여금, 자본조정, 기타포괄손익누계액, 이익잉여금으로 구성된다.
② 미교부주식배당금은 자본잉여금이다.
③ 주식할인발행차금은 자본조정이다.
④ 무상증자가 진행되어도 자본총계의 변화가 없다.

03 다음은 ㈜한국산업의 대손충당금과 관련된 내용이다. 거래내용을 반영한 후 당기대손충당금으로 설정될 금액은 얼마인가?

- 전기말의 매출채권잔액은 500,000원이고 대손충당금잔액은 180,000원이다.
- 당기매출채권 중에 150,000원이 대손확정되었다.
- 전기대손처리한 매출채권 중에 10,000원이 회수되었다.
- 당기말 대손충당금잔액은 210,000원이다.

① 180,000원 ② 170,000원
③ 150,000원 ④ 130,000원

04 다음 중 유형자산에 대한 설명으로 틀린 것은?

① 정액법이란 취득원가에서 잔존가치를 차감한 금액을 내용연수 동안 균등하게 배분하는 감가상각의 방법이다.
② 상당한 원가절감을 가져오는 지출은 자본적 지출로 처리한다.
③ 영업활동에 필요한 토지도 유형자산으로 분류한다.
④ 유형자산의 감가상각방법을 선택할 때는 절세를 고려하여 선택하여야 한다.

05 다음 중 회계변경과 오류수정에 대한 설명으로 옳지 않은 것은?

① 원칙적으로 변경된 새로운 회계정책은 소급하여 적용한다.
② 회계추정의 변경은 전진법으로 처리하여 그 효과를 당기와 당기 이후의 기간에 반영한다.
③ 전기 이전기간에 발생한 중대한 오류의 수정은 당기영업외손익 중 전기오류수정손익으로 보고한다.
④ 회계정책의 변경효과와 회계추정의 변경효과로 구분하기가 불가능한 경우 회계추정의 변경으로 본다.

06 다음 자료에 의하여 선입선출법에 의한 재료비 완성품환산량을 계산하면 얼마인가?

- 당사는 종합원가계산시스템을 도입하여 원가계산을 하고 있다.
- 재료비는 공정의 초기에 전량 투입되고, 가공비는 공정의 진행에 따라서 균일하게 발생한다.
- 기초재공품 : 1,000개(가공비 완성도 40%)
- 당기착수분 : 5,000개
- 기말재공품 : 2,000개(가공비 완성도 50%)

① 3,000개 ② 4,000개
③ 4,600개 ④ 5,000개

07 다음 내용에서 설명하고 있는 원가의 행태는 무엇인가?

> • 조업도가 증가하거나 감소하더라도 단위당 원가는 일정하다.
> • 조업도가 0이면 총원가도 0이다.

① 고정비 ② 변동비
③ 준고정비 ④ 준변동비

08 다음 중 보조부문원가의 배분기준과 배분방법에 대한 설명으로 옳지 않은 것은?

① 직접배분법은 보조부문원가를 오로지 제조부문에만 배분하는 방법이다.
② 단계배분법은 배분이 끝난 보조부문에 원가를 다시 배분하지 않는 방법이다.
③ 상호배분법은 배분순서를 결정해서 배분하는 방법이다.
④ 건물관리부문원가의 발생과 배분기준인 면적 사이에는 합리적인 인과관계가 있다고 볼 수 있다.

09 다음 중 개별원가계산에 대한 설명으로 옳지 않은 것은?

① 개별원가계산에서는 개별작업별로 원가를 집계하므로 제조직접비와 제조간접비의 구분이 중요하다.
② 실제개별원가계산에서는 제조간접비를 기말 전에 배부할 수 있으므로 제품원가 계산이 신속하다.
③ 정상개별원가계산에서는 월별 · 계절별로 제품단위원가가 변동하게 되는 것을 극복할 수 있다.
④ 제조간접비 배부차이 처리방법 중 매출원가조정법은 재고자산에 배분하지 않는 방법이다.

10 다음 자료를 이용하여 당기총제조원가를 계산하면 얼마인가?

> • 기초재공품재고 : 10,000원 • 기말재공품재고 : 20,000원
> • 기초제품재고 : 60,000원 • 기말제품재고 : 30,000원
> • 매출원가 : 270,000원

① 250,000원 ② 240,000원
③ 220,000원 ④ 200,000원

11 다음 중 사업장의 범위에 대한 설명으로 옳지 않은 것은?

① 제조업 : 최종제품을 완성하는 장소
② 건설업 : 법인인 경우 법인의 등기부상 소재지
③ 부동산매매업 : 개인인 경우 사업에 관한 업무를 총괄하는 장소
④ 부동산임대업 : 사업에 관한 업무를 총괄하는 장소

12 다음 중 부가가치세법상 과세대상인 재화가 아닌 것끼리 짝지은 것은?

㉠ 지상권	㉡ 영업권	㉢ 특허권
㉣ 선하증권	㉤ 상품권	㉥ 주식

① ㉠, ㉡
② ㉢, ㉥
③ ㉤, ㉥
④ ㉡, ㉣

13 다음 중 부가가치세법상 재화의 간주공급에 해당하지 않은 것은?(단, 아래의 모든 재화, 용역은 매입 시에 매입세액공제를 받은 것으로 가정한다)

① 제조업을 운영하던 사업자가 폐업하는 경우 창고에 보관되이 있는 판매용 재화
② 직원의 결혼선물로 시가 50만원 상당액의 판매용 재화를 공급한 경우
③ 자기의 과세사업을 위하여 구입한 재화를 자기의 면세사업에 사용한 경우
④ 주유소를 운영하는 사업자가 사업관련 트럭에 연료를 무상으로 공급하는 경우

14 거주자 방탄남 씨의 소득이 다음과 같을 경우 종합소득금액은 얼마인가?

• 양도소득금액 : 20,000,000원	• 근로소득금액 : 30,000,000원
• 배당소득금액 : 22,000,000원	• 퇴직소득금액 : 2,700,000원

① 30,000,000원
② 52,000,000원
③ 54,700,000원
④ 74,700,000원

15 다음 중 소득세법상 수입시기로 옳지 않은 것은?

① 잉여금의 처분에 의한 배당소득의 수입시기는 법인의 당해 사업연도 종료일이다.
② 비영업대금의 이익의 수입시기는 약정에 의한 이자지급일이다.
③ 장기할부조건에 의한 상품 등의 판매에 대한 수입시기는 그 상품 등을 인도한 날이다.
④ 퇴직소득의 수입시기는 퇴직한 날로 한다.

실무시험

㈜문경전자(회사코드 0842)는 제조, 도 · 소매 및 무역업을 영위하는 중소기업이며, 당기(8기)회계기간은 2019년 1월 1일~2019년 12월 31일이다. 전산세무회계 수험용 프로그램을 이용하여 다음 물음에 답하시오.

〈기본전제〉

문제에서 한국채택국제회계기준을 적용하도록 하는 전제조건이 없는 경우, 일반기업회계기준을 적용한다.

[문제 1]

다음 거래를 일반전표입력메뉴에 추가입력하시오.(15점)

〈입력 시 유의사항〉

- 일반적인 적요의 입력은 생략하지만, 타계정 대체거래는 적요번호를 선택하여 입력한다.
- 채권 · 채무와 관련된 거래는 별도의 요구가 없는 한 반드시 기 등록되어 있는 거래처코드를 선택하는 방법으로 거래처명을 입력한다.
- 제조경비는 500번대 계정코드를, 판매비와 관리비는 800번대 계정코드를 사용한다.
- 회계처리과목은 별도 제시가 없는 한 등록되어 있는 계정과목 중 가장 적절한 과목으로 한다.

01 7월 21일 투자목적으로 ㈜경주로부터 부동산을 30,000,000원에 외상으로 매입하였다.(3점)

02 8월 25일 ABC사의 외상매출금 $20,000을 회수하여 당사의 보통예금에 입금하였다. 환율은 다음과 같다.(3점)

- 외상매출금 인식 당시 적용환율은 1$당 1,200원
- 입금시점의 적용환율은 1$당 1,300원

03 9월 27일 ㈜바른자동차로부터 업무용 승용차를 구입하는 과정에서 취득해야 하는 공채를 현금 300,000원(액면금액)에 구입하였다. 공채의 공정가치는 220,000원이며 회사는 이를 단기매매증권으로 처리하고 있다.(3점)

04 10월 2일 액면가액 10,000,000원(3년 만기)인 사채를 10,200,000원에 할증발행하였으며, 대금을 전액 보통예금으로 입금하였다.(3점)

05 11월 21일 보유중인 단기매매증권(취득가액 9,500,000원)을 ㈜에스제이물산에게 9,000,000원에 매각하고, 대금은 다음달에 받기로 하였다.(3점)

[문제 2]

다음 거래자료를 매입매출전표입력메뉴에 추가로 입력하시오.(15점)

〈입력 시 유의사항〉

- 일반적인 적요의 입력은 생략하지만, 타계정 대체거래는 적요번호를 선택하여 입력한다.
- 별도의 요구가 없는 한 반드시 기 등록되어 있는 거래처코드를 선택하는 방법으로 거래처명을 입력한다.
- 제조경비는 500번대 계정코드를, 판매비와 관리비는 800번대 계정코드를 사용한다.
- 회계처리 시 계정과목은 별도제시가 없는 한 등록되어 있는 계정과목 중 가장 적절한 과목으로 한다.
- 입력화면 하단의 분개까지 처리하고, 전자세금계산서 및 전자계산서는 전자입력으로 반영한다.

01 5월 30일 당사는 ㈜우리임대에게 전자제품을 2,200,000원(부가가치세 포함)에 공급하였으며 ㈜우리임대는 결제대금을 신용카드(하나카드)로 결제하였다.(3점)

02 6월 24일 미국 Y&G사에 제품을 $10,000에 해외 직수출하고, 수출대금 전액을 이달 말일에 미국달러화로 받기로 하였다. 수출과 관련된 내용은 다음과 같다.(3점)

일자	6월 19일(수출신고일)	6월 24일(선적일)	6월 30일(대금회수일)
기준환율	1,100원/1$	1,150원/1$	1,200원/1$

03 6월 29일 당사는 영국 머티리얼사로부터 원재료를 수입하고 인천세관으로부터 수입 전자세금계산서(공급가액 : 30,000,000원, 부가가치세 : 3,000,000원)를 수취하였다. 이와 관련하여 부가가치세를 보통예금계좌에서 이체하였다. (단, 부가가치세와 관련한 회계처리만 하시오)(3점)

04 7월 10일 딩사의 영업부서에서 매달 신문을 구독 중에 있고, 전자신문사로부터 전자계산서를 발급받았다. 대금은 매달 20일에 지급하기로 하였다.(3점)

<table>
<tr><th colspan="5">전자계산서(공급받는 자 보관용)</th><th>승인번호</th><th colspan="4">20190710-2038712-00009327</th></tr>
<tr><td rowspan="5">공급자</td><td>사업자등록번호</td><td>327-91-73444</td><td>종사업장번호</td><td></td><td rowspan="5">공급받는자</td><td>사업자등록번호</td><td>125-81-77559</td><td>종사업장번호</td><td></td></tr>
<tr><td>상호(법인명)</td><td>전자신문사</td><td>성명(대표자)</td><td>박송신</td><td>상호(법인명)</td><td>㈜문경전자</td><td>성명</td><td>고은성</td></tr>
<tr><td>사업장주소</td><td colspan="3">서울특별시 강남구 학동로 415</td><td>사업장주소</td><td colspan="3">서울특별시 강남구 영동대로 701(청담동)</td></tr>
<tr><td>업태</td><td>도소매</td><td>종목</td><td>신문</td><td>업태</td><td>제조, 도소매, 무역</td><td>종목</td><td>전자제품</td></tr>
<tr><td>이메일</td><td colspan="3"></td><td>이메일</td><td colspan="3"></td></tr>
</table>

작성일자	공급가액	수정사유
2019. 7. 10.	15,000원	
비고		

월	일	품목	규격	수량	단가	공급가액	비고
7	10	신문				15,000원	

합계금액	현금	수표	어음	외상미수금	이 금액을 영수/청구 함
15,000원				15,000원	

05 8월 11일 사업자등록증이 없는 비사업자 장결희(주민등록번호 780103-1234567)씨에게 제품을 1,320,000원(부가가치세 포함)에 현금판매하고 현금영수증을 발급하였다.(3점)

[문제 3]

부가가치세신고와 관련하여 다음 물음에 답하시오.(10점)

01 이 문제에 한해서 당사는 음식업을 영위하는 법인기업이라고 가정한다. 다음의 자료를 이용하여 2019년 1기 확정 부가가치세 과세기간의 의제매입세액공제신고서를 작성하시오.(단, 의제매입세액공제대상이 되는 거래는 다음 거래뿐이며 불러오는 자료는 무시하고 직접 입력한다)(3점)

(1) 매입자료

공급자	사업자번호	취득일자	물품명	수량(kg)	매입가액	증빙	건수
㈜서울농산	119-81-32858	4월 5일	농산물	200	106,000,000원	계산서	1
㈜강남마트	229-81-28156	5월 6일	농산물	50	42,400,000원	신용카드	1

(2) 추가자료

- 1기 예정 과세표준은 140,000,000원이며, 1기 확정 과세표준은 200,000,000원이다.
- 1기 예정신고(1월 1일~3월 31일)까지는 면세품목에 대한 매입이 없어 의제매입세액공제를 받지 않았다.

02 다음의 자료를 이용하여 제조업을 영위하는 ㈜문경전자의 2019년 제2기 확정 부가가치세신고서를 작성하시오.(단, 부가가치세신고서 이외의 부속서류 등의 작성은 생략하고, 기존에 입력된 자료는 무시할 것)(7점)

구분	자료
매출	1. 전자세금계산서 발급 제품 매출액 : 250,000,000원(부가가치세 별도) 2. 신용카드로 결제한 제품 매출액 : 55,000,000원(부가가치세 포함) 3. 내국신용장에 의한 제품 매출액(영세율세금계산서 발급) : 공급가액 30,000,000원 4. 수출신고필증 및 선하증권에서 확인된 수출액(직수출) : 3,500,000원(원화 환산액)
매입	1. 세금계산서 수취분 일반매입 : 공급가액 150,000,000원, 세액 15,000,000원 2. 세금계산서 수취분 9인승 업무용 차량 매입(위 1번 항과 별개) : 공급가액 35,000,000원, 세액 3,500,000원 3. 법인신용카드매출전표 수취분 중 공제대상 일반매입 : 공급가액 30,000,000원, 세액 3,000,000원 4. 2기 예정신고 시 누락된 세금계산서 매입 : 공급가액 10,000,000원, 세액 1,000,000원 5. 2기 예정신고 시 미환급된세액 : 1,000,000원
기타	1. 당사는 홈택스로 직접 전자신고하여 전자신고세액공제를 적용받기로 함

[문제 4]

다음 결산자료를 입력하여 결산을 완료하시오.(15점)

01 당기말 장기투자목적으로 보유한 유가증권(주식)의 내역은 다음과 같다.(3점)

주식명	취득 당시			2019년 12월 31일 현재	
	취득일	취득 주식수	주당 취득단가	보유 주식수	주당 공정가치
㈜우리세무	2018년 12월 6일	100주	10,000원	50주	12,000원

02 영업외수익 중 임대료계정에 10월 1일자로 입금된 6,000,000원은 2019년 10월 1일부터 2020년 9월 30일까지 1년간의 임대료이다.(단, 음수로 회계처리하지 말고, 월할로 계산하시오)(3점)

03 작년에 외화은행에서 $15,000를 차입한 금액이 당기말 현재 외화장기차입금으로 남아 있고 환율은 다음과 같다.(3점)

- 차입일 현재 환율 : 1,000원/$1
- 전기말 현재 환율 : 1,050원/$1
- 당기말 현재 환율 : 1,030원/$1

04 영업부서가 5월에 구입한 소모품 900,000원 중 결산일까지 사용하지 못하고 남아 있는 것이 200,000원이다. 회사는 소모품구입 시 모두 당기비용으로 회계처리한다.(3점)

05 기말현재 제품에 대한 실지재고조사 결과는 다음과 같다. 감모된 수량 중 70개는 정상적인 것이며, 나머지는 모두 비정상적인 것이다. 재고자산감모손실과 관련된 회계처리와 기말제품가액을 반영하여 결산을 완료하시오.(단, 다른 기말재고자산은 없는 것으로 가정한다)(3점)

- 장부 재고수량 : 500개
- 실제 재고수량 : 330개
- 단위당 취득원가(또는 공정가치) : 10,000원

[문제 5]

2019년 귀속 원천징수자료와 관련하여 다음의 물음에 답하시오.(15점)

01 다음 자료를 보고 내국인이며 거주자인 사무직 사원 김미소(여성, 입사일자 2019년 6월 1일, 국내근무)를 사원등록(코드번호 105)하고, 김미소의 부양가족을 모두 부양가족명세에 등록 후 세부담이 최소화되도록 공제여부를 입력하시오.(단, 기본공제 대상자가 아닌 경우 기본공제여부에 '부'로 표시할 것)(5점)

성명	관계	주민등록번호	내/외국인	동거여부	비고
김미소	본인	750123-2548753	내국인	–	연간 총급여액 2,850만원
박재민	배우자	690420-1434567	내국인	동거	사업소득금액 300만원
김성호	본인의 아버지	450324-1354875	내국인	영국 거주	소득 없음
유미영	본인의 어머니	470520-2324875	내국인	영국 거주	복권당첨소득 800만원
박예슬	딸	020705-4123456	내국인	미국 유학 중	소득 없음
박호시	아들	080103-3143578	내국인	동거	소득 없음
김미정	언니	730112-2454528	내국인	동거	퇴직소득금액 100만원

※ 본인 및 부양가족의 소득은 위의 소득이 전부이며, 위의 주민등록번호는 정확한 것으로 가정한다.

02 김영철 사원(코드 700번)의 부양가족 및 연말정산과 관련된 자료는 다음과 같다. 이를 바탕으로 연말정산추가자료입력메뉴의 [연말정산입력] 탭을 작성하시오.(단, 세부담이 최소화되도록 하고, 부양가족은 모두 현실적으로 생계를 같이하며, 제시된 자료 이외의 타소득은 없다고 가정한다)(10점)

성명	관계	나이	내역
김영철	본인	37	2019년의 월세액 4,200,000원 현금결제(12. 31. 기준 무주택자)
김희미	배우자	37	계약자와 피보험자 모두 배우자로 하여 가입한 보장성보험료 700,000원 현금으로 결제, 소득 없음
박주희	모	69	현금으로 절에 시주한 기부금 2,000,000원, 소득 없음
김장훈	장인	64	장애(장애인등록증)가 있으신 장인어른의 질병 치료비 4,000,000원 신용카드결제, 소득 없음
김경민	자	23	대학교 등록금 2,500,000원 현금결제, 소득 없음
김상민	자	22	논술학원비 1,000,000원 신용카드결제, 소득 없음

〈김영철 기타 지출내역〉
- 총급여액은 55,000,000원이고, 부양가족의 주민등록번호는 맞는 것으로 가정한다.
- 신용카드 사용액 20,000,000원(장인 치료비 미포함)
- 현금영수증, 전통시장, 대중교통, 도서공연비 사용액 없음
- 연금저축 2,000,000원 납입(2015년도 가입, ㈜국민은행, 212-902367-62791 계좌)

〈임차내역〉
- 임대인 : 여운혁(780103-1234567)
- 소재지 : 서울 종로구 효자동(아파트, 계약면적 85㎡)
- 임대기간 : 2019년 6월 1일~2021년 5월 31일
- 세대주 : 김영철(전입신고 완료)

전산세무 2급 83회

다음 문제를 보고 알맞은 것을 골라 [이론문제 답안작성] 메뉴에 입력하시오.(객관식 문항당 2점)

〈기본전제〉

문제에서 한국채택국제회계기준을 적용하도록 하는 전제조건이 없는 경우, 일반기업회계기준을 적용한다.

01 다음은 재고자산에 대한 설명이다. 옳지 않은 것은?

① 재고자산의 매입원가는 매입금액에 매입운임, 하역료 및 보험료 등 취득과정에서 정상적으로 발생한 부대원가를 가산한 금액이다.

② 후입선출법에 의해 원가배분을 할 경우 기말재고는 최근에 구입한 상품의 원가로 구성된다.

③ 선적지인도조건으로 판매한 운송중인 상품은 판매자의 재고자산이 아니다.

④ 재고자산의 원가결정방법에는 평균법, 선입선출법, 후입선출법 등이 있다.

02 다음 중 부채의 유동성에 따른 분류가 다른 것은?

① 선수금 ② 퇴직급여충당부채

③ 사채 ④ 장기차입금

03 결산 시 다음 사항이 누락된 것을 발견하였다. 누락사항을 반영할 경우 당기순이익의 증감액은 얼마인가?

- 당기발생 미지급 자동차보험료 : 7,000원
- 외상매출금의 보통예금 수령 : 10,000원

① 7,000원 증가 ② 7,000원 감소

③ 3,000원 증가 ④ 3,000원 감소

04 다음 중 재무회계에 관한 설명으로 적절하지 않은 것은?

① 재무제표에는 재무상태표, 손익계산서, 자본변동표, 현금흐름표, 주석이 있다.

② 일반적으로 인정된 회계원칙의 지배를 받는다.
③ 기업의 외부이해관계자에게 유용한 정보를 제공하는 것을 주된 목적으로 한다.
④ 특정시점의 재무상태를 나타내는 보고서는 손익계산서이다.

05 다음은 일반기업회계기준상 무형자산에 대한 설명이다. 옳지 않은 것은?

① 연구단계에서 발생한 지출은 무형자산으로 인식할 수 없고 발생한 기간의 비용으로 인식한다.
② 무형자산의 취득 후의 지출로서 일정한 요건을 충족하는 경우에는 자본적 지출로 처리한다.
③ 특허권, 영업권, 실용신안권, 연구비는 무형자산에 포함된다.
④ 무형자산의 상각기간은 관계법령이나 계약에 정해진 경우를 제외하고는 20년을 초과할 수 없다.

06 다음 중 종합원가계산에서 나타나는 특징이 아닌 것은?

① 고객의 주문에 따라 제품을 생산하는 주문생산형태에 적합한 원가계산이다.
② 원가요소의 분류가 재료비와 가공비로 단순화된다.
③ 연속적으로 대량·반복 생산되는 형태이므로 기간개념이 중시된다.
④ 동일 공정에서 생산된 제품은 동질적이라는 가정에 따라 평균화과정에 기초하여 제품원가가 계산된다.

07 당사는 정상개별원가계산제도를 사용하고 있다. 제조간접비 배부기준은 직접노무시간이다. 예상 직접노무시간은 40시간이고 실제 직접노무시간은 50시간이다. 제조간접비 예정배부액은 400,000원이고 실제 제조간접비 발생액이 500,000원이라면 제조간접비 예정배부율은 얼마인가?

① 직접노무시간당 12,500원　　② 직접노무시간당 8,000원
③ 직접노무시간당 10,000원　　④ 직접노무시간당 9,000원

08 2019년 기간에 사용한 원재료는 1,000,000원이다. 2019년 12월 31일 원재료재고액은 2019년 1월 1일 원재료재고액보다 200,000원이 더 많다. 2019년 기간의 원재료매입액은 얼마인가?

① 1,200,000원　　② 800,000원
③ 1,400,000원　　④ 1,100,000원

09 다음 중 부문별 원가계산에 대하여 옳게 설명한 것은?

① 직접배부법은 보조부문 상호 간 용역수수를 가장 잘 반영한다.
② 단계배부법은 상호배부법보다는 우수하지만 주관적 판단에 따라 결과가 달라지는 단점이 있다.
③ 제조공장 임차료를 각 부문에 배부하는 기준으로는 각 부문의 작업인원 수가 가장 적당하다.
④ 직접배부법, 단계배부법, 상호배부법의 차이는 보조부문 상호 간 용역수수 반영 정도의 차이라고 할 수 있다.

10 다음의 원가에 대한 설명 중 틀린 것은?

① 회피불능원가란 선택이나 의사결정을 할 때 발생을 회피할 수 없는 원가를 의미한다.
② 직접재료비와 제조간접비의 합을 가공원가라고도 한다.
③ 직접원가와 제조간접비의 합이 제조원가이다.
④ 기회비용이란 여러 대체안 중에서 어느 하나를 선택함으로 인해 상실하게 되는 최대의 경제적 효익을 말한다.

11 다음 중 재화 및 용역의 공급시기에 대한 설명으로 옳지 않은 것은?

① 완성도기준지급조건부 : 대가의 각 부분을 받기로 한 때
② 폐업 시 잔존재화 : 폐업하는 때
③ 내국물품 외국반출(직수출) : 수출재화의 공급가액이 확정되는 때
④ 부동산 전세금에 대한 간주임대료 : 예정신고기간의 종료일 또는 과세기간의 종료일

12 다음은 부가가치세법상 영세율과 면세에 대한 설명이다. 옳지 않은 것은?

① 재화의 공급이 수출에 해당하면 영의 세율을 적용한다.
② 면세사업자는 부가가치세법상 납세의무가 없다.
③ 간이과세자가 영세율을 적용받기 위해서는 간이과세를 포기하여야 한다.
④ 토지를 매각하는 경우에는 부가가치세가 면제된다.

13 다음 중 세금계산서의 필요적 기재사항이 아닌 것은?

① 공급하는 자의 상호 또는 성명 ② 공급가액과 부가가치세
③ 공급받는 자의 사업자등록번호 ④ 공급연월일

14 다음 중 소득세법에 관한 설명으로 옳지 않은 것은?

① 소득세의 과세기간은 1/1~12/31일을 원칙으로 하며, 사업자의 선택에 의하여 이를 변경할 수 없다.
② 사업소득이 있는 거주자의 소득세 납세지는 주소지로 한다.
③ 소득세법은 종합과세제도이므로 거주자의 모든 소득을 합산하여 과세한다.
④ 소득세의 과세기간은 사업개시나 폐업의 영향을 받지 않는다.

15 ㈜제조라는 제조기업이 2019년 4월 15일에 외부강사를 초빙하여 임직원을 위한 특강을 하고 강사료를 2019년 4월 20일에 200만원을 지급하였다. 그 대가를 지급하면서 원천징수할 세액은 얼마인가?(단, 초빙강사의 강사료소득은 기타소득으로 보며, 지방소득세는 제외한다)

① 400,000원 ② 80,000원
③ 160,000원 ④ 20,000원

실무시험

㈜수원산업(회사코드 0832)은 제조, 도·소매 및 무역업을 영위하는 중소기업이며, 당기(12기) 회계기간은 2019년 1월 1일~2019년 12월 31일이다. 전산세무회계 수험용 프로그램을 이용하여 다음 물음에 답하시오.

〈기본전제〉

문제에서 한국채택국제회계기준을 적용하도록 하는 전제조건이 없는 경우, 일반기업회계기준을 적용한다.

[문제 1]

다음 거래를 일반전표입력메뉴에 추가입력하시오.(15점)

〈입력 시 유의사항〉

- 일반적인 적요의 입력은 생략하지만, 타계정 대체거래는 적요번호를 선택하여 입력한다.
- 채권·채무와 관련된 거래는 별도의 요구가 없는 한 반드시 기 등록되어 있는 거래처코드를 선택하는 방법으로 거래처명을 입력한다.
- 제조경비는 500번대 계정코드를, 판매비와 관리비는 800번대 계정코드를 사용한다.
- 회계처리과목은 별도 제시가 없는 한 등록되어 있는 계정과목 중 가장 적절한 과목으로 한다.

01 1월 19일 거래처인 ㈜바른유통의 외상매입금 50,000,000원 중 49,000,000원은 당사발행 당좌수표로 지급하고, 나머지 금액은 면제받았다.(3점)

02 2월 21일 하나㈜로부터 차입한 장기차입금의 이자비용 2,000,000원을 지급하면서 원천징수세액 상당액 550,000원을 차감한 금액을 현금으로 지급하였다. (단, 이자비용에 대한 원천징수세율은 27.5%로 가정한다)(3점)

03 2월 25일 당사는 1월 10일에 ㈜나라로부터 원재료 1,430,000원(부가세 포함)을 외상으로 구입하였는데, 지급하지 못한 외상매입금을 결제하기 위하여 ㈜대신으로부터 받은 약속어음 1,000,000원을 ㈜나라에게 배서양도하고 잔액을 보통예금계좌에서 지급하였다.(3점)

04 3월 17일 마케팅부서에서는 판매활성화를 위해 인터넷쇼핑몰 통신판매업신고를 하면서 등록면허세 70,500원을 보통예금으로 지급하였다.(3점)

05 4월 13일 자금을 조달할 목적으로 유상증자를 실시하였다. 1주당 7,500원(액면가액 : 1주당 5,000원)에 2,000주를 발행하면서 대금은 보통예금으로 받았다. (단, 4월 13일 현재까지 주식할인발행차금잔액은 없다)(3점)

[문제 2]

다음 거래자료를 매입매출전표입력메뉴에 추가로 입력하시오.(15점)

〈입력 시 유의사항〉

- 일반적인 적요의 입력은 생략하지만, 타계정 대체거래는 적요번호를 선택하여 입력한다.
- 별도의 요구가 없는 한 반드시 기 등록되어 있는 거래처코드를 선택하는 방법으로 거래처명을 입력한다.
- 제조경비는 500번대 계정코드를, 판매비와 관리비는 800번대 계정코드를 사용한다.
- 회계처리 시 계정과목은 별도 제시가 없는 한 등록되어 있는 계정과목 중 가장 적절한 과목으로 한다.
- 입력화면 하단의 분개까지 처리하고, 전자세금계산서 및 전자계산서는 전자입력으로 반영한다.

01 7월 11일 영업부서 직원들이 우리식당에서 회식을 하고 식사대금 550,000원(부가가치세 포함)을 법인카드인 국민카드로 결제하였다.(단, 카드매입에 대한 부가가치세 매입세액 공제요건은 충족한다)(3점)

02 8월 12일 업무용 리스차량(9인승 승합차, 3,000cc)을 월 운용리스료 880,000원에 리스하여 본사 영업부서의 업무에 사용하고 영은캐피탈로부터 전자계산서를 수취하였다.(단, 당사는 리스료를 임차료로 분류하며 대금은 다음 달에 지급하기로 함)(3점)

03 8월 23일 당사는 제품 1,000개를 개당 15,000원(부가가치세 별도)에 ㈜모두상사에게 판매하고 전자세금계산서를 발급하였다. 이와 관련하여 대금 중 20%는 보통예금계좌로 받고 나머지는 외상으로 하였다.(3점)

04 9월 4일 수출업체인 ㈜한국에 제품을 같은 날짜로 받은 구매확인서에 의해 납품하고 다음의 영세율전자세금계산서를 발급하였다. 대금은 전액 현금으로 받았다.(3점)

<table>
<tr><th colspan="5">영세율전자세금계산서(공급자 보관용)</th><th>승인번호</th><th colspan="4">20190904-1000000-00002111</th></tr>
<tr><td rowspan="5">공급자</td><td>사업자 등록번호</td><td>602-81-48930</td><td>종사업장 번호</td><td></td><td rowspan="5">공급받는자</td><td>사업자 등록번호</td><td>130-81-55668</td><td>종사업장 번호</td><td></td></tr>
<tr><td>상호 (법인명)</td><td>수원산업㈜</td><td>성명 (대표자)</td><td>이준영</td><td>상호 (법인명)</td><td>㈜한국</td><td>성명</td><td>정선채</td></tr>
<tr><td>사업장주소</td><td colspan="3">경기도 수원시 장안구 파장천로 44번길 30</td><td>사업장주소</td><td colspan="3">서울 강남구 역삼로 1504-20</td></tr>
<tr><td>업태</td><td>제조 외</td><td>종목</td><td>전자제품</td><td>업태</td><td>도소매</td><td>종목</td><td>전자제품</td></tr>
<tr><td>이메일</td><td colspan="3"></td><td>이메일</td><td colspan="3"></td></tr>
</table>

<table>
<tr><th>작성일자</th><th>공급가액</th><th>세액</th><th>수정사유</th></tr>
<tr><td>2019. 9. 4.</td><td>20,000,000원</td><td>0</td><td></td></tr>
<tr><td>비고</td><td colspan="3"></td></tr>
</table>

월	일	품목	규격	수량	단가	공급가액	세액	비고
9	4	제품	set	10	2,000,000원	20,000,000원	0	

<table>
<tr><th>합계금액</th><th>현금</th><th>수표</th><th>어음</th><th>외상미수금</th><td rowspan="2">이 금액을 영수
청구 함</td></tr>
<tr><td>20,000,000원</td><td>20,000,000원</td><td></td><td></td><td></td></tr>
</table>

05 9월 30일 공장부지로 사용할 목적으로 토지를 매입하는 과정에서 법무사 수수료 1,000,000원(부가가치세 별도)이 발생되어 당사 발행 약속어음으로 지급하고 종이세금계산서를 수취하였다.(3점)

<table>
<tr><th colspan="5">세금계산서(공급받는 자 보관용)</th><th>승인번호</th><th colspan="4">20190904-1000000-00002111</th></tr>
<tr><td rowspan="4">공급자</td><td>사업자 등록번호</td><td colspan="3">130-01-31761</td><td rowspan="4">공급받는자</td><td>사업자 등록번호</td><td colspan="3">602-81-48930</td></tr>
<tr><td>상호 (법인명)</td><td>장앤김법률 사무소</td><td>성명 (대표자)</td><td>장기하</td><td>상호 (법인명)</td><td>수원산업㈜</td><td>성명</td><td>이준영</td></tr>
<tr><td>사업장 주소</td><td colspan="3">서울 구로구 안양천로 539길 6</td><td>사업장 주소</td><td colspan="3">경기도 수원시 장안구 파장천로 44번길 30</td></tr>
<tr><td>업태</td><td>서비스</td><td>종목</td><td>법무사</td><td>업태</td><td>제조 외</td><td>종목</td><td>전자제품</td></tr>
</table>

작성일자	공급가액	세액	비고
2019. 9. 30.	1,000,000원	100,000원	

월	일	품목	규격	수량	단가	공급가액	세액	비고
9	30	소유권이전등기				1,000,000원	100,000원	

<table>
<tr><th>합계금액</th><th>현금</th><th>수표</th><th>어음</th><th>외상미수금</th><td rowspan="2">이 금액을 영수
청구 함</td></tr>
<tr><td>1,100,000원</td><td></td><td></td><td>1,100,000원</td><td></td></tr>
</table>

[문제 3]

부가가치세신고와 관련하여 다음 물음에 답하시오.(10점)

01 다음의 자료를 이용하여 1기 확정신고기간에 공제받지 못할 매입세액명세서 중 [공통매입세액의 정산내역] 탭을 작성하시오.(단, 기존에 입력된 데이터는 무시할 것)(3점)

- 당사는 과세 및 면세사업을 영위하는 겸영사업자이고, 아래 제시된 자료만 있는 것으로 가정한다.
- 1기 예정신고 시 반영된 공통매입세액 불공제분은 3,750,000원이며, 예정신고는 적법하게 신고되었다.
- 1기 과세기간에 대한 공급가액은 다음과 같으며, 공통매입세액 안분계산은 공급가액 기준으로 한다.

구분		1기 예정신고기간(1월~3월)		1기 확정신고기간(4월~6월)	
		공급가액	부가가치세	공급가액	부가가치세
공통매입세액		100,000,000원	10,000,000원	80,000,000원	8,000,000원
매출	과세	250,000,000원	25,000,000원	200,000,000원	20,000,000원
	면세	150,000,000원	–	150,000,000원	–

02 기존의 입력된 자료는 무시하고 다음 자료(10월 1일~12월 31일 : 거래자료)를 토대로 2019년 2기 확정 부가가치세신고서를 직접 작성하시오.(단, 세부담 최소화를 가정하고 부가가치세신고서 이외의 과세표준명세 등 기타 부속서류의 작성과 전자신고세액공제는 생략한다. 제시된 자료 이외의 거래는 없는 것으로 가정하며, 당사는 사업자단위사업자 · 총괄납부사업자가 아니다)(7점)

구분	거래내용		공급가액	부가가치세	비고
매출자료	세금계산서 발급 과세 매출액		500,000,000원	50,000,000원	간주공급분 제외
	현금영수증 과세 매출액		100,000,000원	10,000,000원	
	간주공급에 해당하는 판매목적 타사업장 반출금액		7,000,000원	700,000원	시가 : 10,000,000원 원가 : 7,000,000원, (원가로 전자세금계산서 정상발급)
	수출분 매출액	직접 수출분	30,000,000원	0원	원화환산액임
		세금계산서발행분	10,000,000원	0원	영세율세금계산서 정상발급

매입자료	2,000cc(5인승) 소형승용자동차 구입액(영업사용목적)	30,000,000원	3,000,000원	세금계산서 정상수취
	원재료를 구입	490,000,000원	49,000,000원	세금계산서 정상수취
	영업사원의 영업활동에 지원을 위해 국내항공료를 법인카드로 결제한 금액	5,000,000원	500,000원	

[문제 4]

다음 결산자료를 입력하여 결산을 완료하시오.(15점)

01 바른은행으로부터 차입한 장기차입금 중 56,000,000원은 2020년 6월 30일에 상환기일이 도래한다.(3점)

02 회사가 단기간 내의 시세차익을 목적으로 보유한 유가증권의 내역은 다음과 같다. 제시된 자료 이외의 다른 유가증권은 없고, 당기 중에 처분은 없었다고 가정한다.(당사는 일반기업회계기준에 근거하여 회계처리한다)(3점)

- 취득금액 : 12,000,000원
- 2018년 12월 31일 공정가치 : 13,000,000원
- 2019년 12월 31일 공정가치 : 12,500,000원

03 다음의 유형자산에 대한 감가상각의 내역을 결산에 반영하시오.(3점)

계정과목	자산 사용 및 구입내역	당기감가상각비
공구와 기구	제조공장에서 사용	1,250,000원
차량운반구	영업부서 업무용으로 사용	3,500,000원

04 기말현재 퇴직급여추계액 및 퇴직급여충당부채를 설정하기 전 퇴직급여충당부채의 잔액은 다음과 같다. 퇴직급여충당부채는 퇴직급여추계액의 100%를 설정한다.(3점)

구분	퇴직급여추계액	퇴직급여충당부채잔액
생산직	40,000,000원	15,000,000원
본사 사무직	20,000,000원	9,000,000원

05 기말현재 공장 및 창고에 보유 중인 재고자산은 다음과 같다. 단, 선적지인도조건으로 매입한 원재료 5,000,000원은 운송 중이며, 위탁판매 용도로 수탁업자들이 보유하고 있는 당사의 제품(적송품)이 6,000,000원이 있다.(3점)

• 기말원재료 : 3,000,000원 • 기말재공품 : 7,000,000원 • 기말제품 : 8,000,000원

[문제 5]

2019년 귀속 원천징수자료와 관련하여 다음의 물음에 답하시오.(15점)

01 다음 자료를 이용하여 수원산업㈜의 생산직 근로자인 정희석(사번 101)의 5월분 [급여자료입력]과 [원천징수이행상황신고서]를 작성하시오.(단, 전월미환급세액은 150,000원이며, 급여지급일은 매월 말일이다)(5점)

• 수당등록 및 공제항목은 불러온 자료는 무시하고 아래 자료에 따라 입력하며, 사용하는 수당 이외의 항목은 '부'로 체크하기로 한다.
• 원천징수이행상황신고서는 매월 작성하며, 정희석 씨의 급여내역만 반영하고 환급신청은 하지 않기로 한다.

5월 급여내역

이름	정희석	지급일	5월 31일
기본급	1,500,000원	소득세	17,180원
식대	100,000원	지방소득세	1,710원
자가운전보조금	300,000원	국민연금	85,500원
야간근로수당	200,000원	건강보험	59,280원
교육보조금	200,000원	장기요양보험	5,040원
		고용보험	12,350원
		공제합계	181,060원
급여합계	2,300,000원	지급총액	2,118,940원

① 식대 : 당 회사는 현물 식사를 별도로 제공하고 있다.
② 자가운전보조금 : 당사는 본인 명의의 차량을 업무목적으로 사용한 직원에게만 자가운전보조금을 지급하고 있으며, 실제 발생된 교통비를 별도로 지급하지 않는다.
③ 야간근로수당 : 올해 들어 5월부터 업무시간 외 추가로 근무를 하는 경우 야근수당을 지급하고 있으며, 생산직 근로자가 받는 시간외근무수당으로서 비과세요건을 충족하고 있다.
④ 사규에 따라 자녀교육비에 대하여 교육보조금을 지급하고 있다.

02 다음은 박세돌(사번 130, 세대주)과 부양가족의 국세청 홈택스에서 수집한 연말정산 자료이다. 아래 자료와 연말정산추가자료입력메뉴의 [부양가족소득명세] 탭을 참고하여 [연말정산입력] 탭을 입력하시오.(단, 본인의 세부담이 최소화되도록 적용하기로 한다)(10점)

• 연말정산자료(국세청 홈택스에서 수집)

구분	내용
신용카드 등 사용액	• 본인 : 신용카드 25,000,000원[자녀(박하늘) 영어학원비 2,500,000원, 자녀(박세희) 장애인전용보장성보험료 1,200,000원, 대중교통 이용액 500,000원 포함됨] • 배우자 : 현금영수증 3,000,000원[자녀(박세희) 음악학원비 1,500,000원, 자녀(박세희) 한약구입비 300,000원, 전통시장 사용액 350,000원 포함됨]
보험료	• 본인 : 생명보험료 600,000원 • 자녀(박하늘) : 저축성보험료 500,000원 • 자녀(박세희) : 장애인전용보장성보험료 1,200,000원
의료비	• 부친 : 건강증진목적 의약품비 1,000,000원 • 본인 : 콘택트렌즈구입비 700,000원 • 자녀(박세희) : 질병예방 의료비 1,300,000원(최미소의 현금영수증으로 지출한 한약구입비 300,000원 포함)
교육비	• 배우자 : 대학교 교육비 5,000,000원 • 자녀(박하늘) : 초등학교 수업료 3,200,000원(체험학습비 300,000원 포함), 영어학원비 2,500,000원(박세돌의 신용카드 사용액에 포함됨) • 자녀(박세희) : 음악학원비 1,500,000원(주 1회, 월단위, 최미소의 현금영수증 사용액에 포함됨)
기부금	• 본인 : 대한적십자사 기부금 360,000원

이론과 실무문제의 답을 모두 입력한 후 「답안저장(USB로 저장)」을 클릭하여 저장하고, USB 메모리를 제출하시기 바랍니다.

전산세무 2급 82회

다음 문제를 보고 알맞은 것을 골라 [이론문제 답안작성] 메뉴에 입력하시오.(객관식 문항당 2점)

〈기본전제〉

문제에서 한국채택국제회계기준을 적용하도록 하는 전제조건이 없는 경우, 일반기업회계기준을 적용한다.

01 다음은 당좌자산 중 현금 및 현금성자산에 대한 설명이다. 틀린 것은?

① 타인발행수표는 현금 및 현금성자산에 포함된다.
② 당좌예금은 현금 및 현금성자산에 포함된다.
③ 결산일이 2018년 12월 31일인 기업이 2018년 9월 30일에 취득한 금융상품으로서 결산일로부터 3개월 후인 2019년 3월 31일이 만기일인 금융상품은 현금 및 현금성자산에 포함된다.(단, 중도상환은 없는 것으로 가정)
④ 현금 및 현금성자산은 기업의 유동성 판단에 관한 중요한 정보에 해당한다.

02 다음 중 무형자산에 해당하는 것으로 볼 수 없는 것은?

① 산업재산권
② 특허권
③ 내부적으로 창출한 영업권
④ 내부 프로젝트의 개발단계에서 발생한 지출로서 자산인식요건을 모두 충족하는 개발비

03 다음 중 재고자산에 대한 설명으로 옳지 않은 것은?

① 재고자산은 이를 판매하여 수익을 인식한 기간에 매출원가로 인식한다.
② 재고자산의 시가가 장부금액 이하로 하락하여 발생한 평가손실은 재고자산의 차감계정으로 표시하고 영업외비용으로 처리한다.
③ 재고자산의 장부상 수량과 실제 수량과의 차이에서 발생하는 감모손실의 경우 정상적으로 발생한 감모손실은 매출원가에 가산한다.
④ 재고자산의 장부상 수량과 실제 수량과의 차이에서 발생하는 감모손실의 경우 비정상적으로 발생한 감모손실은 영업외비용으로 분류한다.

04 수익에 대한 다음 설명 중 잘못된 것은?

① 수익은 재화의 판매, 용역의 제공이나 자산의 사용에 대하여 받았거나 또는 받을 대가의 공정가치로 측정한다.
② 용역제공거래의 성과를 신뢰성 있게 추정할 수 없고 발생한 원가의 회수가능성이 낮은 경우 발생한 비용의 범위 내에서만 수익을 인식한다.
③ 이자수익은 원칙적으로 유효이자율을 적용하여 발생기준에 따라 인식한다.
④ 성격과 가치가 유사한 재화나 용역 간의 교환은 수익을 발생시키는 거래로 보지 않는다.

05 다음은 유가증권에 대한 설명이다. 틀린 것은?

① 유가증권에는 지분증권과 채무증권이 포함된다.
② 단기매매증권에 대한 미실현보유손익은 당기손익항목으로 처리한다.
③ 매도가능증권에 대한 미실현보유손익은 기타포괄손익누계액으로 처리한다.
④ 만기가 확정된 채무증권으로서 상환금액이 확정되었거나 확정이 가능한 채무증권을 만기까지 보유할 적극적인 의도와 능력이 있는 경우에는 매도가능증권으로 분류한다.

06 다음은 변동비에 관한 설명 및 도표이다. 잘못된 것은?

① 조업도의 변동에 비례하여 총원가가 변동하는 원가를 말한다.
② 단위당 원가는 조업도의 변동에 관계없이 일정하다.
③ 변동비의 총원가는 조업도에 따라서 다음과 같이 발생한다.

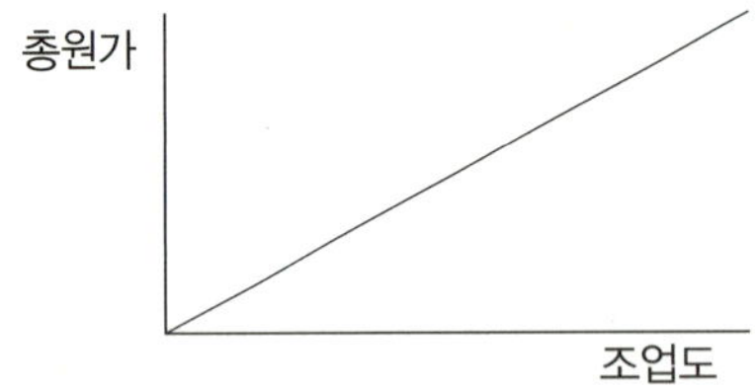

④ 단위당 원가는 조업도가 증가할수록 감소한다.

07 다음 자료를 이용하여 당기매출원가를 계산하면 얼마인가?

• 기초제품재고 : 100,000원	• 당기제품제조원가 : 500,000원
• 기말재공품 : 50,000원	• 기말제품재고 : 200,000원

① 500,000원 ② 450,000원
③ 400,000원 ④ 350,000원

08 개별원가계산의 특징이 아닌 것은?

① 다품종 소량생산, 주문생산에 적합하다.
② 제조지시서를 통하여 개별제품별로 제조를 지시한다.
③ 작업원가표를 통하여 개별제품별로 제조원가가 집계된다.
④ 제조원가는 각 공정별로 집계된다.

09 평균법에 의한 종합원가계산제도에서 다음의 자료를 통해 제품원가를 계산하시오.(재료비는 완성도 50% 시점에 투입되며, 가공비는 공정 전반에 걸쳐 균등하게 발생된다)

물량흐름				비용	기초재공품원가	당기제조원가
기초	100개(완성도 50%)	완성	400개	재료비	80,000원	100,000원
착수	500개	기말	200개(완성도 60%)	가공비	100,000원	160,000원

① 320,000원　　② 280,000원
③ 260,000원　　④ 180,000원

10 다음 중 공손품에 대한 설명으로 옳지 않은 것은?

① 공손품은 폐기되거나 정규가격 이하로 판매되는 품질표준 미달의 불합격 생산물을 말한다.
② 정상공손은 능률적인 작업조건하에서도 발생되는 공손을 말한다.
③ 비정상공손은 제조활동을 효율적으로 수행하면 방지할 수 있는 공손을 말한다.
④ 비정상공손의 허용한도는 품질검사를 기준으로 하여 품질검사에 합격한 합격품의 일정비율로 정한다.

11 다음 중 부가가치세법상 간이과세자 적용배제 업종이 아닌 것은?

① 음식점업
② 광업
③ 도매업(재생용 재료수집 및 판매업 제외)
④ 부동산매매업

12 다음 중 소득세법상 사업소득금액 계산 시 필요경비에 산입되는 항목은?

① 면세사업자가 부담하는 부가가치세 매입세액
② 업무와 관련하여 고의 또는 중대한 과실로 타인의 권리를 침해한 경우에 지급되는 손해배상금

③ 초과인출금에 대한 지급이자
④ 선급비용

13 다음 중 소득세법상 과세표준 확정신고를 하여야 하는 경우는?

① 퇴직소득만 있는 경우
② 근로소득과 퇴직소득이 있는 경우
③ 근로소득과 보통예금이자 150만원(14% 원천징수세율 적용대상)이 있는 경우
④ 근로소득과 사업소득이 있는 경우

14 다음 중 부가가치세법상 영세율과 면세제도에 관한 설명으로 옳지 않은 것은?

① 국내거래도 영세율 적용대상이 될 수 있다.
② 면세사업자는 재화의 매입으로 부담한 매입세액을 환급받을 수 없다.
③ 면세의 포기를 신고한 사업자는 신고한 날부터 3년간 부가가치세를 면제받지 못한다.
④ 면세사업자가 영세율과 면세를 동시에 적용할 수 있는 재화를 공급하는 경우에는 영세율을 적용한다.

15 다음 자료는 2018년 2기 확정신고기간의 자료이다. 부가가치세 과세표준은 얼마인가?

구분	금액	비고
세금계산서 발급 제품 매출	100,000,000원 (공급가액)	• 할부판매, 장기할부판매의 이자 상당액 2,000,000원 포함 • 현금으로 지급한 판매장려금 1,000,000원 불포함 • 제품으로 지급한 판매장려금 시가 1,000,000원(공급가액) 불포함

① 99,000,000원
② 100,000,000원
③ 101,000,000원
④ 102,000,000원

실무시험

㈜팔영산업(회사코드 0822)은 제조, 도 · 소매 및 무역업을 영위하는 중소기업이며, 당기(9기)회계기간은 2018년 1월 1일~2018년 12월 31일이다. 전산세무회계 수험용 프로그램을 이용하여 다음 물음에 답하시오.

〈기본전제〉

문제에서 한국채택국제회계기준을 적용하도록 하는 전제조건이 없는 경우, 일반기업회계기준을 적용한다.

[문제 1]

다음 거래를 일반전표입력메뉴에 추가입력하시오.(15점)

〈입력 시 유의사항〉

- 일반적인 적요의 입력은 생략하지만, 타계정 대체거래는 적요번호를 선택하여 입력한다.
- 채권 · 채무와 관련된 거래는 별도의 요구가 없는 한 반드시 기 등록되어 있는 거래처코드를 선택하는 방법으로 거래처명을 입력한다.
- 제조경비는 500번대 계정코드를, 판매비와 관리비는 800번대 계정코드를 사용한다.
- 회계처리과목은 별도 제시가 없는 한 등록되어 있는 계정과목 중 가장 적절한 과목으로 한다.

01 3월 3일 ㈜동국 소유의 건물로 사무실이전을 하면서 임차보증금 15,000,000원 중 2월 3일 지급한 계약금 5,000,000원을 제외한 10,000,000원을 보통예금에서 지급하였다.(3점)

02 7월 8일 출장 중인 영업부 직원들이 Cafe New에서 ICE아메리카노를 주문하고 다음의 신용카드매출전표(법인삼성카드)로 결제하였다. 거래일 현재 Cafe New는 간이과세자이고, 여비교통비로 처리할 것(3점)

CAFE New
123-45-67890 TEL : 031-646-1858 김풍미
경기도 안산시 단원구 광덕대로 894
2018-07-08 14:21(화) POS : 03 BILL : 000057

품명	단가	수량	금액
ICE아메리카노	3,000원	2	6,000원
소계			6,000원
청구금액			6,000원
받은금액			6,000원
거스름액			0원
신용카드			6,000원

신용카드 매출전표 [고객용]
[카드번호] 8945-****-****-8973
[할부개월] 일시불
[카드사명] 삼성카드
[가맹번호] 00856468
[승인번호] 07977897

03 7월 25일 부가가치세 제1기 확정분에 대한 납부세액 1,689,000원(미지급세금에 반영되어 있음)을 법인 보통예금통장에서 계좌이체로 납부하였다.(3점)

04 9월 30일 보통예금에서 이자수익 350,000원이 발생하여 원천징수세액 53,900원(지방소득세 포함)을 제외한 296,100원이 입금되었다.(원천징수세액은 자산으로 처리할 것)(3점)

05 12월 20일 생산부서 직원들에 대한 확정기여형(DC형) 퇴직연금 불입액 5,000,000원을 보통예금계좌에서 이체하였다.(3점)

[문제 2]

다음 거래자료를 매입매출전표입력메뉴에 추가로 입력하시오.(15점)

〈입력 시 유의사항〉

- 일반적인 적요의 입력은 생략하지만, 타계정 대체거래는 적요번호를 선택하여 입력한다.
- 별도의 요구가 없는 한 반드시 기 등록되어 있는 거래처코드를 선택하는 방법으로 거래처명을 입력한다.
- 제조경비는 500번대 계정코드를, 판매비와 관리비는 800번대 계정코드를 사용한다.
- 회계처리 시 계정과목은 별도 제시가 없는 한 등록되어 있는 계정과목 중 가장 적절한 과목으로 한다.
- 입력화면 하단의 분개까지 처리하고, 전자세금계산서 및 전자계산서는 전자입력으로 반영한다.

01 7월 7일 영업부에서 사용하던 프린터에 문제가 발생하여 수리왕에서 수리하고 수선비 150,000원(부가세 별도)에 대한 전자세금계산서를 발급받았다. 동일자에 부가가치세를 포함한 대금은 보통예금에서 즉시 지급하였다.(수선비는 비용으로 처리할 것)(3점)

02 8월 20일 비사업자인 김성호에게 제품을 판매하고 판매대금 1,100,000원(부가가치세 포함)을 현금으로 수취하면서 소득공제용 현금영수증을 발급하였다.(3점)

03 9월 12일 영국 OTP사에 제품을 $100,000에 직수출(수출신고일 : 9월 10일, 선적일 : 9월 12일)하고, 수출대금은 9월 30일에 받기로 하였다. 수출과 관련된 내용은 다음과 같다.(수출신고번호는 고려하지 말 것)(3점)

일자	9월 10일	9월 12일	9월 30일
기준환율	1,200원/$	1,150원/$	1,180원/$

04 9월 18일 회사가 보유하고 있는 원재료 중 원가 2,000,000원(판매가 3,300,000원, 부가세 포함)을 매출거래처인 ㈜동행에 명절선물로 제공하였다.(단, 매입원재료는 적법하게 매입세액공제를 받았다고 가정할 것)(3점)

05 9월 30일 당사의 영업부에서 사용할 문구류 등을 미나문구에서 현금으로 매입하고 다음의 현금영수증을 받았다.(문구류 등은 소모품비로 회계처리할 것)(3점)

현금영수증

가맹점명 미나문구 215-16-85543 최강희

서울시 동대문구 장한평로 32 TEL : 02-368-8521

홈페이지 http://www.minamungu.co.kr

현금(지출증빙용)

구매 2018/9/30/11:00 거래번호 : 0012-0025

상품명	수량	금액
문구류 등		220,000원
	과세공급가액	200,000원
	부가가치세	20,000원
	합계	220,000원

[문제 3]

부가가치세신고와 관련하여 다음 물음에 답하시오.(10점)

01 다음 자료를 보고 2018년 1기 확정신고기간의 수출실적명세서를 작성하시오.(단, 거래처코드와 거래처명은 입력하지 말 것)(3점)

상대국	수출신고번호	선적일	환가일	통화	수출액	기준환율	
						선적일	환가일
일본	13041-20-044589×	2018. 4. 6.	2018. 4. 15.	JPY	¥300,000	₩994/¥100	₩997/¥100
미국	13055-10-011460×	2018. 5. 18.	2018. 5. 12.	USD	$60,000	₩1,040/$	₩1,080/$
영국	13064-25-147041×	2018. 6. 30.	2018. 7. 8.	USD	$75,000	₩1,110/$	₩1,090/$

02 다음 자료를 이용하여 ㈜팔영산업의 2018년 2기 확정신고기간 부가가치세신고서를 작성하시오.(부가가치세신고서 외의 기타 신고서류는 작성을 생략하고, 불러오는 데이터 값은 무시하며 새로 입력할 것)(7점)

매출자료	• 전자세금계산서 과세 매출액(공급가액 : 220,000,000원, 세액 : 22,000,000원) • 직수출액(공급가액 : 88,000,000원, 세액 : 0원)
매입자료	• 전자세금계산서 과세 매입액(공급가액 : 132,000,000원, 세액 : 13,200,000원) : 이 중 접대비관련 매입액(공급가액 : 5,500,000원, 세액 : 550,000원) 이외에 나머지는 위 매출자료의 과세매출관련 상품 매입액임 • 법인카드 매입액(공급가액 : 11,000,000원, 세액 : 1,100,000원) : 전액 직원 복리후생관련 매입액임
예정신고 누락분	• 전자세금계산서 과세 매출액(공급가액 : 20,000,000원, 세액 : 2,000,000원) • 전자세금계산서 과세 매입액(공급가액 : 10,000,000원, 세액 : 1,000,000원)
기타	• 부가가치세신고서는 회사가 직접 국세청 홈택스를 통해 전자신고하여 전자신고세액공제를 받기로 함 • 신고불성실가산세는 과소·초과환급(일반)란에 입력할 것 • 납부불성실가산세 계산 시 미납일수는 91일을 적용할 것 • 전자세금계산서의 발급 및 국세청 전송은 정상적으로 이뤄졌다.

[문제 4]

다음 결산자료를 입력하여 결산을 완료하시오.(15점)

01 2018년 10월 1일 미국의 ABS사로부터 $100,000를 3년 후 상환하는 조건으로 차입하였다. 환율정보가 다음과 같을 때 결산분개를 하시오.(단, 외화장기차입금으로 회계처리할 것)(3점)

2018년 10월 1일	2018년 12월 31일
₩1,050=$1	₩1,100=$1

02 영업부에서 사용하는 법인명의 차량에 대한 자동차보험료(201년 4월 1일~2019년 3월 31일) 1,200,000원을 2018년 4월 1일에 국민화재보험에 지급하면서 전액 보험료로 계상하였다.(단, 보험료 기간배분은 월할계산으로 하며, 회계처리 시 음수로 입력하지 말 것)(3점)

03 당기말 보유하고 있는 단기매매증권의 내역은 다음과 같다. 기말현재 ㈜코스파의 주당 공정가치는 120,000원이다.(3점)

주식발행법인	취득일	처분일	주식수	주당 단가
㈜코스파	2018. 1. 30.	–	1,000주	100,000원
㈜코스파	–	2018. 10. 25.	300주	120,000원

04 12월 31일 결산 마감전 영업권(무형자산) 잔액이 12,000,000원이 있으며, 이 영업권은 2018년 12월 30일에 취득한 것이다.(단, 회사는 무형자산에 대하여 5년간 월할 균등상각하며 상각기간 계산시 1월 미만의 기간은 1월로 한다)(3점)

05 당기 법인세비용이 지방소득세를 포함하여 22,000,000원으로 산출되었다. 기장된 데이터는 무시하고 선납세금은 7,053,900원으로 가정한다.(단, 당기 법인세비용 중 선납세금을 제외한 나머지 금액은 미지급세금 계정을 사용하여 입력할 것)(3점)

[문제 5]

2018년 귀속 원천징수자료와 관련하여 다음의 물음에 답하시오.(15점)

01 다음 자료를 이용하여 회계부 사원 서주원(코드 101)의 필요한 수당등록과 12월분 급여자료입력을 하시오.(단, 수당등록 및 공제항목은 불러온 자료는 무시하고 아래 자료에 따라 입력하며, 수당등록 시 월정액은 체크하지 말고, 사용하는 수당 이외의 항목은 '부'로 체크할 것)(6점)

㈜팔영산업 2018년 12월 급여내역

이름	서주원	지급일	12월 31일
기본급여	2,000,000원	소득세	25,180원
식대	180,000원	지방소득세	2,510원
야간근로수당	300,000원	국민연금	90,000원
육아수당	200,000원	건강보험	62,400원
자가운전보조금	100,000원	장기요양보험	4,600원
교육지원금	220,000원	고용보험	18,200원
급여계	3,000,000원	가 불 금	1,000,000원
		공제합계	1,202,890원
노고에 감사드립니다.		지급총액	1,797,110원

〈추가자료〉
- 회사는 구내식당을 운영하지 않고 있으며 별도의 식사 제공은 하지 않는다.
- 서주원은 만 6세의 자녀가 있으며, 회사 정책상 자녀 1인당 20만원씩 육아수당을 지급받고 있다. 현재 서주원의 배우자는 근무하고 있는 직장에서 비과세 육아수당을 지급받고 있다.
- 서주원은 본인명의 차량을 업무용으로 사용함에 따른 실제 여비를 받고, 자가운전보조금도 별도로 지급받고 있다.
- 서주원은 사설어학원에서 외부교육을 받고 있으며, 이에 따른 교육비를 지원받고 있다.
- 서주원은 12월초에 개인사정으로 인하여 가불금을 지급받았으며, 회사 정책상 가불금은 그 달 월급에서 공제하고 있다.

02 다음의 연말정산 관련자료를 보고 영업직 사원 유재호(730403-1234567, 코드 103, 입사일 : 2017년 12월 14일, 세대주, 총급여액 : 45,000,000원으로 가정한다)의 세부담 최소화를 위한 연말정산추가자료입력메뉴의 연말정산입력 탭을 입력하시오.(단, 부양가족소득공제 탭은 무시할 것)(9점)

항목	내용
보험료	• 본인 자동차보험료 : 750,000원 • 배우자 보장성보험료 : 1,000,000원 • 자녀 보장성보험료 : 250,000원
의료비	• 모친 질병치료목적 병원비 : 5,000,000원(유재호 신용카드 결제됨) • 모친 보약구입(건강증진목적) : 700,000원 • 배우자 라식수술비(시력보정용) : 1,200,000원
교육비	• 자녀 유치원비 : 1,000,000원
기부금	• 본인 종교단체 기부금 : 1,000,000원
신용카드 등 사용액	• 본인 신용카드 : 12,000,000원(의료비 항목 중 신용카드로 결제한 모친 병원비 5,000,000원이 신용카드 사용액에 포함, 대중교통 이용분 1,000,000원 포함) • 배우자 신용카드 : 5,000,000원(대중교통 이용분 300,000원 포함)
주택자금	• 장기주택저당차입금 이자상환액 : 2,000,000원

〈추가자료〉
1. 부양가족
- 배우자 소득 없음
- 자녀 만 5세(유치원), 소득 없음
- 모친(생계를 같이함) 부동산 임대소득금액 12,000,000원, 만 65세

2. 주택은 국민주택규모이며, 1주택을 소유하고 있으며, 세대주이다. 상환기간은 15년(고정금리)이며, 주택명의는 배우자와 공동명의이며, 주택대출금은 유재호의 명의이다. 주택취득시점(2014년 5월 6일) 기준시가는 3억 5천만원이었으며, 취득 시 잔금을 대출금으로 대체하였고, 근저당권이 설정되어 있다.(그 외 장기주택저당차입금이자상환액공제의 요건을 충족한 것으로 본다)

이론과 실무문제의 답을 모두 입력한 후 「답안저장(USB로 저장)」을 클릭하여 저장하고, USB 메모리를 제출하시기 바랍니다.

전산세무 2급 81회

다음 문제를 보고 알맞은 것을 골라 이론문제 답안작성 메뉴에 입력하시오.(객관식 문항당 2점)

〈기본전제〉

문제에서 한국채택국제회계기준을 적용하도록 하는 전제조건이 없는 경우, 일반기업회계기준을 적용한다.

01 다음은 재고자산에 대한 설명이다. 잘못된 것은?

① 성격이 상이한 재고자산을 일괄하여 구입한 경우에는 총매입원가를 각 재고자산의 공정가치 비율에 따라 배분하여 개별 재고자산의 매입원가를 결정한다.

② 재고자산은 취득원가를 장부금액으로 한다. 다만, 시가가 취득원가보다 낮은 경우에는 시가를 장부금액으로 한다.

③ 재고자산은 정상적인 영업과정에서 판매를 위하여 보유하거나 생산과정에 있는 자산 및 생산서비스 제공과정에 투입될 원재료나 소모품의 형태로 존재하는 자산을 말한다.

④ 적송품은 수탁자가 제3자에게 판매를 할 때까지 수탁자가 점유하고 있기 때문에 제3자에게 판매하기 전까지는 수탁자의 재고자산에 포함한다.

02 다음의 사채를 2016년 1월 1일 발행하였다. 이자는 매년 말에 지급한다고 가정할 경우 사채와 관련한 다음 설명 중 잘못된 것은?

액면가액	액면이자율	시장이자율	만기	발행가액
1,000,000원	10%	4%	3년	1,166,505원

① 2016년 결산일 현재 사채장부가액은 사채액면가액보다 크다.

② 2016년 현금으로 지급된 이자는 100,000원이다.

③ 사채할증발행차금 상각액은 매년 감소한다.

④ 2018년말 이자비용 인식 후 사채할증발행차금잔액은 0원이다.

03 배당에 관한 설명으로 옳지 않은 것은?

① 배당은 항상 이익잉여금에서 지급되어야 한다.

② 주식배당 후에는 발행주식수가 증가한다.
③ 현금배당 후에도 자본의 크기는 변동이 없다.
④ 상법상의 중간배당은 회계연도 중 1회에 한하여 정관으로 정하여 진행할 수 있다.

04 다음은 단기매매목적으로 매매한 주식회사 학동의 주식거래내역이다. 2018년 12월 31일에 주식회사 학동의 공정가치가 주당 10,000원이면 2018년도 손익계산서에 표시될 단기매매증권평가손익은 얼마인가?

거래일	매입주식수	매도주식수	거래가액
2018년 1월 20일	1,000주		10,000원
2018년 5월 30일		500주	12,000원
2018년 11월 1일	1,000주		7,000원

① 단기매매증권평가손실 3,000,000원
② 단기매매증권평가이익 3,000,000원
③ 단기매매증권평가손실 1,000,000원
④ 단기매매증권평가이익 1,000,000원

05 다음은 유형자산의 취득원가에 관한 설명이다. 가장 잘못된 것은?

① 유형자산의 취득과 관련된 운송비와 설치비용은 취득원가에 가산한다.
② 유형자산의 취득과 관련된 중개인 수수료는 취득원가에 가산한다.
③ 유형자산의 보유와 관련된 재산세는 취득원가에 가산한다.
④ 유형자산의 취득과 관련된 취득세는 취득원가에 가산한다.

06 다음 중 원가행태에 따른 분류로 볼 수 없는 것은?

① 고정비
② 직접비
③ 변동비
④ 준고정원가

07 다음 중 개별원가계산에 대한 설명이 아닌 것은?

① 원가의 집계가 공정별로 이뤄지기 때문에 개별작업별로 작업지시서를 작성할 필요는 없다.
② 동종 대량생산형태보다는 다품종 소량주문생산형태에 적합하다.
③ 제조간접비의 배분이 중요한 의미를 갖는다.
④ 월말재공품의 평가문제가 발생하지 않는다.

08 다음은 보조부문비의 배분방법에 대한 설명이다. 틀린 것은?

① 직접배부법은 보조부문 간 용역수수관계를 일부 고려하는 배부방법이다.
② 상호배부법은 보조부문 간 용역수수관계를 완전히 고려하는 배부방법이다.
③ 상호배부법은 다른 배분방법에 비해 정확한 원가배분이 가능하나, 많은 시간과 비용이 소요되는 단점이 있다.
④ 단계배부법 적용 시 가장 많은 부문에 용역을 제공하는 보조부문부터 상대적으로 적은 부문에 용역을 제공하는 보조부문 순으로 보조부문비를 배분한다.

09 다음 중 종합원가계산의 절차를 순서대로 바르게 연결한 것은?

① 원가요소별 완성품환산량 계산 → 완성품환산량 단위당 원가계산 → 물량흐름 파악 → 원가요소별 기초재공품원가와 당기발생원가 집계 → 완성품과 기말재공품에 원가배분
② 물량흐름 파악 → 원가요소별 완성품환산량 계산 → 원가요소별 기초재공품원가와 당기발생원가 집계 → 완성품환산량 단위당 원가계산 → 완성품과 기말재공품에 원가배분
③ 원가요소별 완성품환산량 계산 → 완성품환산량 단위당 원가계산 → 원가요소별 기초재공품원가와 당기발생원가 집계 → 완성품과 기말재공품에 원가배분 → 물량흐름 파악
④ 물량흐름 파악 → 원가요소별 기초재공품원가와 당기발생원가 집계 → 완성품과 기말재공품에 원가배분 → 완성품환산량 단위당 원가계산 → 원가요소별 완성품환산량 계산

10 ㈜학동은 제조간접비를 직접노무시간을 기준으로 배부하고 있다. 아래 자료를 토대로 구한 제조간접비 배부차이는 얼마인가?

〈자료〉
• 실제 직접노무시간 : 1,100시간 • 예상 직접노무시간 : 1,000시간 • 실제 제조간접비 발생액 : 20,000,000원 • 제조간접비 예정배부율 : 직접노무시간당 20,000원

① 2,000,000원 과대배부
② 2,000,000원 과소배부
③ 1,000,000원 과대배부
④ 1,000,000원 과소배부

11 다음 중 부가가치세법상 의제매입세액공제에 관한 내용으로 틀린 것은?

① 간이과세자는 음식업자와 제조업자에 한해서만 의제매입세액공제를 받을 수 있다.

② 일반과세자인 음식점은 정규증빙 없이 농어민으로부터 구입 시 의제매입세액공제를 받을 수 없다.

③ 의제매입세액의 공제대상이 되는 면세농산물 등의 매입가액은 운임 등의 부대비용을 포함하지 않는다.

④ 유흥주점 외 법인음식점의 의제매입세액 공제율은 8/108로 한다.

12 소득세법상의 소득으로서 총수입금액과 소득금액이 같은 것은?

① 이자소득 ② 연금소득
③ 근로소득 ④ 사업소득

13 다음 중 부가가치세법상 재화와 용역의 공급시기에 대한 연결이 가장 옳은 것은?

① 사업상 증여 : 증여한 재화를 사용, 소비하는 때

② 전세금 또는 임대보증금을 받는 경우 : 예정신고기간 또는 과세기간 종료일

③ 무인판매기를 이용하여 재화를 공급하는 경우 : 재화가 인도되는 때

④ 판매목적으로 타사업장 반출 시 : 반출된 재화가 고객에게 인도되는 때

14 다음 설명 중 맞는 것은?

① 부가가치세 예정신고기간에 대손요건을 갖춘 경우 예정신고 시 반드시 대손세액공제신고를 하여야 한다.

② 비영업용 소형승용차의 구입비용은 매입세액공제가 안 되지만, 사업에 직접 사용이 입증된 임차와 유지비용은 매입세액공제대상이다.

③ 사업에 직접 사용이 입증된 접대비는 매입세액공제대상이다.

④ 토지의 조성 등을 위한 자본적 지출과 관련된 매입세액은 매입세액을 공제받지 못한다.

15 다음 중 소득세법상 결손금과 이월결손금에 관한 내용으로 옳은 것은?

① 사업소득의 이월결손금은 해당 이월결손금이 발생한 과세기간의 종료일부터 10년 이내에 끝나는 과세기간의 소득금액을 계산할 때 최근에 발생한 과세기간의 이월결손금부터 순서대로 공제한다.

② 사업소득의 이월결손금은 사업소득 → 근로소득 → 기타소득 → 연금소득 → 이

자소득 → 배당소득의 순서로 공제한다.

③ 주거용 건물 임대 외의 부동산임대업에서 발생한 이월결손금은 타소득에서는 공제할 수 없다.

④ 결손금 및 이월결손금을 공제할 때 해당 과세기간에 결손금이 발생하고 이월결손금이 있는 경우에는 이월결손금을 먼저 소득금액에서 공제한다.

실무시험

㈜도봉산업(회사코드 0812)은 제조, 도 · 소매 및 무역업을 영위하는 중소기업이며, 당기(7기)회계기간은 2018년 1월 1일~2018년 12월 31일이다. 전산세무회계 수험용 프로그램을 이용하여 다음 물음에 답하시오.

〈기본전제〉

문제에서 한국채택국제회계기준을 적용하도록 하는 전제조건이 없는 경우, 일반기업회계기준을 적용한다.

[문제 1]

다음 거래를 일반전표입력메뉴에 추가입력하시오.(15점)

〈입력 시 유의사항〉

- 일반적인 적요의 입력은 생략하지만, 타계정 대체거래는 적요번호를 선택하여 입력한다.
- 채권 · 채무와 관련된 거래는 별도의 요구가 없는 한 반드시 기 등록되어 있는 거래처코드를 선택하는 방법으로 거래처명을 입력한다.
- 제조경비는 500번대 계정코드를, 판매비와 관리비는 800번대 계정코드를 사용한다.
- 회계처리과목은 별도제시가 없는 한 등록되어 있는 계정과목 중 가장 적절한 과목으로 한다.

01 6월 10일 5월분 급여지급 시 원천징수한 소득세 1,000,000원 및 지방소득세 100,000원을 보통예금계좌에서 이체하여 납부하였다.(단, 소득세와 지방소득세를 합쳐서 하나의 전표로 입력할 것)(3점)

02 6월 20일 전기에 대손처리한 ㈜의리에 대한 외상매출금 1,650,000원이 회수되어 보통예금에 입금되었다.(3점)

03 8월 20일 공장에서 사용하기 위한 트럭을 구입하면서 자동차보험에 가입하고 대금 1,526,890원을 보통예금에서 송금하였다. 송금시점에 전액 비용으로 회계처리하시오.(3점)

04 8월 27일 ㈜지순상사로부터 공장에서 사용할 기계장치를 구입하기로 계약하고, 계약금 2,000,000원을 당좌수표를 발행하여 지급하였다.(3점)

05 12월 15일 영업부 연말회식을 연말식당(간이과세자)에서 하고 법인카드(부자카드)로 500,000원을 결제하였다.(3점)

[문제 2]

다음 거래자료를 매입매출전표입력메뉴에 추가로 입력하시오.(15점)

〈입력 시 유의사항〉

- 일반적인 적요의 입력은 생략하지만, 타계정 대체거래는 적요번호를 선택하여 입력한다.
- 별도의 요구가 없는 한 반드시 기 등록되어 있는 거래처코드를 선택하는 방법으로 거래처명을 입력한다.
- 제조경비는 500번대 계정코드를, 판매비와 관리비는 800번대 계정코드를 사용한다.
- 회계처리 시 계정과목은 별도 제시가 없는 한 등록되어 있는 계정과목 중 가장 적절한 과목으로 한다.
- 입력화면 하단의 분개까지 처리하고, 전자세금계산서 및 전자계산서는 전자입력으로 반영한다.

01 6월 15일 제품제조용 기계장치를 ㈜중앙에서 16,500,000원(부가가치세 포함)에 구입하고 전자세금계산서를 발급받았다. 구입대금 중 11,000,000원은 구입 당일 보통예금계좌에서 이체하였고, 나머지 5,500,000원은 납품계약일인 5월 20일에 앞서 지급한 바 있다.(3점)

02 7월 2일 영업부에서 사용하는 업무용 승합차(3,000cc, 9인승)를 유진카센터에서 수리하고 법인신용카드(대한카드)로 440,000원(부가가치세 포함) 결제하였다.(차량유지비로 회계처리할 것)(3점)

03 8월 5일 다음은 당사에서 발급한 전자세금계산서자료이다. 매입매출전표에 입력하시오.(3점)

<table>
<tr><td colspan="5">전자세금계산서(공급자 보관용)</td><td colspan="2">승인번호</td><td colspan="3">20180805-2000000-200000</td></tr>
<tr><td rowspan="5">공급자</td><td>사업자 등록번호</td><td>143-81-14912</td><td>종사업장 번호</td><td></td><td rowspan="5">공급받는자</td><td>사업자 등록번호</td><td>718-86-00027</td><td>종사업장 번호</td><td></td></tr>
<tr><td>상호 (법인명)</td><td>㈜도봉산업</td><td>성명 (대표자)</td><td>추신수</td><td>상호 (법인명)</td><td>㈜민국</td><td>성명</td><td>김홍준</td></tr>
<tr><td>사업장 주소</td><td colspan="3">서울 구로구 안양천로539길 6</td><td>사업장 주소</td><td colspan="3">서울 용산구 한강로 859</td></tr>
<tr><td>업태</td><td>제조, 도소매</td><td>종목</td><td>전자제품</td><td>업태</td><td>도소매</td><td>종목</td><td>컴퓨터 외</td></tr>
<tr><td>이메일</td><td colspan="3"></td><td>이메일</td><td colspan="3"></td></tr>
</table>

작성일자	공급가액	세액	수정사유
8월 5일	15,000,000	1,500,000	
비고			

월	일	품목	규격	수량	단가	공급가액	세액	비고
8	5	제품				15,000,000	1,500,000	

합계금액	현금	수표	어음	외상미수금	이 금액을 영수/청구 함
16,500,000	10,000,000			6,500,000	

04 8월 18일 영업부서의 거래처가 이전하게 되어 축하화환을 예쁜꽃화원에서 200,000원에 구입하면서 전자계산서를 발급받고, 즉시 보통예금에서 지급하였다.(3점)

05 9월 16일 생산부서의 회식비로 현금 770,000원(부가가치세 포함)을 강남식당(일반과세자)에 지불하고 현금영수증을 발급받았다.(3점)

[문제 3]

부가가치세신고와 관련하여 다음 물음에 답하시오.(10점)

01 다음은 부동산 임대에 관련된 자료이다. 2018년 1기 예정 부가가치세신고기간의 부동산임대공급가액명세서를 작성하시오. ㈜커피상사 계약갱신일은 2018년 2월 1일이다.(3점)

임차인	동/층/호	사업자등록 번호	면적	용도	임대기간	보증금(원)	월세(원)
한길상사	1/1/101	255-19-00392	100㎡	상가	2018. 1. 1.(신규) ~2019. 12. 31.	50,000,000	2,000,000
㈜커피상사	1/2/201	222-85-22222	90㎡	사무실	2016. 2. 1. ~2018. 1. 31.	20,000,000	1,000,000
					2018. 2. 1.(갱신) ~2020. 1. 31.	40,000,000	1,000,000

02 당사는 제조업을 영위하는 중소기업(법인)이고 다음의 자료는 2018년 제2기 부가가치세 확정신고기간 귀속자료이다. 이에 대한 부가가치세신고서를 작성하시오.(단, 부가가치세신고서 이외의 부속서류 및 과세표준명세입력은 생략하기로 한다)(7점)

구분	자료
매출	1. 전자세금계산서 발급분 : 공급가액 870,000,000원(영세율 없음) 2. 임대보증금에 대한 간주임대료 : 619,045원 3. 일본 도쿄상사 제품 직수출 : 선적일의 환율에 의한 대금 4,500,000원이 선적일에 보통예금으로 입금
매입	1. 세금계산서 수취분 일반매입 : 공급가액 810,000,000원, 세액 81,000,000원(공급시기가 2018년 10월 5일이지만 2019년 1월 24일 전자세금계산서 수취분 공급가액 45,000,000원, 세액 4,500,000원이 포함되어 있다) 2. 세금계산서 수취분 고정자산 매입(위 1번 항과 별개) : 공급가액 100,000,000원, 세액 10,000,000원, 9인승 업무용 차량 3. 법인신용카드매출전표 수취분 중 공제대상 일반매입 : 9,900,000원(부가가치세 포함)

[문제 4]

다음 결산자료를 입력하여 결산을 완료하시오.(15점)

01 다음 자료를 이용하여 부가세대급금과 부가세예수금을 정리하는 분개를 입력하시오.(납부세액은 미지급세금으로 계상하고 환급세액은 미수금으로 계상하되, 거래처는 입력하지 말 것)(3점)

- 부가세대급금 : 18,000,000원
- 부가세예수금 : 10,000,000원

02 당사가 보유하고 있는 다음의 매도가능증권(투자자산)의 내역을 반영하여 기말매도가능증권 평가에 대한 회계처리를 하시오.(3점)

회사명	2018년 취득가액	2018년 기말공정가액
㈜대박	132,500,000원	125,000,000원

03 대출금에 대한 이자지급일은 매월 16일이다. 당해 연도분 미지급비용을 인식하여 회계처리하시오.(거래처는 입력하지 않을 것)(3점)

> 금리는 변동금리로 은행에 문의한 결과 2018년 12월 16일부터 2019년 1월 15일까지 지급되어야 할 이자는 2,500,000원이었으며, 이 중 2018년도 12월 31일까지의 발생이자는 1,300,000원이었다.

04 외상매출금과 미수금의 기말잔액에 2%의 대손율을 적용하여 보충법에 의해 대손충당금을 설정하시오.(3점)

05 결산일 현재 재고자산은 다음과 같다. 결산자료입력을 이용하여 결산을 행하시오.(3점)

구분	원재료	재공품	제품
금액	75,000,000원	50,000,000원	232,000,000원
비고	선적지 인도기준 선적된 미착 원재료 1,500,000원 불포함		수탁자 보관 제품 2,000,000원 불포함

[문제 5]

2018년 귀속 원천징수자료와 관련하여 다음의 물음에 답하시오.(15점)

01 다음은 생산직 직원 신나라 씨(입사일 : 2018년 8월 1일)와 생계를 같이하고 있는 부양가족(내국인)에 대한 자료이다. 신나라 씨를 사원등록(코드번호 201번)하고, 기본사항 입력은 생략하되 세부담이 최소화되도록 부양가족명세에 입력하시오.(단, 부양가족 모두 부양가족명세에 등록 후 기본공제 대상자가 아닌 경우 '부'로 표시하시오)(5점)

관계	이름	주민등록번호	비고
본인	신나라	750420-1234567	세대주
배우자	오연지	750320-2951351	복권당첨금 100,000,000원
본인의 어머니	박순례	481228-2346418	총급여 3,000,000원, 양도소득금액 200,000원
동생	신기해	781124-2514614	장애인, 퇴직소득금액 40,000,000원
자녀	신아름	980508-2145188	일용근로소득금액 10,000,000원
자녀	신보름	180120-4665154	2018년 출생(둘째)

02 2018년 7월 1일 입사한 김강남의 연말정산자료는 다음과 같다. 연말정산추가입력에 전근무지를 반영한 소득명세, 연금저축 등 연말정산입력 탭을 작성하시오.(10점)

1. 2018년 6월 말까지 다니던 직장(㈜강남상사)에서 받은 근로소득원천징수영수증 자료를 입력하시오.
2. 2018년 7월에 직장 근처로 이사하면서 전세자금대출을 받았다.
   - 해당 주택은 국민주택규모이 주택이며 민국은행으로부터 대출받았다.
3. 김강남 씨는 과세기간 종료일 현재 주택을 소유하지 아니한 세대의 세대주이며 부양가족은 없다.

〈김강남의 전근무지 근로소득원천징수영수증〉

	구분		주(현)	종(전)	⑯-1 납세조합	합계
Ⅰ. 근무처별 소득명세	⑨ 근무처명		㈜강남상사			
	⑩ 사업자등록번호		111-86-11111			
	⑪ 근무기간		2018. 1. 1.~2018. 6. 30.	~	~	~
	⑫ 감면기간		~	~	~	~
	⑬ 급여		18,000,000			
	⑭ 상여		9,000,000			
	⑮ 인정상여					
	⑮-1 주식매수선택권 행사이익					
	⑮-2 우리사주조합인출금					
	⑮-3 임원 퇴직소득금액 한도초과액					
	⑯ 계		27,000,000			
Ⅱ. 비과세 및 감면소득명세	⑱ 국외근로	M0X				
	⑱-1 야간근로수당	O0X				
	⑱-2 출산·보육수당	Q0X				
	⑱-4 연구보조비	H0X				
	~					
	⑱-29					
	⑲ 수련보조수당	Y22				
	⑳ 비과세소득 계					
	⑳-1 감면소득 계					

		구분		⑱ 소득세	⑲ 지방소득세	⑳ 농어촌특별세
Ⅲ. 세액명세	⑫ 결정세액			420,000	42,000	
	기납부세액	⑬ 종(전)근무지 (결정세액란의 세액을 적습니다)	사업자등록번호			
		⑭ 주(현)근무지		1,660,000	166,000	
	⑮ 납부특례세액					
	⑯ 차감징수세액(⑫-⑬-⑭-⑮)			△1,240,000	△124,000	

(국민연금 810,000원, 건강보험 824,400원, 장기요양보험 62,000원, 고용보험 175,500원)

위의 원천징수액(근로소득)을 정히 영수(지급)합니다.

〈김강남의 2018년 연말정산자료〉

항목	내용
보험료	• 자동차보험료 : 540,000원 • 저축성보험료 : 600,000원
교육비	• 본인 야간대학원 등록금 : 5,000,000원
의료비	• 시력보정용 안경구입비 : 500,000원(본인 신용카드 결제) • 본인 질병치료비 : 3,000,000원
신용카드 등 사용액	• 신용카드 사용액 : 11,200,000원(안경구입비 포함) • 직불카드 사용액 : 1,300,000원 • 현금영수증 사용액 : 200,000원
주택차입금 원리금상환액	• 이자상환액 : 300,000원 • 원금상환액 : 3,000,000원 (주택임차 차입금원리금 상환액 공제요건을 충족한다고 가정한다)
퇴직연금	• 퇴직연금 본인불입액 : 1,200,000원(㈜신한은행, 계좌번호 110-110-110)

이론과 실무문제의 답을 모두 입력한 후 「답안저장(USB로 저장)」을 클릭하여 저장하고, USB 메모리를 제출하시기 바랍니다.

전산세무 2급 80회

다음 문제를 보고 알맞은 것을 골라 이론문제 답안작성 **메뉴에 입력하시오.**(객관식 문항당 2점)

〈기본전제〉

문제에서 한국채택국제회계기준을 적용하도록 하는 전제조건이 없는 경우, 일반기업회계기준을 적용한다.

01 다음 중 당좌자산 내에 별도 표기하는 항목의 예가 아닌 것은?

① 선급비용
② 임차보증금
③ 단기투자자산
④ 매출채권

02 재고자산의 원가흐름에 대한 가정내용 중 옳지 않은 것은?

① 개별법은 실제 물량의 흐름과 원가흐름을 정확하게 일치시킨다.
② 이동평균법은 재고자산의 수량이 바뀔 때마다 단가를 새로 평균내는 방법으로서 실지재고조사법하에서의 평균법이다.
③ 후입선출법은 물가하락 시 선입선출법보다 이익이 상대적으로 과대계상된다.
④ 선입선출법은 후입선출법보다 수익·비용 대응이 부적절하다.

03 다음 중 자본의 구성요소가 아닌 것은?

① 자본금
② 이익잉여금
③ 기타포괄손익누계액
④ 자본변동표

04 다음의 거래형태별 수익인식기준 중 잘못된 것은?

① 위탁판매 : 위탁자가 수탁자에게 물건을 인도하는 시점
② 시용판매 : 고객이 구매의사를 표시한 시점
③ 상품권 판매 : 상품권을 회수하고 재화를 인도하는 시점
④ 일반적인 상품 및 제품판매 : 인도한 시점

05 다음 중 손익계산서상 영업이익에 영향을 미치는 설명은 어떤 것인가?

① 유형자산의 처분으로 인한 처분손익 ② 지정기부금의 지출
③ 사채상환이익 ④ 매출채권에 대한 대손상각비

06 다음 중 고정원가 단위당 원가의 원가행태를 나타내는 것은?(세로축은 단위당 원가, 가로축은 조업도를 나타낸다)

①  ② 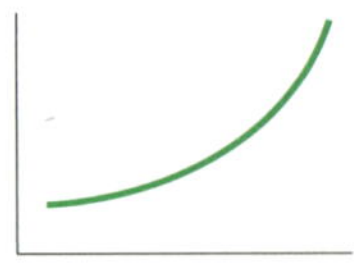 ③ 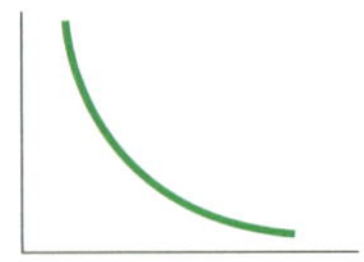 ④ 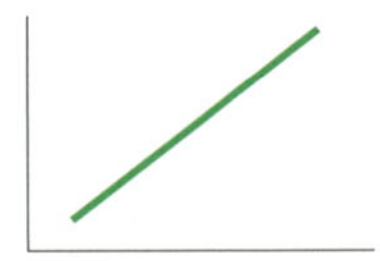

07 ㈜유한제지의 제조간접비 예정배부율은 작업시간당 2,500원이다. 예정작업시간이 4,000시간, 실제작업시간이 5,000시간이고 제조간접비 배부차이가 300,000원 과대배부라면, 실제 제조간접비 발생액은 얼마인가?

① 9,700,000원 ② 10,300,000원
③ 12,200,000원 ④ 12,800,000원

08 종합원가계산방법 중 선입선출법에 의하면 다음 물량흐름에서 가공비의 완성품 환산량은 얼마인가?(단, 재료비는 공정 초에 전량 투입되며, 가공비는 공정 전반에 걸쳐 균등하게 발생한다)

• 기초재공품 : 100개(완성도 50%)	• 당기완성품 : 1,000개
• 당기착수량 : 1,100개	• 기말재공품 : 200개(완성도 20%)

① 990개 ② 1,090개
③ 1,100개 ④ 1,200개

09 보조부문원가를 제조부문에 배부하는 기준으로 가장 적합한 것은?

① 건물관리부문 : 종업원 수 ② 종업원복리후생부문 : 종업원 수
③ 식당부문 : 전력사용량 ④ 구매부문 : 기계시간

10 다음 중 당기총제조원가를 구성하는 요소가 아닌 것은?

① 당기제품제조원가 ② 직접재료비
③ 제조간접비 ④ 직접노무비

11 다음 중 부가가치세법에서 정한 재화 또는 용역의 공급시기에 공급받는 자가 사업자등록증을 제시하고 세금계산서 발급을 요구하는 경우에도 세금계산서를 발급할 수 없는 사업자는?

① 소매업 ② 음식점업
③ 전세버스운송사업 ④ 항공여객운송사업

12 다음 중 부가가치세법상 면세대상이 아닌 것은?

① 국내에서 생산된 애완용 돼지
② 산후조리용역
③ 국민주택규모를 초과하는 주택의 임대
④ 상가부수토지의 임대용역

13 부가가치세법상 조기환급기간이라 함은 예정신고기간 중 또는 과세기간 최종 3개월 중 매월 또는 매 2월을 말한다. 다음 중 조기환급기간으로 적절하지 않은 것은?

① 2018년 7월
② 2018년 7월~2018년 8월
③ 2018년 9월~2018년 10월
④ 2018년 11월

14 다음 중 소득세법상 원천징수대상소득과 원천징수세율이 잘못 짝지어진 것은?

① 비영업대금의 이익 : 14%
② 일용근로자 : 6%
③ 복권당첨소득 중 3억 초과분 : 30%
④ 퇴직소득 : 기본세율(6%~42%)

15 다음 중 소득세법상 중간예납에 대한 설명으로 옳지 않은 것은?

① 과세기간 중 신규로 사업을 시작한 자는 중간예납 대상자가 아니다.
② 중간예납에 대한 고지를 받은 자는 11월 30일까지 고지된 세액을 납부하여야 한다.
③ 중간예납은 관할 세무서장의 고지에 따라 납부하는 것이 원칙이다.
④ 중간예납추계액이 중간예납기준액의 50%에 미달하는 경우 중간예납추계액을 중간예납세액으로 한다.

실무시험

㈜소백산업(회사코드 0802)은 제조, 도 · 소매 및 무역업을 영위하는 중소기업이며, 당기(11기)회계기간은 2018년 1월 1일~2018년 12월 31일이다. 전산세무회계 수험용 프로그램을 이용하여 다음 물음에 답하시오.

〈기본전제〉

문제에서 한국채택국제회계기준을 적용하도록 하는 전제조건이 없는 경우, 일반기업회계기준을 적용한다.

[문제 1]

다음 거래를 일반전표입력메뉴에 추가입력하시오.(15점)

〈입력 시 유의사항〉

- 일반적인 적요의 입력은 생략하지만, 타계정 대체거래는 적요번호를 선택하여 입력한다.
- 채권 · 채무와 관련된 거래는 별도의 요구가 없는 한 반드시 기 등록되어 있는 거래처코드를 선택하는 방법으로 거래처명을 입력한다.
- 제조경비는 500번대 계정코드를, 판매비와 관리비는 800번대 계정코드를 사용한다.
- 회계처리과목은 별도 제시가 없는 한 등록되어 있는 계정과목 중 가장 적절한 과목으로 한다.

01 1월 19일 ㈜나라에 대한 외상매출금 10,000,000원이 보통예금계좌로 입금되었다.(3점)

02 2월 6일 매출거래처에게 부품을 화물차로 보내고 운임 300,000원을 현금으로 지급한 뒤 운송장을 발급받았다.(부가가치세는 무시할 것)(3점)

03 3월 10일 지난달 사업소득에 대한 원천세 예수금 110,000원 중 100,000원은 보통예금에서 지급하고 나머지는 현금으로 납부하였다.(단, 거래처 기재하지 말고 하나의 전표로 처리할 것)(3점)

04 3월 25일 원금 30,000,000원인 정기예금이 만기가 되어 이자수익 1,500,000원에 대한 원천징수세액(231,000원)을 제외한 원금과 이자 전액이 보통예금으로 이체되었다.(원천징수세액은 법인세와 지방소득세를 합친 금액이고 자산으로 처리할 것)(3점)

05 4월 29일 당사는 현재 확정급여형(DB형) 퇴직연금상품에 가입 중이다. 공장 직원들에 대한 이번 달 퇴직연금 불입액 3,000,000원을 당좌수표를 발행하여 지급하였다.(3점)

[문제 2]

다음 거래자료를 매입매출전표입력메뉴에 추가로 입력하시오.(15점)

〈입력 시 유의사항〉

- 일반적인 적요의 입력은 생략하지만, 타계정 대체거래는 적요번호를 선택하여 입력한다.
- 별도의 요구가 없는 한 반드시 기 등록되어 있는 거래처코드를 선택하는 방법으로 거래처명을 입력한다.
- 제조경비는 500번대 계정코드를, 판매비와 관리비는 800번대 계정코드를 사용한다.
- 회계처리 시 계정과목은 별도 제시가 없는 한 등록되어 있는 계정과목 중 가장 적절한 과목으로 한다.
- 입력화면 하단의 분개까지 처리하고, 전자세금계산서 및 전자계산서는 전자입력으로 반영한다.

01 4월 19일 ㈜기프트에서 영업부서의 거래처 접대용 선물을 구입하면서 전자세금계산서를 발급받았다. 구입비용은 550,000원(부가가치세 포함)이고, 구입 당일 보통예금계좌에서 이체하였다.(3점)

02 5월 11일 당사는 영업부서에서 사용할 컴퓨터 10대를 구입하면서 대금 9,900,000원(부가가치세 포함)을 보통예금으로 지급하고 다음과 같이 전자세금계산서를 발급받았다.(자산으로 처리할 것)(3점)

전자세금계산서	승인번호	200000000-41000000-00003111
	관리번호	

구분	항목	내용	항목	내용
공급자	등록번호	211-81-01234	종사업장 번호	
공급자	상호(법인명)	㈜학동컴퓨터	성명(대표자)	박철우
공급자	사업장 주소	서울시 강남구 영동대로 701 101(청담동)		
공급자	업태	소매	종목	전자제품
공급받는자	등록번호	602-81-48930	종사업장 번호	
공급받는자	상호(법인명)	㈜소백산업	성명(대표자)	임바른
공급받는자	사업장 주소	경상남도 창원시 마산합포구 월영동로11		
공급받는자	업태	제조, 도소매	종목	전자제품

작성		
년	월	일
2018	5	11

공급가액											
천	백	십	억	천	백	십	만	천	백	십	일
					9	0	0	0	0	0	0

세액									
십	억	천	백	십	만	천	백	십	일
				9	0	0	0	0	0

수정사유	비고

월	일	품목	규격	수량	단가	공급가액	세액	비고
5	11	컴퓨터		10	900,000	9,000,000	900,000	

03 5월 24일 수출업체인 ㈜현우물산에 내국신용장에 의하여 제품 52,000,000원을 판매하고 영세율전자세금계산서를 발급하였으며, 대금은 ㈜현우물산이 발행한 당좌수표로 수취하였다.(3점)

04 6월 18일 원재료를 구입하면서 운반비로 일반과세자인 하나택배에 55,000원(부가가치세 포함)을 보통예금에서 지급하고 지출증빙용 현금영수증을 수취하였다.(3점)

05 6월 25일 영업부 사무실의 임대인에게서 받은 전자계산서의 내역은 다음과 같다. 수도료는 수도광열비로 회계처리하고 대금은 이달 말일에 지급하기로 한다.(3점)

전자계산서(공급받는 자 보관용)					승인번호	20000000-3420211-86d02gk1		
공급자	등록번호	211-86-78437	종사업장 번호		공급받는 자	등록번호	602-81-48930	종사업장 번호	
	상호(법인명)	㈜프라임	성명	박예가		상호(법인명)	㈜소백산업	성명	임바른
	사업장 주소	경상남도 창원시 마산합포구 월영동로11				사업장 주소	경상남도 창원시 마산합포구 월영동로11		
	업태	부동산임대	종목	부동산임대		업태	제조, 도소매	종목	전자제품
	이메일	prime1st@gmail.com				이메일	cidar@daum.net		

작성일자	공급가액	수정사유	비고
2018. 6. 25.	100,000	해당 없음	

월	일	품목	규격	수량	단가	공급가액	비고
06	25	수도료				100,000	

합계금액	현금	수표	어음	외상미수금	이 금액을 (청구)함
100,000				100,000	

[문제 3]

부가가치세신고와 관련하여 다음 물음에 답하시오.(10점)

01 부가가치세신고와 관련하여 다음의 자료를 보고 제2기 예정신고기간분 신용카드매출전표 등 수령명세서를 작성하시오.(3점)

- 사업용 신용카드는 서울카드(1111-1111-1111-1111)를 사용하였고, 자료입력 시 '3. 거래내역입력'의 기재사항을 모두 입력하되 매입매출전표입력은 생략할 것
- 아래의 거래처 모두가 일반과세자로서 매입세액공제의 가능여부를 판단하여 처리할 것

일자	내역	상호	사업자번호	공급가액	세액	증빙
7월 30일	택시비용	친절택시	111-11-11111	20,000원	2,000원	사업용 신용카드
8월 3일	사무실 탕비실 음료수	맛있는 마트	222-22-22222	227,273원	22,727원	사업용 신용카드
9월 5일	프린터 토너구입	밝은 토너	333-33-33333	800,000원	80,000원	현금 영수증

02 다음의 자료를 이용하여 2018년도 1기 예정신고기간 부가가치세신고서를 작성하시오. 당사는 현금영수증 의무발행 업종이 아닌 제조업을 영위하고 있으며, 부가가치세신고서 이외에 과세표준명세 등 기타 부속서류의 작성 및 전표입력을 생략한다. 기 입력된 자료는 무시하며 제시된 자료 이외의 거래는 없는 것으로 가정한다.(7점)

1. 매출관련자료

구분	공급가액(원)	부가가치세액(원)
전자세금계산서 발급 매출액(1월~3월)*	110,000,000	11,000,000
신용카드 과세 매출액(1월~3월)	8,000,000	800,000
현금영수증 과세 매출액(1월~3월)	500,000	50,000
현금영수증 미발급 과세 매출액(1월~3월)	100,000	10,000

* 전자세금계산서 발급 매출액 중 지연발급분으로 공급가액 10,000,000원, 부가가치세 1,000,000원이 있다.

2. 매입관련자료

구분	공급가액(원)	부가가치세액(원)
세금계산서 수령한 원재료구입액	30,000,000	3,000,000
세금계산서 수령한 사무실 인테리어(고정자산)대금	10,000,000	1,000,000
세금계산서 수령한 공장에서 사용할 트럭구입대금	20,000,000	2,000,000
법인신용카드 매입세액공제가능액(일반매입)	5,500,000	550,000
현금영수증 매입세액공제가능액(일반매입)	1,000,000	100,000

[문제 4]

다음 결산자료를 입력하여 결산을 완료하시오.(15점)

01 2018년 10월 1일 10,000,000원에 취득한 단기매매증권의 기말공정가액은 8,000,000원이다. 단기매매증권에 대한 기말평가 분개를 입력하시오.(3점)

02 결산일 현재 보통예금 장부상 잔액과 실제잔액을 비교해 보니 장부상 잔액이 실제잔액 대비 6,500,000원 과소계상되어 있음을 발견하였다. 그 원인을 알아본바, 매출거래처 ㈜동해에 대한 외상매출금을 보통예금으로 회수하였음을 발견하였다.(3점)

03 선급비용계정 중 1,200,000원은 공장 건물에 대한 화재보험료(2018년 7월 1일~2019년 6월 30일)로 지급한 금액이다.(단, 보험료기간 배분은 월할계산하며 회계처리 시 음수로 입력하지 말 것)(3점)

04 Micro사에 2018년 12월 1일 제품을 판매하고 대금($100,000)을 3개월 후에 받기로 하였고, 관련 회계처리는 수행하였다. 결산일 외화환산 회계처리를 하시오.(3점)

일자	2018. 12. 1.	2018. 12. 31.
환율	1$=1,000원	1$=1,050원

05 영업부 건물에 대한 감가상각비 회계처리를 하시오.(3점)

- 취득일 : 2016년 7월 1일
- 감가상각방법 : 정액법
- 내용연수 : 40년
- 취득가액 : 1,000,000,000원(순수 건물가액, 부가세 별도)
- 전기말 감가상각 누계액 : 37,500,000원

[문제 5]

2018년 귀속 원천징수자료와 관련하여 다음의 물음에 답하시오.(15점)

01 다음 자료를 이용하여 개발 2팀 홍수현 팀장(사원코드 101)의 수당등록 및 10월분 급여자료를 입력한 후, 원천징수이행상황신고서를 작성하시오.(5점)

2018년 10월 급여명세서

성명	홍수현	지급일	2018. 10. 31.
기본급여	3,000,000원	국민연금	135,000원
상여	500,000원	건강보험	93,600원
직책수당	300,000원	장기요양보험	6,900원
식대	100,000원	고용보험	25,350원
자가운전보조금	200,000원	소득세(100%)	84,850원
		지방소득세	8,480원

급여합계	4,100,000원	공제합계	354,180원
노고에 감사드립니다.		지급총액	3,745,820원

- 수당등록 시 불러오는 항목은 그대로 두되, 급여명세서에 적용된 항목 이외의 항목은 사용여부를 '부'로 체크하시오.
- 당사는 모든 임직원에게 식사제공과 함께 매월 식대 100,000원을 지급하고 있다.
- 당사는 본인명의의 차량을 업무목적으로 사용한 직원에게 자가운전보조금 200,000원을 지급하고 있으며, 실제 발생된 교통비를 별도로 지급하지는 않는다.
- 원천징수이행상황신고서 작성관련하여 전월미환급세액은 54,000원으로 가정한다.

02 다음은 김철광 씨(사원코드 202)의 연말정산자료이다. 부양가족은 모두 생계를 같이 하고 있고, 신용카드 사용액은 모두 김철광 씨의 신용카드를 사용한 것이며 제시된 자료 외에 소득금액은 없다. 연말정산추가자료입력메뉴의 [부양가족소득공제] 탭을 공제요건에 맞게 수정하고, [연말정산입력] 탭을 입력하시오.(세부담이 최소화되도록 할 것)(10점)

이름	관계	주민등록번호	비고
김철광	본인	791221-1234567	• 자동차보험료 신용카드 사용액 : 750,000원 • 정치자금기부금 : 200,000원(현금지급) • 대중교통 신용카드 사용액 : 350,000원 • 도서공연비지출액 신용카드 사용액(2018년 7월 2일 사용) : 1,000,000원
황영인	배우자	781120-2345678	• 수술비 : 1,000,000원(현금지급) 신용카드 사용액 : 15,000,000원(시력보정용 안경구입 500,000원, 전통시장 2,500,000원, 아파트관리비 2,400,000원 포함)
현혜자	본인의 어머니	520806-2345123	• 의료비 신용카드 사용액 : 1,250,000원 • 양도소득금액 : 100,000,000원 • 종교단체 기부금 : 1,200,000원(현금지급)
김민철	자녀	030514-3456787	• 중학교 교복구입비 500,000원 및 체험학습비 300,000원(현금지급)
김민욱	자녀	120405-3401235	• 취학 전 아동, 미술학원비 신용카드 사용액 : 1,200,000원

이론과 실무문제의 답을 모두 입력한 후 「답안저장(USB로 저장)」을 클릭하여 저장하고, USB 메모리를 제출하시기 바랍니다.

전산세무회계 점수표

성명 :

전산회계 1급									
회차	감독관번호	이론	실 1	실 2	실 3	실 4	실 5	실 6	총점
80회	21111111 4653								
81회	21111111 5422								
82회	21111111 7124								
83회	21111111 8341								
84회	21111111 2470								

전산세무 2급								
회차	감독관번호	이론	실 1	실 2	실 3	실 4	실 5	총점
80회	12111111 5802							
81회	12111111 1340							
82회	12111111 5628							
83회	12111111 9652							
84회	21111111 1875							

부록

1. 계정과목표
2. 합격 후기

부록 1 계정과목표

<table>
<tr><th colspan="2">분류</th><th>계정과목</th><th>내용</th></tr>
<tr><td rowspan="21">유동자산</td><td rowspan="16">당좌자산</td><td>현금</td><td>지폐와 주화 및 통화대용증권(타인발행수표, 우편환, 배당금지급통지표 등)</td></tr>
<tr><td>당좌예금</td><td>당좌수표를 발행할 목적으로 은행에 돈을 예입한 것</td></tr>
<tr><td>보통예금</td><td>예입과 인출이 자유로운 예금</td></tr>
<tr><td>현금성자산</td><td>취득일로부터 만기가 3개월 이내인 정기예금과 정기적금 및 구입한 채권</td></tr>
<tr><td>현금및현금성자산</td><td>통합계정과목으로 현금+당좌예금+보통예금+현금성자산</td></tr>
<tr><td>외상매출금</td><td>상품(제품)을 매출하고 대금은 외상으로 한 경우(일반적인 상거래)</td></tr>
<tr><td>받을어음</td><td>상품(제품)을 매출하고 타인이 발행한 약속어음을 받을 경우(일반적인 상거래)</td></tr>
<tr><td>매출채권</td><td>외상매출금+받을어음</td></tr>
<tr><td>단기예금</td><td>만기가 1년 이내인 정기예금과 정기적금</td></tr>
<tr><td>단기매매증권</td><td>단기간의 시세차익을 얻기 위해 구입한 유가증권(주식, 채권)</td></tr>
<tr><td>단기대여금</td><td>1년 이내에 회수조건으로 차용증서를 받고 금전을 빌려 준 경우</td></tr>
<tr><td>단기투자자산</td><td>단기예금(단기금융상품)+단기매매증권+단기대여금</td></tr>
<tr><td>미수금</td><td>일반적인 상거래 이외에서 발생하는 외상거래</td></tr>
<tr><td>미수수익</td><td>수익은 발생하였으나 회수시기가 다가오지 않은 채권</td></tr>
<tr><td>선급금</td><td>계약에 의하여 계약금명목으로 미리 지급한 금액</td></tr>
<tr><td>선급비용</td><td>지급한 비용 중 귀속시기가 차기에 속하는 비용금액</td></tr>
<tr><td rowspan="5">재고자산</td><td>상품</td><td>판매를 목적으로 외부로부터 구입한 재화</td></tr>
<tr><td>저장품(소모품)</td><td>소모성자산(소모품, 소모공구기구비품)으로 미사용 재화</td></tr>
<tr><td>원재료</td><td>제품제조의 목적으로 구입한 원료, 재료 등</td></tr>
<tr><td>재공품/반제품</td><td>제품제조를 위하여 생산공정(과정)에 있는 재화/다음 공정에 투입될 제품</td></tr>
<tr><td>제품</td><td>판매를 목적으로 기업 내에서 제조한 재화</td></tr>
<tr><td rowspan="5">비유동자산</td><td rowspan="5">투자자산</td><td>장기성예금</td><td>만기일이 1년 이후에 도래하는 금융상품(정기예금, 정기적금)</td></tr>
<tr><td>장기투자증권</td><td>장기보유목적 또는 시장성 없는(비상장기업)증권, 매도가능증권, 만기보유증권</td></tr>
<tr><td>장기대여금</td><td>1년 이후에 회수조건으로 차용증서(어음)를 받고 대여한 금전</td></tr>
<tr><td>투자부동산</td><td>투자, 투기목적으로 구입하거나 소유한 건물 또는 토지 등</td></tr>
<tr><td>퇴직연금운용자산</td><td>확정급여형 퇴직연금에 의하여 퇴직금 납입 시</td></tr>
</table>

분류		계정과목		내용
비유동자산	유형자산	토지		영업(생산)활동에 사용하는 부지(운동장, 주차장 등)
		건물		영업(생산)활동에 사용하는 건물(사무실, 공장, 기숙사 등)
		기계장치		생산활동에 사용하는 기계 또는 부속설비
		차량운반구		영업(생산)활동에 사용되는 차량, 운반구(승용차, 화물차, 트럭, 오토바이 등)
		건설중인자산		건물을 신축하기 위한 제비용, 계약금, 중도금, 도급금, 완공 전의 대출이자 등
		비품		영업용으로 사용하는 책상, 의자, 금고, 컴퓨터, 응접세트 등 비치품
		구축물		공장의 굴뚝, 분수대, 교량, 갱도, 전주 등
	무형자산	영업권		합병 또는 인수하는 기업의 자본금액보다 웃돈을 지급한 초과금액
		산업재산권	특허권	신제품을 개발하여 특허신청을 하고 지급한 특허출원비용
			실용신안권	기존의 제품을 더 실용적으로 고안해 성공하여 얻은 법률적 권리
			의장권	물품의 형상, 모양, 색채, 이들이 결합한 것으로 시각을 통하여 미감을 일으키게 만든 법률적 권리(디자인권)
			상표권	상표법에 따라 상표를 등록하여 독점적으로 상표를 사용할 수 있는 권리
		소프트웨어		유상으로 구입한 컴퓨터 소프트웨어
		광업권		일정한 광구(광산)에서 광물을 채굴하여 취득할 수 있는 권리
		라이선스		제품제조에 대한 신기술, 신제조법, 노하우 등을 소유자의 허가를 받아서 생산하기 위하여 지불된 로열티
		어업권		일정수면에서 어업을 경영할 수 있는 권리
		프랜차이즈		가맹점이 체인본부로부터 가맹점이 일정한 지역에서 상품을 독점판매할 수 있는 권리를 받는 데 지급된 로열티
		개발비		신제품, 신기술 등의 개발비용을 통하여 미래 경제적 효익을 기대할 수 있는 자산
		광업권		일정한 광구에서 등록을 한 광물과 부존하는 다른 광물을 채굴하여 얻는 권리
	기타비유동자산	보증금		전세권, 임차보증금, 영업보증금, 전신전화가입권 등
		장기매출채권		일반적 상거래에서 발생한 장기의 외상매출금 및 받을어음
		장기미수금		일반적 상거래 이외에서 발생한 외상거래가 1년 이상인 채권
		부도어음과 수표		지급이 거절된 어음으로서 추후 대손여부를 판단하여 대손처리
		장기선급금		상품(원재료)을 매입하기로 계약하고 미리 지급한 계약금(1년 이상)

분류		계정과목	내용
부채	유동부채	단기차입금	1년 이내에 상환하기로 하고 차용증서(어음)를 주고 빌린 자금
		외상매입금	일반적인 상거래에 해당하는 물품(상품, 원재료)을 구입하고 외상으로 한 경우
		지급어음	일반적인 상거래에 해당하는 물품(상품, 원재료)을 구입하고 어음발행한 경우
		매입채무	외상매입금+지급어음
		미지급금	일반적인 상거래 이외에서 발생한 채무(외상구입과 어음발행)
		선수금	계약에 의하여 계약금 명목으로 미리 받은 금액
		예수금	일시적으로 맡아 보관하고 있는 금액(원천징수)
		유동성장기부채	장기부채 중 '결산일'로부터 만기가 '1년 이내'인 채무를 유동성으로 전환
		미지급비용	비용은 발생되었으나 지급시기가 다가오지 않은 채무
		미지급법인세	법인세의 미지급액
		선수수익	받은 수익 중 귀속시기가 차기에 속하는 수익금액
		미지급배당금	주총에서 확정된 현금배당 중 지급되지 않은 배당금으로 일시적 확정부채
	비유동부채	사채	장기적인 자금조달을 위해 발행된 사채의 액면금액
		장기차입금	1년 이후에 상환조건으로 차용증서(어음)를 주고 차입한 금전
		퇴직급여충당부채	회계연도말(기말) 현재 전 임직원이 일시에 퇴직할 경우를 가정하여 지급하여야 할 퇴직금을 설정한 금액
자본		자본금	보통주자본금, 우선주자본금(발행주식수×액면가액)
	자본잉여금	주식발행초과금	주식발행가액(주식발행비용 차감)이 액면가액을 초과하는 경우 그 초과액
		감자차익	자본감소의 경우에 감소액이 주식의 소각, 결손보전에 충당할 금액을 초과한 경우 초과하는 금액(감자차손잔액이 있는 경우 이를 먼저 차감하고 그 잔액을 자본잉여금에 계상)
		자기주식처분이익	자기주식을 취득가액보다 높게 처분한 경우 발생되는 금액(자기주식처분손실잔액이 있는 경우 이를 먼저 차감하고 그 잔액을 자본잉여금에 계상)
	자본조정	주식할인발행차금	• 주식발행가액이 액면가액에 미달하는 경우 그 미달하는 금액 • 주식발행연도부터 3년 이내의 기간에 매기 균등액으로 이익잉여금으로 상각
		감자차손	• 주식소각 시 취득금액, 액면보다 적게 소각한 경우 발생되는 금액(감자차익잔액이 있는 경우 이를 먼저 차감하고 나머지는 결손금처리순서에 준하여 처리함.) • 결손금처리순서 : 임의적립금 → 기타법정적립금 → 이익준비금 → 자본잉여금순

<table>
<tr><th colspan="2">분류</th><th>계정과목</th><th colspan="2">내용</th></tr>
<tr><td rowspan="10">자본</td><td rowspan="3">자본조정</td><td>자기주식처분손실</td><td colspan="2">자기주식을 취득가액보다 적게 처분한 경우 발생되는 금액(자기주식처분이익잔액이 있는 경우 이를 먼저 차감하고 나머지는 결손금 처리순서에 준하여 처리함.)</td></tr>
<tr><td>자기주식</td><td colspan="2">회사가 이미 발행한 주식을 주주로부터 취득한 경우 취득가액으로 계상</td></tr>
<tr><td>미교부주식배당금</td><td colspan="2">주총에서 확정된 주식배당 중 발행되지 않은 주식배당금으로 일시적 자본조정</td></tr>
<tr><td rowspan="3">기타포괄손익누계액</td><td>매도가능증권평가손익</td><td colspan="2">결산 시 매도가능증권 평가 시 장부금액에 초과 또는 부족한 금액(매도가능증권평가이익은 평가손실잔액이 있을 때 이를 먼저 차감하고 잔액을 평가이익으로 계상하며, 평가손실은 평가이익잔액이 있을 때 이를 먼저 차감하고 평가손실로 계상한다.</td></tr>
<tr><td>해외사업환산손익</td><td colspan="2">• 해외지점 등에 대하여 현행환율법으로 환산한 외화환산손익
• 해외지점 정산, 매각 시 당기손익으로 처리</td></tr>
<tr><td>현금흐름위험회피
파생상품평가손익</td><td colspan="2">현금흐름 위험회피수단으로 채택된 파생상품의 평가손익</td></tr>
<tr><td rowspan="4">이익잉여금</td><td>이익준비금</td><td colspan="2">법정강제적립금으로 현금배당의 10%를 최소한으로 적립</td></tr>
<tr><td>기타법정적립금</td><td colspan="2">상법 이외의 법령규정에 의하여 적립된 유보이익(재무구조개선적립금 등)</td></tr>
<tr><td>임의적립금</td><td colspan="2">정관 또는 주주총회의 결의로 임의로 적립된 금액</td></tr>
<tr><td>미처분이익잉여금</td><td colspan="2">주주총회에서 처분하기 전의 이익잉여금</td></tr>
<tr><td rowspan="8">수익</td><td rowspan="4">영업수익</td><td rowspan="4">매출</td><td colspan="2">• 기업의 주된 영업활동에서 발생한 상품, 제품, 용역 등의 총매출액에서 매출할인, 매출환입, 매출에누리 등을 차감한 금액(상품매출, 제품매출, 용역매출)
• 순매출액＝총매출액－매출환입－매출에누리－매출할인</td></tr>
<tr><td>매출환입</td><td>상품 등이 품질차이, 파손, 계약취소 등으로 반품받은 것</td></tr>
<tr><td>매출에누리</td><td>고객에게 제품을 판매한 후에 판매한 제품의 수량부족이나 품질불량 등이 발견된 경우 할인해 주는 것</td></tr>
<tr><td>매출할인</td><td>외상매출금을 약속한 기일보다 조기회수하여 할인해 주는 것</td></tr>
<tr><td rowspan="4">영업외수익</td><td>이자수익</td><td colspan="2">대여금 또는 예금, 소유하고 있는 채권에 대한 수입이자</td></tr>
<tr><td>배당금수익</td><td colspan="2">소유하고 있는 유가증권 중에 현금에 대한 배당금이 확정 또는 받을 때</td></tr>
<tr><td>임대료</td><td colspan="2">토지, 건물 등을 임대하고 받은 수입임대료</td></tr>
<tr><td>보험금수익</td><td colspan="2">보험회사로부터 보험금을 받았을 때</td></tr>
</table>

<table>
<tr><th colspan="2">분류</th><th>계정과목</th><th colspan="2">내용</th></tr>
<tr><td rowspan="8">수익</td><td rowspan="8">영업외수익</td><td>단기매매증권처분이익</td><td colspan="2">단기매매증권을 장부가액 이상으로 처분하여 생기는 이익</td></tr>
<tr><td>단기매매증권평가이익</td><td colspan="2">기말 결산 시 단기매매증권의 공정가액이 장부가액보다 상승하여 생긴 이익</td></tr>
<tr><td>외환차익</td><td colspan="2">기중에 외화자산의 회수 또는 환전 시에 발생하는 손실</td></tr>
<tr><td>외화환산이익</td><td colspan="2">결산 시 환율의 변동으로 인한 외화의 환산이익</td></tr>
<tr><td>유형자산처분이익</td><td colspan="2">유형자산을 장부가액 이상으로 처분할 때 발생하는 이익</td></tr>
<tr><td>사채상환이익</td><td colspan="2">사채상환 시에 사채할증발행차금 미상각액으로 인한 이익</td></tr>
<tr><td>법인세환급액</td><td colspan="2">법인세를 과오납하여 환급받을 때</td></tr>
<tr><td>잡이익</td><td colspan="2">영업활동과 관계없이 발생한 소액의 이익(폐지처분 등)</td></tr>
<tr><td rowspan="8">그 외 계정과목</td><td rowspan="3">평가계정차감적</td><td>대손충당금</td><td colspan="2">기말 결산 시 매출채권에 대하여 대손율을 곱하여 설정된 금액</td></tr>
<tr><td>감가상각누계액</td><td colspan="2">결산 시 감가상각비 설정된 금액의 누계액</td></tr>
<tr><td>재고자산평가충당금</td><td colspan="2">재고자산의 시세가 하락하여 설정된 금액</td></tr>
<tr><td rowspan="5">임시계정</td><td>현금과부족</td><td colspan="2">현금의 장부금액과 실제액의 불일치로 일시적으로 처리하는 임시계정</td></tr>
<tr><td>인출금</td><td colspan="2">개인기업의 자본금에 대한 평가계정으로 사업주 개인적인 용도로 사용될 때</td></tr>
<tr><td>미결산</td><td colspan="2">사건이 발생하여 계정과목이 확정되기 전까지 사용되는 임시계정</td></tr>
<tr><td>가수금</td><td colspan="2">현금의 수입은 있었으나 계정과목이 확정되기 전까지 사용되는 부채성계정</td></tr>
<tr><td>가지급금</td><td colspan="2">현금의 지출은 있었으나 계정과목이나 금액이 확정되지 않을 때 사용되는 계정</td></tr>
<tr><td rowspan="4">비용</td><td rowspan="4">영업비용</td><td rowspan="4">매출원가</td><td colspan="2">• 제품, 상품 등의 매출액에 대응되는 원가로서 판매된 제품이나 상품 등에 대한 제조원가 또는 매입원가
• 상품매출원가 : 기초상품+순매입액−기말상품
• 제품매출원가 : 기초제품+당기제품제조원가−기말제품
→ 순매입 : 총매입액(매입비용 포함)−매입에누리−매입환출−매입할인</td></tr>
<tr><td>매입환출</td><td>구입한 상품 등이 품질차이, 파손, 계약취소 등으로 반품한 것</td></tr>
<tr><td>매입에누리</td><td>구입물품의 수량부족, 품질불량 등으로 가격을 할인받는 것</td></tr>
<tr><td>매입할인</td><td>외상매입금을 약속한 기일보다 조기지급하게 되어 할인받는 것</td></tr>
</table>

분류			계정과목	내용
비용	영업비용	판매비와관리비	급여	종업원에 대한 월급으로 임원급여, 급료, 임금 및 제수당을 포함
			퇴직급여	• 결산시 전임직원이 일시에 퇴직할 경우 지급하여야 할 퇴직금에 대한 비용 • 임원 및 종업원 등이 퇴직하게 되어 퇴직급여충당부채잔액이 없을 경우 비용처리하는 계정과목 • 확정기여형에 의하여 퇴직금 지급 시
			복리후생비	종업원의 복지와 후생과 관련하여 지급되는 비용
			접대비	내빈접대비, 거래처와 관련된 축의금, 조의금 등으로 지출되는 금액
			감가상각비	유형자산의 가치 감소분에 대한 비용(사용기간에 대한 원가의 배분)
			무형자산상각비	무형자산에 대한 감가상각비용
			광고선전비	판매를 위해 지급한 광고비, 선전비, 광고물 제작비용
			연구비	신제품 또는 신기술의 연구와 관련된 비용
			경상개발비	신제품 또는 신기술 개발비용 중 개별적인 식별이 불가능하거나 그 지출의 효익이 미래의 기간까지 미칠 수 없는 비용(미래 경제적 효익이 없는 비용)
			대손상각비	대손추산액에서 대손충당금잔액을 차감한 금액으로 일반적인 상거래에서 발생한 매출채권에 대한 비용
			통신비	전화요금, 인터넷요금, 전보, 우표, 엽서, 우편료, 팩스사용료 등
			운반비	상품, 제품매출 시 발송비용, 택배비용 등
			수선비	선물, 구축물, 기계장치 등의 수리와 관련된 비용(수익적 지출)
			소모품비	사무용품비, 사무용 용지(A4, A5, B4, B5, A3용지 등), 청소용품, 장부구입 등
			수도광열비	사무실에서 사용되는 전기료, 수도료, 가스료, 난방비 등
			차량유지비	차량유류대, 주차료, 통행료, 세차비, 검사비용 등(수익적 지출)
			여비교통비	출장 후에 정산한 비용, 시내교통비 등
			도서인쇄비	도서구입, 도서대여, 정기간행물(신문대금, 잡지대금), 인쇄비용(명함)
			잡비	발생빈도나 금액이 적어서 중용성이 없는 비용
			임차료	토지, 건물, 자동차 등을 빌려서 사용하는 대가로 매월 지출되는 금액
			보험료	손해보험(자동차보험, 화재보험), 보증보험료, 수출보험료 등
			보관료	창고 사용료 등
			세금과공과	재산세, 자동차세, 상공회의소회비, 협회비, 적십자회비, 사업소세 등
			지급수수료	용역을 사용하고 수수료를 지급하면(수수료비용 : 영업외비용)

분류		계정과목	내용
비용	영업외비용	이자비용	차입금이나 사채의 이자지급액
		기타의 대손상각비	매출채권 이외의 기타채권에 대한 대손상각비
		단기매매증권처분손실	단기매매증권을 장부가액 이하로 처분하여 생기는 손실
		단기매매증권평가손실	기말 결산 시 단기매매증권의 공정가액이 장부가액보다 하락하여 생긴 손실
		재고자산감모손실	재고자산의 분실, 파손, 도난 등으로 인한 수량부족으로 발생한 손실 (장부재고수량－실제재고수량)×원가
		재고자산평가손실	기말결산 시 재고자산의 시가하락으로 인한 손실 (매입원가－시가)×실제재고수량
		외환차손	기중에 외화부채의 상환 또는 환전 시에 발생하는 손실
		외화환산손실	결산 시 환율의 변동으로 인한 외화의 환산손실
		유형자산처분손실	유형자산을 장부금액 이하로 처분하였을 때 발생하는 손실
		법인세추납액	법인세를 추징받거나 가산세 납부하는 때
		기부금	대가 없이 자선사업이나 공공사업을 도울 목적으로 내는 금액(수재민돕기 등)
		잡손실	영업활동과 관계없이 발생한 소액의 손실
		재해손실	화재, 재난, 천재지변에 의한 손실
		사채상환손실	사채상환 시에 사채할인발행차금 미상각액으로 인한 손실
	법인세비용		법인세 차감 전 순이익에 대하여 법인세율을 곱하여 산출된 금액에서 지방소득세 가산하고 선납세금을 차감한 후의 금액

부록 2 합격 후기

zzs0189

전산세무 2급 합격후기

제가 2018-2학기 교수님께서 실시하는 '회계정보시스템' 강의와 동서대학교 전산세무 2급 무료 특강 오프라인 수업을 수강하였습니다. 비록 81회차 전산세무 2급 시험에서는 아쉽게도 60점대로 떨어졌지만.

이번 겨울방학 때 포기하지 않고 다시 공부를 시작하였습니다.

특별히 합격후기를 남기는 이유는 '끝장회계' 유튜브 강의만의 장점을 다른 후배들에게도 알리고 싶기 때문입니다.

사실 전산회계/세무시험 관련해서 여러 학원에서 강의가 많이 개설되어 배우는 과정이 대부분 비슷한 편입니다. 하지만 끝장회계만 가지고 있는 차별화된 장점은 바로 자신이 원하는 부분, 유독 많이 틀리는 부분, 잘 모르는 부분만 골라서 집중적으로 강의를 재생하여서 바로 공부할 수 있는 것이라고 생각합니다. 특히 저처럼 두 번째 시험을 보는 경우라면 굳이 전 내용을 처음부터 끝까지 다 공부하는 것은 엄청 비효율적이기 때문에 이런 경우에는 끝장회계 강의가 엄청 도움이 될 거라 확신합니다.

그리고 전산세무 2급을 공부하면서 끝장회계 강의에 인상 깊었던 두 가지 부분이 있습니다.

첫째, '그림으로 배우는 원가회계'입니다. 이 부분은 재무회계와 마찬가지로 끝장 전산회계 1급에서 크게 벗어나지 않아서 세무 2급 시험공부에도 많은 도움이 됐으며, 그림으로 한 번 틀을 잡고 나면 어떠한 응용문제가 나와도 당황하지 않고 자신 있게 문제를 풀 수 있는 자신감을 가지게 되었습니다.

둘째, '철저한 기출문제분석'입니다. 제가 전산세무 2급 오프라인 강의를 들을 당시 '기출문제의 재구성 전산세무 2급' 교재를 사용하였습니다. 이 교재에서는 3번 부가가치세 및 부속서류, 5번 사원등록, 급여자료, 연말정산에 관련하여 기출문제별로 나올 수 있는 모든 유형을 전부 다루게 되었는데, 솔직히 대부분 학생들이라면 기출문제를 60~81회차 정도 3년치만 푸는 경우가 많습니다. 하지만 끝장 교재에서 3번 부속서류 중 '수출실적명세서' 56회 기출문제가 수록되어 있었는데 이 문제가 이번 82회차 전산세무 2급에서도 3점짜리로 응용되어 출제가 되었습니다.

끝장교재는 아무리 오래된 기출문제라도 추가적인 유형이 있다면 이러한 부분까지 언급을 하기 때문에 저처럼 70점대로 합격하시는 분들이라면 1~2문제로 합격여부가 갈리기 때문에 끝장나게 예측을 잘하시는 노 선생님의 강의가 합격에 있어서 결정적인 도움이 되었습니다.

합격자발표

HOME > Quick > 합격자발표

이 름	김우건
생년월일	[illegible]
시험일자	2019-02-16 (토)

종목 및 등급	전산세무2급		
수험번호	[illegible]		
점수	[illegible]	합격여부	합격

매일맑음

안녕하세요.
2019년 1회차 전산회계 1급, 전산세무 2급 선생님 덕분에 무난히 합격했습니다.
회계지식이 전무해서 어디부터 시작해야 할지 망설였는데, 올려 주신 유튜브 강의와 이론자료가 정말 큰 힘이 되었습니다. 특히 실기부분은 올려 주신 자료만 숙지하면 점수 손실이 없을 듯합니다.
좋은 강의 진심으로 머리 숙여 감사드립니다.

송송루방

직딩 노베이스 전회 1급 1달, 전세 2급 1달. 각각 90점 넘는 넉넉한 합격 점수로 합격하였습니다.
모두 끝장회계 강의 덕분입니다. 쑥스럽지만 저 같은 상황에서 시작하는 사람에게 힘이 되어 보고자 후기를 남깁니다. 회계가 단순 사칙연산도 아니기에 많이 두려웠지만, 합격 요령을 알려 주는 끝장회계 강의 덕분에 수월하게 합격할 수 있었다고 생각합니다.
제일 도움이 많이 되었고 가장 추천하는 부분은 전산회계 1급의 원가회계, 분개 풀이 인강들입니다. 이것이 기초가 되어 전산세무 2급도 쉽게 공부할 수 있었습니다.
회계자격증 공부 후기 조금만 찾아보셔도 "원가회계는 버리고…", "원가회계 모르겠어요"라는 후기가 많습니다. 저는 원가회계를 끝장회계로 공부한 덕분인지 "이게 왜?"라며 동감할 수 없었고 이것이 단기간 고득점 합격의 비결이 아니었나 싶습니다.
일단 들어보세요!!!

차돌박이

2018년 10월 전산회계 1급 합격!
2018년 12월 전산세무 2급 합격!

인문계열이고 대학도 전혀 관련 없는 과를 졸업했고 고등학교 때부터 수학포기했었고 분개는 대변 차변 개념도 몰랐던 베이스였어요. 사실, 시중에 교재도 너무 많고 유튜브에만 들어가도 회계 강의가 넘쳐나는데 처음부터 끝까지 끝장회계 강의만 들은 건 아니지만 끝장회계를 통해 여러모로 도움을 받았어서 후기 남겨요.

많은 분들이 저처럼 노베이스라면, 회계 2급부터 시작해서 개념을 다지라고 하더군요. 그 말도 일리가 있지만, 개인적으로 저는 일 년 정도 시간을 갖고 전산회계, 전산세무 자격증을 천천히 따려고 하는 분들이라면 그렇게 하시라고 말하고 싶어요.

그렇지만 제가 느껴본 바로, 아무리 노베이스라도 전산회계·전산세무 시험은 1년씩이나 투자할 시험은 아닌 것 같아요. 그러니까 2개월~4개월 보시고 저처럼 전산회계 1급, 전산세무 2급까지 취득을 원하시는 분들은 그냥 바로 회계 1급부터 시작하시는 걸 추천드려요.

끝장회계 강의에서 분개 강의가 따로 있거든요. 전산회계 2급, 1급/전산세무 2급 이렇게 분개가 나눠져 있는 파일들 찾으시고, 강의도 들으시면서 저는 우선 개정과목 분개연습부터 해서 분개를 완벽히 다지고 시작하는 게 합격의 지름길이라고 생각해요

분개연습을 충분히 하시고, 기출문제 15회 분을 지문분석하는 정도만 해도 전산회계 1급은 무리 없이 합격하실 거예요(개인적으로 전산회계는 분개만 잘해도 합격할 수 있다고 생각해요).

전산세무 2급은 저도 한 번 떨어진 경험이 있어서 다른 인강 도움을 좀 받았어요.

실무 강의를 할 때 선생님마다 다르게 설명하시는 부분도 있어서 한 분 강의만 듣는 것보다는 여러 강의를 한 번 봐보세요. 실무 강의 같은 경우는 기출이라도 꼭 여러 선생님들 강의 봐보세요

그리고 이론문제는 정말 저 같은 경우는 교과서 1회독한 후에는 그냥 무조건 기출문제분석만 했어요. 기출문제 문항 10회 분 하나하나 다 분석했더니 15개 중 13개 맞았습니다. 이론은 정말 기출 속에 답이 있어요.

율1902

선생님~~어제 전산세무 2급 쳤습니다!
저녁에 가채점해 본 결과 약 87점 정도 나왔습니다!
우선 선생님 강의가 정말 많은 도움이 되었습니다!!
3주 정도 공부하였고, 제가 일 끝나고 나서 공부하는 거라 처음엔 쉽지 않았습니다!! 그러나 단기간에 공부를 할 수 있었던 건 선생님께서 초보자들도 이해하기 쉽도록 설명을 잘해 주시고 특히!! 합격할 수 있는 팁도 잘 말씀해 주셨기 때문입니다. ㅎㅎ~~ 정말 감사합니다!! 선생님 ~ 이제 날씨가 추운데 감기 조심하시고 항상 좋은 하루 되십시오!

양단우

선생님 감사합니다!
전산회계 2급 점수를 확인하고 후기 남기려 들어왔습니다.
무려 98점이 나왔습니다! 가채점했을 때보다 3점이 더 높게 나왔네요.
시험지를 펼쳤을 때, 선생님이 콕콕 짚어 주신 것이 다 나왔고 틀린 한 문제는 정말로 몰라서 틀렸습니다. 마지막 문제까지 딱 체크를 끝내니까 머릿속에 "아, 합격이다" 하는 생각이 들더군요.
시험 봤을 때를 돌아보니 꿈만 같네요. 저 같은 사람이 어떻게 회계를 할 수 있는지 신기하기만 합니다.
후기 글들을 검색해 보면 전산회계 2급은 쉬워서 금방 취득할 수 있다고 하는데, 시청에서 진행했던 전산회계 특강 듣고도 떨어졌었거든요. ㅠㅠ
비전공자일 뿐더러 계정과목 하나도 이해를 하지 못해 계정과목 암기만 붙들고 있던 결과였죠.
너무나 우울해서 그만 포기할까 싶었는데 포기하고 돌아갈 곳이 없어서…
다시 회계공부에 뛰어들던 중 선생님 강의를 찾게 되어 감사했습니다.
혼자 책만 보고서 공부하는 것은 한계가 많았지만 선생님이 진행하시는 아프리카 방송 들으면서 혹은 유튜브 영상을 복습하면서 미흡했던 부분들을 확인하고 점점 재미도 붙이게 되었습니다.
저는 숫자라고는 거리가 멀어서 암산은 커녕, 손가락셈으로 수를 헤아리는 사람인데… 처음 회계를 공부할 때 주변 사람들이 다들 뜯어 말렸는데 지금은 기적이라고 말합니다.
이렇게 공부하면서도 시간을 재면서 기출문제 풀었을 때는 점수가 석연찮아서 걱정을 많이 했습니다. 그럴 때마다 아프리카 강의 때, 선생님께서 포기하지 말고 끝까지 해내라고 응원해 주셔서 꾹 참고 했던 것 같아요. 시간이 지나면서 기출문제 점수도 점점 높아져 갔구요.
솔직히 시험 전까지 완강하시느라 많이 피곤하셨을 텐데, 성실하게 강의해 주시고 풀이해 주신 덕분에 기출문제 점수가 높아졌던 것 같습니다.
시험 직후부터 1급 공부를 하고 있는데, 상위 버전이라 그런지 난이도가 높아졌네요.
그럼에도 선생님 강의 따라가면서 2급을 강도 높게 공부했더니 공부하기가 훨씬 수월합니다.
나중에 올려주신다고 하셨던 부가가치세부분 특강까지 들으면 완벽하게 마스터할 수 있겠어요.
이번 시험도 무난하게 합격할 수 있을 것 같습니다.
선생님, 진심으로 감사합니다. ㅠㅠ 1급 합격까지 계속 공부하겠습니다.
선한 일에 재능을 기부하시는 선생님, 앞으로도 축복이 가득하시기를! :)
ps.
끝장회계로 공부하시는 모든 분들, 저는 시험장에 들어가서 시험 10분 직전까지 정말 5회독 했습니다. 워낙 걱정이 많은 성격 때문에 기출문제도 10개 넘게 풀고, 오답노트까지 만들어 봤습니다.
굳이 저처럼 공부하지 않으셔도 괜찮지만, 중요한 것은 선생님 강의 들으시면서 선생님께서 짚어 주시는 체크사항들(동그라미, 밑줄, 별표 등등)은 꼭 놓치지 말고 기록하세요. 시험 때 그대로 나옵니다.
잘 모르는 부분은 꼭꼭 질문하시고 그냥 넘어가지 마세요(어차피 1급에도 계속 나옵니다).
카페 자료들 많이 활용하시고 질문하고 고민하면서 공부하시면 회계공부가 재미있어지실 겁니다.

| 저자약력 |

노길관

부산대학교 경영학박사

현) 부산대학교 경영연구원 전임연구원
부산대학교 시간강사
한국생산성본부 전임강사
한국세무회계학회 상임이사

전) 울산대학교 시간강사
동서대학교 시간강사
경남정보대학 시간강사

전산세무 2급 & 전산회계 1급 한 권으로 끝장내기

2019년 9월 1일 1판 1쇄 인쇄
2019년 9월 5일 1판 1쇄 발행

저　　자 | 노길관
발 행 인 | 이수영
발 행 처 | 도서출판 청람
서울시 마포구 독막로 288(대흥동, 세양상가 109호)
전　　화 | 02) 3272－2601~2
팩　　스 | 02) 3272－2603
홈페이지 | http://www.crbooks.co.kr
이 메 일 | crbooks@daum.net
등　　록 | 2000년 8월 26일 제6－0509호

ISBN 978-89-5972-726-1 93320 [정가 28,000원]